TM

DIANA
VERLAG

Helen Epstein

Dreifach heimatlos

Die Suche einer Tochter nach der verlorenen Welt ihrer Mutter

AUS DEM AMERIKANISCHEN
VON GABY WURSTER UND
HEIKE SCHLATTERER

Diana Verlag
München Zürich

Titel der Originalausgabe: Where she came from
Originalverlag: Little, Brown and Company
Boston New York Toronto London

Umschlaggestaltung: Zero Werbeagentur, München
Satz: Dr. Ulrich Mihr GmbH, Tübingen
Druck und Bindung: Franz Spiegel Buch GmbH, Ulm
Printed in Germany

ISBN 3-8284-5016-4

Für Margo

Die Verwurzelung ist vielleicht das wichtigste
und meistverkannte Bedürfnis der menschlichen Seele …
Um aber geben zu können, muß man zuvor besitzen, und
wir besitzen kein anderes Leben, kein anderes Lebensmark
als die von der Vergangenheit ererbten Schätze, die
wir verdaut, uns anverwandelt und schöpferisch erneuert
haben. Von allen Bedürfnissen der menschlichen Seele
ist keines ihrem Leben so innig eingefleischt wie
die Vergangenheit.

Simone Weil

Als Frauen denken wir über unsere Mütter zurück.

Virginia Woolf

Mitteleuropa im Jahr 1870
Riga
Königsberg
POLEN
Warschau
Berlin
NIEDERLANDE
DEUTSCHLAND
BELGIEN
Dresden
Prag
Kolin
Krakau
Paris
Iglau
Pirnitz
HABSBURGER-
FRANK-
REICH
München
Wien
Budapest
SCHWEIZ
REICH
Triest
ITALIEN
RUMÄNIEN
BOSNIEN
SERBIEN
BULGARIEN
MONTENEGRO
Tschechische Republik
1998
Prag
Kolín
BÖHMEN
MÄHREN
Jihlava (Iglau)
Brtnice (Pirnitz)
GRIECHENLAND
0
250
500 km

Erstes Kapitel

Immer wenn das Telefon spät nachts oder zu einer anderen ungewöhnlichen Tageszeit klingelt, ist mein erster Gedanke – auch heute noch, obwohl Frances schon seit fast zehn Jahren tot ist –, jemand ruft an und wird mir sagen, daß meine Mutter sich das Leben genommen hat. Ich bin aufgewachsen mit Geschichten von Frauen, die sterben wollten. Die Großmutter meiner Mutter sprang Ende des 19. Jahrhunderts in Wien aus einem Fenster. Die Mutter meiner Mutter drohte in Prag immer wieder damit, Selbstmord zu begehen. Meine Mutter schloß sich in New York im Badezimmer ein und sagte, sie habe genug, sie könne nicht mehr weiterleben.

Ich war gerade mit meinem Mann und unseren beiden kleinen Kindern von einem Ausflug zurückgekehrt, als das Telefon klingelte, mitten hinein in einen sonnigen Frühlingsnachmittag. Mein Bruder meldete sich. Frances hatte zwar nicht versucht, sich umzubringen, dennoch war sie dem Tod nahe. Ich solle das nächste Flugzeug nach New York nehmen. Schnell.

Während meine Mutter in einem Krankenhaus wenige Kilometer von ihrer Wohnung entfernt im Sterben lag, schlief ich nachts in ihrem Bett. Ich war noch nie zuvor allein in ihrem Zimmer gewesen. Mein Blick glitt über ihre Sachen, und ich fühlte mich wie eine Verräterin, als würde ich einen Familienkodex brechen. Zum ersten Mal betrachtete ich ihre Welt nicht mit ihren, sondern mit meinen eigenen Augen, und dachte über das nach, was ich da sah.

Ihr Zimmer war klein und wirkte sehr weiblich. Die Wände waren mit Chinaleinen in Französischblau tapeziert, der Boden war mit einem dicken Teppich in der gleichen Farbe ausgelegt. Gegen den blauen Hintergrund hoben sich wie auf einem impressionistischen Bild eine Reihe von Gegenständen ab: Kissen, Vasen, Bücher, eine Skulptur, zwei Bilder, Pflanzen. An den Wänden hingen gerahmte Fotografien von den Kundinnen meiner Mutter in Kleidern, die sie entworfen hatte, vor einem gerahmten Spiegel, der vom Fußboden bis zur Decke reichte, standen der Rockabrunder und die Schneiderbüste. Vierundfünfzig von ihren neunundsechzig Jahren war Frances Epstein Schneiderin gewesen und hatte wundervolle Garderoben für Damen genäht.

Meine Mutter war wie ihr Zimmer: elegant, facettenreich und stark französisch geprägt. Sie war von mittlerer Größe und Statur, ihr graumeliertes, ungefärbtes Haar war stets gut geschnitten. Eine große Brille, die ihre dunklen Augen umrahmte, und ein großer, mit Lippenstift betonter Mund beherrschten ihr Gesicht. Sonst schminkte sie sich nicht, Parfüm verwendete sie nur sparsam. Ihre Kleidung wählte sie stets sehr sorgfältig. Bei ihrer äußeren Erscheinung paßte »alles zusammen« – was sie sich bis zum Schluß auch bei mir erhoffte. Hinter ihrem tadellosen Aussehen hätte man nie eine schwierige Geschichte vermutet, dazu mußte man ihr Gesicht schon sehr genau betrachten – und natürlich ihren linken Arm.

Sie lag auf der Intensivstation, überwacht von einem Elektrokardiographen, die Augen geschlossen, einen Schlauch in der Nase, einen Schlauch im Handrücken. Es war ohne Vorwarnung passiert, ohne daß sie vorher krank gewesen wäre. Sie hatte an ihrer Nähmaschine gesessen, als eine Ader platzte und eine Gehirnblutung auslöste, die ihr die Sprache raubte und den Körper lähmte. Ihr Gesicht war grau, die Haare lagen schlaff auf dem Kissen. Als ich meine Hand auf ihre legte, öffnete sie die Augen. Ihre Augen waren stets ausdrucksvoll gewesen, nun blickten sie matt. Ihre Lippen bewegten sich, um ein Wort zu formen, aber sie brachte nur ein »Hn« heraus. Ich lächelte und streichelte ihr die Hand, während sich Angst in mir ausbreitete. Frances hatte mehrere Konzentrationslager überlebt, Typhus, drei Geburten, eine Fehlgeburt, eine Blinddarmoperation, zwei Bandscheibenvorfälle, Rückenprobleme, Tuberkulose und eine Darmblutung. Wenn ich sie früher im Krankenhaus besucht hatte, hatte sie wenigstens noch sprechen können. Nun sah sie mich an und schloß wieder die Augen.

Später, in ihrem Bett, ging mir durch den Kopf, daß sie wußte, sie lag im Sterben. Unter der äußeren Schicht, bei der »alles zusammenpaßte«, sah Frances sich selbst als Soldat. Diesen Charakterzug hatte sie im Lager ausgeprägt und in den schwierigen Nachkriegsjahren bewahrt, sie war diszipliniert, streng und selten unbeschwert. So war sie in Amerika angekommen. Der Soldat in ihr sperrte Gefühle aus und zwang sie, sich immer auf die nächste Aufgabe zu konzentrieren. Meine Erinnerungen, wie ich vor der verschlossenen Badezimmertür wartete oder wie ich sie in unserem Wohnzimmer im Arm hielt, während sie erschöpft schluchzte, ließ dieser Charakterzug nicht zu. Er vermittelte ihr die Illusion, daß sie die Herrschaft über ihr Leben hätte, auch wenn Kräfte eingebrochen waren, die weit jenseits ihrer Kontrolle lagen.

Frances hatte sich schon oft in scheinbar ausweglosen Situationen befunden. In der schlimmsten Lage war sie mit dreiundzwanzig gewesen, als sie in Auschwitz in der Schlange nackter Häftlinge auf die Selektion wartete. Arbeit oder Tod. Sie schätzte die Situation ab und befand, daß zwei Punkte gegen sie sprachen: Erstens hatte sie von ihrer Blinddarmoperation eine große Narbe am rechten Unterbauch, und Narben mochten die Nazi-Ärzte nicht. Zweitens war sie Schneiderin und damit eine von Hunderten von Frauen, die angaben, Schneiderinnen zu sein, denn Nähen war in den Konzentrationslagern eine gefragte Fertigkeit. Vor dem Krieg hatte Frances ihr eigenes Modeatelier geleitet, doch da ihr Vater Elektroingenieur gewesen war, sagte sie, als die Reihe an sie kam, sie sei Elektrikerin.

So arbeitete meine Mutter die restlichen Kriegsjahre über als Elektrikerin, lernte, was sie lernen mußte, und gebrauchte sachlich und kompetent ihre Hände. Es gelang ihr, weder sich selbst noch anderen Stromschläge beizubringen. Sie lernte das Handwerk so gut, daß sie auch später nur selten einen Elektriker rufen mußte, wenn im Haus ein Gerät nicht funktionierte. Sie nahm es auseinander, ordnete sauber die Teile und setzte sie wieder zusammen. Danach holte sie ihr ledernes Maniküre-Set, badete ihre kleinen, gepflegten Hände und polierte ihre Nägel.

Am zweiten Tag im Krankenhaus wurde Frances auf die Intensivstation der Neurologie verlegt. Ihre Hände waren am Bett festgebunden. Zunächst hatte es zwar so ausgesehen, als könne sie sich nicht bewegen, doch dann hatte man sie mit Gewalt festbinden müssen. Ein Stoffband war fest um ihren Unterarm gezogen und schnitt in das Fleisch, über die Brust führte es zum anderen Arm und war am Bett festgezurrt.

»Warum?« fragte ich die Schwester.

»Sie hat wohl versucht, die Schläuche herauszuziehen«, antwortete sie freundlich. »Das machen alle. Sie wissen nicht, was sie tun.«

Meine Mutter wußte, was sie tat, das stand für mich außer Frage. Aber wie hätte ich das einem fremden Menschen sagen sollen? Wie hätte ich erklären können, daß meine Mutter mit den Spielarten des Todes vertrauter war als jeder andere in diesem Hospital? Und daß der Freitod in unserer Familie eine ungewöhnliche und komplizierte Geschichte hatte?

Frances war zweiundzwanzig gewesen, als sie, ihr erster Mann und ihre Eltern von Prag aus in ein nahe gelegenes Konzentrationslager gebracht wurden. Sie blieb dort, ihre Eltern wurden nach Polen deportiert. Auch wenn keiner so genau wußte, was »Deportation« bedeutete, war mein Großvater doch keineswegs gewillt, den Nazis die Kontrolle über sein Leben zu überlassen. Er zog eine kleine Pillendose aus der Brusttasche. Die Tabletten sollten ausreichen, daß er und seine Frau sich töten könnten, bevor andere es taten.

Damals beging Frances, wie sie später sagte, den Fehler ihres Lebens. Sie gestand ihrem Vater, daß sie ein Jahr zuvor seine Pillendose gefunden und zu einem Apotheker gebracht habe, weil sie sich der Selbstmordgefährdung bewußt gewesen sei. Der Apotheker bestätigte, daß die Tabletten ein tödliches Gift enthielten, und sie bat ihn, sie gegen harmlose auszutauschen. Der Apotheker hatte daraufhin das Döschen mit gleich großen Saccharintabletten gefüllt.

Ihr Vater geriet außer sich, beschimpfte sie als dumme Göre, die ihm die Möglichkeit eines ehrenvollen Todes gestohlen habe. Am selben Tag noch wurden ihre Eltern in einen Zug nach Polen gepfercht. Die Trennung von ihrer Mutter und von ihrem Vater war für Frances der schmerzlichste Augenblick in ihrem Leben. Sie begriff, was es bedeutet, wenn einem das Herz bricht.

An jenem Tag auf der Intensivstation fand ich keine Worte, um der Schwester all dies zu sagen und sie zu überreden, daß sie die Hände meiner Mutter losband. Ich konnte ihr nicht sagen, ich wüßte, daß ihr Krankenhaus kein Konzentrationslager sei, daß wir aber eine Familiengeschichte wiederholten, die sich in einem anderen Land und zu einer anderen Zeit abgespielt hatte. Selbst meinem Mann, der bei den Kindern geblieben war, konnte ich das nicht sagen, auch nicht meinem Bruder und der letzten noch lebenden Cousine meiner Mutter, die sie jeden Tag im Krankenhaus besuchte. In jener Nacht, während ich in der Wohnung meiner Mutter in ihrem Bett lag, hatte ich das Gefühl, daß ich sie nicht hatte beschützen können, daß ich versagt hatte – so, wie einst sie versagt hatte und es ihr nicht gelungen war, ihre Eltern zu beschützen.

Mein Vater war fünfzehn Jahre zuvor gestorben. Er war ein ganz anderer Mensch gewesen als meine Mutter, sportlich und lebenslustig, und er hatte oft gesagt, wenn er einmal sterben müsse, so hoffe er, es würde in einem gepflegten Pool geschehen, während er seine Runden schwamm. Tatsächlich erlitt er beim Morgenspaziergang einen Herzinfarkt. Es ging alles so schnell, daß er schon tot war, bevor man einen Krankenwagen rufen konnte. Meine Mutter war damals fünfundfünfzig, mein Vater einundsiebzig.

Meine Mutter vermißte ihn zwar, aber sie gehörte zu den Witwen, die nach der Erlösung von einer langen Ehe aufblühen. Eine Zeitlang lebte und arbeitete sie weiter in dem weitläufigen Apartment in Manhattan, wo sie auch ihre drei Kinder großgezogen hatte. Zwei von uns Kindern waren damals schon ausgezogen, und ohne meinen lauten, raumfüllenden Vater klang die Wohnung hohl und leer. Nachdem der jüngste Sohn ebenfalls gegangen war, verkaufte sie das Apartment und kaufte sich eine ganz auf sie zugeschnittene kleine Wohnung hoch über dem Hudson, das erste Heim, das sie ganz allein bewohnte.

Jeden Tag frühstückte sie mit Blick auf die George-Washington-Brücke, den Fluß und die Klippen der Palisades von New Jersey. Bei der ersten von vielen Zigaretten des Tages löste sie in zehn Minuten das Kreuzworträtsel der *New York Times* auf englisch, ihrer vierten Sprache nach Tschechisch, Deutsch und Französisch. Wenn sie sich dann sorgfältig wie immer gekleidet hatte, ging sie in ihre Werkstatt. Ein Leben ohne Arbeit war für meine Mutter in jedem Alter unvorstellbar.

Wenn es ihr gut ging und das Geschäft florierte, nannte sie sich *Couturière* – mit dem französischen Wort für Modeschöpferin, das ihr Handwerk zur Kunst erhob. Dieses ausgefallene Wort weckte Gedanken an Paris und war ein zu hochtrabender Begriff für die Arbeit, die sie in dem Raum verrichtete, der eigentlich das Elternschlafzimmer unserer Wohnung war. Wenn das Geschäft schlecht ging und sie ihr Geld mit Änderungsarbeiten verdienen mußte, nannte sie sich *Švadlena* mit dem tschechischen Wort für Näherin – eine niedere Stufe auf der sozialen Leiter und zusammen mit der Prostitution der älteste Frauenberuf der Welt. Aber welches Wort Frances für ihre Tätigkeit auch benutzte, die meisten Kundinnen wußten, daß ihre Kunst wie die Glasbläserei einer anderen Zeit und einem anderen Kontinent angehörte und selbst dort im Aussterben begriffen war. Ich sah in meiner Mutter jedenfalls immer eine Künstlerin.

Auch die Frauen auf den Fotografien an den Wänden von Frances' Schlafzimmer waren Künstlerinnen – Schriftstellerinnen, Schauspielerinnen, Sängerinnen, Malerinnen. Frances betrachtete sie als Kolleginnen, und sie betrachteten Frances als Kollegin. Manche hatte ihr eine Arbeit zum Geschenk gemacht; so hing zum Beispiel eine großformatige Radierung einer Malerin an der Wand, die Bücher einer bestimmten Autorin füllten das Regal, Hochglanzfotos zeigten die tschechische Sopranistin Jarmila Novotná – ihre erste Kundin in Amerika –, Vivian Vance, die in der Fernsehshow *I Love Lucy* Lucys verrückte Nachbarin gespielt hatte, und den Hollywoodstar Hester Lewis, die mit einem Zündkerzen-König verheiratet war und deren Party-Garderobe manchmal die Hälfte unseres jährlichen Familieneinkommens einbrachte.

Frances hatte aber auch andere Kundinnen, die nicht an den Wänden verewigt waren. Neben berühmten Frauen hatte sie jahrelang die Begleiterinnen, Gattinnen, Freundinnen oder reich geschiedenen ehemaligen Ehefrauen berühmter Männer eingekleidet. Ich kann mich an fast alle erinnern. In Unterwäsche saßen sie auf der Couch im Wohnzimmer, in dem Frances tagsüber die Anproben vornahm und nachts meine Eltern schliefen, oder sie lehnten sich gegen die Polster auf dem schwarzen Bezug, der das Doppelbett meiner Eltern kaschierte, nippten an ihrem Tee und blätterten in *L'Officiel, Vogue, Bazaar*, in *La Mode* oder einem Stoffmusterbuch. Aus der angrenzenden Werkstatt drang das Surren der Nähmaschinen, das Klappern der Scheren und leises Gemurmel. Die »Mädchen«, wie Frances ihre meist europäischen Näherinnen nannte, arbeiteten inmitten von Schachteln voller Reißverschlüsse, Knöpfe, Garnrollen, Paspeln, Bänder, Federn, Spangen, Kordeln, Patten und Polster – Kleinigkeiten, die entweder strategisch versteckt oder sichtbar angebracht den Kostümen und Kleidern meiner Mutter das maßgeschneiderte Etwas verliehen.

Wenn ich nicht schlafen konnte, ging ich in dem kleinen, stillen Raum meiner Mutter umher. In ihrer letzten Wohnung hatte sie ihren Arbeitsplatz nicht im Schlafzimmer eingerichtet, sondern in einem Teil des Wohnzimmers. Sie besaß nur noch eine Nähmaschine, eine Büste und ein schweres Bügeleisen, ansonsten sah es aus wie in der Werkstatt, die ich von Kindheit an kannte. In der Nähmaschine steckte der Ärmel eines marineblauen Wolljacketts, im Aschenbecher daneben lag eine halb gerauchte *Dunhill*, auf ihrem Zuschneidetisch das gelöste Kreuzworträtsel der *New York Times*. Wie üblich hatte sie den Schmerz ignoriert und es noch beendet, bevor die Krankheit sie in die Knie zwang. Der Anrufbeantworter neben ihrem Telefon blinkte. Ich spulte zurück und hörte folgendes Gespräch:

»Der Arzt hat mich angerufen«, sagt Hankah, die beste Freundin meiner Mutter, auf tschechisch.

»Jaa«, sagt meine Mutter mit belegter Stimme.

»Der Krankenwagen ist unterwegs. Ich rufe Helen an.«

»Helen ist … in …«, sagt meine Mutter auf englisch. Dann hustet sie oder erbricht oder beides. »In …«

»Sprich jetzt nicht«, sagt die Freundin, als sie den schweren Atem meiner Mutter hört. »Ich finde das schon raus. Der Krankenwagen ist unterwegs.«

»Jaa.«

»Ist die Tür offen, daß ich in die Wohnung kann?«

Meine Mutter holt tief Luft. »Jaa.«

»Sobald ich weiß, wohin sie dich gebracht haben, komme ich nach.«

Ich kann hören, wie meine Mutter versucht, sich zusammenzunehmen. »Ich kann dir das geben – warte einen Moment«, sagt sie auf englisch. Dann wird das Beben in ihrer Stimme stärker, und die Sätze zerfallen in Worte, die noch niemand zuvor gehört hat: *»Kein blowcha. Ache den Sand. Zate, zate die Zeit. Ze Mensch tut das. Pensch dem sem maygen …«*

»Franci, sprich jetzt nicht!« sagt Hankah.

»Jaa«, antwortet meine Mutter. Dann sagt sie wieder auf englisch: »Ich versuch's, so gut ich kann. Ich kann …«

»Laß es doch!«

»Gut.«

»Ich hab' dich lieb. Bald geht es dir wieder gut.«

»Ja, ist gut«, sagt meine Mutter unter großen Schwierigkeiten. Ich höre ihren schweren Atem, höre, wie sie darum kämpft, die Kontrolle zu behalten. »Gut. Bis dann.«

Fünf Tage später starb meine Mutter. Ich war zweiundvierzig und fühlte mich vollkommen allein auf der Welt. Zwar war ich selbst Mutter, hatte einen Mann, zwei Söhne, zwei Brüder und viele Freunde, mit denen mich herzliche und oft auch schwierige Freundschaften verbanden, doch die Beziehung zu meiner Mutter war die herzlichste und schwierigste von allen gewesen. Unser

Band war so eng, daß ich manchmal nicht genau wußte, was zu wem gehörte, wo ich aufhörte und wo sie begann.

Ich war das älteste ihrer drei Kinder und die einzige Tochter. Die Leute sagten, wir sähen aus wie Schwestern, ich sei das Spiegelbild meiner Mutter – die gleichen dunklen braunen Augen, das gleiche breite Lachen, das alle Zähne entblößt, die gleiche direkte und manchmal rechthaberische Art. Lange Zeit hielt ich das für gut. Ich trug Kleider, die meine Mutter für mich nähte, las Bücher, die sie auch las, mir gefiel, was ihr gefiel. Ich teilte mein Leben mit ihr, ich spürte, daß ich ihr Halt gab und daß sie durch mich ein anderes als ihr eigenes Leben leben konnte.

Ich weiß, daß es Mütter gibt, die in sich ruhen und die sich an ihre Partner oder erwachsenen Freunde wenden, wenn sie Hilfe und Trost brauchen. Ich weiß auch, daß es Töchter gibt, die ihr eigenes Leben leben wollen und keine Zeit und kein Mitgefühl für ihre Mütter haben. Aber viele Jahre lang, weit über die Jugendzeit hinaus, in der das Band zwischen Mutter und Tochter normalerweise reißt, haben weder ich noch meine Mutter uns so verhalten. Ich teilte mit ihr ihre Lieben und ihr Leid und ihre Erinnerungen. Sie war der Motor, der mich antrieb, sie war mein Schutz, wenn ich welchen brauchte, sie gab mir Trost. Als es dann schließlich zum Bruch kam, war er so brutal und gewaltig, daß es Jahre brauchte, bis die Wunden wieder heilten.

Unsere neue Beziehung war erst zehn Jahre alt und noch nicht ohne unterschwellige Spannungen und widerstreitende Wünsche, ausgesprochene ebenso wie unausgesprochene. Als ich selbst Mutter wurde, rückten für mich andere Dinge in den Vordergrund als die Beziehung zu meiner Mutter, trotzdem war ich weiterhin von ihr fasziniert. Für mich war sie immer eine Heldin – unwiderstehlicher als die Frauenfiguren in der Bibel, in Romanen oder Sagen.

Gut gekleidet, gefaßt und umsichtig stand ich in der Kapelle und begrüßte die Trauergäste. »Ich möchte ein ganz einfaches Begräbnis in einem schmucklosen Sarg aus einfachen Brettern«, hatte Frances in ihrem letzten Willen festgelegt. »Ich möchte keine Reden. Ich wünsche mir das *Adagietto* aus Gustav Mahlers Fünfter Symphonie. Ich möchte verbrannt werden. Was mit meiner

Asche geschieht, überlasse ich meinen Kindern.« Sie wollte keinen Rabbi und kein *Kaddisch*, seit dem 13. Jahrhundert das Trauergebet der Juden.

Meine Mutter war keine praktizierende Jüdin. Seelischen Beistand bezog sie nicht aus der hebräischen Liturgie, sondern aus der weltlichen europäischen Kunst. Die Musik sprach sie von allen Künsten am meisten an und von den Komponisten vor allem Gustav Mahler. Er war im selben Land geboren wie meine Mutter, ihre Mutter und die Mutter ihrer Mutter. Er hatte sich selbst beschrieben als »dreifach heimatlos – in Österreich als Böhme geborenen, Österreicher unter Deutschen und Jude auf der ganzen Welt. Überall ein Eindringling, nirgends willkommen.«

Nach dem Tod meiner Mutter hielt ich auch nicht *Schiwah,* die sieben strengen Trauertage. Ich kochte für meinen Mann und meine kleinen Kinder vor und kehrte zurück in Frances' Wohnung, um ihre Werkstattbestände, ihre Papiere, ihre Schränke und Schubladen und ihre Küche zu sichten. Ich schrieb Briefe, traf Vereinbarungen und besprach endlos viele Punkte mit meinen Brüdern. Ich mußte mich sehr darauf konzentrieren, alles richtig zu machen. In den ersten Wochen nach dem Tod meiner Mutter vergaß ich die Zündung am Auto abzustellen, ließ Einkäufe auf dem Ladentisch stehen, verlor Geld, und das Essen brannte mir an. Alle paar Tage wurde mein Arm oder mein Rükken taub, mein Hals wurde steif, und ich rief den Arzt, weil ich sicher war, daß eine Ader in meinem Gehirn geplatzt wäre. Wenn einer meiner Söhne krank wurde, wenn ich Streit mit meinem Mann hatte oder wenn ich erschöpft war, verstand ich nun den Blick, mit dem meine Mutter das Bild ihrer Mutter über dem Zuschneidetisch betrachtet hatte.

Von Kindheit an hatte mich diese bräunliche Fotografie fasziniert, die wie eine Ikone an der Wand hing. Meine Großmutter Josephine, kurz Pepi, war nicht hübsch, aber mit ihren dunklen Haaren, den dunklen Augen und dem dunklen Pelzkragen, der sich um ihren Hals schmiegte, sah sie sehr geheimnisvoll aus. Auch sie war Schneiderin gewesen. Meine Mutter schnitt, nahm Maß und nähte unter Pepis unveränderlichem Blick.

Seit Frances fünfzehn war und ihre Eltern ihr erlaubt hatten, die Schule zu verlassen, um Schneiderin zu werden, waren sie Geschäftspartnerinnen gewesen. Pepis Modesalon in Prag hatte zu den seltenen Orten gehört, wo die Natur der Dinge auf den Kopf gestellt war – Frauen standen im Mittelpunkt des Interesses, Männer waren an den Rand gedrängt –, ein Ort, an dem Mutter und Tochter nicht nur die Familie ernährten, sondern auch das Zentrum einer Gesellschaft interessanter Frauen bildeten: Schauspielerinnen, Opernsängerinnen, Diplomatengattinnen gingen bei ihnen aus und ein und brachten die große Welt mit.

Männer gehörten nicht in den Salon, sagte Frances immer. Sie lenkten nur ab, und außerdem sollten sie auch nicht sehen, welche Tricks sie anwendete, um die Taille einer Kundin schmaler erscheinen zu lassen, ihre Brüste fester oder ihre Schultern breiter, als sie tatsächlich waren. Mein Vater kümmerte sich um die Bücher und wurde zwar manchmal gerufen, um ein großes Paket zu binden oder an den Empfänger auszuliefern, gelegentlich war der Ehemann oder Freund einer Kundin eingeladen, ein Abendkleid anzusehen, oder ein Handwerker kam, um etwas zu reparieren – aber in der Regel blieb den Männern der Zutritt sowohl zur Werkstatt als auch zum Salon verwehrt. In diesen Räumen lebten und arbeiteten ausschließlich Frauen, und es ging ausschließlich um Frauen.

Als kleines Mädchen habe ich nicht begriffen, wie ungewöhnlich die Werkstatt war, aber ich hielt mich nur allzugern darin auf. Dort, auf den Stoffresten, kroch ich herum, dort lernte ich laufen, ich lernte, keine Nadeln in den Mund zu stecken und still zu sein, wenn meine Mutter nachdachte, ihren Angestellten Anweisungen gab oder bezaubernde Frauen in luxuriösen Stoffen zur Anprobe bat. Wenn ich mich leise und nahezu unsichtbar verhielt, konnte ich die Mädchen belauschen, wie sie zu klassischer Musik Nähte steppten und dabei über die Arbeit, die Kundinnen und deren Kleider sprachen, und vor allem konnte ich meiner Mutter zuhören.

Wenn meine Mutter über ein Stück Stoff gebeugt an ihrem Zuschneidetisch stand, kam es gelegentlich vor, daß sie ihre Aufmerksamkeit auf ein Stück Vergangenheit heftete und mir eine Geschichte über meine Großmutter erzählte. Mit acht Jahren verlor Pepi ihre Eltern. Ihre Tante Rosa zog sie in einer kleinen Stadt in Böhmen auf und lehrte sie nähen. Da sie Waise war, mußte sie nach der Schule einen Beruf ergreifen. Sie liebte die Schneiderei, ging nach Prag und war dort so erfolgreich, daß sie einen eigenen Modesalon eröffnete.

In der Werkstatt habe ich mich in die toten Frauen der Familie meiner Mutter verliebt. Wenn die »Mädchen« am Abend den Boden fegten und Stoffreste und Garnrollen wegwarfen, sammelte ich sie wieder ein, Stoffreste und Garnrollen voller Geschichten, hortete sie und verfiel über sie ins Träumen. Jede Geschichte war anders, aus ihrem eigenen Stoff geschnitten, ohne Nähte, nur mit großen Rissen. Meine Mutter hätte nie auf die Weise, wie sie ihre Geschichten erzählte, ein Kleid genäht. Die Proportionen stimmten nicht, und die Erzählung war so durcheinander, daß die Geschichte nie ein Ganzes ergab. Meine Mutter war eine Meisterin im Zusammenfügen von Teilen. Sie untersuchte gründlich die Stelle, wo ein Ärmel oder ein Rock an das Oberteil angesetzt wurde, und wenn die Naht nicht perfekt war, beschäftigte sie das so lange, bis sie eine Lösung fand. Manchmal zerbrach sie sich die ganze Nacht den Kopf, trennte am Morgen alles auf und nähte es wieder neu zusammen. Ihre Vergangenheit konnte sie jedoch nicht genauso zusammennähen, die Teile paßten nie, jedes Stück blieb für sich.

Die Teile, die sich nicht zusammenfügen ließen, faszinierten mich. Ich hatte mich nie besonders für das Entstehen von Kleidern interessiert, aber sehr für das Entstehen von Geschichten, für das, was gesagt wurde, und das, was ungesagt blieb. Sobald ich versuchte zu nähen, fiel mir der Fingerhut vom Finger, stach ich mich mit der Nadel, daß es blutete; wenn ich die Nähmaschine meiner Mutter benutzte, war sie jedesmal erleichtert, daß ich mit heilen Daumen davongekommen war. Erst nach dem Tod meiner Mutter fand ich Gefallen daran, Löcher zu stopfen, Knöpfe anzunähen, gerissene Nähte zu flicken. Ich war mir darüber im klaren, daß es zum Teil Fleißarbeiten waren, kleine, unbedeutende Aufgaben, die man erledigt, wenn die Welt aus den Fugen geraten ist und man sonst nichts tun kann. Trotz meiner Orientierungslosigkeit bekam ich jedoch damals schon das Gefühl, daß Nähen und Flicken eine Art des Erzählens ist. Ich spürte, daß wir – ich, meine Mutter und all die anderen Frauen in meiner Familie, über die ich so wenig wußte – damit gegen die Verlockung des Selbstmordes ankämpften.

Zweites Kapitel

Nach dem Tod meiner Mutter ging ich mehrmals in der Woche in die nahe meiner Wohnung gelegene Universitätsbibliothek. Zwischen den Regalen traf ich Wissenschaftler und Studenten auf der Suche nach Material zur Untermauerung ihrer Theorien. Ich hingegen hatte keine These zu verteidigen, ich hatte nicht einmal eine klar umrissene Frage. Ich blätterte in Büchern über den Tod, über Mitteleuropa, über Frauen und in Büchern über Juden. Ich trauerte um meine Mutter. Wenn mich jemand gefragt hätte, was ich in dieser riesigen Büchergruft suchte, hätte ich geantwortet, ich suchte meine Mutter.

In der tschechischen Abteilung traf ich selten jemanden. Die meisten Bücher dort waren alt und abgegriffen, die Titel fast so unleserlich wie alte Grabsteine. Einige Bücher hatte seit fünfzig Jahren niemand mehr in die Hand genommen. Manche stammten aus der Zeit der Habsburgermonarchie, manche aus den Jahren der Ersten Republik, manche aus der kommunistischen Epoche. Die Welt, aus der meine Mutter kam, war in einer Reihe von politischen Umwälzungen und militärischen Umstürzen versunken, daran waren Tschechen beteiligt, Deutsche, Russen, Nazis und Kommunisten, und jeder hatte die Geschichte in seiner eigenen Sprache neu geschrieben. Während ich mich durch die Regale voller tschechischer, englischer und deutscher Bücher las, fühlte ich mich langsam wie eine Archäologin, die zwar keine Tonscherben sammelte, dafür aber Teile einer Erzählung.

Ich besaß eine Art Karte zur Welt meiner Mutter. Zehn Jahre vor ihrem Tod hatte ich sie gebeten, alles niederzuschreiben, was sie über ihre Familie wußte. Daraufhin hatte sie auf zwölf eng beschriebenen Seiten eine Chronik ihrer persönlichen Geschichte verfaßt. Sie las sich wie das Libretto zu einer romantischen Oper:

Therese Frucht wurde in den fünfziger Jahren des vergangenen Jahrhunderts in der mährischen Stadt Iglau als Tochter eines wohlhabenden Wirts geboren. Nach einer unglücklichen und aussichtslosen Liebesbeziehung mit einem jungen Tschechen wurde sie von einem Tag auf den anderen mit einem mittellosen jungen Mann namens Judah Sachsel verheiratet, der mit Altkleidern handelte, aber eigentlich mehr Dichter war.
Sie ließen sich im jüdischen Viertel von Wien nieder, und dort wurden auch ihre vier Kinder Heinrich, Rudolf, Emil und Josephine geboren. Nachdem Thereses Mitgift aufgebraucht war, kamen sie nur schwer über die Runden, denn Judah las lieber Bücher, die er in seinen Taschen mit sich herumtrug, als mit alten Kleidern über dem Arm hausieren zu gehen. Seine Unfähigkeit, Geld zu verdienen, glich er mit bedingungsloser Liebe und Hingabe an seine Frau und seine Kinder aus.
Therese liebte alle ihre Kinder und spielte gern mit ihnen, Heinrich war jedoch ihr Liebling. Ob dies daran lag, daß er der Erstgeborene oder möglicherweise überhaupt nicht Judahs Sohn war, weiß niemand, aber es schien die anderen drei auch nicht sehr zu stören. Heinrich starb im siebzehnten Lebensjahr an einer Bauchfellentzündung als Folge eines durchgebrochenen Blinddarms.
Therese verfiel daraufhin in tiefe Schwermut. Sie kümmerte sich nicht mehr um ihre anderen drei Kinder, manchmal verschwand sie stundenlang, und ihr Mann fand sie dann auf Heinrichs Grab liegend. Ihr Stolz hatte es ihr jahrelang verboten, Verbindung zu ihrer Familie in Iglau aufzunehmen, der sie offensichtlich die Schuld an ihrer Verheiratung und der daraus erwachsenen Armut gab. Nur Heinrich war ihr immer wichtig gewesen. Die Vorhaltungen des Rabbis, der Freunde und Nachbarn, ihres Mannes und ihrer verängstigten Kinder zeigten keine Wirkung, und so war es wohl unvermeidlich, daß Judah sie eines schrecklichen Tages auf der Straße fand. Sie war aus dem Fenster im dritten Stock gesprungen.

Als Dozentin für Journalismus lehrte ich meine Studenten, sie müßten stets das Wer, Was, Wo, Wann und Warum einer Geschichte überprüfen. Wie aber sollte ich diese Geschichte überprüfen? Alle Protagonisten der Chronik meiner Mutter waren tot, und nicht ein einziges offizielles Familiendokument hatte den Zweiten Weltkrieg überlebt. Die deutsche Stadt Iglau, die damals fünfzehntausend Einwohner zählte und zur Donaumonarchie gehörte, ist heute die Stadt Jihlava in der Republik Tschechien und hat fünfzigtausend Einwohner. Es gibt dort keine Fruchts mehr und auch keine anderen Juden, abgesehen von den Grabsteinen auf dem Friedhof zeugt nichts mehr von ihrer Existenz.

Alle vertriebenen und verschleppten Menschen leben mit der Erfahrung, daß ihre Vergangenheit vollkommen ausgelöscht wurde. Ein Mensch, dessen Familie an einem Ort geblieben ist, erbt Besitztümer – einen Hut, einen Schrank, alte Tagebücher, ein Gebetbuch oder ein Kochbuch –, die individuelle Geschichte von einer Generation an die nächste überliefern. Die Gegenstände, die ich normalerweise bekommen hätte, das Teeservice meiner Großmutter oder das Klavier meiner Mutter, hatten die Nazis konfisziert und zusammen mit unzähligen anderen Besitztümern tschechischer Juden in Lagerräumen gestapelt. Ich konnte froh sein, daß ich überhaupt drei Porzellanfiguren und ein paar Dutzend Fotos von Familienangehörigen besaß, die eine Kundin meiner Großmutter während des Krieges für sie versteckt hatte. Alles andere war weg.

Ich war damit aufgewachsen, daß es keine greifbare Vergangenheit gab, keine Menschen, Gegenstände, Bilder aus früheren Zeiten, diese Situation war mir vertraut. Doch durch den Tod meiner Mutter wurde sie unerträglich. »Um aber geben zu können, muß man zuvor besitzen«, schrieb Simone Weil. Während ich meine täglichen Arbeiten verrichtete, verlieh dieses Zitat der zwölfseitigen Chronik in meiner Schreibtischschublade auf einmal eine dringliche Bedeutung. Vor langer Zeit hatte ich gelesen, daß im 17. und 18. Jahrhundert, als die tschechischen Juden noch eine große und bedeutende Gemeinschaft gewesen waren, manche von ihnen autobiographische Familienerzählungen geschrieben hatten, genannt *Megillot mischpachah* oder Familienbücher. Wie das Buch Esther, das jedes Jahr an Purim gelesen wird, erzählen die *Megillot* davon, wie Juden schwere Zeiten überstanden haben, und geben darüber hinaus eine generationenübergreifende Darstellung der Familiengeschichte. Daß sie alle von Männern geschrieben sind, muß wohl nicht eigens betont werden. Nach und nach fand ich Gefallen an der Idee, mit Hilfe der Chronik meiner Mutter drei Generationen von sich zunehmend weltlicher orientierenden Frauen in der Art der traditionellen jüdischen Literatur zum Leben zu erwecken.

Vor dem Zweiten Weltkrieg dokumentierte eine Vielzahl von Büchern, darunter die *Megillot* und jahrhundertealte Gemeindeprotokolle, tausend Jahre jüdischen Lebens in den tschechischen Gebieten. Die meisten Unterlagen jüdischer Geschichte in Mähren wurden zerstört, vorausschauende Rabbiner hatten immerhin einige Aufzeichnungen versteckt. Doch sie wurden getötet und nahmen ihr Wissen um die Verstecke mit ins Grab.

Wenn es keine Geburts-, Sterbe- und Heiratsregister der jüdischen Gemeinde in Iglau mehr gab, so warnte man mich, bestand wenig Hoffnung, daß ich etwas über Therese Frucht herausfinden konnte. Im Gegensatz zu den Frauen im Amerika des 19. Jahrhunderts blieb den Frauen in der Donaumonarchie der Zugang zu politischen Organisationen verwehrt, deshalb sind sie in Verträgen, Büchern, Schriften und Zeitungen, die das öffentliche Leben dokumentieren, nicht erwähnt. Es war auch unwahrscheinlich, daß Therese in Geschäftsverträgen, Polizeiprotokollen oder den Aufzeichnungen irgendeiner Körperschaft der habsburgischen Provinz Mähren vorkommen würde. Frauenforschung war ein neues Gebiet im postkommunistischen Europa. Nur wenige tschechische Wissenschaftler hatten Biographien, Tagebücher oder Briefe von Frauen untersucht, das Material, das Sozialhistoriker üblicherweise heranziehen, wenn sie das soziale und kulturelle Leben von Frauen rekonstruieren.

Bei der Erforschung des Judentums spielen die Schriften gelehrter Männer eine Rolle, ein Hinweis auf eine durchschnittliche

Frau wie Therese war in diesem Umkreis nicht zu erhoffen. Bis ins 19. Jahrhundert hatten jüdische Frauen nur wenige Möglichkeiten, sich zu bilden und am öffentlichen Leben ihrer Gemeinden teilzunehmen. Sie konnten sich auch nicht wie Christinnen in Klöster zurückziehen und sich dort ein eigenes Schrifttum schaffen. Die wenigen literarischen Zeugnisse von Frauen waren in den Augen der Forscher wertlos. *Meneket Rivka* zum Beispiel, ein Handbuch für Hausfrauen, von Rivka, der Tochter eines Prager Arztes im frühen 17. Jahrhundert verfaßt, spielte in der Forschung nie eine Rolle und verschwand, lange bevor die Nazis jüdische Bücher verbrannten. Mit Ausnahme der Aufzeichnungen der Glückel von Hameln, die im 17. Jahrhundert in Hamburg ihr Leben niederschrieb, sind in der jüdischen Literatur fast keine Werke von Frauen erhalten.

Der Untersuchungsgegenstand »Tschechisches Judentum« ist allein schon problematisch, denn etliche Wissenschaftler sehen das tschechische als Teil des deutschen Judentums an. Im 16. Jahrhundert schufen die Prager Juden ein weltweit bedeutendes Zentrum jüdischer Gelehrsamkeit, jüdische Drucker, Glasschneider, Goldschmiede und Musiker erfreuten sich eines ungewöhnlich großen öffentlichen Ansehens, und sie sprachen alle Tschechisch. Doch Ende des 19. Jahrhunderts sprachen die meisten Deutsch und hatten sich so weit assimiliert, daß ihr Judentum zum Forschungsgegenstand wurde. Das alte Prager Getto wurde »assaniert«, wie man heute diesen Prozeß der Stadterneuerung nennt, manche Synagoge wurde abgerissen, die Zeugnisse jüdischer Kultur kamen ins Museum. Wie auch ihre deutschen Glaubensbrüder standen die tschechischen Juden in der vordersten Reihe jener Mitteleuropäer, die statt Gott nun Goethe und Beethoven verehrten. Nach dem Zweiten Weltkrieg hörten die Kinder in mancher jüdischen Gemeinde, die Gleichgültigkeit gegenüber der Tradition hätte den Holocaust verursacht.

Das jüdische Gelehrtentum hatte vor dem Zweiten Weltkrieg in der Tschechoslowakei eine lange und blühende Tradition, nach dem Krieg verschwand es vollkommen. Der Vernichtungspolitik der Nazis folgte die Denunziationspolitik der Kommunisten, Juden wurden gleichgesetzt mit Kapitalismus, Imperialismus und dem Westen. Viele tschechische Juden, die den Krieg überlebt hatten, wanderten aus, viele von denen, die blieben, verschwanden nach den antisemitisch-stalinistischen Prozessen der frühen fünfziger Jahre aus dem öffentlichen Leben. Eine Prager Freundin, die damals ein Kind gewesen war, erzählte mir, sie habe gedacht, daß es keine anderen Juden mehr gäbe als sie und ihre Schwester. Wenn sie jemanden sagen hörte »Schau mich nicht an, als wäre ich ein Jude!« oder »Hier geht's ja zu wie in einer Judenschule!«, begriff sie zwar, daß es auch noch andere Juden geben mußte, aber sie traute sich nicht zu fragen, wo sie waren. Mein Prager Cousin Miki wurde weder beschnitten noch von seinen Eltern, beide KZ-Überlebende, nach der jüdischen Tradition erzogen. Sie wohnten zwar nahe der Altneusynagoge, aber seine Mutter nahm ihn nie mit hinein.

Unter dem Kommunismus wurde jüdische Geschichtsschreibung praktisch zu einem heimlichen Hobby. Die jüdischen Archive, welche die Nazis nicht zerstört hatten, standen unter strenger Aufsicht des Innenministeriums, genauer gesagt der Geheimpolizei. Es war gefährlich, nach jüdischen Aufzeichnungen zu fragen, die in den staatlichen Archiven lagerten, und an der Universität konzentrierte sich der kleine, offiziell genehmigte Forschungsbereich für jüdische Studien auf die Juden des Mittelalters und der Renaissance.

Im November 1989, ein halbes Jahr nach dem Tod meiner Mutter, brach der Kommunismus zusammen, der meine Eltern aus der Tschechoslowakei getrieben hatte. Ich verfolgte die Ereignisse in den Zeitungen und im Fernsehen und wünschte, Frances hätte die Samtene Revolution noch erleben dürfen. Tschechen, die seit Jahrzehnten im Westen lebten, sprachen von Rückkehr. Das Land öffnete sich. Versteckte Archive wurden entdeckt. Menschen, die heimlich Unterlagen gesammelt hatten, traten an die Öffentlichkeit. Prags einst leere Synagogen wurden zur Touristenattraktion.

Ich dachte, nach der Samtenen Revolution würden viele Menschen in der Vergangenheit graben. Es war zwar niemand mehr am Leben, der die Wirtstochter Therese Frucht gekannt haben könnte, aber irgendwo mußte es doch noch ein Stück Papier geben, das ihre Existenz bestätigte. Die politischen Umwälzungen in Europa fanden gleichzeitig mit der weltweiten technologischen Neuerung statt. Wenn die Informationstechnik so viele Möglichkeiten eröffnete, wie immer behauptet wurde, würde ich Therese finden.

Ich setzte mich an meinen Computer und verfaßte einen Brief, den ich Experten für jüdische, feministische und tschechische Geschichte schickte, an den genealogischen Dienst der tschechischen Botschaft, das Rote Kreuz, die Jüdische Gemeinde in Wien, das Staatliche Jüdische Museum in Prag, das Jüdische Diaspora-Museum in Tel Aviv und die Gedenkstätte Yad Vashem in Jerusalem. Ich setzte Suchanzeigen nach der Familie Frucht in den *New York Times Book Review*, in das *Bulletin of the Czechoslovak Society of Arts and Science* und das Mitteilungsblatt der Gesellschaft für Geschichte der Juden in der Tschechoslowakischen Republik. Ich bekam ein paar Antworten, keine aber enthielt Informationen über den Namen Frucht.

Zu jener Zeit hörte ich sehr oft das *Adagietto* von Mahler, das meine Mutter sich für ihre Trauerfeier gewünscht und als Ausdruck ihres Wesens betrachtet hatte. Wie Therese Frucht war auch Gustav Mahler in der mährischen Stadt Iglau aufgewachsen. Ich las eine Mahler-Biographie nach der anderen. Die ausführlichste stammte von einem französischen Baron, der in Yale studiert hatte. Ich schrieb ihm. Er verwies mich an einen pensionierten tschechischen Lehrer in Humpolec.

Der Lehrer hieß Jiří Rychetský und arbeitete seit langem an einem eigenen Projekt der historischen Rekonstruktion, im Laufe der Zeit lernte ich noch etliche Menschen wie ihn kennen. Als Jiří ein Junge gewesen war, brach in der nahen Stadt Kaliště ein Feuer aus. Er radelte los und beobachtete, wie die Feuerwehr den Brand löschte. Zurück zu Hause sagte ihm seine Mutter, Kaliště sei ein wichtiger Ort, dort sei Gustav Mahler geboren, ein bedeutender Komponist und Jude.

Nach dem Krieg wurde Rychetský Geschichtslehrer an der örtlichen Oberschule, durch die kommunistische Weltsicht gestaltete sich der Geschichtsunterricht allerdings etwas öde. Rychetský stellte fest, daß sich der Staat nicht sehr um regionale Geschichte und Denkmäler kümmerte, sondern vor allem kontrollierte, was in der Schule gelehrt wurde, und so war es für ihn als Geschichtslehrer relativ einfach, in regionalen Archiven nach Unterlagen über Gustav Mahler, dessen Familie und Gemeinde zu forschen. In den siebziger Jahren war er ein Experte für Mahler-Forschung, in Kaliště und anderen Städten auf der Böhmisch-Mährischen Höhe hielt er Vorträge vor Musikwissenschaftlern, die von überall her anreisten, selbst aus New York und aus Tokio. Er setzte bei der Verwaltung durch, daß in Jihlava eine Gedenktafel am Mahler-Haus angebracht wurde, und in Humpolec richtete er ein kleines Museum ein, das einzige Mahler-Museum der Welt. Die Regierung unterstützte ihn nicht, er bekam aber finanzielle Hilfe aus dem Ausland und von Hunderten ehemaliger Schüler, die mittlerweile Parteifunktionäre, Archivare, Bibliothekare und Verwaltungsbeamte waren. Während seiner langjährigen Forschungen in regionalen Archiven war Rychetský mit den Juden in den Orten auf den Hügeln an der Grenze zwischen Böhmen und Mähren vertraut geworden.

Die meisten Aufzeichnungen der jüdischen Gemeinden waren zerstört. Wie Rychetský mir jedoch erklärte, waren die Habsburger Bürokraten ohnegleichen gewesen und hatten alles genau registriert. Es war zwar die berühmte Suche nach der Nadel im Heuhaufen, aber er glaubte fest, daß es gelingen würde, Therese Frucht irgendwo in den vielen Bänden der alten Register zu finden, die er nach wie vor auf den Spuren von Mahler konsultierte. Etwa zur gleichen Zeit lernte ich eine Studentin kennen, die nach Wien reisen wollte, und ich bat sie, die Unterlagen der dortigen jüdischen Gemeinde zu sichten. Eines Tages im Sommer bekam ich einen Brief.

Grüße aus Wien.
Ich habe einige Dinge gefunden, die hoffentlich von Interesse sind. Therese Sachsel sprang 1890 aus dem Fenster eines Zimmers im dritten Stock. Sie starb im Alter von sechsundvierzig

Jahren am 5. Mai um 7.00 Uhr im Allgemeinen Krankenhaus. Ihr Grab ist die Nummer 19, 19, 84 im jüdischen Teil des Zentralfriedhofs. Ihr Tod ist unter der Nummer 1814 des *Totenbuches der Jüdischen Gemeinde Wien von 1890* registriert.
Heinrich Sachsel starb im Alter von sechzehn Jahren am 29. Juli 1889 um 14.30 Uhr und wurde am 31. Juli beerdigt. Auch er liegt im Grab Nummer 19, 19, 84. Er starb an etwas, das sich wie Bauchfellentzündung liest (die Eintragung ist kaum zu entziffern).

Diese Kopie der Eintragung im *Totenbuch der Jüdischen Gemeinde Wien von 1890* war mein erstes offizielles Dokument. Wenn die Angaben stimmten, wurde Therese 1844 oder 1845 geboren, zu einer Zeit, als die Juden in den tschechischen Gebieten Böhmens und Mährens noch in jüdischen Vierteln lebten, die nach Sonnenuntergang mit einer Eisenkette verschlossen wurden, zu einer Zeit, als einige wenige für das Privileg, »geduldet« zu sein, hohe Steuern bezahlten, und die anderen als illegale Fremde siedelten oder ohne festen Wohnort durch Europa wanderten.

Wann die ersten Juden sich auf tschechischem Gebiet niederließen, weiß niemand genau, man weiß aber, daß sie aus dem Süden und Südosten kamen, aus Rom und aus dem Byzantinischen Reich. Von verschiedenen tschechischen Chronisten wird erwähnt, daß sie seit dem späten 10. Jahrhundert in Prag siedelten und sich in den darauffolgenden drei Jahrhunderten auch in anderen tschechischen Städten niederließen. Sie genossen Freizügigkeit, durften Land besitzen und als gleichberechtigte Partner mit Christen Geschäfte machen, bis die katholische Kirche Ende des 12. Jahrhunderts begann, ihre Freiheiten zu beschneiden. Seitdem wurden die in tschechischen Gebieten lebenden Juden wie auch die Juden im mittelalterlichen Deutschland und in Frankreich urkundlich als »Kammerknechte« definiert, als direkte Untertanen eines Fürsten, des Königs oder Kaisers, der ihnen Schutz gewährte.

So heißt es ganz typisch in dem Privileg des Bischofs von Speyer vom Ende des 11. Jahrhunderts:

Im Namen der heiligen und unteilbaren Dreifaltigkeit
Als ich aus dem Dorf Speyer eine Stadt machte, glaubte ich, das Ansehen des Ortes tausendfach zu erhöhen, wenn ich auch Juden dazu heranzöge. Ich habe sie außerhalb der Gemeinschaft und der Wohnung der übrigen Bürger angesiedelt und habe ihre Wohnsitze mit einer Mauer umgeben, damit sie nicht von der Unverschämtheit des Pöbels gestört werden könnten... Sie dürfen... frei Gold und Silber tauschen, alles, was sie wollen, kaufen und verkaufen... Aus Kirchenbesitz habe ich ihnen außerdem einen Begräbnisplatz mit Erbrecht gegeben... Wie der Stadtrichter unter den Bürgern, so soll der Archisynagoge jeden Streit, der zwischen ihnen oder gegen sie geführt wird, schlichten... Nachtwachen, Schutz und Unterhalt brauchen sie nur in ihrem Viertel wahrzunehmen... Ammen und Angestellte von den Unsrigen dürfen sie frei haben. Fleisch, das ihnen nach ihren religiösen Regeln verboten ist, dürfen sie frei den Christen verkaufen, diese dürfen es frei kaufen. Als Gipfel meines Wohlwollens habe ich ihnen das beste Recht gewährt, welches das Judenvolk in irgendeiner Stadt des deutschen Reiches besitzt... Um zu gewährleisten, daß diese Verordnung für weitere Generationen Gültigkeit besitzt, habe ich sie unterzeichnet und mit meinem Siegel bekräftigt.

Solche Verordnungen legitimierten zwar die Ansiedlung von Juden, schützten sie jedoch nicht vor der Feindseligkeit der katholischen Kirche, die sie als Mörder Christi ansah und ihnen vorwarf, sie würden den wahren Glauben ablehnen und aushöhlen. In den folgenden zehn Jahren nach dem Erlaß dieses Privilegs töteten die Ritter des Ersten Kreuzzugs die Juden von Speyer, Juden in anderen Städten am Rhein und Juden in einem der beiden jüdischen Viertel Prags. Seit dem 13. Jahrhundert, nachdem das Sakrament der Transsubstantiation, derzufolge das Brot und der Wein bei der Eucharistiefeier in den Leib und das Blut Christi verwandelt werden, offiziell zum Dogma der katholischen Heilslehre erklärt worden war, klagten die Christen die Juden an, sie würden die Hostie schänden und den Wein vergiften. Die katholische Kirche erließ einen Kanon, der den Juden vorschrieb, ein Zeichen zu tragen, das sie als Nichtchristen kenntlich machte, und achtete auf eine strikte Trennung von Juden und Christen.

Auf die Segregation folgte die Vertreibung. Im Jahr 1290 wurden die Juden aus England vertrieben, 1296 aus der Normandie, 1306 aus Frankreich und 1349 aus jenen deutschen Städten, in denen sie dem Morden entkommen waren. Überall wurden sie der Zwangstaufe unterworfen und beschuldigt, nicht nur die Hostie zu entweihen, sondern auch Brunnen zu vergiften, Christenkinder zu kreuzigen und zu töten und mit ihrem Blut jüdische Rituale zu vollziehen. Nach den Verheerungen durch die Pest wurden sie auch noch für den Schwarzen Tod verantwortlich gemacht.

An Ostern 1389 war Prag Schauplatz eines blutigen Pogroms. Die aus Westeuropa geflohenen Juden fanden aber in den böhmischen und mährischen Mittelgebirgen verhältnismäßig sichere Orte und gründeten dort Gemeinden unter anderen Privilegien. Immer noch durften sie ihr Auskommen nur in einigen wenigen Bereichen verdienen, die von der Kirche verachtet oder verboten waren: mit Geldverleih, Hausieren, Gerberei und Gebrauchtwarenhandel. Die tschechischen Gebiete aber waren dünn besiedelt, die Privilegien verbaten die Zwangstaufe, und im 13. und 14. Jahrhundert beschwerten sich, wie ich erfreut las, die Bischöfe, die Juden fühlten sich so frei, daß sie christliche Ammen anstellten und die Vorschriften über das Tragen von Zeichen ignorierten. Niemand will eine Märtyrerchronik anstelle von Geschichte – und was ich las, sprach dafür, daß die Juden in den tschechischen Gebieten eine Geschichte hatten.

Die Juden waren nicht die einzigen, die nach Osten zogen. Auch deutsche Siedler strömten im 13. Jahrhundert in tschechische Gebiete, sie gründeten die Stadt Iglau, nachdem in den Iglauer Bergen Silber entdeckt worden war. Die folgenden sieben Jahrhunderte blieb Iglau eine »deutsche Sprachinsel« in tschechischem Gebiet und ein Bollwerk der katholischen Kirche.

Juden und Deutsche lebten in Iglau getrennte Leben. Der erste urkundliche Hinweis auf jüdisches Leben in der Stadt ist ein Erlaß aus dem 13. Jahrhundert, der den Beischlaf zwischen Juden und Christen verbietet, ein damals in Europa durchaus übliches Gesetz. Städtische Quellen bezeugen den wirtschaftlichen Einfluß der jüdischen Gemeinde in den folgenden zwei Jahrhunderten bis zu den Religionskriegen.

Der Krieg zwischen den tschechischen Hussiten und den deutschen Katholiken prägte die Geschichte der Juden in den tschechischen Gebieten im Unterschied zur Geschichte der Juden in anderen Teilen Europas. Der Geist der Häresie und des Humanismus schlug schon früh Wurzeln in den Gebieten der böhmischen Krone und fand in dem Prager Synodalprediger Jan Hus sein einflußreichstes Sprachrohr. Hus erfreute sich sowohl der Unterstützung des Volkes als auch der Unterstützung der Universitätsfakultäten. Seine Angriffe gegen die katholische Kirche waren so gewaltig, und seine Anhängerschaft war so groß, daß es das Konstanzer Konzil 1415 für nötig befand, ihn als Ketzer auf dem Scheiterhaufen zu verbrennen.

Die Kirche unternahm fünf Feldzüge, um die Hussiten niederzuringen. Die Nachfahren der Hussiten, die sich selbst als »Krieger Gottes gegen das Heer des Antichrist« betrachteten, wehrten sich zwei Jahrhunderte lang. Wie die meisten Städte der Krone blieb auch Iglau der katholischen Kirche treu und vertrieb 1426 die dort lebenden Juden mit der Begründung, sie hätten die Hussiten unterstützt. Vierhundert Jahre lang durften die Juden nicht zurückkehren.

Die Iglauer Juden und wahrscheinlich auch Therese Fruchts Vorfahren flohen nach Vyskov und ins Südmährische Hügelland, eine Hochburg der tschechischen Protestanten. Die Rabbiner jener Zeit nannten sie verständnisvoll *Bnei Husim*, »Söhne des Hus«, oder *Bnei avazim*, ein Wortspiel mit dem tschechischen *husa* und dem hebräischen *avazim*, beide Wörter bedeuten »Gänse«. Im Gegensatz zu den deutschen Protestanten betrachteten die tschechischen Protestanten die Juden nicht als Gegner der Christen. Sie setzten sie gleich mit dem alttestamentarischen Volk Israel. Eine Gruppe, die Taboriten, benannten ihre Gemeinde sogar nach dem biblischen Berg Tabor und übernahmen mosaische Speisegebote.

Nachdem die Protestanten 1618 bezwungen waren und die katholische Kirche versuchte, alle Spuren der Reformation auszumerzen, wuchsen die jüdischen Städte auf den Hügeln zu wichtigen Vorposten heran. Einige der tschechischen Adligen, die jene Städte regiert hatten, wurden hingerichtet, andere wurden zusammen mit Tausenden anderer Protestanten aus den tschechischen Gebieten vertrieben. Ihr Grundbesitz wurde beschlagnahmt und an Fremde verteilt, die auf der Seite des Papstes gekämpft hatten. Die tschechischen Schulen wurden den Jesuiten übergeben, die tschechische Kultur wurde in den Untergrund gezwungen. So mancher tschechische Protestant verglich sein Exil mit der jüdischen Diaspora, und einige entschlossen sich, vor die Wahl gestellt, entweder ins Exil zu gehen, zum Katholizismus oder zum Judentum überzutreten, zu einem in der Geschichte einmaligen Schritt: Sie traten zum Judentum über.

Im 18. Jahrhundert war die jüdische Bevölkerung in den tschechischen Gebieten stark angewachsen, was den Deutschen so sehr mißfiel, daß sie den Kaiser anriefen und verlangten, die Zahl der Juden zu begrenzen. Die kaiserlichen »Familiantengesetze« von 1726 beschränkten die Zahl der jüdischen Familien in Böhmen auf 8541 und in Mähren auf 5106. Wollte ein Jude eine Familie gründen, so mußte er eine Familiennummer haben, die normalerweise vom Vater an den ältesten Sohn weitergegeben wurde. Das Recht, eine Nummer zu führen, war die Quelle erbitterter Familienstreitigkeiten. Die Männer warteten auf den Tod des Vaters oder des Bruders, die jüngsten Söhne mußten ehelos bleiben oder in Ehen leben, in denen die Kinder nicht vom Gesetz anerkannt waren. Tausende tschechischer Juden wurden so zu illegalen Fremden, die heimlich bei ihren Eltern Unterschlupf fanden und auf mildtätige Unterstützung angewiesen waren. Viele emigrierten in die Slowakei, nach Polen oder Ungarn. Wenn also Therese Fruchts Vater Wirt gewesen war, wie meine Mutter geschrieben hatte, so bedeutete dies, daß er und sein Vater eine solche Nummer gehabt hatten und die Familie seit Generationen in derselben Stadt gelebt hatte.

Aufgrund der eingeschränkten Berufsmöglichkeiten für Juden

in Mitteleuropa vor 1848 gab es unter den Wirten viele Juden. Destillation und Verkauf von Alkohol waren Teil eines größeren Systems, genannt *arenda*, bei dem ein adliger Gutsherr Rechte verpachtete, die aus seinem Besitz erwuchsen. Viele dieser in den tschechischen Gebieten *randar* genannten Pächter waren Juden, die beiden Wörter bedeuteten sogar an vielen Orten dasselbe.

Der deutsch-jüdische Journalist Jakob Kaufmann schrieb 1841:

> ... Am äußersten Ende des Dorfes stand ein kleines, abgesondertes Gehöfte ... »Hier wohnt der Jud'«, sagte mein Kutscher, ein stämmiger Bauernjunge, auf böhmisch ... Ich hatte ja am Fenster den Schatten einer dunklen Gestalt bemerkt, die, eine altväterliche Brille auf der Nase, in einem großen, grauen Buche las. Und wer sonst konnte dieß anders sein, als der Dorfjude, der sich vielleicht in seinem Talmud Raths erholte, wie viel Oel er am nächsten Freitag-Abend in die Sabbathlampe zu gießen habe?
>
> Da übrigens nicht die Juden die besonderen, persönlichen Freunde dieses heiligen Geistes (Branntweins), noch die Stifter der Branntweinhäuser sind, die vielmehr an den meisten Orten vom Gutsherrn erbaut und an Juden verpachtet werden, so könnte man eine Branntweinpest, wenn eine solche etwa in Böhmen grassirte, diesen allein nicht zur Last legen. Für die Juden aber knüpft sich an diese Branntweinhäuser ein eigenthümlich angenehmer Gedanke, wie an ein Stück gelobten Landes, wie an patriarchalische Stammsitze altehrwürdiger Familien, die oft zwei, drei Generationen hindurch daselbst in behaglicher Sicherheit lebten ...

Wie Kaufmann schreibt, war mancher Randar sehr reich, es gab aber auch sehr arme.

> Denke ich jedoch an den ehrlichen, gläubigen Simon, im Dorfe Obor – dann schwillt mir das Herz vor heimlicher Freude ... Mit welcher schwärmerischen Andacht feiert er seinen Sabbath! ... Simon weiß nicht bloß die ganze Bibel und die Pro-

pheten auswendig, und er hat seinen Verstand am Talmud geschärft; er spricht, wenn er gefaßt ist, auch reines Deutsch, und er liest sogar gerne deutsche Romane. Seine Lieblingsschriften aber bleiben Mendelssohns *Jerusalem* und Lessings *Nathan.* Auch hat er viel Sinn für Politik, so oft er die löschpapierene Prager Zeitung liest, vertieft er sich stundenlang in die Händel der argen Welt, und vernachlässigt seine Gäste darüber; nur daß er Alles, selbst Englands Streitigkeiten mit China, jeden Bauernaufstand in Frankreich und Spanien auf den alten, jüdischen Messias bezieht, der so gar lange ausbleibt, weil er auf einem Esel reitet ...

Simon ist chronisch mit der Pacht im Rückstand. Neben Branntwein verkauft er den Bauern Fischbein, Garn und Tabak, aber er verdient nie genug Geld, um seine vielen Kinder zu ernähren.

Mit den guten böhmischen Bauern lebt Simon auf dem freundschaftlichsten Fuß ... Selbst ungemein gläubig, sind sie nicht etwa unduldsam gegen Andersmeinende, wie die meisten ihrer Pfaffen, oder heuchlerisch tolerant, und von Aufklärung sprechend, wie der gewöhnliche Städter, sondern von der tiefsten Achtung für jeden in seiner Art Gläubigen erfüllt. Sie sprechen von Simon nie anders als mit dem Ausdruck: »Unser Jud'«, so wie sie etwa »Unser Heiliger«, »unser Einsiedler« sagen würden. Am Pessachfeste schenkt Simon keinen Branntwein aus, dieß verbietet ihm sein Ritualgesetz. Dennoch besuchen ihn seine Bauern. Jahr aus, Jahr ein genirt er sich nicht vor ihnen, nach Osten gewandt, sein Gebet zu verrichten, seine Thephilin anzulegen, und mit seinem Gebetsschleier Hut und Haupt zu vermummen. So komisch es auch aussehen mag – keiner seiner anwesenden Gäste wird darüber lächeln. Am Pessachfeste aber, welches acht Tage dauert, unterhält er sie oft mit religiösen Gesprächen, erklärt ihnen in traulicher Schwärmerei die Entstehung des Festes, übersetzt ihnen sogar ganze Stellen aus den aufgeschlagenen hebräischen Büchern in's Böhmische, mit einer kindlichen Begeisterung und mit so naivem Eifer, als

> könne er allen Ernstes hoffen, die alten Bauern zu seinem Glauben zu bekehren, und nächster Tage zu beschneiden. Und die Bauern? Die sitzen, die kurze Holzpfeife zwischen den Zähnen, den großen breitkrämpigen Hut auf der Seite, die Ellenbogen auf dem Tisch, gaffend und kopfschüttelnd und aufmerksam horchend umher. Ringsum stehen lächelnd seine Kinder und sein Weib Sara mit der hohen, faltigen Stirne. Die Bauern aber schütteln auf dem Heimwege noch einmal den Kopf und murmeln in ihren Bart: »Der ist auch ein frommer, heiliger Mann, unser Jud'.«

Ein idyllisches Bild, das Kaufmann da zeichnet – gern würde ich es glauben. Doch in weiten Teilen der mittel- und osteuropäischen Literatur wird der jüdische Wirt, wie auch der Hausierer und Geldverleiher, fast durchgängig als Schmarotzer geschildert, der von den arglosen Christen lebt. Und wenn der Randar nicht reich ist, so bereichert er sich auf Kosten des Bauern, indem er ihm Branntwein ausschenkt und ihm das Geld aus der Tasche zieht, das dessen Familie für Nahrung und Kleidung braucht, ja indem er ihm sogar die noch nicht eingebrachte Ernte für ein weiteres Gläschen Vergessen pfändet. Die Nähe der Juden zum Alkohol und ihre offensichtliche Immunität gegen die Verführung durch denselben förderten den Volksglauben, der ihnen mysteriöse, teuflische Kräfte zuschrieb. In Romanen, Theaterstücken und Erzählungen finden in der Schenke des Juden nicht nur Hochzeiten und andere Feste statt, sondern es werden auch dunkle Geschäfte abgewickelt, denn es ist der einzige Ort, an dem sich Nichtjude und Jude, Gutsherr und Krimineller treffen können.

Der Randar hörte wahrscheinlich mehr Beichten als der Dorfpfarrer, und die Schenke – neben der Kirche der einzige Ort, an dem die Menschen während der langen Winter zusammenkommen konnten – wetteiferte mit der Kirche um Geld und Seelen. Die Schenke war Gaststätte und Tanzsaal, besonders an christlichen Festtagen, zugleich aber auch Kaufladen, wo man Lebensmittel, Getreide und Tuch erwerben, und Postamt, wo man Briefe schreiben und lesen konnte. Der des Lesens und Schreibens und mehrerer Sprachen kundige Randar half den Bauern als Schreiber und Übersetzer, er war die Zentrale des Dorfklatsches, allgemeiner Informationen, und natürlich war er Hüter so manchen Geheimnisses.

Die Schnapsbrennerei erledigten auf der Böhmisch-Mährischen Höhe die Mönche und die Juden. Jüdische Frauen wurden in den Familienbetrieb gedrängt, weil man ihnen vertraute: Sie würden nichts erzählen und den Alkohol nicht trinken. Die Söhne und Vettern der jüdischen Familien verkauften das Erzeugnis, indem sie mit kleinen Fässern auf dem Rücken und einem Glas in der Hand von Stadt zu Stadt zogen. Vom Branntwein, tschechisch *pálenka* oder *kořalka*, glaubte man, er kuriere Magenschmerzen, stärke das Herz, trockne böse Körperflüssigkeiten aus und wirke sogar potenzsteigernd.

Nach 1848, als die Berufsbeschränkungen für Juden abgeschafft wurden und sie freie Berufswahl hatten, ging die Zahl der Wirte zurück. Leopold Kompert, im frühen 19. Jahrhundert in einer böhmischen Kleinstadt geboren, Journalist und einer der wenigen Autoren, welche die Erinnerung an die jüdischen Wirte lebendig halten wollten, schrieb die Geschichte *Die Kinder des Randar.*

> Wer sich gerne an Waldduft, Baumgrün und Lerchenschlag erfreut, der gehe nicht ins Getto! ... Die Leute haben zu viel Sorgen, und im Getto fehlt es an Raum. Man muß den Baum pflanzen können, um sich an seinem Schatten laben zu können, man muß in der Seele frei und ungeängstigt sein, um auf die Triller der Lerche zu horchen. Auch ist der Talmud ein gar schlechter Beiständiger für heiteren Vogelsang und das Licht der Bäume zu brennend für seine grauen Augen. Darum gehen wir auf einige Zeit zum Getto hinaus und suchen den Ort auf, wo wir das Alles finden: Luft, Grün und Lerchenschlag – ins Haus des »Randar«.

So beginnt Komperts Roman. In seinen Augen ist der Randar der mächtigste Jude im Dorf. Er geht zwar in die Synagoge, lebt aber nicht in der Judengasse, sondern über seiner Schenke, er hat jüdische Bedienstete und pflegt Umgang mit Tschechen. Seiner Frau gilt die Aufmerksamkeit des Grafen. Seine Kinder Moritz und Hannele sind die Spielgefährten des tschechischen Nachbarjungen Honza.

Honza will Pfarrer werden. Moritz überredet seinen Vater, daß er Medizin studieren darf. Eine Ausbildung für Hannele steht natürlich nicht zur Diskussion. Sie wird den Mann heiraten, den der Randar für sie auswählt, und ein jüdisches Haus führen. Die Jahre vergehen. Die Mutter stirbt. Dutzende von Freiern werden Hannele vorgestellt, sie aber weist alle zurück, denn sie kann ihre Jugendliebe Honza nicht vergessen. Da es im Dorf keine Synagoge gibt, fahren Moritz und sein Vater am Vorabend von Jom Kippur in die Stadt, um den Feiertag zu begehen. Hannele bleibt zu Hause und kümmert sich um die Schenke.

Als Hannele an Jom Kippur allein erwacht, findet sie die Markierungen nicht mehr, die ihr der Vater ins Gebetbuch gelegt hat, und ihr Hebräisch ist nicht gut genug, daß sie die Gebete selbst erkennen könnte. Außerdem belastet sie die Tatsache, daß ein weiterer Freier seinen Besuch angesagt hat, und sie beschließt, Honza aufzusuchen und Christin zu werden. Sie packt ein paar Kleider zusammen und durchwühlt die Schubladen ihres Vaters. Dort entdeckt sie ein Säckchen mit Erde aus Jerusalem. Sie leert den Beutel und füllt ihn mit Geld für ihre Flucht.

Hanneles Vater und Bruder finden bei der Rückkehr die Türen der Schenke offen, das Haus ist leer. Sie erfahren, daß Hannele bei Honza, dem Pfarrer, ist. Er teilt ihnen mit, daß sie aus freiem Willen Christin werden wolle. Moritz aber behauptet, Hannele habe keinen freien Willen, sie gehöre ihrem Vater. Sie fügt sich und kehrt nach Hause zurück. Moritz wird Dorfarzt. Der Vater stirbt. Hannele bleibt ehelos und führt ihrem Bruder den Haushalt.

Die beiden Journalisten Kompert und Kaufmann haben mir das erste Fenster zu Thereses Welt geöffnet. War meine Urgroßmutter wie die Tochter des Randar? Konnte sie Hebräisch lesen?

Kümmerte sie sich auch allein um die Schenke? War ihr tschechischer Freund auch, wie Honza, ein Spielgefährte aus ihrer Kindheit? Vielleicht ein Musiker? Oder ein Polizist, wie in den beiden alten jiddischen Volksliedern über die jüdische Wirtstochter, die von ihrem Vater wegläuft?

An manchen Tagen überwältigte mich die Sinnlosigkeit solcher Fragen, dann hörte ich Mahler oder lauschte auf die Schritte des Briefträgers. Manchmal brachte er mir einen Stapel wissenschaftlicher Zeitschriften oder dicke Umschläge mit aufgeprägtem offiziellem Briefkopf, manchmal hatte er gar nichts für mich, und ich kehrte zurück zu meinen Büchern und dachte, wie naiv ich doch war anzunehmen, ich könnte etwas rekonstruieren, das für immer zerstört war. Eines Tages brachte er mir einen Brief mit einem unbekannten Absender.

Da ich auch über die Geschichte der inzwischen ausgelöschten jüdischen Gemeinde forsche, habe ich erfahren, daß sie den Direktor des Regionalmuseums von Jihlava, die Staatsbibliothek und das Prager Zentralarchiv angeschrieben haben. Ich vermute, daß ich Ihnen weiterhelfen kann, und habe mir darum erlaubt, Ihnen diesen Brief zu schreiben. Ich besitze recht umfangreiches Material über die ausgelöschten jüdischen Gemeinden in Böhmen und Mähren. Die meisten Unterlagen betreffen Synagogen, Friedhöfe und Häuser, manchmal aber werden auch die Namen der Hausbesitzer genannt … Vielleicht haben Sie bei Ihrem nächsten Besuch die Möglichkeit, das Zentralarchiv zu besuchen, oder sie könnten jemanden, der Zeit hat und die deutsche Frakturschrift lesen kann, darum bitten. Ich selbst habe leider keine Zeit, doch wenn Sie mich brauchen sollten, so helfe ich Ihnen gerne weiter.

Wenige Monate später war ich in Prag.

Drittes Kapitel

DAS PRAGER ZENTRALARCHIV beherbergt alles, was von den Personenstandsregistern der tschechischen jüdischen Gemeinden übriggeblieben ist. Kaum hatte ich das erste von mehreren Iglauer Registern geöffnet, blickte ich mich auch schon hilfesuchend um. Die sogenannten *matriky* sind jahrhundertealte Bände von einem halben Meter Länge, verfaßt mit Gänsekiel und Tinte. Zu meiner Rechten und Linken saßen Dutzende argwöhnisch schielender Tschechen, die im ersten postkommunistischen »Prager Frühling« nach Namen suchten, um ihre Ansprüche auf Besitz zu beweisen, den die kommunistische Regierung verstaatlicht hatte, eine Fabrik, ein Haus, einen Laden. Ich fragte mich, was ich dort zu suchen hatte.

Am Morgen hatte ich meinen Mann mit einem Heft Busfahrscheine, einem Stadtplan von Prag und unseren drei und fünf Jahre alten Söhnen allein gelassen. Ich fühlte mich hin und her gerissen zwischen den Anforderungen des Familienlebens und meinem Forschungsvorhaben. Mein polyglotter Ehemann wollte aus dem Unternehmen, das er als ein Abenteuer betrachtete, nicht ausgeschlossen werden und hatte mich begleitet, nun stand er hilflos vor der tschechischen Sprache. Meine Söhne fanden jeden Morgen andere Mittel und Wege, um mich aufzuhalten, einmal klemmte ein Reißverschluß, dann meldeten sich irgendwelche Pusteln oder Bauchschmerzen – Probleme, die niemand außer mir kurzfristig lösen konnte.

Das eben heißt Familie, dachte ich, während ich zur Prager U-Bahn hetzte. Familie ist Chaos, Streß, Ansprüche, die nicht miteinander in Einklang zu bringen sind, es ist das Jonglieren mit individuellen und kollektiven Bedürfnissen, nicht irgendeine urtümliche Jagd nach Toten auf dem Papier. Familie ist nicht nur ein Ort der Liebe und Geborgenheit, sondern auch der Schauplatz von Forderungen und Vergleichen, Einmischungen, von Groll und endlosen Kämpfen um Macht und Herrschaft. Familienleben ist etwas anderes als mit Staub in der Lunge im Zentralarchiv über den *matriky* zu sitzen.

Die Register der jüdischen Gemeinde von Iglau begannen im Jahre 1867 und dokumentierten in krakeliger Frakturschrift die zunehmende Säkularisation der Juden in der Donaumonarchie. Samuel wurde zu Sigmund, Moses zu Maximilian, Isaak zu Ignatz. Auch die Frauennamen änderten sich: Rachel und Esther wurden Therese, Josephine und Franziska, wie meine Urgroßmutter, Großmutter und Mutter hießen. Mein Nacken begann zu schmerzen, Hoffmann, Heller, Steiner, Weissenstein ... aber keine Spur von dem Namen Frucht. Doch dann entdeckte ich einen Maximilian *Furcht*, Sohn des Samuel und der Marie, verehelicht 1872.

In den achtziger und neunziger Jahren des vergangenen Jahrhunderts gab es schon mehr Furchts: Alois, Elsa, Olga, Adolf, zwei Josephs und zwei weitere Maximilians. Hatte meine Mutter, ihre Mutter oder Therese die Buchstaben *u* und *r* vertauscht? Ich schrieb alle Namen ab und eilte zu dem Fremden, der mir von seinem »umfangreichen Material zu den inzwischen ausgelöschten jüdischen Gemeinden« geschrieben hatte.

Jiří Fiedler war ein kleiner, schmächtiger Mann von etwa fünfzig Jahren. Er arbeitete in einem Kinderbuchverlag. Dort traf ich ihn an einem schmalen Schreibtisch an, und er wirkte so bescheiden und zugleich exzentrisch wie die kleine Vase mit Löwenzahn auf dem Tisch. Außerdem stotterte er. Er sei nicht jüdischer Abstammung, beeilte er sich, mir zu sagen. Er habe seinen Stammbaum schon mehrmals genau nach jüdischen Vorfahren abgesucht, um sich sein seltsames Hobby zu erklären, habe aber nichts gefunden. »Die einen rauchen, die anderen erwürgen kleine Mädchen im Park – ich radle eben durchs Land und dokumentiere das Leben toter Juden.«

Ich lächelte höflich wie meistens, wenn ich mit tschechischem schwarzem Humor konfrontiert war. Tschechen und vor allem tschechische Juden neigen zu einer Form der Ironie, für die ich keinerlei Sinn habe. Durch seine lange und einsame Beschäftigung mit toten Juden war er jetzt vielleicht froh, mit einem lebenden Exemplar sprechen zu können, dachte ich verdrossen. Ich fragte ihn, wie er zu seinem Hobby gekommen sei.

Jiří Fiedler schien ungern über sich selbst zu sprechen. Ich fand immerhin heraus, daß er in der alten mährischen Stadt Olomouc geboren war, daß er zehn Jahre alt gewesen war, als die deutschen Besatzer die Tschechoslowakei verließen, und daß er miterlebt hatte, wie sich die deutschen Soldaten von der Ostfront zurückzogen und die KZ-Häftlinge nach Hause zurückkehrten. Sie wurden vorübergehend in seiner Schule untergebracht.

Mit fünfzehn stieß er auf eine alte jiddische Zeitung. Ganz langsam und mit viel Geduld entzifferte er allein die hebräischen Schriftzeichen, als wären es Hieroglyphen, und er brachte sich selbst bei, Jiddisch zu lesen. Damals erwachte sein Interesse an Regionalgeschichte. Wie Jiří Rychetský entdeckte auch Fiedler, daß *místopis*, wie Regionalgeschichte auf tschechisch heißt, eine der wenigen intellektuellen Beschäftigungen war, der man unter dem Kommunismus ungehindert nachgehen konnte. Und so radelte er über dic Nebenstraßen in der Nähe seiner Heimatstadt, machte Skizzen von Gebäuden und listete historische Stätten auf.

Nach einem Studium der Sprachwissenschaften trat er eine Stelle als Lektor an. An Wochenenden und im Urlaub packte er Schlafsack, Fotoausrüstung und Proviant aufs Fahrrad und frönte seiner Leidenschaft. Er fotografierte Kirchen, Kapellen, Burgen und Schlösser, arbeitete nachts, wenn seine Frau und seine kleinen Kinder schliefen, in der Dunkelkammer und an seinem Schreibtisch und stellte so ein umfassendes Verzeichnis von Sehenswürdigkeiten in Tschechien zusammen.

Um 1970 begann er sich für Synagogen und jüdische Friedhöfe zu interessieren. Die Friedhöfe, die er durch die Bäume hindurch erspähte, hätten geradezu danach geschrien, erzählt er, fotografiert zu werden. Die schiefen Grabsteine waren so überwuchert von Kletterpflanzen und Gestrüpp, daß er zu allem anderen nun auch noch Gartengeräte auf seinem Fahrrad transportierte.

Er versuchte, seine Frau und seine Söhne zur Mitarbeit zu bewegen, aber sie konnten seinem seltsamen Hobby nichts abgewinnen. Ihnen mißfiel, daß er so viel Zeit und Geld darauf verwendete. In den Sommerferien, während Frau und Kinder badeten und in der Sonne lagen, radelte er allein über alte Landstraßen und hielt an jeder zerfallenen Mauer, die eine Geschichte zu erzählen hatte. Fiedler versuchte des öfteren, Zugang zum Archiv des Jüdischen Museums zu bekommen, wo ein ehemaliger Schulfreund von ihm arbeitete. Das Jüdische Museum stand jedoch unter strenger Aufsicht der Geheimpolizei, und die verwehrte ihm den Zugang. So sammelte er weiterhin Karten und Fotos und legte Karteikarten der Toten an.

Er konnte nicht aufhören. Bald besaß er mehr Informationen über ehemals jüdische Gebäude und Besitzungen als das Jüdische Museum. Er verfügte über eine Sammlung alter Postkarten, sauber nach Städten und Dörfern geordnet, Stadtpläne, auf denen jüdische Häuser rot markiert waren, und stapelweise Briefe aus seiner Korrespondenz mit Dutzenden von Regionalarchivaren. In den späten siebziger Jahren betreute er zufällig ein Buch eines Mannes, der ihm nicht nur Zugang zum Jüdischen Museum, sondern auch finanzielle Unterstützung für seine Forschungsarbeit verschaffte. In den achtziger Jahren war Fiedler der maßgebliche Experte für die Angelegenheiten der tschechischen Juden, wer zu dem Thema forschte, konsultierte ihn. Seine Judaica, darunter an die siebzigtausend Fotos, füllten die Regale und Schränke eines ganzen Raumes seiner Vierzimmerwohnung.

Als ich ihm sagte, ich hätte in den *matriky* keine Fruchts gefunden, allerdings eine Reihe von Furchts, erklärte er mir, eine solche Vertauschung von Buchstaben sei sehr verbreitet gewesen. Wer würde denn nicht lieber Frucht heißen als Furcht? Er sprach mit mir wie ein Trainer mit einem ermatteten Sportler. Ich hätte Glück, sagte er, Furcht sei ein ungewöhnlicher Name in Tschechien. Er könne sich nicht erinnern, bei seinen Reisen jemals darauf gestoßen zu sein.

Er riet mir, einen Wagen zu mieten und auf die Böhmisch-Mährische Höhe und nach Jihlava zu fahren. Ich solle aber nicht zuviel erwarten. Die Juden waren im 15. Jahrhundert aus allen Residenzstädten vertrieben worden und erst 1848 nach Iglau zurückgekehrt. Er war sicher – ich hatte ihm erzählt, daß Therese einen tschechischen Freund gehabt hatte –, daß Therese eine tschechisch sprechende Jüdin vom Land war, aus einem der Orte in den Hügeln, wo die Juden von den Landesherren geschützt wurden. Wenn ich früh losführe, könnte ich am Abend wieder in Prag sein. Er malte für Jihlava einen Punkt auf ein Blatt Papier, weitere sieben Punkte drum herum und erzählte mir von den Bergstädten.

Die erste war Puklice, fünf, sechs Kilometer von Jihlava entfernt, mit einem dreihundert Jahre alten Friedhof. Die zweite Brtnice, siebzehn Kilometer südöstlich von Jihlava gelegen, mit einer sehr alten Gemeinde, gegründet in der ersten Hälfte des 15. Jahrhunderts. Es gebe dort bemerkenswerte Grabsteine, die Synagoge sei kürzlich abgerissen worden, um Platz für ein Kaufhaus zu schaffen. Die dritte Stadt war Polná, bekannt durch den Ritualmordprozeß gegen Leopold Hilsner im Jahr 1899. Ein gutes Museum. Ich solle auch nach Větrný Jeníkov, Třešť, Batelov und Úsobí gehen, allerdings gebe es natürlich an keinem dieser Orte noch Juden, mit denen ich sprechen könnte.

Ich hatte nicht die Kraft, diese Expedition allein zu unternehmen, meine Familie wollte ich aber auch nicht dabeihaben. Glücklicherweise hatte ich einen tschechischen Freund, der mich gern begleitete: Jiří Tichý, geboren 1946, Sohn eines Juden und einer Christin. Während der Besatzung kam sein Vater in ein Konzentrationslager, seine Mutter arbeitete in der Widerstandsbewegung mit. 1947, als Jiří ein Jahr alt war, verließ sein Vater die Familie. Er ging nach Israel und kehrte nie wieder zurück.

Als die Reisebeschränkungen für Tschechen im Frühjahr 1968 vorübergehend gelockert wurden, drängte Jiřís Mutter ihren Sohn, nach Israel zu fliegen. Das Wiedersehen mit seinem Vater gestaltete sich schwierig und wurde noch belastet durch Jiřís Abneigung gegen das Land. Als Kunststudent in der Tschechoslowakei saß er gern in Kneipen und diskutierte über Kunst und Literatur. In Jerusalem, wo ich ihn kennenlernte, gab es nur wenige Kneipen, man trank nicht, das Klima war rauh, die Gebäude häßlich, der Lebensstil völlig anders. Jiří fühlte sich zwar als Jude, konnte aber mit dem jüdischen Staat nichts anfangen. Er konnte sich ein Leben anderswo als in Prag nicht vorstellen und kehrte 1970, nach dem sowjetischen Einmarsch, nach Hause zurück.

Damals war er vierundzwanzig – unbeschwert, leidenschaftlich und entschlossen, die sowjetische »Normalisierung« zu sabotieren. Er nahm zunächst eine Stelle in einer Druckerei an, verlor sie aber wieder, weil er sich weigerte, »irgendwelchen Unsinn« zu produzieren. Danach arbeitete er in einem Theater, das wenig später von der Regierung geschlossen wurde, darauf in der Nationalgalerie und in anderen Museen, bis seine Zugehörigkeit zur tschechischen Dissidentenbewegung entdeckt wurde.

Anfang der achtziger Jahre verrichtete er vier Jahre lang Hilfsarbeiten auf dem Bau. »Dreck, Tritte, Kälte«, erzählte er mir auf der Fahrt über die neue Autobahn nach Jihlava. Weitere fünf Jahre arbeitete er beim Prager Gartenbauamt. »Tulpen pflanzen, Rasen mähen.« Während jener Zeit half er beim Vertrieb von Untergrundliteratur, schrieb und gab einen eigenen Essayband heraus. Er kam ins Gefängnis – was gar nicht so schlimm war, wie er erwartet hatte. Er wurde nicht geschlagen, konnte sogar außerordentlich gute Diskussionen dort führen. Daß er das Ende des Kommunismus miterleben konnte, wog für ihn alle Leiden und Schikanen auf. Mittlerweile war er akkreditierter Journalist und hatte soeben als Mitglied des Pressecorps Václav Havel auf einer Israel-Reise begleitet. Seine Identität als tschechischer Jude war ihm wichtiger denn je, und er zeigte sich sehr interessiert an meinem Projekt, einer Vergangenheit nachzuspüren, die uns beiden gehörte.

Unsere erste Station in Jihlava war Charlotte Janů, pensionierte Verwaltungsangestellte eines Krankenhauses, nun Ende Sechzig. Lotte war während des Zweiten Weltkrieges von der Familie ihrer Mutter, Christen, versteckt worden, nachdem die Nazis ihren Vater, einen Juden, deportiert hatten. Seit dem Zusammenbruch des Kommunismus stand sie mit Freunden in Israel in Kontakt. Meine Suche nach Therese betrachtete sie als Möglichkeit, einen Teil ihres eigenen Lebens wiederzufinden. Sie war unsere Führerin in Jihlava. Obwohl Jiří Fiedler meinte, wir würden nur unsere Zeit dort verschwenden, wollte ich die Stadt sehen, in der nach Meinung meiner Mutter ihre Großmutter gelebt hatte.

Auf alten Postkarten stellt sich Iglau als malerisches Städtchen dar mit einem der größten Hauptplätze in Mitteleuropa. In der tschechischen Stadt Jihlava wurde dieser Platz durch ein Kaufhaus verschandelt, das die ganze Häßlichkeit billiger stalinistischer Architektur verkörperte. Die Rußschicht, die jedes Gebäude in Tschechien zu überziehen schien, war hier besonders dick. Das Museum hatte geschlossen. Einen Stadtplan zu bekommen erwies sich als ein Ding der Unmöglichkeit.

Ich fühlte mich nicht wohl in Jihlava, ich war nervös. Immer mußte ich an das Dekret denken, das den Beischlaf zwischen Christen und Juden verbot, an die Vertreibungserlasse aus dem 15. Jahrhundert, an die Polizeiberichte, welche die Namen der wenigen Juden dokumentierten – Kohn, Kopperl und Weissenstein –, die es geschafft hatten, sich von dem vierhundert Jahre währenden Ausschluß der Juden aus dem öffentlichen Leben loszukaufen, und an die kommunalen Verordnungen, die es untersagten, Wohnungen an Juden zu vermieten. Der offizielle Stadtführer *Jihlava: Stadt der Tschechoslowakischen Sozialistischen Republik* war ein trostloses Beispiel kommunistischer Geschichtsschreibung. Am Rande wurde erwähnt, daß der Komponist Gustav Mahler in der Stadt seine Jugend verbracht hatte.

Wir spazierten zu dem Haus, in dem Mahler gelebt hatte. Die Gedenktafel war schmutzig, die Mauern stanken nach Urin. Die Klänge von Mahlers Welt – das Hufegeklapper auf dem Kopfsteinpflaster, die Musik des Leierkastenmanns, die Blaskapellen der kaiserlichen Garnisonen – waren lange verklungen. Eine Tafel mit Mahlers Selbstbeschreibung als dreifach Heimatloser »in Österreich als Böhme geboren, ein Österreicher unter Deutschen und Jude auf der ganzen Welt« wäre sehr viel passender gewesen.

Der Zustand des Ortes deprimierte mich so sehr, daß ich das Schild der Brtnice-Straße, benannt nach einem der Bergorte auf meiner Liste, gar nicht bemerkte.

Ich wollte weg, aufs Land fahren und die Rundreise durch Puklice, Brtnice, Polná, Větrný Jeníkov, Třešť, Batelov und Úsobí beginnen, die Jiří Fiedler mir empfohlen hatte. Lotte kannte jemanden, der in Brtnice geboren war. Sie rief dort an und schrieb uns den Namen einer älteren Dame auf. Ein paar Minuten später fuhren wir über enge Nebenstraßen durch eine Landschaft, die Aussehen und Charakter der vorindustriellen Zeit bewahrt hatte.

Leopold Komperts Roman *Die Kinder des Randar*, aber auch jedes Märchen der Gebrüder Grimm hätte in Brtnice spielen können. Die kleine Stadt ist umgeben von sanften Hügeln, auf denen Gerste und Roggen wachsen, die Felder sind von Hecken begrenzt. Aus den Kaminen der Bauernhäuser steigt Rauch auf, hier und da steht ein Holzkarren an der Straße. Geduckte Häuser, winzige Gärten – alles in Miniatur. Und hoch oben über dem Fluß, der mitten durch den Hauptplatz fließt, steht ein verlassenes Schloß mit einem Park und einer Renaissancekirche. Die Straße, auf der wir nach Brtnice kamen, die einzige Durchgangsstraße, war verlassen. Am Kaufhaus vorbei, das an der Stelle der ehemaligen Synagoge errichtet worden war, fuhren wir auf den zentralen Platz.

Ich stellte den Motor ab, und als einzige Geräusche blieben Vogelgezwitscher und das Rauschen des Windes. Ein Gefühl der Vertrautheit überkam mich. Anders als in Jihlava fühlte ich mich hier außerordentlich wohl.

Lottes Kontaktperson, Frau Matlová, war fünfundachtzig. Der Anblick, wie sie in ihren schlammbespritzten, halboffenen Stiefeln und mit ihrem Kopftuch inmitten einer Schar gackernder Hühner stand, wirkte wie eine Dorfszene aus dem 18. Jahrhundert. Lotte erklärte ihr, daß ich Amerikanerin sei und nach Spuren meiner Urgroßmutter Therese Furcht suche, die möglicherweise vor hundertfünfzig Jahren in Brtnice geboren worden sei.

Frau Matlovás hellblaue Augen wanderten langsam an mir hinunter. Dann deutete sie auf ihren Eimer und ihre Hände. Sie wollte sich wohl ein wenig saubermachen und uns ins Haus bitten. Ich sagte ihr, daß wir noch sechs weitere Städte besuchen wollten und nicht sehr viel Zeit hätten. Frau Matlová wandte ihren Blick nicht von mir und begann zu erzählen: Im Jahr 1921 – sie war damals fünfzehn Jahre alt – bekam sie im Laden von Frau Furcht eine Anstellung. Herr Furcht war in Brtnice geboren, auch seine Eltern stammten aus Brtnice, sie waren alte Leute, die alte Kleider verkauften. Die Menschen sagten *U Šmulíka*, »Bei Schmulik«.

Die Beiläufigkeit, mit der sie den Namen Furcht aussprach, raubte mir den Atem. Ich war wie betäubt. Ich setzte mich auf die Bank, wobei ich die Hühner aufscheuchte, und überließ es meinen Begleitern, Fragen zu stellen. Gab es in der Stadt einen Chronisten? Konnte man ihn zu Hause antreffen? Tatsächlich, es gab jemanden. Er hieß Augustine Hons, war ehemaliger Major, Archivar und Amateurfotograf und hatte jeden Winkel der Stadt abgelichtet.

Benommen ging ich zu Augustine Hons' Haus. Ich sog die Luft richtiggehend ein. Die Straße, in der er wohnte, war ein Pfad zwischen Holzstößen. Irgendwo krächzte ein Hahn. Es gab weder Hausnummern noch Klingeln. Wir riefen ein paarmal *»Pane Hons!«*, und dann erschien ein Mann in Frau Matlovás Alter. Mit seiner zerbeulten Baskenmütze und einer ausgebleichten Schürze über seinen Pullovern sah er aus wie ein Bäcker aus einem Märchen von Hans Christian Andersen. Er war überrascht, daß jemand, der nicht aus Brtnice kam – von Amerika gar nicht zu reden –, nach ihm fragte, aber er wollte uns natürlich gern seine Fotografien zeigen.

Wir setzten uns auf eine Holzbank, und Hons holte seine Fotos, sorgfältig beschriftet und in Stapeln geordnet: die Kapelle, das Schloß, die Synagoge, die jüdische Schule. Ich betrachtete jedes einzelne Foto genau, und das Gefühl der Sicherheit wurde immer stärker. Meine Mutter war nie in Brtnice gewesen, und auch meine Großmutter hatte nie von dem Ort gesprochen. Trotzdem wußte, daß ich mich an dem Ort befand, aus dem Thereses Familie stammte.

Die etwa dreißig Meter entfernt gelegene Kapelle sei von einem Architekten aus Florenz erbaut worden, erzählte Herr Hons. Und tatsächlich besaß die ganze Stadt italienisches Flair. Während der Gegenreformation hatte der Kaiser die Stadt an

Graf Rombald von Collalto und San Salvatore gegeben. Bis 1945 die Sowjets kamen, hatte Brtnice der Familie Collalto gehört. Die Collaltos brachten italienische Architektur, Mönche und Musik nach Brtnice. Vivaldi hatte in ihrem Auftrag gearbeitet.

Die industrielle Revolution war, wie Hons erklärte, an Brtnice vorbeigegangen. Im 18. Jahrhundert war die Stadt bekannt für ihre Baumwoll- und Schafledermanufakturen, die eine stattliche Anzahl von Handwerkern beschäftigten, mit der Industrialisierung jedoch schlossen sie. Da es keine anderen Betriebe in der Region gab, wo die Menschen hätten Arbeit finden können, baten die Einwohner von Brtnice, an das Eisenbahnnetz angeschlossen zu werden, das damals durch die ganze Donaumonarchie gezogen wurde. Die Familie Collalto lehnte dies jedoch ab, weil sie fürchtete, sie würde ihre Landarbeiter an die Fabriken in anderen Teilen des Landes verlieren. In Brtnice wurde nie eine größere Fabrik gebaut. Das Bier aus der Brauerei mußte weiterhin auf Karren zu den Abnehmern transportiert werden, die Habsburger verlegten die Verwaltung in eine besser erreichbare Stadt, und die Einwohnerzahl von Brtnice, in den besten Zeiten um dreitausenddreihundert, schrumpfte.

Zum ersten Mal konnte ich mich in Thereses Welt einfühlen. Es war nicht das arme, staubige osteuropäische *Schtetl*, es war auch nicht die hoffnungslos überbevölkerte deutsche Judengasse – es war etwas Angepaßteres, etwas, das sich besser ins Leben der Christen einfügte. Wenn man auf deutsch ein verschlafenes, abgelegenes Nest beschreiben will, einen Ort, den außerhalb seiner Mauern niemand kennt, spricht man von »böhmischen Dörfern«.

Brtnice war kein Dorf im engen Sinn, eher eine dörfliche Stadt. Es gab dort vier verschiedene Bevölkerungsgruppen: die italienischen Adligen auf dem Schloß, die deutschsprachigen kaiserlichen Verwalter, die tschechischen Bauern und die Juden. Um die Zeit von Thereses Geburt war die jüdische Gemeinde von einer Handvoll Familien im 17. Jahrhundert auf einen Höchststand von etwa sechzig Familien angewachsen, ihnen gehörte rund ein Drittel der Häuser von Brtnice. Der Graf und seine Entourage jagten und feierten Feste, die Verwalter führten die Bücher, die Bauern, jahrhundertelang Leibeigene des Landesherrn, arbeiteten hart auf den Feldern und in den Wäldern und wandten sich um Rat an den Pfarrer und den Schullehrer.

Einige Juden pachteten vom Grafen grundherrliche Rechte, zum Beispiel das Recht, seine Schenke oder seine Brennerei zu betreiben, oder das Recht, Brückenzölle zu erheben. Im 18. Jahrhundert gab es eine jüdische Hebamme, einen jüdischen Metzger, einen Schneider, einen Bäcker, einen Buchbinder und einen Knopfmacher. Das erfolgreichste Mitglied der Gemeinde hatte ein Textilunternehmen gegründet und lagerte Arbeit in die Nachbardörfer aus, die halbe jüdische Gemeinde schuldete ihm Geld. Die meisten Juden in Brtnice waren jedoch Händler. Am Sonntagmorgen verließen sie mit leeren Kiepen und Bündeln die Stadt und zogen von Dorf zu Dorf, wo sie Schaf- und Hasenfelle, Getreide, Mohnsamen, Flachs, alte Töpfe und Alteisen, Talg zum Seifensieden und Kerzenziehen und vor allem Gänsefedern aufkauften. Sommers wie winters wanderten sie unverdrossen über die Hügel und wichen bissigen Hunden und Steinen aus, welche die Dorfkinder nach ihnen warfen. Mitte des 19. Jahrhunderts schilderte Božena Němcová die Stellung der Juden im ländlichen Leben in ihrem Sittenroman *Großmutter*, einem Klassiker der tschechischen Literatur.

> Sobald es dunkelte, ging der lange Moses um die Alte Bleiche ... Er war sehr groß und dürr wie eine Bohnenstange, schaute böse drein und trug einen Sack über der Schulter. Die Magd Betka erzählte, daß er die unartigen Kinder hineinsteckte – seitdem wurden die Kinder, kaum daß der lange Moses auftauchte, über und über rot. Zwar verbot die Großmutter Betka solche Redereien, aber als Ursula, die andere Magd, sagte, Moses sei ein Langfinger und an seinen Hände bleibe manches kleben, sagte Großmutter nichts mehr. Es mußte schon eine dunkle Bewandtnis mit diesem Moses haben, und den Kindern blieb er nicht geheuer, auch als sie nicht mehr glaubten, daß er die Kinder in seinen Sack stecke.

Trotz ihres »Andersseins« hatten die Juden wie der lange Moses regelmäßig Kontakt mit den Bauern. Sie trieben Handel, boten ihre Dienste als Ärzte, Tierärzte und Ratgeber an und brachten wie die mittelalterlichen Troubadoure Neuigkeiten aus der ganzen Welt in die Dörfer, denn Zeitungen waren zur damaligen Zeit eine Seltenheit. Die Juden waren so wichtig für die Wirtschaft der ländlichen Gebiete, daß Handelsmessen nur zu Zeiten angesetzt wurden, die sich nicht mit jüdischen Feiertagen überschnitten.

Der jüdische Wirt und der jüdische Hausierer gehörten zum ländlichen Leben. Die Schenke war ein Treffpunkt der Gemeinde. Dort fanden Hochzeiten stand, hohe Festtage wurden begangen, es gab aber auch Raufereien, und so mancher Zecher mußte an den Füßen aus dem Lokal geschleift werden. Wegen seiner Nähe zur Welt der Christen, seines Umgangs mit Christen und weil er am Sabbat nicht immer seine Schenke schloß, sahen fromme Juden auf den Wirt herab, auch wenn er reich war und sich in der Synagoge einen Platz in der ersten Reihe kaufen konnte. Außerdem lag die Schenke außerhalb der Gemeinde. Und im Gegensatz zu dem Bild, das Kaufmann von dem frommen Simon zeichnet, wurde der Wirt oft als *amhoretz* betrachtet, als ein unwissender Mann, der seinen Geist nicht am Talmud und an der Tora geschult hatte. Ein Randar mußte freundlich sein zu den Leuten, die seinen Branntwein tranken, bei ihm Karten spielten und ihm in einem unbesonnenen Augenblick Dinge anvertrauten, die sie dem Lehrer oder dem Pfarrer niemals erzählen würden. So eine Umgebung mußte einen Juden natürlich beeinflussen – von seinen Kindern ganz zu schweigen.

Hinter der Fassade der geschlossenen jüdischen Gemeinde kämpften die Juden jener Bergorte untereinander hart um ihre gesellschaftliche Stellung, wie der Literaturhistoriker Oskar Donath in den zwanziger Jahren berichtete. Die vorderen Reihen in der Synagoge waren den Reichen vorbehalten, die Armen mußten mit Plätzen in den hinteren Reihen vorliebnehmen. Ein Randar würde sich niemals herablassen, freundschaftlich mit einem Hausierer oder einem Schneider zu verkehren. Der Konkurrenzkampf unter den Geschäftsleuten wurde so heftig geführt, daß sie sich, wie ein Sprichwort sagt, »gegenseitig in einem Löffel voll Wasser ertränken könnten«.

Kleinstadtjuden wie die Juden von Brtnice, die den Vorteil hatten, eine eigene Synagoge und einen eigenen Friedhof zu besitzen, kümmerten sich um die jüdischen Familien, die vereinzelt und isoliert auf den Dörfern lebten. An *Sukkot*, dem Laubhüttenfest und jüdischen Erntedankfest, trugen sie die liturgische Zitrusfrucht *Etrog* und den *Lulaw*, den myrtenumwundenen Palmzweig, auf die Dörfer hinaus. An Purim lasen sie den Frauen, die nicht in die Stadt gehen konnten, die *Megilla* vor, und das ganze Jahr hindurch erinnerten sie die Dorfjuden an die jüdischen Feiertage. Wenn die Juden aus den Dörfern zur Feier des Sabbats nach Brtnice kamen, empfingen die Stadtjuden sie zwar gastfreundlich, gleichwohl wurden sie wie Bauerntölpel behandelt.

Um den Sabbat von anderen Tagen zu unterscheiden, grüßten sich die Jüdinnen meist nicht auf tschechisch, sondern im sogenannten *žargon*, im »Judendeutsch«, einem jiddischen Dialekt. Manche lasen Bücher auf jiddisch, aber »es mangelte auch nicht an Frauen, die sich mit den deutschen Klassikern beschäftigten«, wie Donath schreibt. Ich kann mir vorstellen, daß das Leben der Wirtstochter Therese Furcht eine reiche Quelle des Klatsches gewesen sein mußte. Einer Schriftensammlung des Museums im nahen Polná ist zu entnehmen, daß »Juden an Feiertagen und in ihrer Freizeit vor ihren Häusern saßen, über ihre Geschäfte sprachen und die Probleme der Menschen, einschließlich ihrer eigenen Familie, erörterten«.

Die Landjuden des 19. Jahrhunderts lebten in außerordentlich großen Familien. Jüdische Familienväter galten bei den tschechischen Bauern als überaus potent, hatten sie doch oft zwölf bis fünfzehn Kinder mit einer Frau. Der tschechisch-jüdische Schriftsteller Vojtěch Rakous, der selbst aus solch einer vielköpfigen Familie stammte, behauptete, seine Eltern hätten nie genau gewußt, wie viele Kinder sie eigentlich hatten. In seiner Kurzgeschichte *Über eine Person, die nicht weiß, wann sie geboren wurde* schildert er seine Schwierigkeiten, in solch einer großen Familie seinen Geburtstag herauszufinden.

Mit so zahlreicher Nachkommenschaft, um die es sich zu kümmern galt, war eine große Sorge der Frauen, die Kinder gut zu verheiraten. Normalerweise veranstalteten die Heiratsvermittler zu Purim eine *Beschau* und »sichteten« Heiratsinteressenten aus der Gesamtheit der jüdischen Familien in anderen Teilen Böhmens und Mährens. Für die Familie des Bräutigams zählte in erster Linie die Höhe der Mitgift des Mädchens, denn die Mitgift wurde oft dazu verwendet, dem Bräutigam ein eigenes Geschäft einzurichten. Ausschlaggebend für die Familie der Braut war lange Zeit die jüdische Erziehung des Bräutigams, im 19. Jahrhundert trat dieses Kriterium jedoch langsam gegenüber dem Ruf der Familie und einem gesicherten Auskommen in den Hintergrund.

Die jüdischen Sprichwörter aus der Sammlung Polná sagen: »Leuten Geld zu schulden ist keine Schande; ein guter Jude schuldet immer jemandem mindestens fünfhundert Zlatý.« »Leg dich nicht zu einer menstruierenden Frau.« »Wenn du ein friedliches Haus willst, darfst du nicht mit deinen Kindern unter einem Dach leben.« »Kaufst du ein Feld, so ißt du bloß Brot und Salz zu Abend, kaufst du aber einen Laden, so ziehst du guten Profit daraus und hast jeden Abend Fleisch und Wein zum Essen.« Und: »Einer allein kann es nicht gegen hundert aufnehmen, hundert aber verbünden sich leicht gegen einen.«

Die Landjuden lebten in einer Gesellschaft, die von den Jesuiten so gründlich rekatholisiert worden war, daß fast an jeder Kreuzung eine Heiligenstatue den Geist auf die Kirche ausrichten sollte. Die Juden erlebten die Prozessionen an Fronleichnam, die Feiern zu Sankt Stephanus und Sankt Nikolaus, das Erscheinungsfest, Christi Himmelfahrt und Weihnachten. Sie beobachteten, wie die Bauern an Johanni Besenstiele banden und sie brennend in die Luft warfen. In der Karnevalszeit waren die Juden auf der Hut, denn oft wurden sie gegen ihren Willen in christliche Feiern einbezogen, und wenn an Ostern die alten Anschuldigungen des Christusmordes und der Ritualmorde wieder auflebten, waren sie erst recht vorsichtig. Der Tag wurde durch das Läuten der Kirchenglocken eingeteilt, das die Gläubigen zur Messe rief, das Jahr durch die kirchlichen Prozessionen auf der Hauptstraße von Brtnice.

Die Christen kannten natürlich auch viele jüdische Feiertage. Sie wußten, daß der Sabbat am Freitagabend begann und endete, wenn Samstagnacht die Sterne aufgingen. Sie wußten, daß ein jüdischer Hausierer lieber vor Hunger sterben würde, als Essen aus der Küche des Bauern anzunehmen, mit dem er den Abend verbracht hatte. Sie glaubten, daß die Jahre, an denen das jüdische Passahfest mit Ostern zusammenfiel, besonders gute Ernten verhießen. Wenn die Juden aus den Dörfern im Herbst in die Stadt kamen, um das jüdische Neujahrsfest Rosch Haschana und Jom Kippur zu begehen, sagten die Bauern: »Ich habe die Juden reiten sehen – der Schnee kann nicht mehr weit sein.« Und wenn die Klänge des *Schofar* ertönten, scherzten sie: »Die Juden blasen zum Frost.«

In Brtnice war die Grenze zwischen der Judengasse und den Straßen der Christen kaum sichtbar. Dort hat nie eine Vertreibung den Lauf jüdischen Lebens gestört, nur ein einziger antisemitischer Gewaltakt aus dem Jahr 1851 ist dokumentiert. Die Synagoge von Brtnice war nicht wie in manchen anderen mitteleuropäischen Städten in einem Hof hinter einer Schutzmauer versteckt, sondern stand an der Hauptstraße mit Blick auf die umliegenden Hügel. Juden, die in Wien oder Iglau verfolgt wurden, suchten Zuflucht in Brtnice, auch noch im Zweiten Weltkrieg. Beim Einmarsch der Nazis 1942 lebten in Brtnice neun Mitglieder der Familie Furcht.

Und so saß ich nun auf Augustine Hons' Holzbank, hundert Meter entfernt von dem Gebäude, wo, wie ich später erfahren sollte, Thereses Mutter ihre letzten Lebensjahre verbracht hatte. Ich konnte mich kaum rühren, so aufgeregt war ich. Wie aus weiter Entfernung hörte ich, daß Jiří nach dem jüdischen Friedhof fragte und daß Herr Hons ihm erklärte, der Schlüssel liege im Gericht und das Gericht sei geschlossen.

Jiří und ich machten uns auf den Weg zum Friedhof. Die Stadt war in goldenes Nachmittagslicht getaucht. Ich sagte mir, jeder, der hierherkam, müsse sich von der Stille und Schönheit der Stadt angezogen fühlen. Eine innere Stimme aber flüsterte mir zu: Du gehörst hierher.

Der Friedhof war von einer hohen Mauer umgeben. Wir folgten der Mauer bis zu einem großen Holzportal, gesichert durch einen Eisenriegel mit einem Vorhängeschloß. Ein paar Schritte vor dem Portal blieb ich stehen. Jiří und ich waren zusammen auf dem Friedhof von Roudnice an der Elbe gewesen, wo mehrere Generationen aus der Familie meines Vaters begraben lagen. Die Gräber dort waren geschändet, umgegraben von Plünderern auf der Suche nach Grabbeigaben oder von Jugendlichen, die nichts Besseres zu tun hatten, Grabsteine waren als Baumaterial entwendet worden. Ich wollte so etwas nicht noch einmal sehen. Und wenn Frau Matlová sich irrte? Über einen ehemaligen Chef zu sprechen, war eine Sache, eine ganze Familie – meine ganze Familie – zu finden, eine andere. Ich wollte nicht entdecken müssen, daß mein Gefühl, es gebe da eine Verbindung, nur eingebildet oder der Sehnsucht nach etwas Unwiederbringlichem entsprungen war.

Jiří teilte mein Zaudern nicht. Er ging auf das Schloß zu, zog einmal kräftig daran, und der Riegel fiel von dem hohen Holzportal. Er öffnete die Tür, ich folgte ihm. Das Gras stand hoch, die Gräber waren jedoch unberührt. Direkt vor uns in der ersten Reihe erblickte ich zwei hohe Marmorsteine und darauf in dicken Lettern die Namen FURCHT und FRUCHT. Ich stand da wie angewurzelt. Erleichterung überkam mich, mein Herz schlug wieder normal.

Viertes Kapitel

Im laufe der neunziger jahre fuhr ich noch mehrere Male nach Brtnice. Frau Matlová starb kurz nach unserer ersten Begegnung, Herr Hons wurde krank, dafür begleitete mich Jiří Rychetský aus dem nahen Humpolec durch die von manchen Einwohnern immer noch so genannte Judengasse und über die Judenbrücke. Studien über Mahler füllten nach wie vor Rychetskýs Pensionärsjahre aus. Er hatte einem Astrologen geholfen, sehr genau den Zeitpunkt von Mahlers Geburt zu bestimmen, und er hatte einen Forscher und eine Forscherin in seinem Mahler-Museum beherbergt, die wenig später heirateten. Eines Tages wurde im südböhmischen Šepekov ein jüdisches Archiv entdeckt, das dort seit dem Zweiten Weltkrieg versteckt gewesen war. Rychetský reiste auf der Suche nach Unterlagen über Mahler hin und fand ein Register der jüdischen Gemeinde von Brtnice für den Zeitraum 1771 bis 1835. Der Band enthielt Namen und wichtige Daten aller Vorfahren von Therese. Ihr Vater Lazar Furcht war 1811 als zweites von acht Kindern zur Welt gekommen, ihre Mutter Josephine Ullmann 1807 als jüngstes von zwölf Kindern. Mit Hilfe einer Heckenschere legte Rychetský im überwucherten Friedhof von Brtnice zehn Grabsteine mit dem Namen Furcht frei, darunter auch den niedrigen, halb in der Erde versunkenen Grabstein von Josephine.

Mit den Jahren betrachtete ich Jiří Fiedler und Jiří Rychetský als Reisegefährten und als Vertreter der philosemitischen Tradition, die mit den Hussiten ihren Anfang genommen und in Tomáš Garrigue Masaryk, dem ersten Präsidenten der Ersten Tschechoslowakischen Republik, ihre Verkörperung gefunden hatte. Ich war den beiden Jiřís nicht nur zu Dank verpflichtet, daß sie mich nach Brtnice begleiteten, ich spürte bei ihnen auch den Geist intellektueller Unabhängigkeit und ruhiger Beharrlichkeit, der mir half, die harten und enttäuschenden Phasen meiner Suche durchzustehen.

Ich war mit den wehmütigen Erinnerungen meiner Mutter an die Tschechoslowakei aufgewachsen.

Ihren amerikanischen Freunden hatte sie erzählt, bis zum Aufstieg Hitlers habe sie nicht gewußt, daß sie Jüdin war, und die Tschechoslowakei der Vorkriegszeit sei ein freierer und fortschrittlicherer Staat gewesen als das Amerika der Nachkriegszeit. In den Augen meiner Eltern war Antisemitismus eine deutsche Erfindung und wurde der versklavten tschechischen Nation gegen ihren Willen aufgezwungen. Diese Sicht gefiel mir, dem nach dem Sieg über den Nationalsozialismus geborenen Kind, ich fand sie tröstlich.

Doch als mich dann die beiden Jiřís mit Unterlagen, Büchern und Gedanken eindeckten, stellte ich fest, daß Gut und Böse in der Geschichte nicht klar entlang der ethnischen Grenzen verteilt waren. Ich las nationalistische und antisemitische Abhandlungen aus tschechischer Feder und liberale Texte aus deutscher Feder.

Wie alle Juden in den tschechischen Gebieten verdankten auch die Furchts ihre Freiheit dem österreichischen Kaiser Joseph II. Sein Interesse an den Juden war eher praktischer als humaner Natur gewesen. In dem Bewußtsein, von drei mächtigen Nationen umgeben zu sein – dem starken, zentralistischen Frankreich im Westen, Preußen im Norden und Rußland im Osten –, strebte er nach der Einigung seiner Herrschaftsgebiete, die sich von der dalmatinischen Küste bis nach Polen und von der Grenze zur Schweiz bis an die Tore des Osmanischen Reiches erstreckten. Er versuchte, die Macht der Kirche, der adligen Gutsherren und der lokalen Ständeversammlungen zu beschneiden und dem Reich ein einheitliches Verwaltungs- und Schulsystem mit Deutsch als Amtssprache zu geben. In der Folge wurden die Strukturen verändert, die Juden jahrhundertelang ausgeschlossen und ausgegrenzt hatten.

Der Kaiser hob die unmenschlichen »Familiantengesetze« nicht auf, die nur einem Sohn aus jeder jüdischen Familie erlaubten, zu heiraten und an seinem Geburtsort zu bleiben. Er gestattete den Juden auch nicht, außerhalb der abgesperrten jüdischen Viertel zu wohnen. Doch sein Toleranzpatent war ein Programm zur »Verbesserung für die Juden«, ein Rezept, wie er sie zum Vorteil für sein Reich einsetzen konnte. Im Jahr 1782 schrieb er:

> Von Antretung Unserer Regierung an, haben Wir es einen unserer vorzüglichsten Augenmerke sein lassen, daß alle Unsere Unterthanen, ohne Unterschied der Nazion und Religion, sobald sie in Unseren Staaten aufgenommen und geduldet sind, an dem öffentlichen Wohlstande, den wir durch Unsere Sorgfalt zu vergrößern wünschen, gemeinschaftlichen Antheil nehmen …
> Da nun mit dieser Unserer gnädigsten Absicht die gegen die jüdische Nazion überhaupt in Unseren Erbländern … bestehenden Gesetze und sogenannten Judenordnungen nicht durchaus zu vereinbaren sind, so wollen Wir dieselben Kraft gegenwärtigen Patents … abändern …

Damit die Juden für den Staat von noch größerem Nutzen sein konnten, erlaubte ihnen Joseph II., »für ihre Kinder eine eigene, normalmäßig eingerichtete, mit Lehrern von ihren Religionsgenossen besetzte Schule auf ihre Kosten zu errichten«. Wenn dies nicht möglich war, wurden die Juden angehalten, ihre Kinder auf die christlichen Grund-, Mittel- und Oberschulen zu schicken:

> An jenen Orten, wo sie keine deutsche Schule haben, erlauben und befehlen Wir ihnen, ihre Kinder in die christlichen Normal-, Real- und Trivial-Schulen zu schicken, in welchen nach dem von Uns erlassenen strengen Befehle eine solche Einrichtung wird getroffen werden, daß die Jüdischen gleich den christlichen Kindern alles erlernen mögen, bei dem Religions Unterricht hingegen aus der Schule entlassen, und während des Schulunterrichts selbst zu keiner ihrer Religions Übung widrigen Handlung gezwungen, oder verleitet werden sollen.

Kaiser Joseph II. öffnete den Juden die Universitäten, im Jahr 1788 schlossen zwei jüdische Ärzte das Studium an der medizinischen Fakultät von Prag ab. Er hob alle Bestimmungen auf, die Juden seit Jahrhunderten von der übrigen Bevölkerung abgegrenzt hatten: das Tragen von Bärten und Judenzeichen, das Verbot, sonn- und feiertags vor dem Mittag auszugehen, und das Verbot, öffentliche Vergnügungsstätten zu besuchen. Jüdischen Honoratioren war es fortan sogar erlaubt, Schwerter zu tragen – ein besonderes Privileg, das dem Träger Ehre verlieh. Auch drückte der Kaiser seinen Wunsch aus, die Juden sollten sich vom Handel abwenden und sich »an allen Gattungen von Handwerken und Gewerben hier und anderwärtig bei christlichen Meistern als Lehrjungen aufdingen«. Er stellte es den Juden frei, Landwirtschaft zu betreiben und auf zwanzig Jahre Landparzellen zu pachten. Wenn sie zum Christentum übertraten, konnten sie sogar Land erwerben.

Diese in Europa fast einzigartige Gleichstellung verlangte aber auch Zugeständnisse von jüdischer Seite, so »fordert die Sorgfalt für die Aufrechterhaltung des gemeinschaftlichen Zutrauens, daß die hebräische und die hebräische mit Deutsch vermengte, sogenannte jüdische Sprache und Schrift abgeschafft werde«, schrieb der Kaiser. »Wir heben daher den Gebrauch derselben in allen öffentlichen in- und außergerichtlichen Handlungen auf…«

Alle Dokumente, die in Hebräisch oder in hebräischer Schrift verfaßt waren, galten fortan als null und nichtig. Der Preis der Gleichheit war die Übernahme der deutschen Sprache und Kultur. Das Dokument schließt:

> Da Wir nun durch diese Begünstigungen die jüdische Nazion… beinahe gleichsetzen, so weisen wir dieselbe zugleich zur genauen Beobachtung aller politischen, körperlichen und gerichtlichen Landesgesetze ernstlich an… und versehen Wir Uns zu ihrer Pflicht sowohl auch zu ihrer Dankbarkeit, daß sie dieser Unsere Gnade und der ihnen daher zufließenden Freyheiten nicht mißbrauchen, durch Ausschweifungen und Zügellosigkeit kein öffentliches Aergernis geben und die christliche

Religion nirgend irren, noch gegen dieselbe und ihre Diener Verachtung zeigen werden, weil ein Frevel dieser Art auf das strengste bestraft und den, so ihn begangen, nach Beschaffenheit der Umstände die Abschaffung von hier und aus allen unseren Länder zuziehen würde.

Gegeben in Unserer königlichen Stadt Brünn den 13ten Februar im Jahre 1782.

Die Sprache war das Herzstück von Josephs Programm. Er wußte, daß Sprache und Kultur untrennbar miteinander verbunden sind, und setzte Deutsch als die Sprache des Erziehungswesens durch. Latein, bis dahin die Sprache der höheren Schulen, mußte dem Deutschen weichen. Er warf die Jesuiten aus den Schulen, die seit der Gegenreformation mit der Erziehung im Reich betraut gewesen waren, und in dem gleichen Bestreben führte er Deutsch auch als Verwaltungssprache ein. Die Juden, die ihre persönlichen und geschäftlichen Unterlagen sowie die Dokumente der Gemeinde bislang in hebräischer Schrift verfaßt hatten, mußten nun die lateinische Schrift verwenden. Wollte ein Jude heiraten, mußte er nachweisen, daß er eine deutsche Elementarschule besucht hatte, wollte ein Jude Rabbi werden, mußte er einen deutschen Hochschulabschluß erlangen, und wer keinen Nachnamen hatte, mußte einen deutschen Nachnamen annehmen.

Lazar Furchts Großvater Abraham ben Samuel und dessen zwei Brüder waren die letzten Männer ihrer Familie, die auf hebräisch – mit dem Vaternamen – benannt wurden. 1788 bekamen sie auf der Grundlage des josephinischen Namensgesetzes den Nachnamen Furcht. Wer genug Geld hatte, konnte sich einen schönen Namen kaufen, Diamant beispielsweise oder Morgenstern, einen Namen, der auf einer Berufsbezeichnung basierte wie Zimmermann oder Kaufmann, oder auf dem Herkunftsort, wie Prager oder Wiener. Arme Juden jedoch und solche, die keine Lust hatten, die Beamten zu bestechen, hatten keine Wahl und bekamen Namen wie Klein, Groß oder, als ironische Anspielung auf die Bezeichnung »stinkender Jude«, Rosenwasser und eben einen so wenig ansprechenden Namen wie Furcht.

Wie alle anderen josephinischen Reformen stieß auch das Namensgesetz in den östlichen Gebieten der Donaumonarchie auf erheblichen Widerstand, zum Beispiel in Galizien, wo die Juden in größeren und strenger abgesonderten Gemeinden lebten. Die Führer der dortigen jüdischen Gemeinden sahen Joseph II. nur als einen weiteren Vertreter einer langen Reihe von Tyrannen, deren Assimilationsbemühungen man sich widersetzen mußte. Sie glaubten, Joseph wolle das Leben der Juden nicht verbessern, sondern alles Jüdische auslöschen, und lehnten seine Germanisierungspläne ab.

In Brtnice wie in den meisten Gemeinden der tschechischen Gebiete betrachtete die Mehrheit der Juden die josephinischen Reformen als Fortschritt. Um die Jahrhundertwende sprachen sie sowohl Deutsch als auch Tschechisch – Judendeutsch oder *žargon* war dem Sabbat und anderen Feiertagen vorbehalten – und besuchten die deutschen Schulen und Universitäten. Sie bildeten die erste größere Gruppen europäischer Juden, die eine weltliche Erziehung genossen. In den dreißiger Jahren des 19. Jahrhunderts erfüllten manche dann tatsächlich die josephinischen »Nützlichkeitskriterien«, sie gründeten Fabriken und trugen die industrielle Revolution nach Mitteleuropa. Wie keine andere Bevölkerungsgruppe im Kaiserreich hatten die Juden die deutsche Kultur angenommen.

Das Gesetzeswerk vorjosephinischer Zeit bestand neben Josephs »Verbesserungen« fort. Ob Therese Furcht als legitimes Kind zur Welt kam, ist unklar. Ihr Vater Lazar war das zweite von acht Kindern, das heißt, sein Bruder Jakub dürfte die Familiennummer geerbt haben. Die Juden in der Donaumonarchie waren zwar keine Sklaven wie die Schwarzen vor dem amerikanischen Bürgerkrieg und auch keine Leibeigenen wie die tschechischen Bauern, sie konnten aber weder leben noch heiraten, noch arbeiten ohne Einschränkungen. Sie mußten dreimal soviel Steuern bezahlen wie andere Leute, und sie durften Brtnice nicht verlassen.

Die nichtjüdische Bevölkerung war über Josephs Pläne für die Juden keineswegs erfreut. Die Handwerkszünfte nahmen nur widerwillig Juden als Lehrlinge auf, und sowohl die deutschen als auch die wenigen tschechischen Kaufleute dachten voll Sorge daran, daß Juden nun auf Gebieten mit ihnen konkurrieren würden, von denen sie bisher ausgeschlossen gewesen waren. Da die Juden gerade zu Beginn der Mechanisierung in Mitteleuropa Betriebe gründeten, erschienen sie als diejenigen, durch die Tausende ihre Arbeit verloren. Als ein jüdischer Fabrikant in Prag Maschinen in seinem Textilbetrieb einführte, riefen die Arbeiter einen Streik aus, der sich zu einem antisemitischen Aufstand auswuchs und von der kaiserlichen Armee niedergeschlagen werden mußte.

Im Revolutionsjahr 1848 wurden die Bauern aus der jahrhundertealten Leibeigenschaft befreit, und das löste eine gewaltige Wanderungswelle aus. Die Familien- und Wohnortgesetze für die Juden wurden abgeschafft, überall in den tschechischen Gebieten verließen Tausende von Menschen die Judengassen. Die Juden flohen aus »den engen, stickigen und schmutzigen Judenvierteln« ihrer Heimatorte in die Großstädte und in andere Dörfer und Städte »wie Vögel, die man aus ihrem Käfig entlassen hat«, schrieb Erich Kahler.

Wohin sie auch gingen, immer stießen sie auf Ablehnung und Widerstand bei den Deutschen und Tschechen. Juden spielten zwar eine herausragende Rolle im aufbegehrenden Wien, die revolutionären Ideen versagten jedoch, wenn es darum ging, ihnen zur Gleichberechtigung zu verhelfen. Aufständische sahen die Juden als Agenten der deutschen Industrialisierung und plünderten die Prager Judenstadt. In tschechisch-nationalistischen Pamphleten, Liedern und Gedichten wurden Deutsche und Juden als verhaßte Fremde geschildert. »Die Juden, das Geschmeiß der Erde, sind fürwahr der Abschaum«, heißt es in einem Gedicht aus dem Jahr 1848. »Jagt sie ohne Gnade wie die wilden Tiere des Waldes. Sobald ein Jude die Augen öffnet, hat er einem Christen schon das Fell über die Ohren gezogen. Wo man einen Juden trifft, soll man ihn auch gleich am Kragen packen und ohne Zögern aufhängen, aufhängen, aufhängen.« In ganz Böhmen und Mähren wurden die Fenster der Juden eingeschlagen, was in Mitteleuropa gang und gäbe war und den jüdischen Glasern ein regelmäßiges Einkommen sicherte. Mancherorts mußten die Juden die Nationalgarde zu Hilfe holen oder eine eigene Miliz bilden, um sich gegen die Tschechen zu wehren.

Die Juden waren zutiefst erschüttert. »Der Tumult ist nun, Gott sei dank, vorbei«, schrieb eine Jüdin an ihre Schwester. »Wenn es gegen die Juden geht, tun sich die Gebildeten und die ungebildete Masse bereitwillig zusammen... Das Blut, das sich durch die Geschichte der Juden zieht, ist noch immer nicht versiegt...« In einem Leserbrief an eine Wiener Zeitung heißt es: »Sosehr sich der Kampf zwischen Deutschen und Tschechen auch zuspitzen mag – in einem Punkt sind sie sich gewiß einig: in ihrer Abneigung gegen das unselige Volk Judas.« Der damals sechsundzwanzigjährige Leopold Kompert rief zu einem Auszug in die Vereinigten Staaten auf: »Erkennet, die ihr das Wesen der Geschichte nicht verstehet, darin ihren Fingerzeig, daß vor vier Jahrhunderten, eben als man die Juden am heftigsten verfolgte, ein Genuese in seinem Gehirne den Schöpfergedanken einer neuen Welt aushecken mußte ... Nach demselben Amerika geht nun unsere Sehnsucht, dahin solltet ihr ziehen! ›Auf, nach Amerika!‹«

Zusammen mit Hunderten und Tausenden von Menschen sind auch die mährischen Juden 1848 nach Amerika emigriert, Lazar Furcht jedoch blieb in Brtnice. Seit fünf Jahrhunderten lebten die Juden dort ohne Vertreibungen und ohne Pogrome, ihre Gemeinde umfaßte mittlerweile 429 Mitglieder, etwa ein Sechstel der Stadtbevölkerung. Die Furchts wohnten am Ortsrand über ihrem Gasthof am Fluß und schenkten Bier und Branntwein aus. Mit vielen anderen jüdischen Familien waren sie verwandt oder verschwägert. Unter den Nichtjuden war die Familie bekannt, die Furchts fühlten sich sicher in Brtnice.

Die jüdischen Wanderungswellen führten 1848 in der ganzen Tschechei zu gewaltsamen Ausschreitungen. Wenn Juden in kleinen Dörfern, in denen bisher keine Juden gelebt hatten, einen Laden eröffneten, wurden sie mit Argwohn betrachtet und gewaltsam bekämpft. Durch den Zuzug von Juden aus dem Hügelland erstmals nach vierhundert Jahren stiegen in Iglau die Mieten, die ansässige Bevölkerung wurde aus der Stadt verdrängt. Immer wieder kam es zum Aufruhr, der auf das umliegende Land übergriff und 1851 auch Brtnice erreichte. Lazar und Josephine verließen die Stadt jedoch nicht.

Josephine Furcht war bei Thereses Geburt neununddreißig, und sie war vierundvierzig, als es in Brtnice gärte. In ihren mittleren Jahren stand sie einer neuen, vielversprechenden, aber unsicheren Welt gegenüber. Ihre Tochter würde nicht wie sie ihr ganzes Leben in Brtnice bleiben müssen. Sie konnte in die Stadt ziehen, die Tschechei verlassen, sogar die jüdische Gemeinde verlassen. Für eine Frau, die am Schnittpunkt zweier fordernder und klar strukturierter patriarchalischer Traditionen aufgewachsen war, mußten dies erschreckende Aussichten sein.

Die deutsche Kultur erklärte die Frau für Kinder, Küche und Kirche verantwortlich, in der jüdischen Kultur hatte sie drei Aufgaben: *halla*, das Backen des Brotes für den Sabbat, *hadlaka*, das Entzünden der Sabbatlampe und anderer Feierlichter, und *nidda*, das Wachen über die Reinheit.

Das jüdische Frauenideal wird im *eschet chajil* beschrieben, dem Gebet über die »Frau von Wert«, das von frommen Juden am Sabbat gesprochen wird, und in der Bibel, im *Buch der Sprichwörter*.

Eine tüchtige Frau, wer findet sie?
Sie übertrifft alle Perlen an Wert.
Das Herz ihres Mannes vertraut auf sie,
  und es fehlt ihm nicht an Gewinn.
Sie tut ihm Gutes und nichts Böses
  alle Tage ihres Lebens.
Sie sorgt für Wolle und Flachs
  und schafft mit emsigen Händen.
Sie gleicht den Schiffen des Kaufmanns:
  Aus der Ferne holt sie ihre Nahrung.
Noch bei Nacht steht sie auf,
  um ihrem Haus Speise zu geben
  und den Mägden, was ihnen zusteht.
Sie überlegt es und kauft einen Acker,
  vom Ertrag ihrer Hände pflanzt sie einen Weinberg.

Sie gürtet ihre Hüften mit Kraft
und macht ihre Arme stark.
Sie spürt den Erfolg ihrer Arbeit,
und des Nachts erlischt ihre Lampe nicht.
Nach dem Spinnrocken greift ihre Hand,
ihre Finger fassen die Spindel …
Öffnet sie ihren Mund, dann redet sie klug,
und gütige Lehre ist auf ihrer Zunge.
Sie achtet auf das, was vorgeht im Haus,
und ißt nicht träge ihr Brot …
Preist sie für den Ertrag ihrer Hände,
ihre Werke soll man am Stadttor loben.

Das deutsche Idealbild kommt diesem Modell sehr nahe, wie in Schillers *Lied von der Glocke*, der klassischen Ode an die Mutter, deutlich wird:

Und drinnen waltet
Die züchtige Hausfrau,
Die Mutter der Kinder …
Und reget ohn Ende
Die fleißigen Hände,
Und mehrt den Gewinn
Mit ordnendem Sinn,
Und füllet mit Schätzen die duftenden Laden,
Und dreht um die schnurrende Spindel den Faden,
Und sammelt im reinlich geglätteten Schrein
Die schimmernde Wolle, den schneeigten Lein,
Und füget zum Guten den Glanz und den Schimmer,
Und ruhet nimmer.

In der deutschen wie in der jüdischen Idealvorstellung ist die Frau tüchtig und emsig und gönnt sich keine Ruhe von der Arbeit. Allen Besuchern, die nach Mitteleuropa kamen, fiel auf, mit welcher Besessenheit die deutsche Hausfrau ans Werk ging. Der Mann habe keine Frau, sondern ein Dienstmädchen, schrieb Heinrich

Heine, er lebe inmitten der Familie sein geistig abgeschiedenes Leben weiter. In der Donaumonarchie wurde zwar noch vor Großbritannien und Frankreich die Schulpflicht für Mädchen eingeführt, sie gingen aber gewöhnlich nur vier Jahre zur Schule. Bei den Juden begann die schulische Unterweisung für Knaben schon mit drei Jahren, Mädchen wurden aber nicht zur Schule geschickt; sie sollten zu Hause von ihren Müttern unterwiesen werden.

Peter Beer, ein liberaler tschechischer Jude schreibt:

> Im Jahre 1787 vermählte ich mich mit meiner noch lebenden Gattin … Eine Frau, deren Kopf zwar nicht durch modische Erziehung, Romanen- und Theaterlektüre gebildet, oder besser verbildet war, dafür aber von der Natur mit einem geraden und gesunden Menschenverstande und einem edlen Herzen begabt ist, so daß sie alle Pflichten als Gattin, Mutter und Hausfrau, noch bis jetzt in unserem bereits 47jährigem Ehestande im vollkommensten Grade erfüllt, und ich glaube von ihr mit Salomon sagen zu können: »Ein Weib, das man unter Tausenden nicht findet.«

Therese Furcht ging die vier Pflichtjahre auf die tschechische Schule in Brtnice, dann blieb sie zu Hause und half ihren Eltern in der Schenke. Sommers brachte Josephine ihrer Tochter bei, wie man einen Haushalt führt, einen Gemüsegarten anpflanzt und pflegt, wie man Gänse, Hühner und vielleicht noch eine Ziege hält und wie man nach den Reinheitsgeboten des *kaschrut* Speisen zubereitet und haltbar macht. Während der langen Winter lernte sie Stricken, Häkeln und Sticken. Es gab zwar in den meisten jüdischen Vierteln Leihbüchereien, und Therese könnte auch *Svatopluk* besucht haben, einen Leseverein und eine Bücherei, die 1848 in Brtnice eingerichtet worden war – ob und was sie gelesen hat, ist allerdings ungewiß.

Während Thereses Kindheit und Jugend gab es in der Tschechei auch begüterte, jüdische Frauen, die dem Müßiggang frönten. 1841 schrieb der Journalist Jakob Kaufmann:

> Seht diese zwei Damen, Mutter und Tochter, die geschmackvoll, aber einfach gekleidet, in ihren grünen Schleier gehüllt, durch das Dorf wandeln. Die kleinen Bauernkinder eilen barfuß und barhäuptig von allen Seiten herbei, und küssen ihnen so demüthig die Hand, als wäre es die gräfliche Eigenthümerin des Dorfes mit der jungen Comtesse. Allein es ist nur die Dorfjüdin, Frau Schlikowitz mit ihrer Tochter. Ihr Haus ist das größte und schönste im Dorf, und es herrscht darin ein so vornehmer Ton, daß es von den Juden der benachbarten Stadt spöttisch der Hof von Sdur genannt wird. Fräulein Schlikowitz – weder der Amtmann noch der Justitiar, weder der Pfarrer noch der Cantor werden sich erlauben, sie anders zu nennen – spielt den Flügel, spricht vollkommen französisch und italienisch, weiß mit Begeisterung von Schiller und Göthe, von Florian und Petrarca zu reden; ihr Antlitz hat den aristokratischen Schnitt einer jungen Gräfin, und ihr zartes weißes Elfenbeinhändchen hat wohl nie einem Bauern ein Gläschen Branntwein kredenzt – obwohl das Fundament des großen glänzenden Hauses … die dumpfe, übelriechende Branntweinbrennerei ist. Ihr Umgang beschränkt sich auf die Beamtentöchter der nahen Stadt und des Dorfes, die eine Einladung an den Hof von Sdur als die größte Auszeichnung ansehen, und sich über Tische von dem geistreichen schönen Judenfräulein, wie von einer zweiten Princeß Turandot, mit Rätseln und Charaden zu Tode quälen lassen.

Sogar der Dorfpfarrer besucht das Haus der Schlikowitz, den jüdischen Trödler allerdings, den er auf der Schwelle trifft, verachtet er. Dieser arme Altwarenhändler bekommt in den Dienstbotenräumen des jüdischen Hauses zu essen, schreibt Kaufmann, es kann aber auch sein, daß Frau Schlikowitz ihn bittet, in ihr Wohnzimmer hinauf zu kommen,

> und guthmütig lachend mit ihm ein Stündchen in ehrlich altjüdischem Jargon verplaudert, und ihn dann reich beschenkt entläßt. Denn sie will nicht die Nemesis reizen; sie erinnert sich

> sehr wohl der Zeit, da an ihren Fenstern noch keine seidenen Vorhänge rauschten, keine Prachtkutsche in ihrem Hof, kein eiserner Kasten mit Goldbeschlag und goldenem Inhalt in ihrer niedrigen Kammer stand. Sie erinnert sich noch sehr wohl und mit warmer Treue des alten Jedovah, der ihr dies Alles erringen half; nur möchte sie gern die alte Orthodoxie mit modernen christlichen Formen vereinen. Sie beobachtet den Sabbath sehr streng, ist mildthätig, und betet jeden Morgen aus einem hebräisch-deutschen Psalmbuch, welches, in Maroquin gebunden, auf ihrer Toilette liegt...

Fräulein Schlikowitz und ihre Mutter sind zwar neue, aber keineswegs einzigartige Personen auf der Bühne des mitteleuropäischen Judentums. Auch Maria Mahler, die Mutter Gustav Mahlers, und viele andere Frauen lebten in den ländlichen Gebieten der Tschechei der dreißiger und vierziger Jahre des letzten Jahrhunderts auf ähnliche Weise. Sie beschäftigten sich mit den deutschen Klassikern und spielten Klavier. Sie waren die geistigen Nachfahren der Berliner *Salonières*, der ersten Gruppe jüdischer Frauen, die am kulturellen Leben Mitteleuropas teilnahmen.

Dorothea Schlegel, Rahel Varnhagen oder Henriette Herz – jene Frauen, die der kleinen, reichen Gemeinde der Berliner Juden Ende des 18. Jahrhunderts entstammten – hatten Bildung genossen, hatten ihren Geist durch umfangreiche Studien und die Beherrschung der Geschichte und der Künste geformt. Sie hatten zwar nicht Hebräisch, aber Deutsch, Latein, Französisch und Italienisch gelernt, lasen Rousseau, Voltaire und Kant. Und wenn sie alt genug waren, schufen sie ein eigenes geistiges Leben und brachten es in ihre Salons, obgleich es die Religion verbat.

Friedrich Wilhelm Riemer, ein Freund Goethes, schrieb über die Juden und vor allem über die Jüdinnen:

> Sie zeigen überhaupt in der Regel mehr gefällige Aufmerksamkeit und schmeichelnde Teilnahme als ein National-Deutscher, und ihre schnelle Fassungsgabe, ihr penetranter Verstand und ihr eigentümlicher Witz machen sie zu einem sensibleren Pu-

> blikum, als leider unter den zuweilen etwas langsamen und schwer begreifenden Echt- und Ur-Deutschen angetroffen wird. Frauen besitzen jene Gaben öfter in noch liebenswürdigerer Gestalt, und so kam es, daß Goethe seine neuesten dichterischen Erzeugnisse ihnen ... gern vortrug, da er immer einigen Anklang zu finden gewiß sein konnte, wie ich dieses aus eigener Miterfahrung an einer Frau von Eybenberg, von Grotthaus, von Eskeles und Fließ u. a. m. bestätigen kann.

In Berlin gab es nie mehr als zwei Dutzend jüdische *Salonières*, doch sie waren ein großes und verführerisches Vorbild. Auch in Wien wurden bald jüdische Salons eingerichtet. Mitte des 19. Jahrhunderts war es für die Töchter aus »guten« mitteleuropäischen jüdischen Familien nicht länger das Lebensziel, fleißige Hausfrauen zu werden. Sie studierten Sprachen und Literatur, spielten virtuos Klavier und lernten, kenntnisreich über die Künste zu plaudern.

Ihre Bildung konnten sie natürlich nirgends anwenden. Fanny Lewald, eine Zeitgenossin Josephine Furchts, schloß 1835 in Königsberg die Schule ab und hatte danach nichts zu tun. In ihrer Autobiographie, die sie verfaßte, nachdem sie die erste deutsch-jüdische Journalistin geworden war, schildert sie, wie sie »ziellos durchs Haus streifte«, bis ihr Vater ihr einen Stundenplan aufstellte, den sie zu befolgen hatte. Nach dem Frühstück spielte sie eine Stunde Klavier. Die folgenden drei Stunden machte sie Handarbeiten, nähte oder strickte. Nach dem Mittagessen und dem Mittagsschlaf standen weitere zweieinhalb Stunden Handarbeiten auf dem Programm, danach wieder eine Stunde Klavier und eine Stunde Übungen in Schönschrift. Wenn sie gute Leistungen erbrachte, durfte sie zur Belohnung am Abend »gute Bücher« lesen.

In der jüdischen Welt war kein Platz für Mädchen wie Fanny Lewald oder die *Salonières.* Sie fühlten sich zerrissen, nachdem sie ihr traditionelles jüdisches Leben zugunsten der deutschen Kultur aufgegeben hatten. Sie lehnten das Judentum ab, traten zum christlichen Glauben über, heirateten Christen, und Jahrzehnte später hörten Frauen wie Josephine und Therese Furcht in einer so abgelegenen Provinz wie Mähren von solchen Frauen.

Die Juden im Mähren des 19. Jahrhunderts standen im religiösen Spektrum in der Mitte: Sie waren nicht so weltlich gesonnen wie die Berliner Juden, aber auch nicht so strenggläubig wie die Juden des *Schtetl.* Die josephinischen Reformen hatten es den Juden in den tschechischen Gebieten ermöglicht, sich schnell an die österreichische Kultur anzupassen. Junge Juden gingen gern weltlichen Betätigungen nach, bald gab es in Kleinstädten wie Brtnice einen Mangel an Rabbinern. Jüdische Mädchen folgten dem Weg einer Fanny Lewald, ihre schnelle Verweltlichung erfüllte die Rabbiner mit Sorge.

Fanny Neuda, die Frau eines mährischen Rabbi, behandelt das Problem der Akkulturation in ihrem Gebetbuch für Frauen, *Stunden der Andacht.* Ihren 107 Gebeten für eine schnelle Geburt oder die sichere Heimkehr des Gatten fügte sie unter anderem auch einen leidenschaftlichen Appell hinzu, daß jüdische Frauen Hebräisch lernen sollten. Das Hebräische stelle die Selbstachtung wieder her, die beim Zusammentreffen mit der weiten Welt gelitten habe, argumentierte sie 1855. Therese Furcht war damals neun Jahre alt.

> Die heiligen Gesänge Zions, die wundervollen Psalmen des David, die äußerst gefühlvollen Gebete Israels bleiben für sie ein geschlossenes Buch. Warum sollten unsere Töchter, die so viel Zeit und Fleiß für das Klavierspiel aufbringen, für Operngesang oder für das Studium von Sprachen, je nach dem, was gerade Mode ist, denn nicht eine Stunde des Tages dem Studium jener heiligen Sprache, der ehrwürdigen Mutter aller Sprachen, widmen?
> Warum sollten sie nicht einen kleinen Teil ihrer Zeit aufwenden, um jene Sprache zu lernen, die immer noch der Stoff ist, der alle Stämme Israels zusammenhält, die in allen Himmelsrichtungen verstreut auf der Erde leben, in Cincinnati und Bombay, in Tunis und Warschau, in Wien und London, wo man immer noch in den jüdischen Tempeln die Sprache hören

> kann, in der Gott vom Berg Sinai gesprochen hat? Unsere Töchter müssen lernen, den Namen Israel mit Stolz und Vertrauen zu tragen. Sie müssen den wahren inneren Wert ihres Volkes anerkennen … Sie müssen erkennen, daß es eine Herabminderung ihrer selbst ist, wenn sie sich dafür schämen, einem Volk anzugehören, dessen Stellung in der Geschichte so einzigartig ist wie die keines anderen Volkes … und das sich trotz tausendjähriger Kämpfe gegen schreckliche Feinde den Segen einer fröhlichen Familie mit unzweifelhafter Moral erhalten konnte.

Um solche Schamgefühle vom Leben der jüdischen Mädchen und Frauen fernzuhalten, solle man ihren Zugang zur Literatur beschränken. Wenn allerdings Therese so war wie ihre Tochter und ihre Enkelin, dann dürfte die Literatur für sie eine bevorzugte Quelle gewesen sein, in der sie Aufschluß suchte, was sie in ihrem eigenen Leben zu erwarten hatte. Sie dürfte Mitglied der tschechischen Bücherei geworden sein und sich mit dem Buchhändler von Brtnice angefreundet haben, und sie dürfte alles gelesen haben, was ihr in die Finger kam, Goethe, Heine, Schiller, Zeitungen, Schriften und all die Magazine, die sie in der Schenke bekommen konnte.

Wenn sie indes hart in der Schenke ihres Vaters arbeiten mußte und ihr keine freie Zeit zum Lesen blieb, so hat sie wohl den Männern zugehört, die in der Schenke diskutierten, Waren lieferten oder an Sonntagen zum Tanz aufspielten. Einer von ihnen war vielleicht jener junge Tscheche, den meine Mutter in ihrer Chronik erwähnt, der Mann, in den sich Therese hoffnungslos verliebte. Während ich mit Jiří Rychetský am Fluß entlang zum Ende des Dorfes ging, wo die Schenke gestanden hatte, stellte ich mir vor, daß er wie viele Tschechen dichtes braunes Haar, blaue Augen und Liebe zur Natur besesssen hatte. Ich stellte mir vor, Therese hätte sich so sehr in ihn verliebt, daß sie die Welt ihres Geliebten als ihre eigene betrachtete.

In Thereses Jugend war Brtnice eine Brutstätte des Nationalismus gewesen, und wie Hannele in Leopold Komperts Geschichte könnte Therese dem Judentum den Rücken gekehrt und sich der Sache ihres Geliebten angeschlossen haben. Sie wäre empört gewesen, daß Österreicher die Tschechen – Kolonialisten im Umgang mit den Kolonisierten – als minderwertige Menschen behandelten, als Hanswurste, die eine unverständliche Sprache sprachen. Tschechische Bauern mußten lange Zeit vor den Habsburger Beamten niederknien und ihnen die Hand küssen, bevor sie ihr Anliegen vorbringen durften. Während Thereses Jugend mußte ein Bauer einen Beamten demütig mit »mein gnädiger Herr« ansprechen. Die deutschsprachigen Beamten hatten immer noch das Recht, jeden durch einen Schlag ins Gesicht oder mit dem Stock zu züchtigen, der es ihrer Meinung nach am gebührenden Respekt fehlen ließ. Eine Zeitgenossin Thereses schrieb:

> Daß Slawen nur niedrige Tätigkeiten verrichteten, war bei uns zu Hause eine Selbstverständlichkeit, die Führungspositionen wurden immer von Deutschen bekleidet. Wenn ein Tscheche jedoch einen gewissen Wohlstand erreichte, so trachtete er sofort danach, seine Herkunft gegenüber den Siedlern und Städtern zu verleugnen ... Gebildete Menschen oder Landbesitzer, die sich offen zu ihrer tschechischen Herkunft bekannten, waren seltene Ausnahmen, und auf dem Land wurden sie von den deutschen Beamten mit Argwohn betrachtet.

Die Juden von Brtnice standen zwischen den Kolonialherren und den Kolonisierten. Sie waren dreisprachig, mit ihren Nachbarn unterhielten sie sich auf tschechisch, mit den Beamten auf deutsch, und zu Hause sprachen sie ein Überbleibsel des *žargon.* Als Therese eine junge Frau war, sahen sich schon viele Juden als Tschechen. »Auch meine Heimat ist das Moldauland«, schrieb der jüdische Dichter und Tschechenfreund Siegfried Kapper, »auch ich besing' es als das höchste Gut / wie Du verfluch' ich seines Mörders Hand / vergieße freudig einst dafür mein Blut.«

Wer hätte nicht auch zu den Menschen gehören wollen, mit denen Therese an einem so schönen Ort wie Brtnice lebte? Es gab nur eine begrenzte Zahl von jungen Männern in Thereses Alter.

Die Anziehungskraft des Verbotenen, die Übertretung von Normen, das Geheimnis, seine Entdeckung, der deutliche Widerstand der Familie – dies alles sind Themen des Lebens und der Literatur.

Die Furchts dürften dem Geliebten ihrer Tochter bestenfalls mit Mißtrauen begegnet sein. Freiheit war eine neue Errungenschaft in ihrem Leben, und sie trauten der ganzen Sache noch nicht recht. Erst 1867 konnten Christen und Juden standesamtlich heiraten, ohne daß einer von beiden konvertieren mußte. Die Furchts kannten den unterschwelligen Antisemitismus ihrer Herren, vielleicht hatte Lazar Furcht auch die landesweite Debatte über die Möglichkeit für Juden, Tschechen zu werden, verfolgt.

Mit Blick auf Siegfried Kappers lyrische Zeilen fragt der tschechische Schriftsteller Karel Havlíček Borovský:

> Und wie können denn die Israeliten zum tschechischen Volk gehören, wenn sie semitischen Ursprungs sind? Eher können wir die Deutschen, Franzosen, Spanier, Engländer usw. zu unserem Volke rechnen, als die Juden, denn alle diese Völker sind uns verwandter als die Juden. Man darf also nicht sagen, daß die in Böhmen oder Mähren lebenden Juden Tschechen mosaischer Religion sind, sondern wir müssen sie für eine eigene Nation betrachten, eine semitische, die zufällig bei uns lebt, und manchmal unsere Sprache versteht oder sie kann …
>
> Denn alle Juden, in welchem Land sie immer leben und in welchem Erdteil, betrachten sich sicher als ein Volk, als Brüder und nicht nur als Glaubensgenossen, und dieser Bund, der sie zusammenbindet, ist viel stärker als der, der sie mit dem Land verbindet, in dem sie leben. Und daß man nicht zu gleicher Zeit zwei Heimaten, zwei Nationalitäten haben und zwei Herren dienen kann, das müssen wir hoffentlich nicht beweisen. Darum muß, wer Tscheche sein will, aufhören, ein Jude zu sein.
>
> Wenn die Juden ihre natürliche Sprache und ihre Literatur aufzugeben wünschen, so sollten wir ihnen nahelegen, sich den Deutschen und deren Literatur anzuschließen, denn Deutsch war jahrelang die zweite Muttersprache der Juden.

Vielleicht hat Thereses tschechischer Freund geglaubt, was in der Literatur des 19. Jahrhunderts immer wieder zum Ausdruck kommt: daß die Juden nicht nur allem Deutschen nahestünden, sondern daß sie auch Schmarotzer seien und sich auf Kosten der Bauern bereicherten, indem sie sie mit Alkohol vergifteten und sie verführten. Im einzigen Grimmschen Märchen, das von einem Juden handelt, *Der Jude im Dorn*, wie auch in vielen tschechischen Romanen aus dem 19. Jahrhundert wird der Jude als jemand dargestellt, der für Geld alles macht. Wo werden Diebe ihr Diebesgut los, wenn nicht beim jüdischen Trödler? Über die (dunkle) Schönheit der Jüdinnen schrieb ein österreichischer Dichter: »Seine Furcht vor Entehrung war so groß, und seine Vorurteile gegen die unglücklichen Kinder Abrahams waren so fest verwurzelt, daß sie in diesem furchtbaren Augenblick selbst seine zärtlichen Gefühle für die schöne Tochter Israels erdrückten.«

In der zwölfseitigen Chronik meiner Mutter setzen Lazar und Josephine Furcht der Liebesgeschichte ihrer Tochter ein Ende und arrangieren eine Hochzeit mit einem jüdischen Hausierer. In den Dokumenten steht allerdings etwas anderes: Dem Gewerbe- und Polizeiregister von Jihlava ist zu entnehmen, daß Therese, anstatt an einen anderen Ort zu heiraten, wie die Frauen vor ihr es jahrhundertelang getan hatten, Brtnice 1868 noch ledig verlassen hatte und nach Iglau gekommen war, um hier zu leben und zu arbeiten.

Von Lazar gibt es keine weiteren Nachrichten. Vielleicht ist er im Krieg gegen Preußen gefallen oder Opfer der anschließenden Choleraepidemie geworden. Gemäß der Stadtregister könnte es auch eine andere Erklärung geben: Die Pacht für die gräfliche Schenke wurde nicht verlängert, weil die Stadtverwaltung sie in eine Stärkefabrik umbauen wollte, und Lazar hatte von einem Tag auf den anderen keine Arbeit mehr. »Aber wenn die Pachtzeit abgelaufen ist, beginnen die Tage der Angst und der Wehklage, als sollte Jerusalem zum zweiten Mal zerstört werden«, schrieb Jakob Kaufmann. In einem solchen Fall verlor der Wirt nicht nur sein Auskommen, sondern auch sein Heim, und mußte hinausziehen in eine Welt, in der es keinen Platz für ihn gab.

Über Lazar Furchts Tod gibt es keine Aufzeichnung, auf dem Friedhof keinen Grabstein. Die verschiedenen Register beweisen nur, daß nach Therese Weggang nach Iglau ihre Mutter Josephine in das Armenhaus des Grafen Collalto zog. Das Armenhaus muß ganz in der Nähe des Platzes gestanden haben, wo sich heute die Bank in Augustine Hons' Hof befindet, die Bank, auf der wir uns an meinem ersten Tag in Brtnice unterhalten haben. Therese kam zusammen mit ihrer Cousine Franziska nach Iglau, in einem Iglauer Register wird sie als Näherin im Dienste einer Jüdin namens Zelenková erwähnt.

»Ich will Schneiderin werden, ich will eine berufstätige Frau werden, auch Hausmädchen oder Kindermädchen, wenn ich nichts Besseres werden kann!« erklärt Jane Eyre, nachdem sie aus Mr. Rochesters Haus geflohen ist. Als Jüdin in einer Stadt, aus der die Juden jahrhundertelang verbannt worden waren, konnte Therese Furcht nicht als Hausmädchen oder Kindermädchen in einem christlichen Haushalt arbeiten, und die jüdische Gemeinde war noch zu klein. Post, Bahn und Büroarbeiten blieben den Männern vorbehalten, an der Schule unterrichten konnten nur Christen. Eine arme junge Jüdin, die ehrbar bleiben wollte, konnte nichts anderes tun als nähen.

In Iglau lebten damals fünfundzwanzigtausend Menschen, darunter 1179 Juden. Auf halbem Weg zwischen Wien und Prag gelegen, war die Stadt eine wichtige Station der neuen Eisenbahnlinie, eine Garnisonsstadt der kaiserlichen Armee und Standort einer blühenden Textilindustrie. 1868 wirkte Iglau wie ein Magnet auf die Juden, die ihre angestammten Städte und Dörfer verließen.

Die neue jüdische Gemeinde in Iglau unterschied sich stark von der jüdischen Gemeinde, die Therese hinter den Hügeln zurückgelassen hatte. Die Mitgliedschaft war freiwillig, nicht obligatorisch; statt einer bescheidenen *Schul* hatten die Iglauer Juden eine eindrucksvolle, neomaurische Synagoge. Sie achteten streng auf die Geschlechtertrennung und hielten ihre Gottesdienste mit Ausnahme der Predigt auf hebräisch ab. Trotzdem wurden sie damals schon »Zylinder-« oder »Vier-Tages«-Juden genannt – Juden, die nur am Versöhnungstag, an den beiden Feiertagen des jüdischen Neujahrsfestes und, im Gegensatz zu ihren ähnlich liberalen Brüdern in Deutschland, am 18. August, dem Geburtstag des Kaisers Franz Joseph, in die Synagoge gingen.

Therese Furcht trat der Gemeinde als Teil einer neuen Gruppe bei: unverheiratete Jüdinnen, die getrennt von ihrer Herkunftsfamilie lebten und für Lohn arbeiteten. Während des 19. Jahrhunderts stieg die Zahl dieser Frauen in ganz Europa an und erreichte bald die Millionengrenze. Dem Stadtregister zufolge wohnte sie in der Großen Pfarrgasse 79, einer düsteren, engen Gasse zwischen der großen Kirche und dem Hauptplatz. Therese, ihre Cousine Franziska und acht weitere junge Frauen arbeiteten, schliefen und aßen im Haus ihrer Meisterin.

Frau Zelenková bediente die Bedürfnisse einer wachsenden Zahl begüterter Iglauer Frauen, die ihre Kleider nicht mehr selber nähten, sondern schneidern ließen. Erfolgreiche Männer verbrachten immer mehr Zeit außerhalb des eigenen Hauses, ihre Welt war durch die Eisenbahn größer und weiter geworden. Die Beschränkung ihrer Frauen auf das Haus und deren nachdrücklich geförderte Eitelkeit waren Symbole ihres Erfolgs.

Die reichen Iglauer Frauen – auch immer mehr Jüdinnen zählten dazu – wurden herausragende Köchinnen und führten mit Begeisterung ihren Haushalt. Sie zogen sich in die Welt der Romane zurück, entwickelten romantische Phantasien, körperliche und/oder psychosomatische Leiden und steckten ihre Hoffnungen und Energien in das Leben ihrer Kinder. Jahrzehnte später erfährt man aus den Berichten Wiener Psychoanalytiker, daß die obsessive Beschäftigung mit Waschen und Putzen ein elementares jüdisches Verhaltensmuster gewesen sei.

Jene Frauen fügten den »drei K« ihrer häuslichen Beschäftigungen – Küche, Kinder, Kirche – noch ein viertes »K« für Kleider hinzu. Kleider einzukaufen war eine Zerstreuung, es war eine der seltenen Möglichkeiten, eine eigene Wahl zu treffen, und eine der wenigen Betätigungen, bei denen Frauen in unmittelbaren Kontakt mit der großen Welt kamen. Sie abonnierten Wiener oder Berliner Modezeitschriften und verbrachten Stunden bei ihren Schneidern mit der Auswahl modischer Schnitte, die sie mit der glitzernden Welt der internationalen Mode verbanden.

Während der jüdische Wirt aus Mitteleuropa verschwand, wurde die jüdische Schneiderin zum Stereotyp der Jüdin. Nähen war natürlich schon immer eine notwendige weibliche Fertigkeit gewesen, jahrhundertelang hatte sie den Frauen die Möglichkeit geboten, zu Hause Geld zu verdienen. Im 19. Jahrhundert eröffnete es ihnen, speziell den Frauen der Mittelschichtsfamilien, die auf irgendeine Weise ihr Auskommen verloren hatten, einen Weg, ihr Zuhause zu verlassen.

Aus dem Stadtregister von Jihlava geht nicht hervor, wie lange Therese als Näherin für Frau Zelenková gearbeitet hat. Wir erfahren daraus auch nichts über den tschechischen Geliebten, aber wir erfahren, daß um die Ecke der Großen Pfarrgasse 79 ein Mann namens Joachim Sachsel wohnte, verheiratet, bei der Bahn beschäftigt, mit einem jüngeren, unverheirateten Bruder in der böhmischen Stadt Kolín. Aus kürzlich aufgefundenen Unterlagen der jüdischen Gemeinde von Brtnice geht hervor, daß Rabbi Pollack von Třebíč Therese am 4. April 1872 mit diesem Bruder, Judah Sachsel, verheiratete.

Judah war damals einunddreißig, Therese sechsundzwanzig, ein damals für ein jüdisches Mädchen schon relativ hohes Heiratsalter. Da Lazar Furcht verschwunden war und Josephine im Armenhaus lebte, stellte die jüdische Gemeinde von Brtnice die Mitgift. Anstatt in den Geburtsort der Braut zu ziehen, wie es Sitte war, zogen die Sachsels nach Kolín, dem Geburtsort des Bräutigams.

Fünftes Kapitel

HUNDERT JAHRE nach Therese und Judah Sachsel kam ich nach Kolín. Die Stadt, östlich von Prag gelegen, ist bekannt für ihre Kathedrale in prachtvollem gotischem Stil, die barocken Bauten rund um den Ringplatz und die Lage an der Elbe. Ich parkte den Wagen, ging zum Platz und verwickelte ältere Passanten in Gespräche. Ein greiser, großväterlich wirkender Mann erzählte mir, er habe zu Zeiten der Ersten Republik in Sachsels Buchhandlung Bücher gekauft. Damals legten die Bauern sonntags noch ihre Ware auf dem Kopfsteinpflaster aus, und die ganze Stadt war auf den Beinen, man flanierte durch die Arkadengänge. Die Arkaden gab es nicht mehr, die Juden gab es auch nicht mehr. Ob ich schon in der Judengasse gewesen sei? Die Häuser seien völlig heruntergekommen. Er senkte den Blick und ging seines Wegs.

In Kolín wurde ich mir zum ersten Mal der subtilen Veränderung im Verhalten der Menschen bewußt, wenn ich sagte, ich sei Jüdin. In unterschiedlichen Nuancen von Diskretion studierten sie mein Gesicht und forschten nach »jüdischen« Zügen – dunkle, kurzsichtige Augen, großer Mund, Hakennase. Manche sagten mir, wie sehr sie den jüdischen Humor und den jüdischen Witz schätzten, so daß ich mich fast unter Druck fühlte, ihren Erwartungen zu entsprechen. Angesichts meiner geraden Nase meinte ein Mann, er fände meine Aussprache des Tschechischen nasal. Aber das war alles nichts gegen ein Erlebnis in einem Prager Restaurant, in dem ich mit meiner Familie zu Abend aß und meine Söhne mit ihren Mätzchen die Aufmerksamkeit einer Hochzeitsgesellschaft auf sich zogen.

Ich traf die junge Braut auf der Toilette. Wir standen nebeneinander vor dem Spiegel und wuschen uns die Hände. Ich gratulierte ihr zur Hochzeit, sie fragte mich, wie alt meine Söhne seien und wie sie hießen. Ich antwortete: »Daniel und Samuel.« Darauf klatschte sie in die Hände und rief aus: »Sie sind Protestantin, wie ich!«

»Eigentlich nicht«, entgegnete ich. »Wir sind Juden.«

Die Braut hob die Hände zu den Wangen, ihre Augen leuchteten auf. »*Jéje*, nein!« rief sie. »Ich habe noch nie Juden gesehen!«

Da stand ich in einer Prager Toilette und war völlig durcheinander. Ich war in New York groß geworden, und dort erregt die Feststellung, daß jemand Jude ist, etwa soviel Aufmerksamkeit wie die Feststellung, daß jemand Farmer in Kansas ist. Hier in Prag war ich jedoch eine Repräsentantin der »inzwischen ausgelöschten jüdischen Gemeinde«, wie Jiři Fiedler sich ausdrückte. Was sollte ich darauf sagen? Die Braut war so schön in ihrem weißen Kleid, ihre Aufregung war echt. Sie war wahrscheinlich in den siebziger Jahren geboren, höchstens zweiundzwanzig. Über Juden hatte sie offensichtlich schon etwas gelesen, es interessierte sie, und nun war hier leibhaftig eine ganze jüdische Familie! Ich lachte und lud sie und ihren ebenfalls jungen Ehemann an unseren Tisch ein.

Im Gegensatz zu den älteren Tschechen, die ihr ganzes Leben lang neben Juden gelebt hatten und Zeugen der Deportationen geworden waren, studierten die jungen Leute unsere Gesichter nicht. Sie stellten auch nicht die wissenden, historisch informierten Fragen der älteren Tschechen, und schon bald wandten sie sich Dingen zu, die sie mehr beschäftigten als das Thema Juden: Wie konnten sie am besten Englisch lernen? Was lernte man auf einer amerikanischen Business School? Was konnte der Bräutigam von seinem neuen Job als Manager bei IKEA erwarten? Wir tranken und erzählten von der Unternehmenskultur in Amerika, am Schluß luden sie uns ein, bei unserem nächsten Pragbesuch bei ihnen zu wohnen. Als ich das Restaurant verließ, fand ich, wir hätten den Eindruck vermittelt, Juden seien ein ungezwungenes, sorgloses Völkchen.

In Kolín fühlte ich mich alles andere als sorglos. Der Direktor des Regionalmuseums, mit dem ich korrespondiert hatte, führte mich durch seine Sammlungen – geologische Exponate und archäologische Fundstücke aus Kolín – zu einer großen Vitrine mit einem *Parochet.* Ich las die sauber beschriftete Tafel mit der Erläuterung, um was es sich handelte: um einen Vorhang vor dem Toraschrein, also jener Nische, in der in jeder Synagoge der Pentateuch aufbewahrt wird. Ich erinnerte mich, daß ich in einem Bostoner Museum vor einer ähnlichen Vitrine mit rituellen Gegenständen eines Indianerstammes gestanden hatte. Ich hatte mich geschämt, hatte das Gefühl, in einen fremden Raum einzudringen. Allmählich ging mir auf, was das Wort »ausgelöscht« wirklich bedeutete. Die jüdische Gemeinde in Kolín hatte jahrhundertelang nach Bedeutung und Größe unmittelbar nach der Prager Gemeinde rangiert, sie war mit Roudnice, Mladá Boleslav und Náchod eine der vier ältesten jüdischen Gemeinden in der Tschechei gewesen.

Der alte Mann auf der Straße hatte gesagt, die Judengasse sei völlig heruntergekommen. Viele Häuser wirkten verlassen. Ich fühlte, wie mir der Boden unter den Füßen schwand, genau wie früher, wenn meine Mutter vom Krieg erzählte. Therese war 1872 in diese Straße gezogen, in die Judengasse 8. Die tristen, grauen Häuser hatten alle neue Nummern bekommen, aber das spielte keine Rolle; es waren immer noch die gleichen Löcher ohne Licht und Luft. Die malerischen Hügel und Wälder von Brtnice wirkten wie eine ferne Erinnerung. Die Kolíner Juden lebten in einem abgeschlossenen, überbevölkerten Viertel, einem Vorläufer des mitteleuropäischen Gettos. Es wird immer noch *židovna* genannt, ein ähnlich verachtungsvolles Wort wie »Niggertown« zur Bezeichnung des amerikanischen Gegenstücks der europäischen Judenviertel.

Wie Therese sicherlich erfahren hatte, konnten die Sachsels ihre Kolíner Wurzeln bis ins Jahr 1618 zurückverfolgen. Judah Sachsel war zwar nur Hausierer und sein Vater nur Altkleiderhändler, doch Jiří Rychetský erklärte mir, daß sie zu einer der größten und am besten dokumentierten jüdischen Familien in der Tschechei gehört hätten, die in der jüdischen Gemeinde von Kolín einige Vorsteher gestellt habe. Sie war ein Zweig der Familie Saudek, ein Name, der sich von der tschechischen Form des hebräischen *Zaddik* ableitet, der Bezeichnung für den weisen, gerechten Mann. Einige Saudeks hatten sich in ihrer tschechischen Umgebung perfekt assimiliert. Die Sachsels waren der religiöse Zweig der Familie, sie hatten aufgrund der josephinischen Namensgesetze 1787 den deutschen Nachnamen Sachs angenommen, ein Akronym aus dem hebräischen *zera kadosch*, »Saat des Heiligen«.

Als Therese 1872, fast ein Jahrhundert nach den josephinischen Reformen und eine Generation nach der Öffnung der Gettos, nach Kolín kam, waren die Mitglieder der jüdischen Gemeinde noch eng untereinander verbunden. Sie wußten, daß die Tochter eines wohlhabenden Wirtes normalerweise nicht mit einem armen Hausierer verheiratet wurde, wenn nicht irgendwelche Unregelmäßigkeiten, womöglich gar ein Skandal, vorausgegangen waren. Die Mitgift der Braut wurde von der jüdischen Gemeinde in Brtnice gestellt, ihr Vater war verschwunden. Wahrscheinlich hätten die Kolíner Juden auf jede Braut aus einer abgelegenen mährischen Bergstadt herabgeschaut, die Tatsache aber, daß Therese über einer Schenke groß geworden war, machte sie besonders verdächtig.

Die Chronisten schildern die jüdische Gemeinde von Kolín als weltoffen, aber sehr auf die Einhaltung der Gesetze bedacht. »Es muß angemerkt werden, daß die Kolíner Juden niemals Alkohol verkauften«, heißt es in einer Chronik. Wer in die Beerdigungsgesellschaft aufgenommen wurde – die höchste Ehre für ein männliches Mitglied der Gemeinde –, wurde angehalten, Schenken zu meiden und an Montagen, Dienstagen, Fasten- und Feiertagen sowie an *Rosch Chodesch*, dem ersten Tag des jüdischen Monats, nicht Karten zu spielen. Die Gemeinde rühmte sich ihrer Gastfreundschaft. Im Gegensatz zu den Juden von Brtnice, die im Alltag Tschechisch sprachen, eine bescheidene Synagoge hatten und den Sabbat ehrten, indem sie sich im *žargon* unterhielten, sprachen die Juden von Kolín überwiegend Deutsch, hatten eine wunderschöne Barocksynagoge, einen Verbund von zwei Dutzend jüdischen Wohltätigkeitsorganisationen und seit 1811 ein eigenes Gesundheitssystem.

In den Stadtregistern werden schon im Jahr 1376 Juden erwähnt, vor allem ist immer wieder von Streitigkeiten zwischen jüdischen Händlern und ihren christlichen Konkurrenten die Rede. Gemäß der antisemitischen Stimmung wurden die Juden für alle erdenklichen Übel verantwortlich gemacht. Als Europa im 16. Jahrhundert von den Osmanen angegriffen wurde, hieß es, die Juden hätten mit den Türken konspiriert und das Feuer gelegt, das 1541 große Teile Prags zerstörte. Wegen dieser angeblichen Verschwörung wurden sie vertrieben und in Galizien angesiedelt.

Acht Jahre später kamen sie in größerer Zahl zurück, als sie ausgezogen waren, und brachten die jiddische Sprache, polnische Sitten und Frauennamen wie Golda und Pufl mit. Sie fühlten sich immer noch sicher genug, um wiederholt beim Stadtrat Beschwerde einzulegen, und wie die Register beweisen, gingen die Streitigkeiten mit der Konkurrenz unvermindert weiter. Die Bewohner der Stadt kauften lieber bei den jüdischen Metzgern als bei den christlichen, weil ihr Fleisch als besser galt, und so verlangten die christlichen Metzger vom Stadtrat Einschränkungen für die jüdischen Lieferanten. Schließlich verbot der Stadtrat den Juden, andere Haustiere zu halten als Arbeitspferde. Ohne Haustiere hatten die Juden keine Milch mehr und konnten keinen Käse mehr herstellen, sie mußten alles kaufen. Viele Juden hielten deshalb auf einem kleinen Stückchen Land hinter dem Haus heimlich Ziegen. Das Gras auf der Stadtbefestigung, die jene Höfe umgab, war aber wesentlich saftiger, und die Ziegen sprangen hinauf, um dort zu grasen. Bald erzählte man sich im ganzen Umkreis den Schwank, daß in Kolín die Ziegen die Stadt verteidigten. 1603 wurde daraufhin den Juden strengstens verboten, Ziegen zu halten.

Als Therese in Kolín ankam, gab es dort kaum noch Höfe hinter den Häusern. Wegen der stetig steigenden Einwohnerzahlen erhielt jede *židovna* – jedes Gebäude in jüdischem Besitz – zahlreiche Anbauten im Hof und wurde aufgestockt, an jeden Anbau wurde noch einmal angebaut und so fort. In jedem einzelnen dieser heruntergekommenen Häuser lebten um die hundert Menschen. Die Geburtenrate war hoch, und obwohl aufgrund der Familiengesetze alle Juden ohne Familiennummer verfolgt wurden, verließen nur wenige freiwillig die Stadt. Der Stadtrat wurde immer wieder bedrängt, die Zahl der jüdischen Familien zu begrenzen, es wurde auch beantragt, jüdischen Bäckern und Getreidehändlern den Verkauf an Christen, die Nutzung der kommunalen Zisterne und das Aufstellen von Ständen auf dem Ringplatz zu untersagen. Die Christen beklagten sich, die Juden würden auf dem Platz zuviel Lärm machen, und behaupteten, sie würden das Wasser mit ihren Fässern verunreinigen. Schließlich ließ der Stadtrat in der Judengasse eine eigene Quelle für die Juden graben. Die jüdische Bevölkerung wuchs weiter.

Die Verantwortlichen sowohl bei den Christen wie bei Juden versuchten zwar, ihre Gemeinden streng zu trennen, doch ihre Bemühungen blieben vergebens, wie die Register zeigen. Einzelne Christen, ja sogar die Stadtverwaltung, borgten sich von Juden Geld. Juden, die es sich leisten konnten, mieteten Häuser von Christen. Auch Beziehungen zwischen den Geschlechtern richteten sich nicht nach den Grenzen zwischen den Religionen: Im Jahr 1624 wurde eine jüdische Witwe zu einer Geldstrafe verurteilt, weil ihr heranwachsender Sohn angeblich mehrere christliche Wäscherinnen verführt hatte. Nach Einführung der josephinischen Reformen besuchten Juden- und Christenkinder dann zunehmend die gleichen Schulen. An Samstagen schrieben die Christenkinder für ihre jüdischen Klassenkameraden an der Tafel, weil sie am Sabbat nicht schreiben durften. Und im Revolutionsjahr 1848 kämpften Juden und Christen Seite an Seite in der Nationalgarde.

In einer nostalgischen Rückbesinnung auf Kolín um 1880, geschrieben fünfzig Jahre später, wird die Geschichte eines aufgebrachten Bürgers berichtet, der sich auf dem Bürgermeisteramt darüber beschwerte, daß das jüdische Erntedankfest Sukkot gefeiert wurde. Die Juden hätten in der Judengasse Holzbuden aufgestellt, was den Durchgang am Tag erschwere und in der Nacht zu einem riskanten Abenteuer mache. Der »weise Bürgermeister«, wie er genannt wird, beschwichtigte den Beschwerdeführer und versicherte ihm, daß der Polizeibeamte die jüdische Gemeinde anweisen würde, die Lauben innerhalb von acht Tagen abzubauen – da war, wie der Bürgermeister wußte, das Fest vorüber –, andernfalls müßten sie eine gesalzene Strafe bezahlen.

Ich ging 1990 durch die *židovna* und sah nur ein einziges Zeichen von Bautätigkeit, einen Haufen Sand vor einer der niedrigen Haustüren. Die Tür stand offen, und ich spähte in den dunklen Gang hinein. Ein junger Mann in Jeans tauchte auf. Er hieß Milan Šálek. Ich stellte mich vor und sagte, daß ich die Urenkelin einer Frau sei, die einmal hier in dieser Straße gewohnt habe. Darauf steckte er seinen Spaten in den Sand und erzählte, daß er einmal eine jüdische Freundin gehabt habe. Ich spürte, wie er mich musterte.

Die Freundin sei ausgewandert, und nun, nachdem der Kommunismus abgeschafft sei, leiste er mit einem Partner das, was heute »Muskelhypothek« genannt werde. Wie andere Häuser in der Judengasse war auch dieses schon seit Jahren unbewohnt. Milan und sein Partner hatten sich Kapital beschafft und es der Stadt abgekauft, sie wollten eine Pension und ein Weinlokal darin einrichten in der Hoffnung, daß eines Tages Touristen nach Kolín kommen würden. Jahrelang hätten die Amtsschimmel davon geredet, murrte Milan, die Judengasse aufzuwerten und aus der Synagoge einen Konzertsaal zu machen, aber natürlich sei nie etwas geschehen.

Milan bat mich in den sechs Jahrhunderte alten, höhlenartigen, feuchten Keller des Hauses. Ich stieß mir an der Decke den Kopf, und wenn ich beide Arme ausstreckte, konnte ich fast die Wände berühren. Wie schon auf Augustine Hons' Bank überkam mich auch hier wieder ein unerklärliches Gefühl der Vertrautheit. Dies könnte das Haus gewesen sein, in dem Judahs Familie gelebt hatte, vielleicht sogar Therese selbst. Jiří Fiedler bestätigte mir später, daß das Haus Mitte des 19. Jahrhunderts einem gewissen Ephraim Sachsel gehört hatte. Da das Getto so stark überbevölkert war, hatten sicher auch in diesem feuchten Keller Menschen gewohnt. Nun wollte Milan hier seinen Wein lagern.

Er hatte sich ein wenig über die jüdische Gemeinde informiert.

Wie die junge Braut in dem Prager Restaurant war auch Milan von Juden fasziniert, und er dachte, anderen jungen Tschechen gehe es genauso. Er hatte vor, seinem Lokal und der Pension um der Authentizität und einer pikanten Provokation willen einen jüdischen Namen zu geben, vielleicht *U Rabína*, »Zum Rabbi«.

Die Tschechen nennen eine Kneipe zwar ohne weiteres *U Ježíška*, »Zum kleinen Jesulein«, trotzdem war ich einen Augenblick entsetzt, als ich mir das Weinlokal »Zum Rabbi« vorstellte. Irgendwie war mir der Gedanke unangenehm, daß es dort Schweinefleisch und Bier geben und am Sabbat Geld von Hand zu Hand gehen würde.

Aber was spielte es schon für eine Rolle, sagte ich mir. Ich bin keine strenggläubige Jüdin, ich esse manchmal Schweinefleisch und kaufe oft am Sabbat ein. Auch zu Lazar Furchts Zeiten schlossen manche Juden am Sabbat ihre Schenken nicht, und viele tschechische Juden aus der Generation meiner Großeltern fanden nichts dabei, Schweinefleisch zu essen. Ich hatte keinerlei Anspruch auf das heruntergekommene, alte Haus. Aber der Keller zog mich an. Als ich Milan das sagte, zuckte er nur mit den Schultern: »Das hast du im Blut.«

Die Bemerkung verblüffte mich, gleichzeitig schien sie aber auch treffend. Für Milan, dachte ich, war »Blut« ein neutrales Wort, zu dem einem Menschen, Orte, Geschichten einfielen, nicht aber Vernichtung. Ich hatte weder den tschechischen Wortschatz noch die Lust, um herauszufinden, ob meine Vermutung stimmte. Milan schlug vor, wir sollten uns gemeinsam die Kolíner Synagoge aus dem 17. Jahrhundert auf der anderen Straßenseite anschauen, sie gilt als eine der schönsten in ganz Tschechien.

Im Gegensatz zur Synagoge von Brtnice lag die Synagoge in Kolín hinter einem Haus versteckt, das einmal die jüdische Schule beherbergt hatte. Milan öffnete eine Tür und sagte: »Halt die Luft an!« Dann führte er mich durch einen stinkenden Durchgang auf einen mit Müll übersäten Hof.

Wir standen direkt vor der Synagoge. Einige Bleiglasfenster waren zerbrochen. Der Innenraum sei mehr oder weniger unbeschädigt, sagte Milan, die Stadtverwaltung halte das Gebäude aber verschlossen. Wenn ich das nächste Mal käme, solle ich ihm Bescheid sagen, dann würde er den Schlüssel besorgen.

Im Jahr 1872, als Therese Sachsel in die Judengasse zog, gab es in Kolín »solche und solche« Juden. Die einen gehörten zur Mittelschicht, waren sehr gebildet, sprachen sowohl Tschechisch als auch Deutsch, schickten ihre Söhne auf die deutschen Gymnasien und Universitäten und lebten ein immer weltlicher orientiertes Leben außerhalb des ehemaligen Gettos. Einige hatten sogar aufgehört, sich nach dem jüdischen Kalender zu richten, sie befolgten die jüdischen Gebote nicht mehr, und sie unterschieden sich äußerlich kaum von der tschechischen Bevölkerung. Die anderen – und zu ihnen zählten auch Judah und Therese Sachsel – lebten weiterhin in der Judengasse, nur einen Steinwurf von der Synagoge entfernt, sie hielten den Sabbat und die jüdischen Feiertage und sprachen nicht nur Tschechisch und Deutsch, sondern auch ihren *žargon.*

Der Sonntag war der erste Werktag der Woche. Zimmerleute schleppten ihre Arbeiten auf den Platz und boten sie feil, Hausierer wie Judah Sachsel machten sich auf ihren Weg durch die Provinz; wie in Brtnice hatte jeder seine eigene Tour, die *medine.* Die Woche der Christen begann am Montag; die Ladeninhaber öffneten ihre Geschäfte, die Kinder gingen zur Schule. Freitags kamen die Hausierer zurück und mischten sich in der Judengasse unter die Hausfrauen, die ihre Vorbereitungen für den Sabbat trafen.

Vor Sonnenuntergang brachten die Frauen ihr Schulet, die traditionelle Sabbatspeise, in einem besonderen Tontopf mit einem Namensschild am Henkel in Spirus Schulethaus, und dort ließen sie den Eintopf garen. Trotz der Namensschilder wurde der Schulettopf einer reichen Familie gelegentlich gegen den Topf einer armen Familie ausgetauscht, um daran zu erinnern, daß vor Gott alle Juden gleich waren. Jeden Freitagabend, bevor der erste Stern am Himmel erschien, gingen die Schammes, die Synagogendiener, mit einem kleinen Holzhammer durch die Gasse, klopften an die Türen und riefen »Schabes licht zind zu!« (»Zündet die Sabbatkerzen an!«). In der Judengasse war es dann vierundzwanzig Stunden lang still. Läden und Geschäfte blieben geschlossen, es sei denn, einige wenige Ladenbesitzer schmuggelten ein, zwei schnelle Kunden hinein und riskierten einen Verweis der Gemeinde. Samstagnacht machten die Schammes wieder ihre Runde und riefen »Schabes is aus!« (»Der Sabbat ist vorüber!«).

Therese, die am Rand der weit weniger strengen, ländlicheren jüdischen Gemeinde von Brtnice aufgewachsen war, mußte sich nicht nur an das Eheleben und einen neuen Wohnort gewöhnen, sondern auch an eine ganz neue Lebensweise. Als Einzelkind mußte sie an Außenkontakten mit Judahs älterer Schwester, der vierzigjährigen Rosa Sachsel, vorliebnehmen, meine Mutter beschreibt sie in ihrer Chronik als emsige »Talmudschülerin«. Was meine Mutter als »Talmud« bezeichnet, dürfte tatsächlich die Bibel oder ein Gebetbuch für Frauen gewesen sein. Auf jeden Fall muß die Tatsache, eine Wirtstochter zur Schwägerin zu haben, für Rosa eine bittere Pille gewesen sein.

Ich stelle mir vor, daß Therese mehr tschechische Volkslieder als hebräische Gebete kannte und daß sie im Altkleiderladen, dem Geschäft der Sachsels, ungern Anweisungen von Rosa entgegennahm. Auf einmal wurde von ihr erwartet, daß sie die *Schul* besuchte, und sie wurde gerügt, wenn sie nicht regelmäßig das *Mikwe*, das rituelle Bad aufsuchte. Am 12. Januar 1873, kaum neun Monate nach ihrer Hochzeit, gebar sie ihr erstes Kind, Heinrich. Spekulationen der Familie, ob Judah tatsächlich Heinrichs Vater war, hallten noch hundert Jahre später in der Chronik meiner Mutter nach. In kurzen Abständen bekam Therese zwei weitere Söhne, Rudolf wurde 1874 geboren, Leopold 1875.

Drei Söhne in drei Jahren. Kein Platz, kein Geld, keine Mutter, der Ehemann Hausierer und eine herrische Schwägerin. Ich sehe Therese vor mir, wie sie mit dreißig Jahren allein zu Hause sitzt, in einer ungeliebten Stadt, erschöpft von der Versorgung ihrer drei Kleinkinder. Sie konnte oder wollte nicht, wie meine Mutter glaubte, nach Brtnice zurückkehren, wo ihre Mutter Josephine in Graf Collaltos Armenhaus lebte und vielleicht auch arbeitete. Wien war ihre einzige Hoffnung.

Seit 1848, fast Thereses ganzes Leben lang, waren ehrgeizige Menschen, Juden wie Christen gleichermaßen, aus tschechischen

Städten und Dörfern nach Wien gegangen. Viele Juden hatten sich dort niedergelassen und es zu etwas gebracht. Warum sollte es den Sachsels anders ergehen?

An dieser Stelle klafft eine Lücke in den Dokumenten: Wann und warum verließen sie Kolín? Wer ermöglichte ihnen die Reise? Hatten sie Verwandte, die ihnen halfen, in Wien Fuß zu fassen? Den Registern kann man entnehmen, daß zwischen 1875 und 1879, in jenen Jahren also, in denen Therese, Judah und ihre Söhne nach Wien kamen, sowohl Sachsels als auch Furchts dort lebten. Genauere Unterlagen gibt es darüber nicht.

Auf einmal fiel es mir schwer, meine Arbeit fortzusetzen. Ich hatte gern in der Tschechei geforscht. Tschechisch war die Sprache meiner Kindheit, die Sprache, die ich mit meinen Eltern gemeinsam hatte, die Sprache der Wiegenlieder und Märchen und die Sprache des Vertrauens. Mir unterliefen beim Sprechen zwar grammatikalische Fehler, doch ich identifizierte mich mit Tschechisch mehr als mit jeder anderen Sprache, die ich gelernt hatte. Ich sprach es flüssig und ohne Scheu, wie ein Kind, das mit Fingerfarben malt.

Deutsch hingegen blieb mir immer im Halse stecken. Mein Körper hat diese Sprache nie in mich hineingelassen, obwohl ich damit aufgewachsen bin. Meine Mutter sprach Deutsch, ihre Angestellten, Kunden und Freunde auch. Ich sprach die Wörter schlecht aus und verunstaltete sie bis zur Unkenntlichkeit. Als Heranwachsende sang ich in einem Chor, und am zuverlässigsten konnte ich meine Mutter zum Lachen bringen, wenn ich eine Mozart-Passage auf deutsch sang. Ich nahm lange Zeit an, daß diese absichtliche Ungeschicktheit eine Form der Rache sei und ein Mittel, Solidarität mit meiner Mutter zu zeigen, aber inzwischen denke ich, daß es Therese Furchts Erbe ist. Mitte der siebziger Jahre des vergangenen Jahrhunderts zog sie mit großen Erwartungen nach Wien, 1890 setzte sie ihrem Leben dort ein Ende.

Als Studentin kam ich einmal auf der Durchreise nach Wien, lange bevor ich etwas über Therese und Wien wußte. Die Stadt wirkte auf mich wie ein riesiges Mausoleum. Heute, nachdem ich unzählige Bücher über die österreichische Geschichte studiert habe, weiß ich, wie tödlich die Stadt für die Juden war. Ganze Generationen von Juden wurden in Wien gedemütigt und getötet, manche hat man in Boote ohne Ruder geworfen und sie der Gnade der Donau überlassen. Die Wiener Politiker entdeckten schon früh den Nutzen des Antisemitismus, Adolf Hitler sammelte dort seine Erfahrungen, und die Wiener wurden seine glühendsten Anhänger.

Von all dem hatte Therese noch nichts gewußt, sagte ich mir, als sie von Kolín nach Wien zog. In Kolín stritten die Tschechen eifernd für eine separatistische und oft antisemitische nationale Wiedergeburt, als Teil ihres Kampfes um einen tschechischen Nationalstaat wollten die tschechischen politischen Führer die Juden aus ihrer Nische als Mittelsmänner im ländlichen Handel vertreiben und durch Tschechen ersetzen. Sie boykottierten jüdische Geschäfte und stellten Juden als Agenten der deutschen Kolonialisierung dar. Die Juden sahen in der freiheitlichen Partei ein Bollwerk progressiven Gedankenguts. Kaiser Franz Joseph, der Nachfahre Josephs II., erschien ihnen als Garant der Bürgerrechte für Juden. Sie benannten ihre Kinder nach ihm und feierten im August in den Synagogen zahlreich seinen Geburtstag.

Wien, die Hauptstadt der Habsburgermonarchie, verstand sich als Ort, wo für alle Immigranten unabhängig von ihrem Glauben und ihrer Nationalität »jeden Tag Sonntag ist und sich jeden Tag der Spieß über dem Feuer dreht«, um es mit Schiller auszudrükken. Wien zog Tausende Deutsche, Tschechen, Italiener, Ungarn, Bulgaren, Ukrainer, Slowaken, Galizier, Rumänen und Türken an. Für die Juden, die Mitte des 19. Jahrhunderts nach Wien kamen, hatte Wien aber noch eine ganz besondere Bedeutung.

Die erste große Gruppe tschechischer Juden ließ sich nach 1860 in Wien nieder. Sie stammten – wie die Familien von Sigmund Freud, Stefan Zweig und Moritz Benedikt – aus Städten wie Kolín oder Kleinstädten wie Brtnice, wo sie im Getto gelebt hatten. Wien erschien ihnen als grenzenlose Verheißung, und sie erzogen ihre Kinder in der Überzeugung, daß die Stadt und die Zukunft ihnen gehörten. Stefan Zweig schrieb:

...hier waren alle Ströme europäischer Kultur zusammengeflossen; am Hof, im Adel, im Volk war das Deutsche dem Slawischen, dem Ungarischen, dem Spanischen, dem Italienischen, dem Französischen, dem Flandrischen im Blute verbunden, und es war das eigentliche Genie dieser Stadt der Musik, alle diese Kontraste harmonisch aufzulösen in ein Neues und Eigenartiges, in das Österreichische, in das Wienerische. Aufnahmewillig und mit einem besonderen Sinn für Empfänglichkeit begabt, zog diese Stadt die disparatesten Kräfte an sich, entspannte, lockerte, begüterte sie; es war lind, hier zu leben, in dieser Atmosphäre geistiger Konzilianz, und unbewußt wurde jeder Bürger dieser Stadt zum Übernationalen, zum Kosmopoliten, zum Weltbürger erzogen.

...Nun ist Anpassung an das Milieu des Volkes oder des Landes, inmitten dessen sie wohnen, für Juden nicht nur eine äußere Schutzmaßnahme, sondern ein tief innerliches Bedürfnis. Ihr Verlangen nach Sicherheit, nach Unfremdheit drängt sie, sich der Kultur ihrer Umwelt leidenschaftlich zu verbinden. Und kaum verwirklichte sich – außer im Spanien des XV. Jahrhunderts – eine solche Bindung glücklicher und fruchtbarer als in Österreich.

...überall, als Gelehrte, als Virtuosen, als Maler, als Regisseure und Architekten, als Journalisten behaupten sie im geistigen Leben Wiens unbestritten hohe und höchste Stellung... Sie fühlten ihr Österreichertum als eine Mission vor der Welt, und – man muß es um der Ehrlichkeit willen wiederholen – ein Gutteil, wenn nicht das Großteil all dessen, was Europa und Amerika als den Ausdruck einer neu aufgelebten österreichischen Kultur heute bewundert in der Musik, in der Literatur, im Theater, im Kunstgewerbe ist aus dem Wiener Judentum geschaffen gewesen, das selbst wieder in dieser Entäußerung eine höchste Leistung seines jahrtausendealten geistigen Triebes erreichte.

Zweigs Familie war typisch für den Fortschritt, den Leo Spitzer »die emanzipatorische Avenue« nannte, »die durch die Toleranzpatente Josephs II. erstmals begehbar wurde«. Zu Beginn des 19. Jahrhunderts gab Zweigs Urgroßvater das Hausieren auf und eröffnete einen Laden; Mitte des Jahrhunderts besaß sein Großvater eine Textilfabrik, Ende des Jahrhunderts war sein Vater Millionär.

In den Augen Zweigs verhielt sich sein Vater sehr vorsichtig hinsichtlich Vermögen und Status. Er vermied es, im *Hotel Sacher* zu speisen: »Es wäre ihm peinlich oder ungehörig erschienen, neben einem Prinzen Schwarzenberg oder Lobkowitz Tisch an Tisch zu sitzen.« Andere sogenannte »Börsenjuden« hatten diese Bedenken nicht. Sie bauten ihre Häuser nach dem Vorbild der Paläste der Schwarzenberg, Lobkowitz und Collalto und stellten ihr Geld, ihr Gefolge von Bediensteten und ihre eleganten Zweispänner zur Schau. Ihre Frauen führten weltliche, luxuriöse Häuser nach dem Vorbild der Wiener Aristokraten und pflegten die Künste.

Die Söhne bevölkerten die Universitäten, in den achtziger Jahren des vergangenen Jahrhunderts war ein Drittel aller Studenten in Wien Juden. Für Christen war ein Universitätsabschluß traditionell mit der Übernahme eines Lehramts oder eines Beamtenpostens in Österreich-Ungarn verbunden. Solche Posten waren allein den Katholiken vorbehalten und den Juden verschlossen – es sei denn, sie konvertierten. Demzufolge arbeiteten die meisten jüdischen Anwälte und Ärzte wie auch der Großteil der jüdischen Schriftsteller und Journalisten freiberuflich. Wissenschaftliche Untersuchungen belegen, daß viele Wiener Zeitungen im Besitz von Juden und mehr als die Hälfte der Journalisten Juden waren, manche schrieben sogar für antisemitische Blätter. Die Presse war damals das einzige Massenmedium.

Männer wie Arthur Schnitzler, Theodor Herzl und Sigmund Freud wurden zu Symbolfiguren für Wien. Jüdische Schreiber, Bürovorsteher und Verkäufer bildeten die neu aufkommende Schicht der abhängig im Dienstleistungssektor Beschäftigten. Sie alle zusammen, die »Börsenjuden«, die Freiberufler und die Angestellten, bildeten statt der traditionellen jüdischen Gemeinde eine neue jüdische, weltliche Gemeinschaft.

In der traditionellen jüdischen Gemeinde von Kolín besaß sozialen Status, *jichus*, wer sich an die Tradition hielt, so auch Judah und seine fromme Schwester Rosa, die alte Kleider reinigten und flickten, ohne sich dieser Arbeit zu schämen. Sie gehörten einer alten Familie an, die Kluft zwischen arm und reich war in der Judengasse nie besonders groß gewesen. In Wien aber besaß jener Jude *jichus*, der seine Vergangenheit ablegte. Die Kluft zwischen arm und reich hatte sich immens vergrößert und trennte die Fraktionen innerhalb der jüdischen Gemeinde. Judah Sachsel war ein Relikt aus einer anderen Zeit, eine Anomalie im aufwärtsstrebenden jüdischen Wien. Die Christen betrachteten den Handel mit alten Kleidern von jeher als eine verschleierte Form der Hehlerei und als Brutstätte von Krankheiten. Nun war ein Mann wie Judah in einer Stadt, die das Neue pries, selbst in den Augen der Juden nichts weiter als ein Händler mit nutzlosem altem Trödel.

Ihren aus der Tschechei stammenden Cousins und Cousinen in Wien war Therese entweder lästig, oder sie kümmerten sich überhaupt nicht um sie. Sie war eine der vielen von Armut gezeichneten Mütter in einer Mietwohnung ohne fließendes Wasser und mit Toilette im Treppenhaus. Ich sehe Therese vor mir, erdrückt von Wien, von den Prachtbauten, von den endlos vielen Straßen, den Hunderten und Tausenden von Fremden, sehe, wie sie, wieder schwanger, langsam durch die Straßen geht und ihre fünf und sechs Jahre alten Söhne wild über das Kopfsteinpflaster toben. Ihr dritter Sohn Leopold war noch in Kolín gestorben, ihr nächster Sohn Emil kam 1879 zur Welt.

Im Jahr 1882 gebar Therese eine Tochter und nannte sie Josephine nach ihrer Mutter, die im Jahr zuvor völlig verarmt gestorben war. Die Sachsels lebten in Hernals, einem Arbeitervorort. Eine Verwandte, deren Familie auch aus Mähren emigriert war, rief später indigniert aus: »Aber dort wohnte keiner, den wir kannten!«

Es gibt kaum Unterlagen über die mittellosen Wiener Juden jener Zeit. Die jüdischen Schriftsteller waren alle in ihre neue Geschichte und in ihren Stundenplan der kulturellen Ereignisse und Bälle eingebunden. Unabhängig davon, ob sie ihren neuen Status genossen oder ihn wie Arthur Schnitzler und Karl Kraus karikierten, in jedem Fall betrachteten sie ihn als die einzige Wirklichkeit. Antisemitische Schriftsteller schossen sich immer heftiger auf die neuen »Börsenjuden« und die Geschäftsleute ein und ignorierten die armen Juden einfach. Sigmund Freud, der einen Teil seiner Kindheit als armer Wiener Jude verbracht hatte, ging über diese Jahre mit der Bemerkung hinweg: »Dann kamen harte Zeiten. Ich glaube, sie waren nicht wert, sich etwas daraus zu merken.«

Emil Sachsel vermittelte später seinem Sohn nur zwei Erinnerungen an diese Zeit: »Heinrich hat sich um uns gekümmert« und »Es war immer kalt«. Eiskalte Winter, schwüle Sommer, Lärm, Wanzen – das gab es damals in jeder europäischen Großstadt. In Wien grassierte die Tuberkulose, die »Wiener Krankheit«. Therese hatte schon einen Sohn verloren, ohne Antibiotika und ohne Geld für einen Arzt war sie wie jede Mutter von vier Kindern bei jedem Kälteeinbruch in größter Sorge. Zudem hatte sie in Wien keine nahen Verwandten.

Der Arbeitervorort Hernals war gefährlich für Juden, besonders in der Osterzeit, wenn der Pöbel entlang einer Nachbildung der *Via Dolorosa* vom Stephansdom zu einer ehemaligen protestantischen Kirche im Stadtzentrum hinunterzog. Therese hat sich wahrscheinlich sehr unwohl gefühlt. Meine Mutter erwähnt auf den zwölf Seiten keine Vertrauten oder Freunde, kein Café oder einen anderen tröstlichen Ort außer dem Prater, Wiens Vergnügungspark, in dem Therese oft herumspazierte und versuchte, einen Blick auf die Kaiserin Elisabeth zu erhaschen.

Viele Frauen des Reichs liebten Elisabeth und identifizierten sich mit ihr, der schönen, unglücklichen Kaiserin. Sie konnten Elisabeths Außenseiterstellung und vor allem ihre Eheprobleme nachfühlen. Mit sechzehn hatte Elisabeth Franz Joseph geheiratet. Er war zwar freundlich zu seiner jungen Frau, schlief aber auf einem Eisenbett, stand jeden Morgen um vier Uhr auf und stellte pflichtgetreu die höfischen Erfordernisse und die Amtsgeschäfte vor sein Privatleben. Abgestoßen von dem strengen Protokoll, zog sich Elisabeth in eine obsessive Beschäftigung mit ihrem Körper zurück: Sie schrubbte ihre Haut mit schimmeligen

Zitronen, steckte ihre hüftlangen Haare zu immer neuen Frisuren auf und machte eine Hungerkur nach der anderen.

Kaum zehn Jahre nach ihrer Hochzeit verschwand Elisabeth immer häufiger aus Wien und reiste ohne Mann und Kinder durch Europa. Ihr Betragen wurde am Hof verurteilt, man befand, sie habe als Kaiserin versagt und wohl die Veranlagung zum Wahnsinn geerbt, die in ihrer bayerischen Familie so häufig zum Ausbruch gekommen war. Trotzdem identifizierten sich Tausende von Frauen wie Therese Furcht mit ihr und lebten ihre eigenen Fluchtphantasien in Elisabeths Reisen aus. Auch Elisabeth hatte mehr Kinder, als sie verkraften konnte, auch Elisabeth litt unter einer Reihe von Krankheiten – Kopfweh, Rückenschmerzen, Depressionen –, die sie ans Bett fesselten und es ihr unmöglich machten, ihre Pflichten so zu erfüllen, wie man es von ihr erwartete.

Kronprinz Rudolf, ihr ältester, war ihr Liebling. Nach ihm wurden unzählige Söhne jüdischer Familien benannt, auch Thereses Zweitgeborener. Wie die Kaiserin war auch ihr Sohn ein Außenseiter am Hofe, unglücklich und frustriert über seine Rolle im Protokoll, und wie die Kaiserin hegte auch er große Sympathien für die Juden der Donaumonarchie. Im Januar 1889 erschoß er seine Geliebte und sich im Wienerwald.

Kaiserin Elisabeth war damals einundfünfzig. Sie hielt Totenwache an Rudolfs Sarg und Grab, es heißt, sie habe darüber den Verstand verloren. Fast den ganzen Februar über trug Wien Trauer, die Menschen lagerten tagelang an der Strecke, die der königliche Trauerzug nehmen sollte. Der Selbstmord des Kronprinzen löste eine Welle von Nachahmungstaten aus. Ein Mann erhängte sich auf spektakuläre Weise, indem er ein Ende des Seils um den Fenstergriff, das andere um seinen Hals band und aus dem Fenster sprang. Ein Trapezkünstler stürzte sich ohne Netz vor Publikum in den Tod. Jede Woche wurden Leichen am Donauufer angespült. Die Tageszeitung *Neue Freie Presse* richtete die Kolumne »Lebensmüde« ein, die Namen und Todesarten der Selbstmörder verzeichnete.

Im Juli wurde Thereses ältester Sohn Heinrich von einem Tag

auf den anderen krank und starb wenig später, er war gerade sechzehn Jahre alt. Sein Blinddarm war geplatzt, die Familie hatte keinen Arzt bezahlen können. Heinrich war die Stütze der Familie gewesen, Thereses Vertrauter, ihr Auffangnetz. Nun hatte sie wie der Trapezkünstler ihr Netz verloren. Die Wintermonate über verbrachte sie ganze Tage auf dem Zentralfriedhof, lag auf der Erde auf Heinrichs Grab. Und im Frühling empfand sie den Verlust nur noch stärker.

Therese war eine der vielen armen Wiener Jüdinnen, die zumeist namenlos blieben. Wäre sie eines natürlichen Todes gestorben, hätte ich ihren Namen nie in einer Wiener Tageszeitung gefunden. Da sie aber eine jüdische Selbstmörderin in einer Stadt war, deren Nachrichten hauptsächlich von Juden geschrieben und gelesen wurden, fand ich sie in der *Neuen Freien Presse.* In der Kolumne »Lebensmüde« wird in der ersten Maiwoche 1890 berichtet, daß Therese Sachsel, die Frau eines Altkleiderhändlers, »in einem Anfall von Wahnsinn« aus dem Fenster in den Hof ihres Hauses gesprungen sei. Sie war noch keine fünfzig Jahre alt. Ihre Tochter, meine Großmutter Pepi, war acht Jahre alt.

Sechstes Kapitel

Judahs Schwester Rosa, damals fast sechzig, rettete die Familie. Wie aus den Kolíner Stadtregistern hervorgeht, war Rosalia Sachsel im Alter von achtundzwanzig Jahren immer noch unverheiratet; sie war mittelgroß, hatte braune Haare und braune Augen und arbeitete als Köchin. Erst mit siebenunddreißig Jahren heiratete sie, mit einundvierzig brachte sie einen Sohn zur Welt, der noch als Säugling starb. Nachdem auch ihr Mann gestorben war, führte sie den Altkleiderladen der Sachsels im Goldenen Gäßchen allein. Sie wohnte hinter dem Laden in der engen, teilweise überdachten Gasse, die an der Ecke nach der künftigen Wirtschaft »Zum Rabbi« von der Judengasse abzweigt und zum Ringplatz verläuft. Die Straße war dunkel, die Häuser hatten spitze Giebel und unsymmetrische Fenster, die Höfe waren immer feucht – es gab dort alles, wie sich ein Memoirenschreiber aus dem 20. Jahrhundert erinnert, nur kein Gold.

Im Mai 1890 kratzte Rosa das Geld für eine Zugfahrkarte nach Wien zusammen. Dort traf sie ihren Bruder in einem jämmerlichen Zustand an. Judah war krank und verzweifelt, er hatte niemanden, der sich um die Kinder und den Haushalt kümmerte. Therese hatte nicht nur mit ihrer Familie in Kolín gebrochen, sie hatte auch in Wien keine neuen Kontakte geknüpft, ihre Kinder kannten keine Verwandten.

Therese hatte die Familiengeschichte für immer besudelt, denn in der jüdischen Tradition darf ein Selbstmörder nicht neben anderen Juden begraben werden. Zeugen beschworen allerdings, daß sie »nicht richtig im Kopf« gewesen war, und so konnte sie schließlich doch in der Jüdischen Abteilung des Zentralfriedhofs beerdigt werden. Die Schande hielt Rosa freilich nicht von der Erfüllung ihrer Pflicht ab. Tante Rosa, wie die Kinder die ältere, fremde Frau nennen mußten, packte deren Sachen, kaufte Zugfahrkarten nach Kolín und nahm sie mit in ihre zwei kleinen Zimmer.

Judah Sachsel erholte sich nie wieder vom Selbstmord seiner Frau. Neun Monate später starb er an einer Darmkrankheit. Mit vierzehn kam Rudolf, der Älteste, zu Verwandten, die in Wien einen Laden für Geschenkartikel besaßen. Rosa hatte sie überreden können, ihn bei sich aufzunehmen und als Lehrjunge einzustellen. Bei ihr blieben nur noch Emil und Pepi.

Emil war mit zwölf Jahren schon ein großer, fröhlicher Junge, der seinen eigenen Kopf hatte. Er lernte schnell Tschechisch, bekam leicht Kontakt und bot bald seiner frommen Tante die Stirn, indem er am Sabbat und an Jom Kippur auf der Elbe ruderte. Die neunjährige Pepi war ein kleines, zartes Kind, sie litt schwer unter dem Tod ihrer Mutter, ihres Vaters und ihres ältesten Bruders. Sie sprach sehr wenig, in welcher Sprache auch immer, und sie schloß auch keine Freundschaften. Wie ihr Vater las sie viel und entwikkelte ernsthafte Verdauungsprobleme.

Tante Rosa kämpfte um Pepis Gesundheit. *»Jeden Kreuzer, den sie entbehren konnte, gab sie für Gänseleber aus«*, schrieb meine Mutter, *»sie selbst aß nur Kartoffeln und Quark.«* Wie schon ihre Mutter hatte auch Rosa Angst, Pepi könnte in die Welt der Christen entführt werden, und leitete ihre Nichte mit strenger Hand. Emil fand die Einschränkungen, die Tante Rosa ihnen auferlegte, sehr bald schon unerträglich; mit dreizehn lief er weg, gab sich als älter aus und ging zur kaiserlichen Marine. So blieb die damals zehnjährige Pepi allein bei ihrer Tante Rosa in Kolín.

Meine Mutter beschreibt Pepi in ihrer Chronik als schüchternes, ängstliches Mädchen, das große Angst vor Ratten hatte und sich darum weigerte, auf den Abort im Hof zu gehen, und das von Alpträumen gequält wurde und mehr zuhörte als sprach. Tante Rosa sagte ihr immer wieder, daß sie arm sei, Waise und Jüdin. Diesen dreifachen Nachteil könne sie nur durch äußersten Gehorsam, Fleiß und Können ausgleichen. Wenn sie nicht in der Schule war, mußte sie zu Hause bei Tante Rosa bleiben, die ihr Nähen beibrachte und, während Pepi alte Kleider flickte, die Lükken in der Erziehung ihrer Nichte mit Gebeten, Bibellektüre und der Unterweisung in der hebräischen Sprache auszufüllen versuchte.

Es hätte zu Tante Rosas Rolle als weibliches jüdisches Familienoberhaupt gepaßt, Pepi auf die deutschsprachige jüdische Schule von Kolín zu geben. Die Juden schickten ihre Kinder auf diese Schule, weil sie sich nach dem jüdischen Kalender richtete und ihnen soziale Kontakte ermöglichte. Wie die Tschechen aus der Mittelschicht betrachteten auch die Juden Deutsch als Eintrittskarte in die große Welt.

Doch Rosa schickte ihre Nichte nicht auf die jüdische Schule. Kolín war damals eine Brutstätte des wiedererwachten tschechischen Nationalismus und die deutsch-jüdische Schule ein Zankapfel der Gemeinde. Rosa sprach zwar Deutsch mit Pepi, aber vielleicht sympathisierte sie mit dem tschechischen Nationalismus, oder sie dachte, sie könne ihre Nichte in allem Jüdischen besser unterweisen als ein Lehrer. Was auch immer ihre Gründe gewesen sein mögen, diese Entscheidung sollte jedenfalls Pepis Lebensweg stark beeinflussen. Zu einer Zeit, als zwei Drittel der böhmischen Juden Deutsch als Umgangssprache angenommen hatten, besuchte Pepi sechs Tage in der Woche die tschechische Schule, sprach Tschechisch und wurde in ihren dritten Kulturkreis eingeführt.

In Wien hatte Pepi deutsche Sagen und die Heldentaten der Habsburger in Mitteleuropa und Spanien gelernt, in Kolín lernten die Kinder zwar auch die Geschichte der Habsburger, dazu aber die Geschichte der Tschechei, die durch die Nationalisten wiedererweckt worden war. Pepi fand Gefallen an den Sagen über die Gründung der tschechischen Nation und den drei Töchtern des Krok: der Priesterin Teta, der Heilerin Kazi und der Prinzessin Libuše oder Libussa, die in Kolín ihr Schloß hatte. Rosa hatte ihr bestimmt erzählt, daß Libussa durch *Zemach David*, dem Werk David Gans', eines Astronomen und Historikers der Renaissancezeit, sogar Eingang in die hebräische Literatur gefunden hatte. Darin heißt es:

> Über das Land Böhmen herrschte ein Mädchen … das bekannt war für seinen großen Sehergeist. Vielen Menschen las sie die Zukunft aus dem Gesicht und aus der Hand. Die Slawen machten sie zu ihrer Herrin und Prinzessin, sie sollte sie vernünftig, weise und überlegt lenken und führen.

Den mittelalterlichen Chronisten zufolge hatte Libussa ihr ganzes Leben lang eine Leibgarde, angeführt von dem klugen und starken Vlasta. Vlasta weigerte sich, Libussas Gemahl Přemysl Gehorsam zu leisten; er ließ hoch über Prag Děvín errichten, ein Schloß für junge Frauen, und zog gegen Přemysl in den Krieg. In Vlastas Land war es den Männern verboten, Waffen zu tragen; sie mußten das Land bestellen, und sie mußten die Frauen heiraten, die sie ausgesucht hatten, oder sie wurden hingerichtet. Nach acht Jahren besiegten Přemysls Männer Vlastas Frauen. Die Frauen von Děvín starben in der Schlacht, nachdem sie alle ihre männlichen Gefangenen getötet hatten.

Diese Sagen sind nur ein kleiner Teil der tschechischen Mythologie, sie bringen aber Licht in die düstere, patriarchalische und frauenfeindliche k. u. k. Monarchie. Auch die Geschichten, die auf Assimilation bedachte jüdische Schriftsteller der Libussa-Sage hinzudichteten, gehen in diese Richtung. So wird erzählt, Libussa habe die Ankunft eines fleißigen und friedvollen Volkes (die Juden) vorhergesagt, das auf der Suche nach Asyl nach Böhmen gelangen und dem Land Glück bringen werde. Sie dürften so lange in ihrem Land bleiben, »bis die Moldau den Hradschin herauffließen wird«.

Eine andere Geschichte besagt, daß die Juden Libussas Nachfahren Prinz Hostivít geholfen hätten, die Deutschen aus dem Land zu vertreiben.

Diese Sagen sind eher einem Wunsch entsprungen als der Wirklichkeit – nicht nur weil eine Frau im Mittelpunkt steht, sondern weil sie zu den wenigen Erzählungen gehören, in denen die Juden als positiver und integraler Bestandteil der Geschichte einer fremden Nation geschildert werden. Sie sind die prägnantesten Literaturbeispiele der tschechisch-jüdischen Bewegung des

19. Jahrhunderts und ein Zeichen der tiefen und meist ungestillten Sehnsucht nach Zugehörigkeit.

Anfang der neunziger Jahre des letzten Jahrhunderts lernte Pepi in der Schule von Kolín, daß die Tschechen jahrhundertelang kolonialisiert gewesen seien. Wie die Juden waren auch die Tschechen ihrer Rechte, ihrer Souveränität und ihrer Sprache beraubt worden. Pepi vergaß in der Schule zwar selten, daß sie Jüdin war, denn wie auch in Wien hing an der Wand des Klassenzimmers ein Kreuz, aber sie nahm die Erkenntnis mit, daß die Juden nicht das einzige Volk waren, das unterdrückt wurde. Sie lernte fleißig Tschechisch und bemühte sich, ihren Wiener Akzent abzulegen, der sie nicht nur als Fremde, sondern sogar als Feindin auswies. Zuerst schloß sie in der Schule keine Freundschaften, später aber lernte sie die für die Jugendzeit so wichtige beste Freundin kennen.

Wären Gisela Saudek und meine Großmutter nicht entfernte Cousinen gewesen, wäre diese Freundschaft vielleicht nie gewachsen, denn Gisela gehörte der oberen Mittelschicht an. Die beiden Mädchen waren richtige Bücherwürmer, die *»alles lasen, was ihnen in der großen Saudekschen Bibliothek in die Finger kam«:* Übersetzungen der wichtigsten europäischen Schriftsteller, darunter auch der französischen Romanciers, die Nana und Marguerite Gautier, die *Kameliendame*, geschaffen hatten. Jene »verruchten« Damen, ihre Liebhaber, ihre Kleider und ihr Lebensstil waren Thema langer Gespräche zwischen den Mädchen. Als Tante Rosa einmal ein Buch von Zola unter Pepis Matratze entdeckte, *»war die Hölle los. Sie jammerte laut, daß Pepi verdorben wäre und jeder x-Beliebige leichtes Spiel mit ihr haben und sie schließlich eines Tages mit einem unehelichen Kind dastehen würde«*. Die Lektüre von Werken aus dem jüdischen und christlichen Kulturkreis bestimmte die Moral eines Mädchens. »Ein gebildeter Mann kann und muß … alles wissen und alles lesen«, heißt es im *Festtagsgeschenk für Deutsche Mädchen*, einem weitverbreiteten Pendant zu Fanny Neudas Gebetbuch für jüdische Frauen, »für gebildete Frauen aber ziemt es sich nur zu wissen, wodurch sie wirklichen dichterischen Genuß erfahren.« Die Kindheit eines

Mädchens zu verlängern war eine Möglichkeit, ihre Keuschheit und geistige Reinheit zu bewahren. Zeitgenössische Literatur, besonders die naturalistischen Romane, befleckten die Reinheit, weckten unrealistische Erwartungen und verringerten den Wert des Mädchens als Ehefrau. Generationen von Vätern hatten schon mit allen Mitteln versucht, ihre Töchter am Lesen zu hindern – Tante Rosa war nur insofern ungewöhnlich, als sie selbst in die väterliche Rolle schlüpfte.

Rosa tadelte Pepi, den Saudeks gegenüber klagte sie allerdings nie. Gisis Vater war ein eindrucksvoller Mann, einer der erfolgreichsten Geschäftsmänner in Kolín, Gisis Mutter war berühmt für ihre Wohltätigkeit. Als entfernte, arme Cousine war Rosa dankbar für die Freundschaft zwischen Gisi und ihrer Nichte. Hundert Jahre später sprechen die Archivare und die Museumsangestellten von Kolín noch mit Hochachtung von den Saudeks. Gisis älterer Bruder war Schriftsteller, Arzt und ein international bekannter Graphologe. Gisi wurde Übersetzerin für Tschechisch und Deutsch und Feuilletonjournalistin, damit war sie vermutlich die berühmteste Frau, die jemals in Kolín gelebt hat. Mit sechzig wurde sie in Auschwitz vergast. Ihr Porträt und einige ihrer Schriften sind im Besitz des Regionalmuseums von Kolín.

Dort, in dem kleinen Büro des Museums, sichtete ich einen Nachmittag lang den Pappkarton mit ihren Schriften. Ich überflog ein Buch mit Interviews mit dem bekannten tschechischen Dichter Otokar Březina, ihre Artikel und Rezensionen, unveröffentlichte Manuskripte, verzweifelte Briefe an Verleger und deren kurze Ablehnungsschreiben. Ich fand auch eine Federzeichnung von Gisi: so hatte ein Karikaturist diese geheimnisvolle, bebrillte Frau gesehen. Der Karton enthielt zwar keine einzige Fotografie, dafür stieß ich auf ein weit informativeres Porträt von Gisi: ein Manuskript mit dem Titel *Tagebuch eines jüdischen Mädchens 1897–1910.*

Natürlich nahm ich an, daß Gisis beste Freundin, deren Mutter noch dazu aus dem Fenster gesprungen war, darin vorkommen würde. Mit angehaltenem Atem blätterte ich das Manuskript nach Pepi durch. Nichts. Vielleicht hatte Gisi meiner Großmutter mehr bedeutet als umgekehrt. Vielleicht hatte auch der Klassenunterschied eine Rolle gespielt – jedenfalls konnte ich Pepi nicht finden. Doch immerhin hatte ich den einzigen autobiographischen Bericht in tschechischer Sprache über das Leben einer jüdischen Frau im ausgehenden 19. Jahrhundert vor mir, und als ich die Seiten las, war mir, als hielte ich ein Stück Vergangenheit in Händen, einen Brief, der aus Pepis Welt in die meine gelangt war.

Eine Eintragung stammt vom 22. September 1896, die reale Gisi war damals dreizehn. Ihre Protagonistin wechselte von der jüdischen auf die allgemeine Schule.

> Ich gehe gern in die Schule. Der Unterricht ist mannigfaltiger als in der jüdischen Schule. Nur das Kreuz im Klassenzimmer macht mir angst…
> Ich war so froh, daß ich nicht mehr auf die jüdische Schule gehen, sonntags nie mehr mit meinen Schulbüchern über die Straße gehen mußte. Sobald nämlich die Buben die Bücher sahen, wußten sie, daß ich Jüdin war, und schrien: »Juden – ihr habt Jesus Christus getötet!« Oder: »Ihr habt Christus, den Herrn, gekreuzigt!« Das hat nicht aufgehört. Sie erinnern sich noch immer an mich und schreien mir immer noch nach. Wie konnten Juden denn jemanden töten? Und dann noch einen Heiligen wie Jesus, den Herrn?
> 15. November 1897. Meine Lehrerin Fräulein Voděnková behandelt mich schlecht, wie alle von uns jüdischen Mädchen… Sie weist mich an, ein Stück Papier vom Boden aufzuheben, dann aber tut sie so, als fiele es ihr gerade erst ein: »Entschuldige, ich vergesse immer wieder, daß ihr samstags nichts tut…« Ich würde gerne samstags schreiben, aber die anderen jüdischen Mädchen würden mich als Verräterin betrachten. Wie dumm, daß wir uns immer von anderen unterscheiden müssen.
> 3. Juni 1897. Alles um uns herum ist tschechisch – wir aber wollen nicht nur Juden sein, sondern auch Deutsche! … Ich versuche, auf tschechisch zu denken, aber es funktioniert nicht. Plötzlich merke ich, daß es auf deutsch sein würde, wenn ich laut dächte!

Einmal stand ein polnischer Jude im Kaftan bettelnd vor ihrer Tür. Sie schrieb: »Ich hätte ihn nicht eingelassen, aber dann wäre Mama ärgerlich gewesen. Warum kommt er den langen Weg aus Galizien? Um unsere Straße zu verschandeln? Sie tun nichts als betteln.« Am 18. August wurden zu Ehren von Franz Josephs Geburtstag Gottesdienste in der Synagoge abgehalten, und sie machte sich Sorgen: Was würden wohl die Tschechen denken, wenn die Juden den Kaiser ehrten, »der das Land und die Nation der Tschechen als seinen rechtmäßigen Besitz betrachtet, mit dem er machen kann, was er will«. Sie schämte sich, weil es in der Synagoge nicht »still ist wie in einer Kirche, sondern laut wie in einer Judenschule« und weil der Rabbi Deutsch sprach.

Durch die Konzentration auf die damals so genannte »Judenfrage« ist nicht nur interessant, was Gisis Tagebuch enthält, sondern auch, was es ausläßt. Sie spricht nicht von den Aufständen, die vier Jahre zuvor in Kolín ausbrachen, nachdem die Leiche eines Christenmädchens am Elbufer gefunden worden war. Der Leichenbeschauer erweckte mittelalterlichen Aberglauben an die Ritualmorde wieder zum Leben, indem er der Presse mitteilte, daß die jüdische Schule für den Tod des Mädchens verantwortlich sei, und löste damit einen Schub der Gewalt gegen die Kolíner Juden aus. In der Judengasse schlug der Mob die Fenster ein und verprügelte einzelne Juden. Die Polizei ordnete an, daß jüdische Geschäfte geschlossen und Judenkinder wie Pepi und Gisi im Haus bleiben müßten. Zwei Infantrieeinheiten wurden in die Stadt verlegt.

Gebildete Christen, Geistliche und selbst mehrere Päpste hatten zwar verurteilt, daß den Juden Ritualmorde vorgeworfen wurden, doch christliche Aufwiegler und Politiker hatten den Aberglauben am Leben erhalten. Bei zahlreichen Prozessen in ganz Mittel- und Osteuropa mußten die Juden immer wieder erklären, daß es ihnen durch die jüdischen Gesetze streng verboten war, menschliches Blut zu sich zu nehmen. Kurz vor Pepis Geburt war in dem ungarischen Dorf Tisza-Eszlár vor dem Passahfest ebenfalls ein Christenmädchen verschwunden. Daraufhin wurden fünfzehn Juden verhaftet. Ein Prager Theologieprofessor schrieb damals *Fünf Briefe über den Talmud und das Blutritual der Juden* und führte den »Beweis«, daß die Juden Ritualmorde begingen.

Daß Gisi diese Ereignisse von 1893 nicht in ihrem Tagebuch erwähnt, bestätigt, wie außerordentlich beschämt die Juden damals waren. Auch den berüchtigten Prozeß gegen Hilsner läßt sie aus. Im April 1899 war in Polná bei Brtnice die Leiche einer neunzehnjährigen Schneiderin gefunden worden. In der Anklage hieß es: »Unter der Leiche war nur eine kleine Blutlache, nicht größer als eine Handfläche ... Der Körper von Anežka Hrůzová war vollständig ausgeblutet, die Blutspuren unter der Leiche stimmten nicht mit der Menge von Blut überein, die sich normalerweise bei einem auf diese Weise begangenen Mord unter der Leiche befinden müßte.« Angeklagt wurde der herumziehende Jude Leopold Hilsner. In der ganzen Tschechei wurden die Fenster jüdischer Häuser vom Mob zerschlagen.

Der Prozeß gegen Hilsner spaltete die Tschechen wie die Dreyfus-Affäre die Franzosen. Mittelalterlicher Aberglaube stand gegen aufgeklärte Bildung, tschechisch-protestantische Tradition gegen römische Orthodoxie, unreflektierter tschechischer Nationalismus gegen die Justiz. In Tomáš G. Masaryk, dem späteren Präsidenten der Tschechoslowakei, fanden die Juden ihren Zola. Er flehte seine Landsleute und Glaubensbrüder an, nach der Wahrheit zu trachten, »denn der Glaube an Ritualmorde bringt Schande über das tschechische Volk«. Nachdem Hilsner für schuldig befunden und zum Tode verurteilt worden war, setzte sich Masaryk, damals Philosophieprofessor in Prag, über die öffentliche Meinung hinweg und beantragte eine Revision des Prozesses. Auch der zweite Prozeß endete mit einem Schuldspruch, die Todesstrafe wurde von Kaiser Franz Joseph jedoch in lebenslängliche Haft umgewandelt.

Die Affäre Hilsner war für die tschechischen Juden ein schwerer Schock. Auf der Straße spielten die Kinder, wie mit einem Messer die Kehle durchgeschnitten wird, und sangen dazu: »Schuhe, Strümpfe, Stiefelknöpfer / Der Jud' ist ein gebor'ner Köpfer!« oder: »Kaffee, Zucker, Stör / Kaufe nicht beim Juden ein / Denn er meuchelt' unsere liebe Jungfrau rein!« In der Hoffnung, über jüdische Traditionen und Rituale aufklären zu können, veröffentlichten bald jüdische Schriftsteller Geschichten, in denen sie detailliert die Herstellung von *Mazza*, dem ungesäuerten Brot zum Passahfest, schilderten, der Aberglaube an Ritualmorde ließ sich aber nicht ausmerzen.

Gisi erwähnt Hilsner in ihrem Tagebuch nicht, sie beschäftigt sich aber ausführlich mit den Fragen, die im Zuge dieser Affäre unter den Juden diskutiert wurden: Wie unterscheidet sich ein Jude von einem Christen? Sollten die Juden jüdisch bleiben? Würde sie durch eine Konversion zu einem normalen Menschen? Sind Juden eine Rasse? Hat Houston Stewart Chamberlain recht mit der Annahme, das kommende Jahrhundert werde von einem Kampf zwischen deutschen und jüdischen Mächten geprägt sein? Würden Juden durch die von ihm so genannte »Kreuzung« ihre negativen Züge verlieren und sich dem »blonden, dolichozephalen nordischen Typ« angleichen? Oder sollte sie lieber Theodor Herzls Analyse der Lage des jüdischen Volkes Glauben schenken? Gisi schreibt in ihr Tagebuch:

> Ich mag unseren Garten. Ich mag den Geruch nach dem Regen, die Schmetterlinge und Käfer. Ich denke immer, andere Menschen empfinden die Natur ganz anders als ich, sie haben eine »Liebe zur Natur« oder ein »Gefühl« für die Natur. Es heißt, Juden hätten dieses Gefühl nicht. Gestern abend sagte Papa, Fräulein Voděnková habe ihn auf dem Weg zur Fabrik getroffen und gesagt: »Eilen Sie doch nicht so zur Arbeit! Sehen Sie doch, wie schön sich der Frühling dieses Jahr zeigt!«
> Fräulein Voděnková hat das nicht ohne Grund gesagt. Aber wie ist das richtige Gefühl für die Natur? Was fühlt man dabei? Fühlt man etwas für die Felder, wie sie aussehen, was wir auf ihnen pflanzen, oder was auf ihnen von selber, ohne unser Zutun, wächst? … Ich muß darauf achten, wie meine katholischen Klassenkameraden über die Natur sprechen und über das, was sie hervorbringt, ob sie anders sprechen als ich.

Gisi bemerkt, daß ihre Mutter besser gekleidet ist als die meisten Tschechinnen und daß sie sie noch nie mit einer Gans auf dem Arm gesehen hat. Sie vergleicht die prächtige Kathedrale mit der schmucklosen Synagoge, sie schildert die Konflikte im einst frommen, nun aber assimilierten Saudekschen Haus, erzählt, daß ein Bruder vollständig das Interesse am Judentum verloren habe, der andere hingegen das zionistische Weltbild Theodor Herzls übernehme.

Als er diese Vorstellungen seinem Vater gegenüber erwähnt, antwortet Herr Saudek:

> Denkst du etwa, wir müßten denen zeigen, wohin sie uns vertreiben sollen? Und uns eingestehen, daß wir nicht hierher gehören? Wie jeder andere bin auch ich hier zu Hause. Unsere Familie lebt hier schon seit dreihundert Jahren. Ich weiß, daß wir eine neue jüdische Nation bilden sollten. Aber ich kann nicht. Ich kann und will nicht zurück.

Pepis Tante Rosa lebte das Leben, zu dem Herr Saudek nicht mehr zurückkehren wollte. Sie war fromme, praktizierende Jüdin, ging regelmäßig in die Synagoge, verkehrte mit Familien aus der Judengasse und interessierte sich für jüdische Traditionen und Geschichte. Außerdem war sie eine arme Frau, die hart arbeitete und von ihrer Nichte erwartete, daß sie die täglichen Hausarbeiten erledigte, Bedienstete stellte sie nicht ein. Als Gisi mit vierzehn die Schule abschloß, bestand ihr Vater darauf, daß sie zu Hause blieb, bis sie heiratete. »Der Mann, der eine Frau will, die klüger ist als er selbst, ist noch nicht geboren!« antwortet er auf Gisis Bitte, die Minerva-Schule, das neue Mädchengymnasium in Prag, besuchen zu dürfen.

Pepi hingegen dachte nicht einmal daran, weiter auf die Schule zu gehen. Tante Rosa wollte, daß sie Geld verdiente und zum Familieneinkommen beitrug. Seit Therese Furchts Zeit standen den Frauen einige Berufe offen: Sie konnten Lehrerin, Krankenschwester oder etwa Postangestellte werden; das Lehramt war aber Katholiken vorbehalten. Als ehrbares jüdisches Mädchen aus der Arbeiterschicht hatte Pepi eigentlich nur die Möglichkeit, als Näherin zu arbeiten.

Tante Rosa würde ihrer Nichte nicht erlauben, wie Therese bei Fremden zu leben. In ihren Augen war eine Frau immer in Gefahr, verführt zu werden, und jüdische Mädchen aus der Provinz wie Pepi liefen Gefahr, in die »weiße Sklaverei« zu geraten: polnischen Juden in die Hände zu fallen, die sie entführten und als Prostituierte in die Türkei oder nach Südafrika brachten. So kümmerte sie sich bei Zwieback, dem berühmten Wiener Kaufhaus, um eine Lehrstelle in der Werkstatt für ihre Nichte und um eine Unterkunft bei den Verwandten, zu denen sie sechs Jahre zuvor auch Rudolf Sachsel geschickt hatte.

Im Jahr 1897 nahm die fünfzehnjährige Pepi den Zug in jene Stadt, in die eine Generation zuvor auch schon ihre Mutter gereist war.

Während der letzten Jahre des 19. Jahrhunderts war der kaiserliche Hof immer noch die treibende Kraft in der Wirtschaft und gab den Ton an in dieser streng hierarchisch gegliederten Gesellschaft mit dem Adel an der Spitze, den Militärs, den Beamten bis zu den Künstlern und kleinen Ladenbesitzern, Fabrikarbeitern und Bediensteten ganz unten. Jede Gruppe hatte ihre Umgangsformen, ihre Kleidung und ihren jährlichen Maskenball. In dieser Umgebung war der Schein wichtiger als das Sein des Menschen, Mode war zur Religion erhoben.

Die äußere Erscheinung spielte eine alles beherrschende Rolle in Wien. Der Architekt Adolf Loos beschreibt Wien als eine Stadt der künstlichen Fassaden wie die Potemkinschen Dörfer, die in Rußland erbaut worden waren, um die Armut des Volkes zu kaschieren. Andere schildern die ausgeprägte Unterwürfigkeit des gemeinen Volkes und die prächtige Armee, die mit ihren perfekt gebügelten Uniformen von ihrer Antiquiertheit ablenkte. Hochmodische Kleidung wurde zwar von Männern wie Frauen erwartet, Frauen betrachteten Kleider darüber hinaus als Teil ihrer Macht. Sie putzten sich nicht nur zum Abendessen heraus, sondern auch zum Ausreiten, zu Empfängen, Teegesellschaften, Theater- und Opernbesuchen oder für Bälle, wo eine schicksalhafte Begegnung den Lauf ihres Lebens verändern konnte. Die Modeschöpferin Inez Exton erinnerte sich:

> Sollte ein Tag vergehen, ohne daß ein Mann, ein jüngerer, ein älterer, einer nach der neuesten Mode gekleideten Dame nicht folgte, bekam sie das Gefühl, etwas stimme nicht mit ihr. Brauchte sie einen neuen Hut? Oder ein neues Kleid? Es war die Zeit der berechnenden Verführung, der *Femme fatale.* Unsere Weiblichkeit war eine gefährliche Waffe, und wir setzten sie ein.

Als Lehrmädchen bei Zwieback betrat Pepi Sachsel die Welt der Wiener Modeindustrie. Das Palais Zwieback lag in der Kärntnerstraße, im Zentrum von Wien, Filialen gab es in Graz, Budapest und Karlsbad. Die Salons waren mit Orientteppichen ausgelegt und mit bequemen Sesseln möbliert, in denen sich die Kundinnen zurücklehnten, während ihnen Modelle vorgeführt wurden. Hier und da ließen sie einen Satz auf französisch fallen, während ihre Hände über Samt, Seide und Brokat glitten. Die Verkäuferinnen wurden *vendeuses* genannt, Kleider hießen *robes* und Pelze *fourrures.*

Die meiste Zeit arbeitete Pepi zehn, zwölf Stunden am Tag, sechs Tage die Woche mit den Näherinnen und anderen Lehrmädchen in den nüchternen, häßlichen und stickigen *atéliers*, außer Sichtweite des Tea-Room, des Restaurants oder der American Bar. Jeden Tag außer Sonntag erhob sich Pepi im Morgengrauen von ihrem Bett in einer Ecke der Wohnung ihrer Verwandten, zog sich an, ging zur Kärntnerstraße und betrat das Palais durch einen Nebeneingang. An normalen Tagen schleppte sie heiße, zehn Kilogramm schwere Bügeleisen von den Heizgestellen zu den Büglerinnen und zurück. An besseren Tagen wurde sie auf Botengänge geschickt, an den besten Tagen durfte sie bei einer Anprobe assistieren. Dann stand sie still mit Kreide, Stecknadeln und Polstern bereit und sog die Kultiviertheit des Salons in sich auf.

Pepi fand heraus, daß Zwieback trotz seines Prunks nicht der beste Wiener Modesalon war. Die meisten Angehörigen des Adels ließen ihre Kleider bei den *Couturiers* Spitzer und Grüner schneidern. Einige Adlige waren zwar Stammkunden bei Zwieback, seine Kundschaft bestand aber hauptsächlich aus den Juden der oberen Mittelschicht, den Gattinnen und Töchtern von Bankiers, Beamten und Industriellen. Für sie war das Etikett mit dem Namen Zwieback ein Statussymbol, das sie gern zeigten.

Pepi haßte Wien, wie später auch ich. Meine Mutter schreibt:

> Es entsprach nicht ihren Erwartungen. Trotzdem hielt sie die Augen offen und nahm alles, was sie sah, in sich auf – ein bißchen Arbeitstechnik, ein bißchen Zuschauen am Zuschneidetisch, aber vor allem merkte sie sich die Schnitte der Kleider, die sie an den reichen Kundinnen sah. Nachts las sie, bis ihr vor lauter Erschöpfung die Augen zufielen.

Bei ihrer Ankunft in Wien erfuhr Pepi, daß Rosas Verwandte ihren älteren Bruder Rudolf einige Monate zuvor in ein Irrenhaus gebracht hatten. Er hatte unter Schwermut gelitten, es habe keine andere Möglichkeit gegeben, sagten sie. Entsetzt schrieb Pepi an ihre Tante, daß sie nach Wien kommen und Rudolf dort herausholen solle. Das betagte Familienoberhaupt reiste also wieder einmal zur Rettung ihres Neffen an. Rudolf Sachsel war zwar deprimiert, aber keineswegs wahnsinnig, und er hatte einen gebrochenen Arm und ein gebrochenes Bein; wie das geschehen war, wollte er allerdings nicht erklären. Die Ärzte lehnten seine Entlassung ab, sie meinten, er werde sich umbringen wie seine Mutter. Doch Tante Rosa setzte sich durch. Sie nahm den damals dreiundzwanzigjährigen Rudolf mit nach Kolín, ihre fünfzehnjährige Nichte ließ sie in Wien.

Im Wien der Jahrhundertwende war ein junges Mädchen Freiwild, die »höhere Tochter« genauso wie das »süße Mädel«. Gisi Saudek gehörte zur ersten Gruppe. Wenn sie gelegentlich ihre Verwandten in Wien besuchte, bekam sie ein eigenes Zimmer, ritt aus, besuchte Theater und Museen und flanierte durch die Kaiserstadt.

Ein Arbeitermädchen wie Pepi war ein »süßes Mädel« – eine vertraute Gestalt in jeder europäischen Stadt des 19. Jahrhunderts, unsterblich gemacht durch Puccinis Mimi aus *La Bohème* – und lebte in ständiger Angst vor Hinauswurf, Hunger und Krankheit, leichte Beute für Schürzenjäger, die versuchten, ihre Gunst zu gewinnen, ohne die mit der Prostitution verbundene Scham oder mögliche juristische Verwicklungen zu riskieren.

Die höheren Töchter wie die süßen Mädeln tauchen häufig auf in der Wiener Literatur, in Theaterstücken, in psychiatrischen Fallstudien und Tagebüchern aus der Zeit der Jahrhundertwende. Gisi schildert einen Besuch bei ihren Wiener Verwandten folgendermaßen:

> Mein blöder Onkel! Dieser Schuft! Heute morgen kam er in mein Zimmer. Ich sah ihn an, er kam immer näher und näher; er hatte so einen merkwürdigen Glanz in den Augen. Plötzlich schob er seine Hand unter den Aufschlag meines Morgenmantels. Es war so fürchterlich, daß ich mir immer wieder sage, es ist gar nicht wirklich geschehen. Ich wusch mich zwanzig Mal an dieser Stelle, aber es half nichts. Ich kann seine Berührung immer noch fühlen, kann sie nicht auslöschen.
> Ich kann hier nicht mehr bleiben. Was soll ich nur tun? Wie soll ich erklären, daß ich gehen will? Die Wahrheit kann ich nicht sagen, nicht einmal meinen Eltern. Wenn ich es ihnen sagen würde, würde es für immer an mir haften bleiben… Ich sehne mich danach, nach Hause zu gehen, im Fluß zu schwimmen und die Schande abzuwaschen, die diese ekelhafte Pranke über mich gebracht hat. Ich habe ihn so heftig weggestoßen, daß er fast umfiel, aber er lachte nur dumm. Es war ihm unangenehm, und er verschwand. Mein Vater ist immer in Sorge, wenn ich mit Jungen ausgehe. Er hat Angst, daß ich mich kompromittieren könnte. Deshalb hat er mich zu diesen alten Verwandten geschickt…

Die Schürzenjäger fallen durch ihre Sicht der Frauen als minderwertige Wesen genauso auf wie durch die Tatsache, daß zu ihnen auch die Crème der jüdischen Elite gehörte. Der vornehme Bühnenautor Arthur Schnitzler führte Tagebuch über seine sexuellen

Begegnungen (»Gisela M. ist langweilig. Auch Jeanette langweilt mich …«) und notiert die Zahl seiner Orgasmen, die er jedes Mal hatte. Der ehrwürdige Zionistenführer Theodor Herzl verfaßte ein Gedicht, das folgendermaßen beginnt: »Schlangenmädchen, Mädchenschlangen sind eine gefährliche Brut«. Er schildert einen Beamten, der »selbst den minimalsten Beitrag, den er als Arzt zum Wohlergehen der Menschheit leisten konnte, dadurch nichtig macht, daß er Besitzer dreier schuldenfreier, aber häßlicher Töchter ist, die er frei und ohne Rücksicht auf die ästhetischen Empfindlichkeiten der Leute herumlaufen läßt«. Otto Rank, einer der fortschrittlichsten Psychoanalytiker, schrieb, die Frau sei eine geborene Schauspielerin. Darum habe Shakespeare nur Männern erlaubt, in seinem Theater zu spielen – er habe das Schauspiel zur Kunst erheben wollen, und bei Frauen gehöre es zur Natur.

Pepi hätte weder der in Wien allgegenwärtigen Brutalität gegenüber jungen, unverheirateten Frauen noch dem fanatischen Antisemitismus entkommen können. 1897 lebten in Wien eine Million Menschen, die Juden machten weniger als zehn Prozent der Bevölkerung aus, aber sie stachen mehr heraus als je zuvor. Gustav Mahler, Arthur Schnitzler, Karl Kraus, Theodor Herzl – sie beherrschten das kulturelle Leben. *Die Neue Freie Presse*, die bekannteste Zeitung der Stadt, war in jüdischem Besitz, auch die Mitarbeiter waren weitgehend Juden. Die »Börsenjuden« und ihre Frauen gehörten fest zum Stadtbild und bald auch die»Ostjuden« in ihren schwarzen Mänteln, die zu Tausenden vor den russischen Pogromen flohen und nach Wien strömten, wo sie hausierten oder auf der Straße bettelten.

Die vielen Juden lieferten den rechtslastigen Wiener Politikern eine einfache Möglichkeit, den Unmut ihrer Wähler zu kanalisieren. Für das katholische Wien waren die Juden alte und neue Feinde. Jüdische Kapitalisten wie der Eisenbahnmagnat Baron de Hirsch, jüdische Sozialisten wie Viktor Adler, jüdische Denker wie Sigmund Freud, jüdische Bettler wie die Ostjuden – alle wurden sie zur Zielscheibe von Politikern, die nach der Stimme des »kleinen Mannes« trachteten.

Während Pepi jeden Tag mit den Töchtern, Frauen oder Freundinnen des »kleinen Mannes« zusammenarbeitete, mußte sie erfahren, wie tief verwurzelt der Antisemitismus in Wien war. Karl Lueger kandidierte mit einem explizit antisemitischen Programm für das Amt des Bürgermeisters. Er versprach, daß »der Antisemitismus der Christen die Übermacht der Juden in der Wirtschaft zurückdrängen ... und dafür sorgen wird, daß die Christen Herr im eigenen Hause bleiben«. Ein Wiener Parlamentsmitglied schlug ein Gesetz vor, das für die Erschießung von Juden Prämien vorsehen sollte.

Die Juden reagierten unterschiedlich auf den Antisemitismus. Viele Juden übernahmen den ätzenden Selbsthaß des Journalisten und brillanten Satirikers Karl Kraus, der die jüdische Gemeinde 1899 offiziell verließ, oder eines Otto Weininger, der eine philosophische Rechtfertigung des Antisemitismus verfaßte, konvertierte und schließlich Selbstmord beging. Andere fanden Trost darin, die Juden in verschiedene Klassen zu unterteilen: Die Wiener Juden mährischer Abstammung schauten auf die ungarischen Juden herab, die wiederum auf die Polen und Galizier und diese auf die russischen Flüchtlinge. Wie Stefan Zweig schreibt:

> Dieses ständige Klassifizieren ... schien uns damals höchst lächerlich und snobistisch, weil es sich doch schließlich bei allen jüdischen Familien nur um einen Unterschied von fünfzig oder hundert Jahren dreht, um die sie früher oder später aus demselben jüdischen Getto gekommen sind ...
> Eine »gute« Familie meint also mehr als das bloß Gesellschaftliche, das sie selbst mit dieser Bezeichnung sich zubilligt; sie meint ein Judentum, das sich von allen Defekten und Engheiten und Kleinlichkeiten, die das Getto ihm aufgezwungen, durch Anpassung an eine andere Kultur und womöglich eine universale Kultur befreit hat oder zu befreien beginnt.

Manche Juden waren stolz und militant wie Joseph Bloch, ein in Galizien geborener Rabbi und Politiker. Er saß als Abgeordneter im österreichischen Parlament, gab seine *Österreichische Wo-*

chenschrift heraus, ein Magazin, das jüdische und österreichische Angelegenheiten behandelte, und focht jede Anklage gegen Juden an, von der er erfuhr. Einige freiberuflich tätige Juden wie Sigmund Freud traten der jüdischen Bruderschaft B'nai B'rith bei, andere schlossen sich der zionistischen Bewegung von Theodor Herzl an. Doch nachdem Herzls Werk *Der Judenstaat* erschienen war, gab es in Wien mehr Antizionisten als Zionisten. Der Oberrabbiner nannte den Zionismus einen Schritt zurück ins Getto. Herzls Verleger Moritz Benedikt druckte das Wort »Zionismus« in seiner Zeitung erst, als er Herzls Todesanzeige veröffentlichte.

Wäre Pepi in Wien groß geworden, so wäre sie vielleicht eine typische, von Selbsthaß erfüllte Wiener Jüdin geworden, dank Tante Rosas Einfluß hatte sie aber eine ausgeprägte tschechische und jüdische Identität ausgebildet. *»Nach sechs Monaten bei Zwieback«*, schrieb meine Mutter, *»war ihr klar, daß sie besser dran war, wenn sie die Kolíner Damen einkleidete, als wenn sie zuschaute, wie andere die Wienerinnen einkleideten.«* Pepi schrieb, sie wolle wieder nach Hause kommen, und Tante Rosa nahm sie wieder auf.

In Kolín begann sie, für die wohlhabenderen Mitglieder der jüdischen Gemeinde, darunter auch Gisi Saudek, zu schneidern, und bald brachte sie genügend Geld nach Hause, daß sich Tante Rosa ganz ihren religiösen Studien widmen konnte. Acht Jahre lang baute Pepi ihre Schneiderei auf. Tagsüber nähte sie Mäntel und Kleider, am Abend spazierte sie oft mit Gisi auf dem *corso* – die Mädchen untergehakt in die eine, die Jungen in die andere Richtung –, durch die Arkadengänge auf dem Ringplatz von Kolín. Meine Mutter schrieb:

> *Jene Jahre hätten für Pepi eine glückliche Zeit gewesen sein können, wenn Tante Rosa in ihrer ewigen Wachsamkeit über die Ehre und Jungfräulichkeit ihre Nichte etwas nachgelassen hätte. Natürlich gab es einen jungen Mann, zu dem sich Pepi hingezogen fühlte, und das konnte in dieser kleinen Stadt nicht lange geheim bleiben. Die Liebelei ging nie weiter als der*

heimliche Austausch von Briefen und Gedichten, löste aber bei Tante Rosa einen Sturm der Entrüstung aus, weil der junge Mann Christ war.

Tante Rosa warnte ihre Nichte davor, so zu werden wie ihre Mutter – verführt, sitzengelassen und schließlich von der Verzweiflung in den Tod getrieben. Pepi war schließlich nur eine arme jüdische Waise, ein Mädchen ohne Mitgift. Die Familie des jungen Mannes war gleichfalls entsetzt. Er wurde zum Studium nach Berlin geschickt, weit weg von dem jüdischen Mädchen aus dem Goldenen Gäßchen.

Im Jahre 1900 drängte die neunundsechzigjährige Tante Rosa, daß Pepi, mittlerweile achtzehn, heiratete. Ein geeigneter Freier war schon längere Zeit in Sicht, der Sohn einer jüdischen Familie aus Kolín, der seit der Schule ein Auge auf Pepi hatte. Oskar Weigert sollte nach seiner Lehrzeit in Prag den Stoffladen seines Vaters übernehmen, und Tante Rosa hielt es für ein Glück, daß er sich für ihre Nichte interessierte.

Pepi hingegen interessierte sich nur wenig für die Ehe und schon gar nicht für Oskar Weigert. Daran waren die französischen Romane schuld. Pepi hatte aus ihnen geschlossen, daß die Zeit vor der Ehe der beste Teil der Liebe war, nach der Hochzeit sah das Leben für eine Frau düster aus: Entweder wurde sie Hausfrau wie jede normale Frau oder sie setzte sich über die Regeln hinweg und starb wie Anna Karenina oder Madame Bovary, oder sie verließ wie die Hauptfigur in Ibsens *Nora oder ein Puppenheim* ihren Mann und ihre Kinder und lebte außerhalb der Gesellschaft in einer Welt, die noch nicht in der Literatur beschrieben worden war.

Zu dieser noch nicht verzeichneten Welt jedoch fühlten sich Pepi und Gisi um die Jahrhundertwende im provinziellen Kolín hingezogen. »Laß dich nicht in die Falle locken!« sagt in Gisis Tagebuch eine Freundin zur Protagonistin. »Unsere Welt ist anderswo ... selbst die Tschechei ist zu eng. Du solltest nach Paris gehen und dich in Journalistenkreisen umtun. Du solltest etwas lernen und als fertige Person wieder zurückkehren.«

Wie sich herausstellte, war das Mädchen, das schließlich in die Großstadt gehen sollte, nicht Gisi, sondern Pepi. Um die Zeit ihres zweiundzwanzigsten Geburtstages im April 1904 übte Tante Rosa so starken Druck aus, Oskar Weigert zu heiraten, daß es für Pepi unerträglich wurde. Gisi hatte schon lange auf Pepi eingewirkt, ihr gesagt, daß sie mit ihren Fertigkeiten leicht ihren Platz in der Großstadt finden könnte, und ihr zugeredet, ihre Sachen zu packen und nach Prag zu gehen. Einige Jahrzehnte zuvor hatte Florence Nightingale geschrieben, daß eine Waise die besten Voraussetzungen für ein interessantes Leben habe, daß die Mutter, der Vater und die Geschwister, ja oft die ganze Familie einer Frau tot sein müßten, damit ihr die Verpflichtungen aus einer Zweckverbindung erspart blieben. Tante Rosa hatte Pepi offensichtlich von solchen familiären Banden befreit, und Pepi war offensichtlich unabhängig und stark genug, um ihre Tante zurückzulassen.

Rudolf Sachsel, der nun siebenundzwanzigjährig in Prag lebte, erklärte sich bereit, auf seine Schwester aufzupassen. Tante Rosa rang Pepi das Versprechen ab, vorsichtig zu sein, gab ihr noch einige Warnungen mit auf den Weg und ließ sie gehen. Das war im Jahr 1904.

Siebtes Kapitel

Bevor ich anfing, über Pepi zu schreiben, war sie für mich nur die Fotografie über dem Zuschneidetisch meiner Mutter: die dunkelhaarige Frau mit dem Pelzkragen, Pepi, wie meine Mutter sie sah. Aber jetzt, da sie für mich zu einer realen Person wurde, ging ich alle Fotografien noch einmal durch, die den Krieg überlebt hatten und die meine Mutter nicht gerahmt hatte. Pepi wirkt auf jedem Bild so, als wäre es eine Tortur, fotografiert zu werden. Ich frage mich, wie sie ausgesehen hätte, wenn sie gelächelt oder wenn sie gewußt hätte, daß diese Fotos einmal die einzige Verbindung zwischen ihr und ihrer Enkelin sein würden, ja daß ich einmal Stunden damit zubringen würde, auf den Bildern nach Hinweisen zu forschen, wer sie wirklich war.

Auf einem der frühen Bilder, aufgenommen in Kolín im Jahr 1902, ist Pepi noch eine richtige Landpomeranze. Ihr Kragen und ihr Hut sind mit weißer Spitze besetzt, das Kleid hängt ihr formlos von den Schultern. Auf einem späteren Bild steht sie in Prag neben einer Freundin und trägt eine enganliegende Spitzenbluse mit einem Rock und einem dieser absurd großen Hüte, die damals in Mode waren. Das Bild muß um 1910 entstanden sein, Pepi ist Mitte Zwanzig, großstädtisch mondän und sehr erwachsen.

Prag war immer noch eine Provinzstadt, die sich völlig an Wien orientierte, als meine Großmutter im März 1904 dorthin zog. Und Prag war eine ethnisch geteilte Stadt. Fünfundneunzig Prozent der Einwohner waren Tschechen, nur fünf Prozent Deutsche. Die Tschechen schwammen noch auf einer nationalistischen Welle, die in den nächsten zehn Jahren auslief. Die Ufer der winzigen deutschen Sprachinsel wurden allmählich an allen Seiten unterspült, doch die Deutschen weigerten sich nach wie vor, in den Tschechen etwas anderes zu sehen als eine minderwertige, kulturell unterlegene Nation. Der Reporter Egon Erwin Kisch schrieb:

> Das deutsche Prag! Das waren fast ausschließlich Großbürger, Besitzer der Braunkohlengruben, Verwaltungsräte der Montanunternehmungen und der Skodaschen Waffenfabrik, Hopfenhändler, die zwischen Saaz und Nordamerika hin- und herfuhren, Zucker-, Textil- und Papierfabrikanten sowie Bankdirektoren; in ihrem Kreis verkehrten Professoren, höhere Offiziere und Staatsbeamte.

Ein deutsches Proletariat gab es nicht. Die fünfundzwanzigtausend Deutschen, gerade fünf Prozent der Einwohner Prags, besaßen zwei prächtige Theater, einen großzügig bemessenen Konzertsaal, zwei Universitäten, fünf Gymnasien und höhere Schulen, vier technische Hochschulen, zwei Tageszeitungen mit jeweils einer Morgen- und einer Abendausgabe, große Festsäle und ein reges Gesellschaftsleben.

> Mit der halben Million Tschechen der Stadt pflog der Deutsche keinen außergeschäftlichen Verkehr. Niemals zündete er mit einem Streichholz des Tschechischen Schulengründungs-Vereins eine Zigarre an, ebensowenig ein Tscheche die seinige mit einem Streichholz aus einem Schächtelchen des Deutschen Schulvereins. Kein Deutscher erschien jemals im tschechischen Bürgerklub, kein Tscheche im deutschen Kasino. Selbst die Instrumentalkonzerte waren einsprachig, einsprachig die Schwimmanstalten, die Parks, die Spielplätze, die meisten Restaurants, Kaffeehäuser und Geschäfte … Gastierte im tschechischen Nationaltheater die Comédie Française oder das Moskauer Künstlertheater oder ein berühmter Sänger, so nahm die deutsche Presse nicht die geringste Notiz davon, und die Kritiker, die tagtäglich die Namen Coquelin, Stanislawski oder Schaljapin jonglierten, verfielen gar nicht auf die Idee, einer solchen Vorstellung beizuwohnen … Als Kaiser Franz Joseph nach Prag kam, um die tschechische Jubiläumsausstellung zu

besuchen, wurden Empfang, Dekorationen, Ovationen und jede Drehung der Hofkaleschenräder spaltenlang beschrieben – doch unvermittelt brach die Schilderung mit dem Satz ab: »Hierauf betrat Seine Majestät das Ausstellungsgelände.« Denn die Ausstellung wurde von deutscher Seite totgeschwiegen.

Die letzte Gelegenheit, bei der Deutsche und Tschechen gemeinsam eine kulturelle Veranstaltung ausrichteten, war Kisch zufolge die Schillerfeier im Jahr 1859 anläßlich des hundertsten Geburtstags des Dichters.

Wie die meisten Juden ihrer Generation konnte Pepi in beiden Welten leben und arbeiten. Sie fühlte sich beim Bummeln auf der breiten Ferdinandstraße, wo die Tschechen jeden Sonntag mit ihren Kindern spazierengingen, ebenso zu Hause wie auf dem Graben, der deutschen Promenade, wo deutsche Studenten ihre Verbindungsfarben zur Schau trugen. Am Graben lagen die vornehmsten Geschäfte Prags, unter anderem auch Moric Schiller, ein Modeatelier und Stoffgeschäft, das den Titel »Hoflieferant« führen durfte. Vor dem spiegelnden Schaufenster eben dieses Geschäfts blieb Pepi stehen wie eine Heldin aus einem Roman von Zola, die frisch vom Land in die Stadt Paris gekommen ist.

»Sie ging schnurstracks in das Modeatelier«, schrieb meine Mutter, *»und fragte nach dem Chef.«*

Herr Schiller amüsierte sich über den Mut der jungen Frau, die einfach von der Straße hereinspaziert kam. Er fragte Pepi, was sie denn von den Tausenden anderer Mädchen unterscheide, die keine andere Qualifikation zum Verkauf mitbrächten, außer daß sie nähen könnten. Pepi antwortete, daß sie bei Zwieback in Wien in die Lehre gegangen sei, daß sie ihr eigenes Schneidergeschäft in Kolín gehabt habe, daß sie Kleider liebe und daß sie gern Frauen dabei helfe, schön auszusehen.

Zu ihrer eigenen und Rudolfs Überraschung wurde sie als Arbeiterin im Atelier mit einem Anfängergehalt eingestellt, die Hälfte davon schickte sie gewissenhaft an Tante Rosa. Inner-

halb eines Jahres erregten ihr Blick für die richtige Paßform und ihr Gefühl für Farben die Aufmerksamkeit von Herrn Schiller. Immer häufiger verlangte er sie als Assistentin bei Anproben, und schließlich fragten auch die Kunden selbst nach ihr.

Menschen, die Pepi kannten, sagten, sie sei zwar nicht hübsch gewesen, habe aber eine gewisse Anmut und einen stillen Charme besessen. Während ihres ersten Jahres bei Schiller muß sie Moric Schiller als jüdisches Mädchen »aus gutem Hause« beeindruckt haben, das anscheinend irgendwie aus der Bahn geworfen worden war. Herr Schiller war Jude wie die meisten Männer in der Prager Textilindustrie und daher vertraut mit den *Draussigen* oder den »Leuten da draußen«, wie die Stadtjuden ihre Verwandten vom Land nannten. Noch eine Generation zuvor war ein Großteil der Mädchen dort mit vierzehn in Stellung gegangen. Erst seit kurzer Zeit wurde von den meisten der jüdischen Mädchen aus »gutem Hause« erwartet, daß sie jeder Art von Arbeit hilflos gegenüberstanden und ihre Familie nicht mit einem selbstverdienten Einkommen in Verruf brachten.

Im Jahr 1905 war Pepi Sachsel seit acht Jahren berufstätig und hatte sich die Kenntnisse einer guten Näherin erworben. Dank ihrer Schulausbildung in Kolín sprach sie fließend Tschechisch. In Wien war ihr Deutsch sicherer geworden. Bei Tante Rosa hatte sie ein wenig Jiddisch gelernt. Sie war bei den Tschechen, Deutschen und Juden, die zu Schillers Kundschaft gehörten, gleichermaßen beliebt und galt als modebegeistert, unaufdringlich, praktisch veranlagt und ruhig. Herr Schiller registrierte Pepis Interesse für die Feinheiten des Geschäfts ebenso wie die Tatsache, daß sie offenbar keine Neigung zum Heiraten verspürte. Zwei Jahre nach ihrer Einstellung, Pepi war mittlerweile vierundzwanzig, beförderte Herr Schiller sie zur Einkäuferin und zur *Directrice* seines Salons. Im Jahr 1906 begleitete ihn Pepi, die man mittlerweile bei der Arbeit mit Fräulein ansprach, auf Einkaufsreisen nach Wien und Paris und bekam zu Weihnachten Blumen von dankbaren Kundinnen geschenkt.

Pepis Eintritt in die Welt der Mode hätte zu keinem günstigeren Zeitpunkt erfolgen können. Da Kleidung zunehmend maschinell gefertigt wurde, wandelten sich von Hand gearbeitete Kleider vom alltäglichen Gebrauchsgegenstand zum Luxusgut. Mit der Eröffnung eines Kaufhauses, das über einen Lesesaal und einen Kaffeesalon verfügte, reihte sich Prag 1903 in die Reihe der Großstädte wie Paris und Wien ein. Daneben gab es über hundert Läden, in denen Frauen Kleider »von der Stange« kaufen konnten. Vermögende Damen zogen es jedoch vor, ihre Kleider auf Bestellung in einem *Salon* oder einer *Maison* nähen zu lassen. »Elegante Kleider erfüllen ihren Zweck also nicht nur insofern, als sie teuer, sondern auch insofern, als sie Merkmale der Muße sind«, schrieb Thorstein Veblen. »Bei Frauenkleidung kann man in dieser Hinsicht sogar noch weiter gehen, denn sie beweist, daß ihre Trägerin in der Lage ist, zu konsumieren, ohne selbst zu produzieren.«

Parallel dazu, daß handgenähte Kleidung ein soziales Statussymbol wurde, erlangte die *Haute Couture*, wörtlich die »hohe Schneiderei«, das Ansehen einer kreativen Kunstform. Während der Pariser Weltausstellung im Jahr 1900 sahen eine Million Menschen zum ersten Mal eine offizielle Ausstellung von *Haute Couture*. Mehr als ein Dutzend Modehäuser waren vertreten, zwei der bekanntesten – Callot Sœurs und Paquin – wurden von Frauen geführt.

Seit Pepi in ihren Jugendjahren französische Romane gelesen hatte, träumte sie von Paris mit seinen Theatern, Läden, Museen und Cafés. Jetzt besuchte sie auf ihren Geschäftsreisen mit Herrn Schiller die Straßen und Plätze, über die sie gelesen hatte – Rue de Rivoli, Place de l'Opéra, die Tuilerien – und nahm die Farben, den Stil, die Sprache und Kultur in sich auf. Sie studierte die Etikette der *Maisons*, lernte deren Gepflogenheiten und die Bedeutung von Werbung, Vermarktung, Entwurf, Produktion und Auslieferung.

Pepis Einführung in die *Haute Couture* erfolgte zu einer Zeit großer Veränderungen. Nur ein Jahrzehnt zuvor waren die Frauen noch von kiloschwerer Kleidung zu Boden gedrückt worden. Fischbeinkorsetts preßten die Brust nach oben und drückten den

Bauch flach zu einer Silhouette zusammen, die man *sans ventre* (ohne Bauch) nannte. Das Gesäß wurde betont, die Taille eingeschnürt, und eine internationale Reformbewegung wetterte seit einem halben Jahrhundert vergebens gegen diese Mode. Die Reformkleiderbewegung, die in Amerika mit dem sogenannten *Bloomer-Kostüm* ihren Ausgang nahm, fand jedoch mit der Zeit immer mehr Unterstützung bei Frauenrechtlerinnen, Sportlerinnen und Ärzten. Die englischen Künstler der *Arts and Crafts Movement*, die deutschen Künstler des *Jugendstils* und die Künstler der *Wiener Werkstätte* entwarfen Kleider, die keine Korsetts brauchten. Gustav Klimt war der erste einer wachsenden Zahl von Malern, die ihre Modelle in Kleidern nach dem neuen Stil malten.

Bald nachdem Pepi ihre Reisen nach Paris aufgenommen hatte, kapitulierten die dortigen Modeschöpfer vor der Kleiderreform, und die strengen, enganliegenden Kleider der letzten Jahrzehnte wichen locker hängenden Gewändern aus fließenden Stoffen, die leicht, luftig und eigenwillig wirkten. Der orientalische Stil hielt in den *Maisons* Einzug und bestimmte Form, Schnitt und Linienführung. Mannequins gingen barfuß, trugen Pluderhosen, Ärmel im Kimonostil und Turbane, eingehüllt von schweren Weihrauch- und Patschulidüften.

Prag hinkte in modischer Hinsicht zwar einige Jahre hinter Paris her, doch Pepi brachte von ihren Reisen reichlich Stoffe und Schnittmuster mit nach Hause, die sich ihrer Meinung nach gut verkaufen würden. Die *Maisons* waren sehr darauf bedacht, ihre Originalentwürfe zu schützen, aber sie konnten das geladene Publikum nicht daran hindern, sich so viele Details der Kleider wie möglich zu merken und danach Skizzen zu fertigen. Frauen wie Pepi eilten nach Hause und paßten das, was sie gesehen hatten, den Bedürfnissen ihrer Kundschaft an. Die Geschwindigkeit des Ganzen, der Glanz, der Reiz des Geheimen, all das unterschied sich vollkommen von dem Altkleiderladen im Goldenen Gäßchen, wo Pepi nähen gelernt hatte. Dort war das wichtigste Kriterium für Kleidung ihr praktischer Nutzwert, hier waren es Schönheit und aktueller Modetrend.

In Prag wurde Pepi zu einer Informationsquelle für Frauen, die begierig waren zu erfahren, was man in Paris gerade trug. Sie gewöhnte sich an das Reisen, an die Hotels und Restaurants und daran, in fremden Städten mit einer Sprache durchzukommen, die sie noch nicht beherrschte. Sie faßte im 20. Jahrhundert schneller Fuß als ihr älterer Bruder Rudolf, der im Grunde immer noch Hausierer war und ein Sortiment verschiedener Geschenkartikel von seiner Wohnung aus verkaufte.

Wie in Wien wurden auch in Prag der jüdische Hausierer und der jüdische Wirt allmählich zu Gestalten der Folklore. Pepi und Rudolf Sachsel lebten nicht mehr unter den wachsamen Augen ihrer Nachbarn in der Judengasse von Kolín, sondern in der Anonymität der Großstadt, zwei von rund fünfundzwanzigtausend Juden, die verstreut überall in Prag wohnten, vierzehntausend davon sprachen Tschechisch, elftausend Deutsch. Ich weiß nicht, ob Pepi freitags abends die Sabbatkerzen anzündete, wie sie es früher immer zusammen mit Tante Rosa getan hatte, ob sie koscher kochte und regelmäßig in die Synagoge ging. Ich nehme es nicht an. Ihre Reisen überschnitten sich sicher mit jüdischen Feiertagen. Samstag war der Hauptgeschäftstag in Prag. Wie die meisten Protestanten und Katholiken hatten auch die meisten Juden ihre religiöse Lebensweise aufgegeben, als sie vom Land in die Stadt zogen. In Böhmen und Mähren gab es kein Rabbinerseminar, wo ein angehender jüdischer Schriftgelehrter hätte studieren können, und nur wenige einheimische Rabbis.

Der Dramatiker František Langer, der in einer Familie Tschechisch sprechender Juden aufwuchs, schrieb über seine Kindheit:

> Früher sah ich Vater jeden Morgen dabei zu, wie er die Gebetsriemen um seinen kräftigen Arm band, doch im Lauf der Zeit verrichtete er seine Gebete nur noch unregelmäßig und schließlich ganz selten … Jahrelang aßen wir koschere Mahlzeiten, doch das lag hauptsächlich an Julia, einer gläubigen Christin, die in ihrer Jugend für unsere Tante, eine strenggläubige Jüdin, gearbeitet hatte und daher darauf achtete, daß wir nicht nur die eigentlichen Speisevorschriften befolgten, sondern auch andere Grundsätze der jüdischen Religion.

Die Säkularisierung der Langers erfolgte so vollständig, daß ihr jüngster Sohn Jiří eines Tages nach Galizien aufbrach, um dort zusammen mit den Chassidim des Rebbe Belz zu studieren – Männern, die er als »echte« Juden betrachtete. Bei seiner Rückkehr trug er einen schwarzen, breitkrempigen Samthut, einen ausgefransten schwarzen Kaftan und *peyes*, Schläfenlocken, seine Familie war entsetzt.

»Über die letzten drei Generationen hinweg, seit es den Juden erlaubt war, außerhalb des Gettos zu leben, sahen die Juden aus unserem Teil der Welt in ihrer äußeren Erscheinung nicht anders aus als andere Bürger«, schrieb sein älterer Bruder später.

> Die Haltung meiner Familie gegenüber Jiří ähnelte unserer Ansicht nach der Situation in Kafkas Novelle *Die Verwandlung*, in der das Leben einer ganzen Familie durcheinandergebracht wird, als der Sohn des Hauses sich plötzlich in einen riesigen Käfer verwandelt und daher vor der Welt versteckt werden muß, während die Familienmitglieder sich vergeblich bemühen, einen Platz für ihn in ihren Herzen zu finden.

Ein Großteil der Prager Juden verband mit Orthodoxie einen Lebensstil, der 1848 geendet hatte. Genau wie die Langers waren auch Pepi Sachsel und ihr Bruder nicht von den Tschechen in ihrer Nachbarschaft zu unterscheiden und verhielten sich auch nicht anders. »Würden wir durch Jiřís Auftreten nicht alle der Scheinheiligkeit und Heuchelei bezichtigt werden?« fragte Langer.

> Die Aufmachung meines Bruders ängstigte meinen Vater und seine Gesellschaftsschicht noch in anderer Hinsicht. Sie störte seine Gefühle von Sicherheit und Dauer; vielleicht weckte sie in ihm Erinnerungen an lang vergessene Geschichten über das Elend und die Enge im Getto, an ein Leben ohne Freiheit und ohne Rechte, ein Dasein voller Demütigungen und Ungerechtigkeiten. Dies war nicht nur die Sorge um Konventionen und geschäftliche Interessen. Jiří in seiner Aufmachung war ein Ge-

spenst aus der Vergangenheit, das zu uns gekommen war; jemand, der von den Toten auferstanden war, um uns zu warnen.

Es gab immer noch einige alte jüdische Familien in Prag, wie Langer bemerkte, die nach ihrem jüdischen Glauben lebten, ohne daß sie durch ihre Kleidung auffielen, eine Art religiöser Aristokratie, die in Glauben und orthodoxer Lebensführung »keine Kompromisse einging«. Außer an vier Tagen im Jahr blieben Prags vierundzwanzig Synagogen halb leer. Viele tschechische Juden lebten in gemischten Ehen.

Die deutschsprachigen Juden hatten sich sogar, falls das überhaupt möglich war, noch weiter von der Tradition entfernt. Sie schickten ihre Kinder auf deutsche Schulen, wo sie von katholischen Priestern unterrichtet wurden und nur, wie Franz Kafka später schrieb, »einen unbedeutenden Rest ihres Judentums« zurückbehielten. In einem bitteren Brief an seinen Vater klagte Kafka, das Judentum sei, soweit er sehen könne,

> ein Nichts, ein Spaß, nicht einmal ein Spaß. Du giengst an vier Tagen im Jahr in den Tempel, warst dort den Gleichgültigen zumindest näher, als jenen, die es ernst nahmen, erledigtest geduldig die Gebete als Formalität, setztest mich manchmal dadurch in Erstaunen, daß Du mir im Gebetbuch die Stelle aufmischen konntest, die gerade recitiert wurde, im übrigen durfte ich, wenn ich nur (das war die Hauptsache) im Tempel war, mich herumdrücken, wo ich wollte. Ich durchgähnte und durchduselte also dort die vielen Stunden (so gelangweilt habe ich mich später, glaube ich, nur noch in der Tanzstunde) und suchte mich möglichst an den paar kleinen Abwechslungen zu freuen, die es dort gab, etwa wenn die Bundeslade aufgemacht wurde, was mich immer an die Schießbude erinnerte, wo auch, wenn man in ein Schwarzes traf, eine Kastentüre sich aufmachte, nur daß dort aber immer etwas Interessantes herauskam und hier nur immer wieder die alten Puppen ohne Köpfe …
> Zu Hause war es womöglich noch ärmlicher und beschränkte sich auf den ersten Sederabend, der immer mehr zu einer Ko-

> mödie mit Lachkrämpfen wurde ... Das Ganze ist ja keine vereinzelte Erscheinung, ähnlich verhielt es sich bei einem großen Teil dieser jüdischen Übergangsgeneration, welche vom verhältnismäßig noch frommen Land in die Städte abwanderte ...

Die erste Generation der Prager Juden war wie Kafkas Vater viel zu sehr damit beschäftigt, sich eine Existenz aufzubauen, als daß noch Zeit für Bildung geblieben wäre. Aber die Söhne setzten sich mit Goethe, Schiller, Beethoven und Wagner auseinander. Wie ihre Verwandten in Wien oder Berlin beurteilten sie den gesellschaftlichen Rang nicht mehr anhand traditioneller Maßstäbe wie Frömmigkeit und jüdischer Gelehrsamkeit, sondern anhand der Kenntnisse lateinischer, griechischer und deutscher Klassiker. Gleichzeitig übernahmen sie die Ansichten des deutschen Bürgertums über die Frauen.

Die jüdischen Ehefrauen, einst als intelligente Partnerinnen und sogar Mitverdienerinnen geschätzt, wurden nun völlig vom Geschäftsleben ausgeschlossen. Die Männer erwarteten von ihnen, daß sie sich auf häusliche Tätigkeiten beschränkten und sich in allen Bereichen der Sexualität gänzlich ahnungslos zeigten. Hingegen wurde, wie es der verstorbene Ernst Pawel – der Biograph von Herzl und Kafka – treffend formulierte, die sexuelle Erniedrigung von Mädchen der Arbeiterklasse durch Männer aller Altersgruppen aus der Mittelklasse als eine Art Naturgesetz angesehen. Jüdische Männer paßten sich schnell an und übernahmen zusammen mit anderen Gewohnheiten einer weltlichen Lebensführung auch dieses Verhalten. Jüdische Frauen kamen als voreheliche Sexualpartnerinnen stillschweigend nicht in Betracht. Tschechische Frauen – Hausangestellte, Kindermädchen, Verkäuferinnen – waren dagegen als notwendige Partnerinnen für die sexuelle Einführung und Übung vor der Heirat erlaubt.

Nur wenige der außergewöhnlichen Prager Schriftsteller jüdischer Herkunft spürten der Entstehung dieser scheinbar unumstößlichen Rollenverteilung zwischen den Geschlechtern nach. Von ihnen steht mir Egon Erwin Kisch am nächsten, ein nüchterner, aufmerksamer Reporter, den der erst kurz zuvor erworbene kulturelle Ballast seiner Zeitgenossen unbeeindruckt gelassen hatte. Doch selbst für ihn verband sich mit »Patriarchat« eher die Vorstellung von dickbäuchigen Redakteuren, die seine Reportagen kürzten, als ein System, das Frauen vom öffentlichen Leben ausschloß. In seinen lebendigen Skizzen über die Prager Unterwelt erscheinen Frauen nur als Prostituierte oder als »Quellen«, die ihm den entscheidenden Hinweis auf den gesuchten Mann geben. Wenn er über Frauen schreibt, handelt es sich meist um Kuriositäten: siamesische Zwillinge, die an den Hüften zusammengewachsen waren, oder ein tschechisches »Damenorchester«, das aus Portugal abgeschoben wurde. Die folgende verächtliche Bemerkung aus seinen Memoiren ist typisch für seine Generation:

> Sie merkte wohl, daß sie langweile, und bemühte sich, mein Interesse zu wecken. Aber ihre Enthüllung, daß sie beim Postamt in Podiebrad angestellt sei, reichte nicht aus, um eben großen Eindruck zu machen. So fuhr sie mit vermeintlich gröberem Geschütz auf: Sie verstehe auch etwas Deutsch. Höflicherweise machte ich ein Gesicht, in dem Bewunderung und Zweifel sich mengten.

»Mädchen, waren das nicht diese weißen, dummen Geschöpfe, denen man Blumen in den Ballsaal brachte?« schrieb Max Brod, Künstlerfreund und ein früher Kulturzionist. »Ich bin gerne mit Frauen zusammen ... und ich bemerke immer bewundernswerte Züge an ihnen. Einmal ihre leichten, luftigen Kleider, ein anderes Mal eine charmante Bemerkung, stille Güte.«

Begabte jüdische Frauen wie die Schriftstellerin Hermine Hanel verließen die Stadt und beklagten deren Frauenfeindlichkeit.

Hanel schrieb in ihren Memoiren über ihre Tanten:

> [Sie] spielten Klavier, Geige und Gitarre, sie sangen, sprachen Englisch, Französisch und Italienisch, sie kochten und nähten, sie bemalten Seide und Porzellan, sie lasen und schrieben Briefe, sie flirteten, tanzten, machten Gymnastik und liefen Schlittschuh, sie schwatzten und lachten. Sie wußten über alles und

nichts Bescheid und bereiteten sich auf ihre zukünftige Rolle als Hausfrauen vor ... Die jüngeren Tanten verliebten sich häufig, schwärmten für Schauspieler und Sänger. Dumme Jungfern, heißblütig, nicht berechnend.

Eine Handvoll jüdischer Frauen in Prag schuf sich ihre eigene intellektuelle Welt nach dem Beispiel der Salons. Berta Fanta, die Frau eines Apothekers, empfing in ihrem Haus Dichter, Wissenschaftler und Philosophen, zu ihren Gästen zählten Albert Einstein und Rudolf Steiner. Sie veranstaltete Kostümbälle und Parties, bei denen die Gäste *Tableaux vivants* schufen, »lebende Bilder«, und Gestalten wie Hero und Leander, Hänsel und Gretel, Goethe oder Cyrano de Bergerac darstellten. Berta Fanta konvertierte nicht zum Christentum, distanzierte sich jedoch, wie frühere *Salonières*, allmählich von allem, das sie als jüdisch oder provinziell empfand. »Gestern besuchte mich nach fünfzehn Jahren mein Schwiegervater«, schrieb sie 1901 in ihr Tagebuch.

> Es war, als ob ein Gesandter aus einer anderen Welt neben mir säße ... Allein die Tatsache, daß drei Bücher gleichzeitig und unbenutzt auf dem Tisch liegen konnten, wo sie doch so viel kosteten, war höchst bemerkenswert für ihn ... Dann kamen all die naiven Fragen: Warum Else studieren würde ... Was wir denn in Podalka machen würden, da wir doch keine Landwirtschaft betreiben würden. Eines Tages wird er sterben, ohne eine Lücke zu hinterlassen, wie ein Baum, der in einem dichten Wald umsinkt.

Ida Freund, Bertas Schwester und ebenfalls eine *Salonière*, veranstaltete exklusive Tanzabende, bei denen nicht mehr als ein Drittel der Gäste Juden sein durften. Ihrer Nichte zufolge mußte selbst dieses Drittel von einem christlichen Freund empfohlen werden.

Wie behielt Pepi ein Gefühl für ihr eigenes Ich in dieser Welt, die in vielerlei Hinsicht eine kleinere Ausgabe von Wien war? Die einzige Erklärung ist, daß sie die meiste Zeit in Schillers Modeatelier verbrachte. Indem sie eine jahrhundertealte Frauenarbeit in einem Raum ausübte, der zwar wenig von dem intellektuellen Gehalt von Berta Fantas *Salon* besaß, aber dafür auch nicht dessen subtile Verachtung Frauen gegenüber, war sie geschützt. Im Jahr 1910 waren in Prag Männer in den Modeateliers ebenso fehl am Platz wie im Jahr 1950 in New York. Der Besitzer mochte zwar wie Herr Schiller ein Mann sein, und das Ziel des gesamten Modeunternehmens konnte darin bestehen, einen Ehemann oder Liebhaber zu angeln, aber bei der Herstellung drehte sich alles um Frauen, und es waren auch nur Frauen daran beteiligt. Pepi kam zugute, daß sie hervorragende Arbeit leistete, daß Schiller es bemerkte und sie dafür belohnte. Es half, daß ihr Bruder sie unterstützte und ihr Gesellschaft leistete. Und es half, daß sie als arme Waise aufgewachsen war, daran gewöhnt, Arbeit als ihren Lebensinhalt zu sehen.

Dennoch dürfte die selbstgerechte Haltung der kleinen Prager Gemeinde schwer auf ihr gelastet haben, und Tante Rosas Sorgen um ihre Zukunft dürften ihr als eine schwere Prüfung erschienen sein. Anständige ledige Frauen in Pepis Alter gingen in Prag nachts nicht allein auf die Straße, klagte Rosa, aber ihre Nichte nahm zusammen mit ihrem Chef den Nachtzug nach Paris. *»Der Umstand, daß Herr Schiller glücklich verheiratet und Vater von drei Kindern war, spielte für sie überhaupt keine Rolle«*, schrieb meine Mutter. *»Was sollten die Leute denken?«* Pepi war fast fünfundzwanzig. Sie mußte sich ihren Lebensunterhalt selbst verdienen. Aber in der jüdischen Tradition galt ein Leben ohne Ehe als nicht lebenswert, und Pepi strapazierte die Geduld eines Verehrers sehr, der sie heiraten wollte, obwohl sie Waise war und kein Geld hatte.

Oskar Weigert würde eines Tages das Stoffgeschäft seines Vaters in Kolín erben, hielt Tante Rosa ihr vor. Er war eine solide Partie. Er würde Pepi heiraten und sie weiterhin bei Schiller arbeiten lassen, in einer Zeit, in der nicht nur die jüdische Tradition, sondern auch ein österreichisches Gesetz verlangte, daß eine verheiratete Frau ihre Arbeit aufgab. Was wollte sie denn noch? Eine Waise ohne Mitgift konnte es sich nicht leisten, so wählerisch zu sein.

Ich betrachte Pepis Gesicht auf den Fotos und denke mir, daß sie wohl sehr dickköpfig und viel stärker gewesen sein muß als die zarte Frau, an die sich meine Mutter erinnerte. Dies war also das Kind, das mit acht Jahren Waise wurde, die mutige junge Frau, die nicht in Wien bleiben wollte und sich nach Prag aufmachte. Aber sie war auch den Beschränkungen ihrer Zeit unterworfen, sie hatte schmerzliche Verluste erlitten und fühlte sich ihrer einzigen Verwandten verpflichtet, die sie vor dem Waisenhaus bewahrt hatte. Tante Rosa war der Ansicht, daß Pepi nicht allein leben und sich auch nicht für immer auf ihren Bruder Rudolf verlassen konnte.

Rudolf Sachsel, mittlerweile dreiunddreißig, machte seit einiger Zeit einer jungen Näherin den Hof, die er kennengelernt hatte, wenn er Pepi von der Arbeit abholte. Olga hatte bereits bei Schiller gearbeitet, als Pepi eingestellt wurde, und ihren Aufstieg vom Nähzimmer in die Chefetage neidvoll beobachtet. *»Sie hielt Pepi für einen mittellosen Emporkömmling«*, schrieb meine Mutter, und sie machte Rudolf klar, daß sie nicht gedachte, ihr neues Heim mit ihrer zukünftigen Schwägerin zu teilen. Da Rudolf plante, mit Olgas Mitgift einen Laden zu eröffnen, besaß ihr Wunsch durchaus Gewicht.

Viele Jahre später erzählte Pepi meiner Mutter, daß sie nie habe heiraten wollen. Sie wußte, daß sie sich nie wieder so verlieben könnte wie als Mädchen in den jungen Mann, der ihr unter den Arkaden von Kolíns Ringplatz Gedichte zugesteckt hatte und dann von seinen Eltern zum Studium nach Berlin geschickt worden war. Aber sie konnte nicht länger bei Rudolf bleiben. Ihr anderer Bruder Emil lebte in Wien. Allein konnte sie auch nicht leben. Offensichtlich hatte es keinen Sinn, daß sie sich den Wünschen von Tante Rosa und Oskar Weigert widersetzte, zumal da er sagte, er wolle sie doch nur glücklich machen.

Dreißig Jahre zuvor war ihre Mutter gezwungen worden, einen Fremden zu heiraten, ihre Heimat zu verlassen und an einen Ort zu ziehen, wo sie niemanden kannte. Oskar Weigert war kein Fremder, und es war überhaupt keine Rede davon, aus Prag wegzuziehen. Weitaus wichtiger erscheint mir jedoch die Tatsache, daß sich an den Wahlmöglichkeiten für Frauen seit Therese Furchts Heirat im Jahr 1873 nichts geändert hatte. Selbst eine Frau mit eigenem Einkommen lehnte selten eine Heirat ab. Am 16. Juni 1907 wurde in der Vinohrady-Synagoge in Prag aus Pepi Sachsel Josefa Weigert.

Achtes Kapitel

Pepi sei zwar überrascht, aber auch erleichtert gewesen, schrieb meine Mutter, als ihr neuer Ehemann keine sexuellen Beziehungen zu ihr aufnahm. Sie liebte Oskar Weigert nicht und sah der sexuellen Seite ihrer Ehe nicht gerade mit Freuden entgegen. An der Führung ihres neuen Haushalts fand sie keinen Gefallen, und die Eigenheiten des Mannes, mit dem sie nun zusammenlebte und der so anders war als ihr Bruder Rudolf, erschreckten sie. Oskar Weigert hatte einen merkwürdigen Gang, zog manchmal einen Fuß nach oder fiel einfach hin und war kurze Zeit ohnmächtig. Danach wußte er nicht mehr, wo er war. Eines Tages mußte er ins Krankenhaus gebracht werden, und man sagte Pepi, er leide an progressiver syphilitischer Paralyse. Sie vertraute sich niemandem an.

Die Syphilis war in Prag so verbreitet wie überall in Europa. Viele zeitgenössische Romane und Theaterstücke handeln von der Krankheit und ihren Opfern. Erst kurz zuvor hatte man die Wassermannsche Reaktion als Test zur Diagnose entwickelt, und die Zeitungen waren voll mit Anzeigen von Ärzten, die die Krankheit behandelten. Aber es gab keine Heilung. Vor allem bei Frauen galt es als gesellschaftlicher Fauxpas, die »Lustseuche« zu erwähnen. Die britische Journalistin Vera Brittain schrieb, daß sie erst als Krankenschwester im Ersten Weltkrieg herausgefunden habe, was Syphilis bedeute, als sie direkt mit den Opfern der Krankheit in Kontakt gekommen sei. Die dänische Schriftstellerin Isak Dinesen, die von ihrem Ehemann angesteckt worden war, verschwieg ihrer Familie, um was für eine Krankheit es sich handelte.

Auch Pepi hielt Oskars Krankheit geheim. Doch wenn sie Anproben leitete und ihre Näherinnen beaufsichtigte, fragte sie sich unablässig, ob sie sich durch die gemeinsame Benutzung von

Bettwäsche, Geschirr, Besteck und Badezimmer ebenfalls anstekken könnte. Es war allgemein bekannt, daß Frauen – nicht nur Prostituierte, sondern auch die Ehefrauen infizierter Männer – auf geheimnisvolle, qualvolle Weise an den Folgen der Krankheit starben. Pepi bekam Kopf- und Rückenschmerzen und war ständig müde. Sie hatte Schwierigkeiten, sich bei der Arbeit zu konzentrieren, und verhielt sich auf einmal widersprüchlich und unberechenbar. Eines Abends wurde sie nach Verlassen des Geschäfts auf dem Gehsteig ohnmächtig. Herr Schiller beschloß daraufhin, *»der Ursache des Verhaltenswandels und der offensichtlichen Hysterie seiner Directrice auf den Grund zu gehen«*, schrieb meine Mutter. *»Er entlockte ihr ihre ganze traurige Lebensgeschichte und schickte sie unverzüglich in ein Nervensanatorium in den österreichischen Bergen.«*

Im Jahr 1908 wußte man in den gebildeten Kreisen Prags von Freuds »talking cure« (»Sprechkur«), der Behandlung durch Sprechen und Erzählen. Es ist qualvoll für mich, wenn ich mir Pepi Weigert als sechsundzwanzigjährige Analysepatientin vorstelle, vor allem da ich nicht weiß, wer sie analysierte. Da zumindest ein Hoffnungsschimmer bestand, ich könnte ihre Krankengeschichte finden, suchte ich die Bibliothek des Bostoner Instituts für Psychoanalyse auf und vertiefte mich in die Protokolle der Wiener Psychoanalytischen Vereinigung, in die Erinnerungen ihrer Mitglieder und in deren Schriften. Allem Anschein nach hatten sie sich aber mehr mit Masturbation als mit Syphilis befaßt. Berufstätige Frauen waren unter den Patientinnen kaum vertreten. Freud zufolge, schrieb Wilhelm Stekel, gebe es sechs Formen typischer weiblicher Angstneurosen: die Angst der Jungfrau oder des heranwachsenden Mädchens; die Angst der Jungvermählten; die Angst der Ehefrau, deren Mann vorzeitig ejakuliert; die Angst der Ehefrau, deren Mann *Coitus interruptus* praktiziert; die Angst von Witwen und freiwillig Enthaltsamen; und die Angst der Frau, die sich dem Orgasmus nähert. Stekel und die anderen Analytiker, deren Schriften ich las, zeichneten ein ungewöhnlich düsteres Bild der Ehe im ersten Jahrzehnt des 20. Jahrhunderts, im Hinblick auf Pepis Probleme halfen sie mir nicht weiter.

Zu Beginn des Jahrhunderts gab es in Mitteleuropa Hunderte von Nervensanatorien, die »nervöse Erkrankungen« mit Ruhe, Abgeschiedenheit, unterschiedlichen Diäten, Heiß- und Kaltwassertherapie, Massage, Elektroschocks, Hypnose, Licht- und Gesprächstherapie behandelten. Glücklicherweise fand Pepi einen verständnisvollen Arzt mit beruhigendem Einfluß, der sich ihre Geschichte anhörte und ihre Ängste linderte. Sie erzählte ihm von ihren Verlusten: der älteste Bruder, der Vater und die Mutter waren vor ihrem neunten Lebensjahr gestorben, zwei andere Brüder ein Jahr später. Sie erzählte ihm von ihrer Arbeit, ihrer Heirat und wie sie die Krankheit ihres Mannes entdeckt hatte. Dem Arzt gelang es, Pepi davon zu überzeugen, daß ihre Neurose eine angemessene Reaktion auf ihre Situation war, daß sie ihr Gleichgewicht wiedererlangen und einen Weg zurück in ein normales Leben finden würde.

Während Pepi sich durch Gespräche mit dem Arzt von ihren Ängsten befreite, sprach Herr Schiller mit Tante Rosa und Pepis beiden älteren Brüdern über Scheidung. Scheidungen waren in Prag selten. Kein Mitglied der Familie Sachsel war jemals in eine Scheidung verwickelt gewesen. Aber Tante Rosa, erbost darüber, daß der Arzt der Familie von Weigerts Krankheit gewußt und sie nicht gewarnt hatte, erklärte, daß nach jüdischem Recht eine Ehe, die nicht vollzogen worden sei, annulliert werden könne.

Meine Mutter schrieb:

Als Pepi nach Prag zurückkehrte, wurde sie bei einer kultivierten Witwe untergebracht, deren Wohnung nach dem Tod ihres Mannes und der Heirat ihrer Kinder zu groß für sie geworden war. Sie war eine Freundin von Herrn Schiller und freute sich, Pepi zur Gesellschaft und als zahlenden Gast bei sich zu haben, da sie ihre Witwenrente aufbessern mußte...
Das Sanatorium hatte Pepi sehr gutgetan. Obwohl die Psychoanalyse noch in den Kinderschuhen steckte, war es ihren fortschrittlichen Ärzten gelungen, sie davon zu überzeugen, daß es sich bei ihr um einen Fall von Hysterie, Überidentifikation und die Beschwichtigung von Schuldgefühlen angesichts der

drohenden Scheidung handelte. Das einzige Überbleibsel ihrer Ehe war eine Agoraphobie, die bei ihrer Rückkehr nach Prag erstmals auftrat.

Im Jahr 1910 wurde Pepi von einem Zivilgericht geschieden. Mit achtundzwanzig war sie noch einmal eine ledige Frau.

Über die Jahre hinweg, in denen ich die Bibliotheken durchforstete, erzählte ich der tschechischen Bibliothekarin Zuzana Nagy, die wie die drei Jiřís zu einer Art Weggefährtin für mich geworden war, Teile der Geschichte meiner Großmutter. Zuzanas Eltern waren Überlebende des Holocaust, sie war in Prag geboren. Ihr mußte ich nicht lange erklären, warum ich keine Familiendokumente hatte. Einmal erzählte ich ihr, daß ich liebend gern gewußt hätte, wo Pepi nach ihrer Rückkehr aus dem Sanatorium gewohnt hatte. Zuzana runzelte die Stirn, verschwand ins Magazin und kam wenig später mit einem eleganten Band mit dem Titel *Adresář Královského města Prahy, 1910* zurück.

Das Prager Telefonbuch hatte einen wunderschönen Einband aus marmoriertem Papier und dicke weiße Seiten, die weder zerrissen noch braun waren. Ich schlug das Buch auf, sah unter W nach und schnappte nach Luft, als ich den Eintrag *Josefa Weigertová, švadlena*, Schneiderin, fand. Ich strich über den Einband und wiederholte die Adresse und Telefonnummer meiner Großmutter vor sechzig Jahren und aus einer anderen Welt, als wenn sie ein Gedicht wären:

> *Josefa Weigertová, švadlena.*
> 568-I Ovocný trh 17.

Es war das erste Mal, daß ich ihren Namen in gedruckter Form sah. Ein paar Minuten überlegte ich mir verschiedene Möglichkeiten, wie ich das Telefonbuch stehlen könnte. Schließlich kopierte ich die Seite.

Das Leben, das sich hinter diesen zwei gedruckten Zeilen verbarg, das Leben einer Schneiderin, wird nicht oft in der Literatur beschrieben, und ganz sicher nicht in der Literatur Prags. Die jüdische Schneiderin war für Literaten unsichtbar, sie wurde von ihnen weder als Künstlerin noch als Geschäftsfrau gesehen, sondern als Angehörige einer Klasse von Frauen, die kostenlosen Sex im Austausch für kleine Geschenke, Romantik und Aufmerksamkeit boten. Eine »kleine Näherin« war wie Franz Kafkas »Ladenmädchen« im Unterhalt billiger als eine Kurtisane und respektabler als eine Hure. Die Vorstellung, daß eine Näherin stolz auf ihre Arbeit sein und ein interessantes literarisches Thema abgeben könnte, war absurd. Nach wie vor spielten beruflich selbständige Frauen so gut wie keine Rolle. Bis Ende des Ersten Weltkriegs blieben in Prag alle Einrichtungen der höheren Bildung mit Ausnahme der medizinischen Fakultät und der Geisteswissenschaften den Frauen verschlossen.

Die Modeateliers, in denen viele Frauen ein berufliches Auskommen fanden und manche sogar Karriere machten, wurden von den Historikern ignoriert. Es war die Zeit der Sozialisten und Kommunisten, der Massenproduktion und der »richtigen« Fabrikarbeiter. Unter diesem Blickwinkel war Moric Schiller nur ein weiterer *Bourgeois* und beutete die Näherinnen in seinen Arbeitsräumen genauso aus wie die Damen der Gesellschaft, für die sie arbeiteten. Im Modesalon entstanden keine neuen Ideen, und man beteiligte sich an keiner aktuellen Debatte. Die Vorgänge dort gehörten zu der Art menschlicher Betätigung, die unverändert weitergehen, auch wenn draußen Krieg und politischer Aufruhr toben.

Vom Standpunkt der Frauen aus Pepis Generation war der Salon ein Ort, an dem sie sich versammeln konnten wie früher ihre Mütter in der Synagoge oder in der Kirche oder wie ihre Ehemänner in den Klubs und Kaffeehäusern. Kleider entwickelten sich zu einer neuen Ausdrucksform. Und für Frauen wie Pepi, die Kleider anfertigten, bedeutete der Salon einen der wenigen Orte, an dem es einer Frau erlaubt war, Sachverstand und Autorität in einer Zeit zu zeigen, in der nur wenige Frauen überhaupt über Autorität verfügten. Der Salon gehörte zusammen mit dem Kloster, dem Bordell, dem Kreißsaal und der Mädchenschule zu einem typisch weiblichen Reich, dort konnten Frauen die Stimme erheben.

Frauen sahen in ihrem Schneider von jeher einen Verbündeten, Vertrauten und intimen Ratgeber. Vera Brittain schildert in ihren Erinnerungen an die Jahre vor dem Ersten Weltkrieg die Zusammenstellung einer Erwachsenengarderobe als weiblichen Initiationsritus. Selbst die vergleichsweise »emanzipierten« Engländerinnen, schrieb sie, hätten nach ihrem Schulabschluß

> nur zwei Wünsche – bei der erstmöglichen Gelegenheit zurückzukehren und ihre Schulkameradinnen mit der ganzen Pracht ihrer Erwachsenentoilette zu beeindrucken und sich vor allen anderen zu verloben … Obwohl mich damals Universitäten mehr interessierten als Verlobungen, teilte ich doch das allgemeine Verlangen nach einer Erwachsenengarderobe, die man sich zumindest in Teilen selbst ausgesucht hatte.

Die Fürstin Pauline von Metternich beschrieb die Vertrauensposition des Schneiders bei diesem Ritual und fügte hinzu, daß ihr Schneider, Frederick Worth, »ein seltenes Verständnis für Frauen besaß – einen untrüglichen Instinkt für alles, was sie betraf«.

Schneider waren, wie schon die französischen Romanciers des 19. Jahrhunderts anschaulich gezeigt haben, in das Leben ihrer Kundinnen eingebunden. Da die Mehrzahl der Kundinnen von den finanziellen Zuwendungen ihrer Ehemänner oder Geliebten abhingen und da viele Ehemänner zur letzten Anprobe mit ins Atelier kamen, um das Ergebnis selbst zu begutachten, wurden Schneider oft zu Komplizen, wenn es darum ging, die Rechnung ein wenig zu manipulieren, zuviel oder zuwenig zu berechnen und es der Kundin für zukünftige Käufe gutzuschreiben.

Pepi genoß den Austausch von Vertraulichkeiten, die Erörterung von Sorgen, die Gespräche über Heiraten, Affären und Probleme mit den Kindern. Sie mochte die Schauspielerinnen, Opernsängerinnen, Halbweltdamen und Witwen, die ihr Einblick in völlig andere Lebensbereiche gewährten. Natürlich gab es auch langweilige Kundinnen, solche, die sich nicht wuschen, und solche, die viel Aufhebens machten und sich andauernd über etwas beschwerten. Aber alle bedeuteten für sie die Verbindung zu einer anderen Welt, und viele brachten ihr Freundschaft, Zuneigung und Treue entgegen.

Die weibliche Welt, in der sie lebte, beschäftigte sich erst spät mit Frauenrechten, geschweige denn, daß man dafür eingetreten wäre. Prag war eine Provinzstadt, in der Anpassung belohnt und das Verhalten von der Frage »Was werden die Leute denken?« bestimmt wurde. Vor dem Ersten Weltkrieg wurden Frauenrechte als eine fremdländische Idee verspottet, die allerlei seltsame Erscheinungen hervorbrachte: Englische Suffragetten legten Feuer, um ihr Wahlrecht durchzusetzen, und amerikanische Mädchen fuhren in Pumphosen oder in so kurzen Röcken Fahrrad, daß sie reihenweise Verkehrsunfälle verursachten. Relikte dieser Ablehnung feministischer Ideen sind auch heute noch in Prag zu finden, sie sind das Ergebnis der besonderen Geschichte der Frauen innerhalb der tschechischen Nation.

Františka Plamínková, zu Pepis Zeit die führende tschechische Frauenrechtlerin, beschwor in ihren Reden die Gründungsmythen der Nation, insbesondere die Geschichte von den drei Töchtern Kroks, Libuše, Teta und Kazi. Sie wies darauf hin, daß Jan Hus, Comenius und die böhmischen Brüder Frauen ausgebildet und Feinde wie Papst Pius II. geschrieben hätten, daß »jede alte Frau in Tábor die Heilige Schrift besser kenne als ein italienischer Priester«. Feministinnen sahen ihr Anliegen als Teil des nationalen tschechischen Kampfes gegen das korrupte, militaristische, frauenfeindliche, katholische Österreich.

Die Frauen brachten den Kindern im Zuge der Rückbesinnung auf die eigene Sprache Tschechisch anstelle von Deutsch bei. Zwei der ersten Bestseller in tschechischer Sprache wurden von Frauen verfaßt. Das Kochbuch *Domácí kuchařka* richtete sich an ein breites Publikum, denn, wie die Autorin Magdalena Rettigová formulierte, »unglücklicherweise lassen sich die meisten Leute eher durch ein gutes Essen für eine Sache einnehmen als durch ein noch so schönes Gedicht«. Božena Němcová verarbeitete in dem Roman *Babička* die Lebensgeschichte ihrer Großmutter, daneben sammelte sie nach Art der Gebrüder Grimm tschechische Märchen und brachte sie neu heraus.

Němcová und Rettigová kann man nicht als Frauenrechtlerinnen bezeichnen, doch nach ihnen stritten zwei Männer für die Gleichberechtigung der Frau. Der erste war Vojtěch Náprstek, der zehn Jahre im amerikanischen Mittelwesten lebte und über die Tüchtigkeit der amerikanischen Frauen staunte. Wie viele Besucher Amerikas war er nicht nur von der Natürlichkeit des Umgangs zwischen amerikanischen Jungen und Mädchen beeindruckt, sondern auch von der Vielzahl der Erfindungen, die den Frauen in Amerika anders als in Böhmen die schwere Hausarbeit erleichterten. Nach seiner Rückkehr nach Prag gründete er in seinem Haus eine Frauenbibliothek und einen amerikanischen Damenklub.

In den neunziger Jahren sprachen im Klub auch der spätere Präsident Tomáš G. Masaryk und seine amerikanische Frau Charlotte Garrigue. Frau Masaryk, die in einer unitarischen Familie in Brooklyn mit Diskussionen über Frauenrechte, Moral und Abstinenz aufgewachsen war, hatte nicht die Absicht, sich auf die Rolle einer »Hohenpriesterin« des Haushalts zu beschränken. Masaryk setzte sich in Schriften und Vorträgen für die Gleichberechtigung zwischen Mann und Frau ein. »Wir verurteilen unsere Ehefrauen und Töchter zu Knechtarbeit im Haushalt, wir engen ihren Horizont ein und töten ihre Energie ab, während wir ihre Talente vergeuden«, schrieb Masaryk 1904. »Warum sollte sich eine Frau ihren Lebensunterhalt nicht selbst verdienen, wenn sie dazu fähig ist?«

Zwischen 1900 und 1910 arbeitete der größte Teil der berufstätigen Frauen in Prag noch als Köchinnen, Kindermädchen, Verkäuferinnen, Näherinnen, Kellnerinnen, Prostituierte und Fabrikarbeiterinnen. Die meisten waren Tschechinnen, einige waren Jüdinnen, Deutsche gab es darunter so gut wie nicht. Die tschechische Frauenrechtlerin Karolína Světlá bemühte sich seit den siebziger Jahren des letzten Jahrhunderts um eine Verbesserung der Mädchen- und Frauenbildung. Ihre Kollegin Eliška Krásnohorská verwandte Jahre auf das Unterfangen, eine Schule einzurichten, die Mädchen auf die Universität vorbereitete. Ihre Minerva-Schule wurde schließlich 1890 eröffnet. Die Einstellung der Öffentlichkeit kommt in dem damals populären Spruch zum Ausdruck »Minerven, schont unsere Nerven!« Gisi Saudek schreibt in ihrem Tagebuch: »Heute Morgen sagte mir Mutter, daß Minerva nur ein Experiment sei und daß alle Zeitschriften sich über blaustrümpfige Frauen lustig machten.«

Die Verleihung der Doktorwürde an eine Frau erfolgte im Habsburgerreich erstmals im Jahr 1901 in Prag, 1902 schloß die erste Frau das Medizinstudium ab. Im Jahr 1906 bekleidete eine Frau erstmals eine Stelle in der Verwaltung eines Krankenhauses. Zu einer Zeit, als der Frauenanteil an amerikanischen Colleges bei vierzig Prozent lag, waren gerade fünf Prozent der Prager Studenten Frauen. Von Fächern wie Jura, Theologie, Kunst, den Agrar- und Ingenieurwissenschaften blieben sie ausgeschlossen. Obwohl es viele Frauenzeitschriften gab – *Die tschechische Hausfrau, Welt der Frau, Trautes Heim, Das tschechische Mädchen* – und auch etliche Klubs und gesellschaftliche Organisationen existierten, verbot bis 1912 ein Reichsgesetz allen Frauen die Mitgliedschaft in einer politischen Organisation.

Pepi trat keinem Klub und keiner Organisation bei. Sie beschäftigte sich auch nicht übermäßig mit der »Frauenfrage«. Mit den Ideen der Frauenrechtler kam sie überraschenderweise zu Hause zum erstenmal in Berührung. Die Witwe, bei der sie wohnte, servierte zahlenden Junggesellen aus der Nachbarschaft täglich ein Abendessen. Eines Tages kurz nach Pepis Einzug saß sie neben Emil Rabinek, einem der Stammgäste. Ein neues Mädchen servierte und wurde, als sie Rabinek eine Platte mit Gemüse anbot, von ihm angewiesen, Pepi zuerst zu bedienen.

»Aber ich habe Frau Rabinek schon bedient«, erklärte das Mädchen, woraufhin Emil Rabinek – der meiner Mutter zufolge selten eine Gelegenheit für eine schlagfertige Bemerkung ausließ – zu ihr sagte, daß sie sich, da ihre Beziehung ja schon festgelegt sei, doch gleich miteinander bekannt machen könnten.

Der Herr Ingenieur Rabinek, wie die in Österreich übliche Anrede lautete, war einunddreißig Jahre alt. Auch er erscheint im Prager Telefonbuch aus dem Jahr 1910 – als Ingenieur und Mitbesitzer der Firma Korálek & Rabinek, die mit elektrotechnischen Bauteilen handelte. Er war groß, gepflegt und elegant gekleidet, das genaue Gegenteil von Oskar Weigert. Zwar war er in Mähren geboren und hatte einen tschechischen Familiennamen, doch seine Familie, um sozialen Aufstieg und Assimilation bemühte Juden, zog aus der tschechischen Provinz nach Wien, und dort wuchs Rabinek auf. Er bestand sein Examen an der Technischen Hochschule Ilmenau in Deutschland mit Auszeichnung und trat als Leutnant der Reserve in die kaiserliche und königliche Armee ein. Als Chefingenieur der Eisenhütte Kladno kam er nach Böhmen und siedelte von dort bald nach Prag über. Obwohl sein Name auf tschechisch »kleiner Rabbi« bedeutete, gab er sich selbst als Atheist und Weltbürger.

Anhand des Militärdossiers über den Reserveleutnant Rabinek, das seit 1899 in Wien aufbewahrt wird, habe ich das Porträt des Mannes rekonstruiert, in den sich meine Großmutter verliebte. Mit einundzwanzig Jahren meldete er sich freiwillig für das Reserveprogramm, das Söhnen aus der österreichischen Mittelschicht den Zugang zur Offiziersschule eröffnete, den Militärdienst und in der Folge auch den Reservedienst verkürzte. In Preußen kannte man das gleiche System, doch der Antisemitismus war so stark, daß es kaum jüdische Reserveoffiziere gab. In Österreich-Ungarn hingegen belief sich ihre Zahl um die Jahrhundertwende auf fast zweitausend, das war mehr als in jeder anderen europäischen Armee.

Reserveoffiziere genossen bestimmte Privilegien wie die Möglichkeit einer Audienz beim Kaiser, eine Einladung zu einem Hofball und die Aussicht auf einen Adelstitel nach vielen Dienstjahren. Das wichtigste aber war, daß die Offiziere alle gleichgestellt waren. Antisemiten mochten privat behaupten, daß Juden Feiglinge seien und daß sie wegen ihrer zahllosen Feiertage und Speisevorschriften unmöglich richtige Soldaten sein könnten. Wenn sie aber solche Bemerkungen in aller Öffentlichkeit gegenüber einem jüdischen Offizier in Uniform oder in Zivil machten, verletzten sie seine Ehre und mußten sich mit ihm duellieren. Für jüdische Männer war das Attribut der Ehre historisch betrachtet ein völlig neues Phänomen, aber sie nahmen es sehr ernst und betrachteten es als einen neuen Maßstab für den gesellschaftlichen Rang.

Der Akte meines Großvaters zufolge war sein Charakter im Jahr 1900 zwar »noch nicht völlig ausgeformt«, doch man bescheinigte ihm bereits, »ehrbar, ehrgeizig, fröhlich und mutig« zu sein, ein »begabter Verwalter, gehorsam und respektvoll gegenüber seinen Vorgesetzten, freundlich zu seinen Kameraden mit einem positiven Einfluß auf seine Untergebenen«. Weiter heißt es, daß Rabinek sich »in anständiger Gesellschaft« bewege (er verkehrte nicht mit Prostituierten) und »seine Finanzen in Ordnung« halte (er hatte keine Schulden). Im Jahr 1908 wurde ihm das Militär-Jubiläumskreuz verliehen. Er war ein guter Sportler – er ritt, schwamm, lief Schlittschuh und fuhr Fahrrad – und spielte auch gern Klavier.

Nach jenem ersten Abendessen verbrachten Emil Rabinek und Pepi ihre freie Zeit häufig gemeinsam. Sie erfuhr, daß er eines von fünf Geschwistern war und daß sie alle die Freiheiten, die den Juden erst dreißig Jahre zuvor zugebilligt worden waren, als selbstverständlich erachteten. Emils Vater Israel Rabinek hatte als Ingenieur bei der österreichischen Eisenbahn gearbeitet. Im Laufe seines Lebens wurde er zu einem typischen Habsburger Beamten, der, wie Stefan Zweig es ausdrückte, »im Kalender vertrauensvoll das Jahr nachschlagen kann, in dem er befördert oder pensioniert werden wird«. Israel starb, als Emil, sein jüngster Sohn, neun Jahre alt war, angeblich hätte er demnächst vom Kaiser geadelt werden sollen. Emils Mutter Franziska oder »Fanny« Rabinek führte ein Leben, das angemessen gewesen wäre, wenn der Kaiser sein Versprechen gehalten hätte.

Fanny war eine Zeitgenossin von Therese Furcht. Meine beiden Urgroßmütter lebten ungefähr zehn Jahre lang in derselben Stadt – aber in unterschiedlichen Welten. Während Therese kaum genug zum Essen hatte, bewirtete Fanny Gäste in der Tradition der Wiener Gastgeberinnen, die ihren jüdischen Glauben für die Religion der schönen Künste aufgegeben hatten. Sie war eine Frau mit einem enorm starken Willen und ausgeprägten eigenen Ansichten, sie las viel, ging in Konzerte, in die Oper und ins

Theater und pflegte ihren Freundeskreis assimilierter Juden. Emil Rabinek erklärte Pepi, er vergöttere seine Mutter und seine Verehrung werde durch den Umstand noch vergrößert, daß er in Prag wohne, sechs Zugstunden von ihr entfernt.

Keiner der Rabineks ging in die Synagoge, achtete die jüdischen Feiertage oder fühlte sich in irgendeiner Weise anders als die christlichen Angehörigen der gehobenen Wiener Mittelschicht. Emils älterer Bruder Gustav Rabinek wurde Entdeckungsreisender und starb in Belgisch-Kongo. Sein Bruder Leo war ein *Bonvivant* und tat seinen letzten Atemzug in einem Wiener Kaffeehaus. Seine Schwestern Gisela und Gabriela heirateten in das Wiener Bürgertum ein und ließen sich taufen. Emil selbst trat 1898 zum katholischen Glauben über.

Pepi mußte er seine Beweggründe nicht erklären. Er war in Verhältnissen aufgewachsen, die einer seiner Zeitgenossen als »Krieg gegen jüdische Jungen« beschrieb. »In fast jeder Straße gab es einen jugendlichen Raufbold, der kleine ›Judenbengel‹ angriff und quälte. Wenn wir von unserem Religionsunterricht, der immer noch außerhalb des regulären Schulunterrichts stattfand, nach Hause gingen, wurden wir oft von ganzen Banden aus dem Hinterhalt überfallen ...« Emil lernte früh, daß die Zulassungsbeschränkungen für Juden an höheren Bildungseinrichtungen, die Verweigerung von Ernennungen und Beförderungen, der totale Ausschluß von bestimmten Berufen und körperliche Gewalt zum normalen Leben eines Juden gehörten. Mit zwanzig ließ er sich taufen.

Emils Übertritt zum christlichen Glauben mag der jungen Frau aus der Judengasse, die sich gerade von ihrem provinziellen jüdischen Ehemann hatte scheiden lassen, kühn und romantisch erschienen sein. Vielleicht bewunderte sie, daß er der jüdischen Tradition den Rücken kehrte, die mittlerweile von modernen, assimilierten Juden mit Aberglauben und unwissenschaftlichen Ideen gleichgesetzt wurde. Ihre ganze Kindheit über hatte Pepi sich angehört, wie sich Tante Rosa über die Wiener »Apostaten« ausließ. Zwischen 1868 und 1903 konvertierten ungefähr neuntausend Wiener Juden zum christlichen Glauben. Einige von ihnen, berichtete Tante Rosa, hätten von religiösen Offenbarungen erzählt. Andere seien um ihrer künstlerischen oder beruflichen Karriere willen übergetreten, so etwa Gustav Mahler. Was auch immer ihre Gründe waren, sie wurden von den christlichen und von den jüdischen Gemeinden gleichermaßen verspottet. Nachdem Gustav Mahlers Ernennung zum Direktor der Wiener Oper bekannt geworden war, wetterten zwei Zeitungen gegen »die erschreckende Verjudung der Kunst in Wien« und stellten in Frage, ob Mahler deutsche Opern überhaupt in angemessener Weise zur Aufführung bringen könne, wenn er »erst vor drei Wochen getauft« worden sei. Der jüdische Psychoanalytiker Fritz Wittel war der Ansicht, daß eine Konversion die Annahme einer falschen Identität bedeute und von moralischer Schwäche zeuge, da man vor der Diskriminierung kapituliere, anstatt dagegen zu kämpfen. Sigmund Freud ermutigte einen jüdischen Freund mit den Worten, die Tatsache, daß er als Jude auf Schwierigkeiten stoße, werde den Effekt haben, daß das Beste aus ihm herausgeholt werde, dessen er fähig sei.

Theodor Herzl erwog eine Konversion pro forma, kam aber zu dem Schluß, daß die Loyalität gegenüber seinem Vater dies verbiete. Man dürfe die Juden nicht allein lassen, solange sie verfolgt würden.

Emil Rabinek erklärte Pepi, daß die Frage der Loyalität für ihn keine Rolle spiele. Er war in einer Familie aufgewachsen, die den jüdischen Kalender nicht beachtete. Im Jahr 1898 hatte er sich an einer technischen Hochschule in Deutschland beworben und war, wie er annahm, aufgrund der Zulassungsbeschränkung für Juden abgelehnt worden. Er sträubte sich dagegen, von einer Vergangenheit stigmatisiert zu werden, die nichts mit seiner Gegenwart zu tun hatte. Während seine Schwestern vielleicht wirklich »echte« Konvertiten waren, betrachtete Emil wie Heinrich Heine die Taufe rein pragmatisch als »Eintrittskarte für die europäische Kultur«. Sein Vater war tot, seine Mutter unterstützte seine Entscheidung. Der Umstand, daß sein Familienname Rabinek ihn als »kleinen Rabbi« auswies und daß sein Vater Israel hieß, berührte ihn nicht. Später las ich, daß ein gewisser Jan Židek (oder »kleiner

Jude«), der im 15. Jahrhundert vom jüdischen zum katholischen Glauben konvertierte, genauso gedacht hatte.

Pepis eigene Erfahrungen mit Antisemitismus als Kind in Kolín sowie Tante Rosas unentwegte Beschäftigung mit den jüdischen Ritualen bereiteten den Boden für Pepis Aufbegehren gegen ihre jüdische Herkunft. Tatsächlich hatte sie als Kind, als sie neben der Kathedrale in Kolín lebte, den heimlichen, aber starken Drang verspürt, Nonne zu werden. Bislang hatte sie nicht gewagt, dies irgend jemandem zu offenbaren, doch Leutnant Rabinek fand die Idee einfach nur amüsant.

Er betrachtete sich selbst als modernen Mann und als eine Art Einzelgänger. Anstatt dem allgemeinen Trend zu folgen und wie viele Juden *nach* Wien zu ziehen, hatte er sich dazu entschlossen, die Stadt zu verlassen und – nach Wiener Vorstellungen – in die Provinz zu ziehen. In Prag pflegte er einen herrischen Snobismus. Er lernte kein Tschechisch – er verachtete es als eine Sprache, die keine Literatur hervorgebracht hatte. Er las die Wiener Zeitungen und war aktives Mitglied im deutschen Kasino, wo er Bridge spielte und Vorträge besuchte. Er unterstützte die Idee eines unabhängigen tschechoslowakischen Staates, da er der Meinung war, daß die Monarchie sich selbst überlebt hatte. Wie Stefan Zweig sah er sich als einen deutschsprachigen Weltbürger und hielt sich gern in jeder Hinsicht für fortschrittlich, sei es auf dem Gebiet der Kunst oder in der »Frauenfrage«. In Pepi fand er eine intelligente und aufmerksame Zuhörerin für seine Ansichten.

Als Emil Rabinek meine Großmutter kennenlernte, hatte er bereits einige romantische und sexuelle Abenteuer hinter sich. Wahrscheinlich hatte eine der Zofen seiner Mutter ihn in die Liebe eingeführt, eine von Wiens »süßen Mädeln«, vielleicht auch eine verheiratete Frau. Er hatte einer Tochter aus der deutschen Oberschicht in Prag lange und erfolglos den Hof gemacht und schließlich einen Korb bekommen, wahrscheinlich weil er trotz der Taufe immer noch als Jude betrachtet wurde. Er wollte sich darüber hinwegtrösten. Pepi stammte wie er aus Mähren. Sie war eine Frau, die den Mut hatte, ihren Mann auf Scheidung zu verklagen und die für ihren eigenen Lebensunterhalt aufkam.

Dennoch war sie alles andere als kämpferisch. Scheu und zerbrechlich hing sie an seinen Lippen. Für seinen Geschmack hatte sie zu wenig Erziehung genossen, und sie besaß kaum höhere Bildung. Aber der Gedanke, er könnte sie nach seinen Vorstellungen formen, schmeichelte seiner Eitelkeit. Er fand ihren Namen zu primitiv, daher ließ er die ersten sechs Buchstaben von Josephina weg und nannte sie Ina.

Ich habe keine Fotografien von Pepi aus dieser Zeit, nichts, das mir sagen könnte, ob sie aufblühte, als aus Pepi, der Frau eines Syphiliskranken aus der Provinz, Ina wurde, die Geliebte eines selbstsicheren, weltgewandten Mannes aus der Stadt. Meine Großmutter, mit ihren achtundzwanzig Jahren immer noch Jungfrau, entdeckte mit meinem Großvater die Freuden der Sexualität. Meine Mutter erzählte mir, ihre Eltern hätten eine lange, romantische Affäre gehabt. Emil ermutigte Ina, das kurze Haar, die Kleider und die emanzipierte Einstellung der »neuen Frau« jener Zeit zu übernehmen. Pepi leitete weiterhin das Atelier von Moric Schiller, die einzige Veränderung bestand darin, daß sie nun mit ihrem Chef und ihrem Liebhaber auf Geschäftsreise ging. Rabinek begleitete sie gern. Wie sein älterer Bruder Leo war er ein *Bonvivant*, für den Reisen erster Klasse, ausgezeichnetes Essen und ein anregendes Kulturprogramm unverzichtbar zum Leben gehörten. Er machte Pepi mit der Oper bekannt, nahm sie mit ins Theater, in Kunstgalerien und Konzerte. Da beide in diesen letzten Jahren vor dem Ersten Weltkrieg gut verdienten, konnten sie in die Alpen und an die Riviera fahren und den aufwendigen Lebensstil der *Belle Epoque* genießen.

Keiner von beiden hatte es mit der Heirat sonderlich eilig. Er wollte keine Kinder, weil Kinder seinen angenehmen Lebensstil beeinträchtigen würden. Seiner Mutter, der übermächtigen Fanny, gefiel der Junggesellenstatus ihres Sohnes. Ein unverheirateter Sohn, zudem Leutnant der Reserve, stellte einen beträchtlichen Bonus in der Wiener Gesellschaft dar. Sie kannte ihn gut genug, um sich jeglichen Kommentars zu enthalten, hoffte aber, daß er eines Tages über »seine kleine Schneiderin« hinwegkommen würde. Solche Liebschaften waren ganz normal, eine Wiener Tradition. Fanny ließ allerdings keinen Zweifel daran, daß sie eine Heirat mit einer geschiedenen Jüdin, deren Familienname in ihrem Freundeskreis nichts galt, nicht begrüßen würde.

Pepis Scheidung wurde 1910 rechtskräftig. Sie verspürte wenig Neigung zu neuerlichen familiären Verwicklungen, ihre Brüder Emil und Rudolf waren mit ihrem eigenen Leben beschäftigt und drängten sie nicht, wieder zu heiraten. Auch Tante Rosa, die mittlerweile siebenundsiebzig war und in einem Altersheim in Prag lebte, drängte nicht. Mir gefällt der Gedanke, daß die barsche Tante Rosa insgeheim stolz auf ihre Nichte war. Immerhin war Pepi die erfolgreichste unter den Sachselgeschwistern, sie unterstützte Tante Rosa finanziell. Pepi sagte ihr wahrscheinlich nicht, daß Rabinek Konvertit war. Und so hatte sich fast 20 Jahre, bevor Virginia Woolf *Ein Zimmer für sich allein* schrieb, Pepi ihren eigenen Freiraum geschaffen.

Dieser wunderbare Zustand dauerte fast vier Jahre, bis im Juni 1914 der habsburgische Erzherzog Ferdinand in Sarajevo einem Attentat zum Opfer fiel. Im Juli wurde die allgemeine Mobilmachung angeordnet, im August brach der Erste Weltkrieg aus.

Zunächst glaubten die meisten Leute, daß der Krieg höchstens ein paar Monate dauern würde. Der Prager Intellektuelle Max Brod sprach später von der »verwöhnten Generation«, verwöhnt durch fünfzig Friedensjahre, in denen man die schlimmste Geißel der Menschheit aus den Augen verloren habe. Niemand, der auf sich hielt, habe sich mit Politik befaßt – und nun wurde über Nacht alles anders.

Internationale Beziehungen hatten Emil Rabinek schon immer interessiert, und seine Treue zum alten Kaiser machte ihn nicht blind gegenüber der neuen Realität in Prag. Dort galten die Sympathien den Serben, Frankreich und Rußland. Die meisten Tschechen sahen ihre Feinde im habsburgischen Wien und im hohenzollerischen Berlin, in den Deutschen, die die Tschechen jahrhundertelang unterdrückt hatten. Sie betrachteten die Franzosen als Verfechter der Freiheit und die Russen als slawisches Bollwerk gegen die Deutschen. Für sie bedeutete der Krieg eine langersehnte Gelegenheit, die Unabhängigkeit zu erlangen.

Die einberufenen tschechischen Soldaten zogen mit tschechischen Liedern in den Krieg. Sie riefen »Maria Theresia hat Schlesien verloren, Franz Joseph wird alles verlieren!« Dem Einberufungsbefehl nicht nachzukommen wurde zum Symbol des tschechischen Widerstands.

Leutnant Emil Rabinek teilte die Abneigung der Tschechen gegen den Krieg. Er war sechsunddreißig, auf dem Höhepunkt seiner Karriere und betrachtete den Krieg als unwillkommene Unterbrechung seines angenehmen Lebens. Die Pflicht zwang ihn, in der kaiserlichen Armee zu dienen, seine Sympathie galt jedoch tschechischen Intellektuellen wie etwa Tomáš G. Masaryk, der sich schon seit langem für die tschechische Unabhängigkeit einsetzte. Rabinek gefiel es in Böhmen, zudem erschien ihm Prag als Aufenthaltsort für seine Mutter sicherer als Wien. Mit dem für ihn charakteristischen Vertrauen in sein eigenes Urteil verkündete er Fanny und seiner Geliebten, daß er sie gemeinsam in einer Wohnung in Prag unterbringen wolle. Dort sollten sie bis zu seiner Rückkehr zusammen leben.

Ich besitze eine Fotografie, die sie beide zeigt. Fanny trägt ein enggeschnürtes schwarzes Kleid, wie es für die Frauen ihrer Generation typisch ist. Ihr langes Haar ist zurückgekämmt und aufgesteckt. Sie sitzt aufrecht, mit der perfekten Haltung einer Frau, der man beigebracht hat, daß ein gerader Rücken ein gesellschaftliches Kapital ist. Meine Großmutter sitzt in der gekrümmten Haltung da, die ich von mir selbst kenne. Sie blickt fast mißmutig in die Kamera. Ihre Haare sind zu einem Bubikopf geschnitten, und sie trägt die Kleidung, die damals für eine berufstätige Frau typisch war: einen weiten Rock und ein weißes Hemd mit einer Männerkrawatte. Ein Hausmädchen, das dritte Mitglied des kleinen Haushalts, steht hinter den beiden.

Vier Jahre lang lebten diese drei Frauen zusammen in Prag. Nach den Angaben meiner Mutter hatten sie sich so arrangiert, daß meine Großmutter an sechs Tagen der Woche in Schillers Modeatelier ging, während Fanny den Haushalt führte. Pepi fand die Mutter, die sie nie hatte, eine Frau, die so eigenwillig war wie Tante Rosa, aber fest im weltlichen Leben verwurzelt. Fanny fand eine Tochter, die ihr täglich den neuesten Klatsch aus dem Atelier erzählte. Der einzige Streitpunkt zwischen den beiden war meiner Mutter zufolge die ungleiche Anzahl der Briefe von Leutnant Rabinek: Er bevorzugte seine Geliebte im Verhältnis drei zu eins gegenüber seiner Mutter.

Der Briefwechsel gehörte zu den Dingen unseres Familienbesitzes, die von den Nazis zerstört wurden, so daß für immer verborgen bleibt, was Mutter und Geliebte wirklich fühlten, was sie übereinander schrieben und wie sie den Krieg erlebten. Zehn Millionen europäische Männer starben auf den Schlachtfeldern, weitere zwanzig Millionen wurden verwundet. Jedes Telegramm muß Pepi in Angst versetzt haben. Den möglichen Tod des Geliebten vor Augen, muß sie in Gedanken immer wieder die früheren Verluste durchgespielt haben: den Tod ihrer Mutter, ihres Vaters, das Verschwinden ihrer beiden älteren Brüder, und den Tod von Tante Rosa, die inzwischen ebenfalls gestorben war.

Der Krieg veränderte zwar ganz Europa, aber nicht Pepis Alltag. In Prag wurde kein einziger Schuß abgefeuert. Ihre Einkaufsreisen waren vorerst aufgeschoben, doch sie besprach weiterhin mit ihren Kundinnen den Schnitt von Kleidern, nahm ihre Maße und beaufsichtigte Anproben. Während immer mehr Soldaten fielen und die Österreicher immer strengere Notstandsgesetze für Prag erließen, nähte und verkaufte Pepi Kleider. Aufgrund der Pressezensur waren die Zeitungen nutzlos. Nur in Schillers Modesalon erfuhr Pepi, wie andere Frauen mit dem Verlust des Mannes und der Lebensmittelknappheit zurechtkamen. Dort hörte sie auch, daß Tausende tschechischer Soldaten desertiert waren und sich den russischen Truppen angeschlossen hatten, daß Franzosen und Engländer an der Westfront niedergemetzelt wurden, schließlich daß in Rußland eine Revolution ausgebrochen war und daß Amerika auf Seiten der Franzosen und Engländer in den Krieg eintrat. Während all dieser Ereignisse kauften die Frauen in Prag, obwohl sie nicht verreisen konnten, weiterhin Kleider. Die Salons von Rosenbaum und Hana Podolská, bald die bekanntesten der ganzen Stadt, wurden mitten im Krieg gegründet.

Leutnant Rabinek kam 1915 an der Front zum Einsatz. Sein Militärdossier enthält einen Antrag zur Ordensverleihung in Anerkennung seiner Verdienste bei der Rückeroberung von Abteilung Nr. 118 des Transportzuges Nr. 3, wodurch »die Kampfkraft verstärkt und somit zum erfolgreichen Durchbruch bei Biecz und zum Übergang über die Ropa und Wisłoka beigetragen wurde. Dort half er unter direktem Feindbeschuß beim Brückenbau und erwies sich einer hohen Auszeichnung würdig.« Die Kriegsjahre 1916 und 1917 verbrachte Rabinek hinter einem Schreibtisch des Kriegsministeriums in Wien, von wo aus er einmal pro Monat nach Prag reisen konnte.

Fanny Rabinek starb kurz vor Kriegsende, im September 1918. Am 28. Oktober 1918 gehörte die Tschechoslowakei zu einem der Länder Mitteleuropas, die aus den Trümmern des Habsburgerreiches hervorgingen. Im Januar 1919 heirateten meine Großeltern mit einer kurzen Zeremonie auf dem Standesamt. Meine Großmutter war siebenunddreißig, mein Großvater einundvierzig.

Neuntes Kapitel

WÄHREND ICH ÜBER die Entscheidung meiner Großeltern nachdachte, zu heiraten, nachdem sie zehn Jahre lang ohne Trauschein glücklich gewesen waren, wurde ich von der Joseph-Popper-Loge der B'nai B'rith in New York zu einem Vortrag über meine Recherchen eingeladen. Die Joseph-Popper-Loge ist ein Zweig der jüdischen Bruderschaft, der meine Mutter angehört hatte. Sie wurde von der Generation jüdischer Emigranten gegründet, die im 19. Jahrhundert in die Staaten kamen, und hatte zum Ziel, »Geist und Moral unserer Glaubensbrüder zu stärken, ihnen die reinen Prinzipien der Menschenliebe zu vermitteln, Kunst und Wissenschaft zu unterstützen, den Armen zu helfen, für Kranke zu sorgen und sie zu besuchen und den Opfern von Verfolgungen beizustehen«. Die Idee breitete sich auch nach Europa aus, und zur Zeit meiner Großeltern gab es bereits sechzehn Logen in der Tschechoslowakischen Republik mit Namen wie Veritas, Humanitas oder Menorah.

Die drei B'nai-B'rith-Logen in Prag waren sehr elitäre und exklusive Herrenklubs, die bekanntesten Gelehrten und Ärzte der Stadt gehörten ihnen an. Kandidaten, die der Loge beitreten wollten, wurden anhand von strengen gesellschaftlichen und kulturellen Kriterien beurteilt und nach einer geheimen Abstimmung aufgenommen oder abgelehnt. Nach dem Krieg verzichtete man in New York auf diese Kriterien. Die tschechisch-jüdische Intelligenz war während des Holocaust nahezu ausgelöscht worden, und die Joseph-Popper-Loge mußte ihren exklusiven Anspruch aufgeben. Alle Mitglieder waren Emigranten: Juden, die 1938 vor den Nationalsozialisten aus der Tschechoslowakei geflohen waren, Juden, die 1948 vor dem Kommunismus geflohen waren, und solche, die 1968 nach dem Einmarsch sowjetischer Truppen geflohen waren. Frauen gehörten der Loge als gleichberechtigte Mitglieder an. 1996 war die Joseph-Popper-Loge die einzige Organisation tschechischer Juden in den USA.

Meine Mutter hatte immer zu den jüngeren Mitgliedern der Loge gezählt und war mit gemischten Gefühlen zu den Veranstaltungen des einzigen jüdischen Klubs gegangen, dem sie jemals angehörte. Das Alter der Mitglieder lag mittlerweile zwischen siebzig und über neunzig. Einige waren mit Tschechisch, andere mit Deutsch aufgewachsen. Die meisten kamen aus soliden, traditionell jüdischen oder zionistischen Familien, ein paar, darunter meine Mutter, wurden erstmals während des Zweiten Weltkriegs mit ihrer jüdischen Identität konfrontiert. Die Mitglieder der Loge stellten eine der wenigen Verbindungen zu meinen Vorfahren dar. Manche hatten sich in den gleichen Kreisen wie meine Großeltern bewegt. Sie waren die einzige Gruppe von Menschen in der Welt, die die Welt meiner Familie kannte. Und in ein paar Jahren würden sie nicht mehr da sein.

Als der Tag meines Vortrags näher rückte, machte ich mir Gedanken darüber, was ich anziehen sollte. Was hätte meiner Mutter gefallen? Was würden die Mitglieder erwarten? Warum war das überhaupt wichtig? Was für eine Frage! Meine Kleider würden nicht nur Rückschlüsse auf meine Person erlauben, sondern auf die ganze Familie, tot oder lebendig. Ich durchwühlte meinen Kleiderschrank mit den vielen Kleidern und Hosenanzügen, die meine Mutter für mich maßgeschneidert hatte, und fand wie üblich nichts, was ich anziehen wollte. Meine Mutter war eines der wenigen weiblichen Mitglieder der Joseph-Popper-Loge gewesen, die Hosen trugen; allerdings bin ich mir nicht sicher, ob sie jemals zu einer Versammlung in Hosen erschien. Ich stellte mir vor, wie die älteren Mitglieder der B'nai B'rith mich während meines Vortrags mustern und meine Kleidung später daheim am Telefon diskutieren würden. Diese untypische Sorge um mein Erscheinungsbild machte mir die Grenzen der Gesellschaft bewußt, in der Pepi gelebt hatte, und auf einmal erschien mir ihre Entscheidung, Emil Rabinek zu heiraten, selbstverständlich.

Ich war so mit der Frage beschäftigt, welchen Eindruck ich auf die Mitglieder der Popper-Loge machen würde, daß ich gar nicht an die Wirkung dachte, die sie auf mich haben würden. Es begann bereits im Fahrstuhl zu der Penthouse-Suite. Der Mann neben mir mußte sich bücken, als er den Knopf für das richtige Stockwerk drückte. Er war über einen Meter achtzig groß und wirkte, als wäre er über achtzig. Er war wie die meisten tschechischen Juden tadellos, aber unauffällig gekleidet: Hose mit Bügelfalten, Sakko, weißes Hemd und Krawatte. Er hatte sorgfältig aus der Stirn gekämmte graue Haare, auf seiner Nase ruhte eine Brille mit dicken Gläsern, und im Ohr trug er ein Hörgerät. Etwas an seiner Haltung verriet den einstigen Sportler, und ich fühlte mich in die Gegenwart meines Vaters zurückversetzt, eines ehemaligen Olympiaschwimmers, der seit über zwanzig Jahren tot war.

Ich fragte ihn auf tschechisch, ob er zu B'nai B'rith gehe, und stellte mich, als er dies bejahte, als die heutige Referentin vor.

»Ich kannte ihren Vater«, sagte er mit dem schweren tschechischen Akzent im Englischen, der für mich so vertraut klang. Ich fühlte, wie meine professionelle Haltung dahinschwand. Plötzlich war ich wieder sieben Jahre alt und begrüßte im Schlafanzug die Gäste meiner Eltern, die den ganzen Abend lang bei Kaffee und Wiener Gebäck lebhafte und geheimnisvolle Gespräche auf tschechisch führten.

In der Penthouse-Suite sah es aus wie in tausend anderen Konferenzräumen amerikanischer Hotels an einem Sonntagnachmittag: runde Tische, weiße Tischtücher, ein rechteckiger Tisch mit Kaffee und Gebäck, ein Podium mit dem Logo des Hotels. Doch als ich den Raum betrat, war mir, als beträte ich eine andere Welt. Seit dem Tod meiner Mutter gab es nur sehr wenige alte Menschen in meinem Leben. Hier waren nun Jahrzehnte in Gestalt von Gesichtern und Namen versammelt. Manche der Anwesenden waren bei uns daheim zu Besuch gewesen, als ich noch ein Kind war, in einer Zeit, als nur wenige Mitglieder der tschechischen Emigrantengemeinde es sich leisten konnten, Gäste zu einem kompletten Abendessen einzuladen, und man statt dessen kleine Gesellschaften mit Kaffee und Kuchen gab. Einige Namen kannte ich aus dem Adreßbuch meiner Mutter. Manche hatten meine Eltern bei Konzerten getroffen, beim Schlittschuhlaufen oder am Strand, in Parks oder bei einem ihrer Wochenendausflüge auf ihrer beständigen Suche nach frischer Luft.

»Sie sehen genauso aus wie Ihre Mutter«, begrüßten sie mich und schüttelten mir die Hand. Ein Mann strahlte mich nur an und brachte kein Wort heraus. Er war nach dem Tod meines Vaters eine Zeitlang der Liebhaber meiner Mutter gewesen und hatte mich seit mindestens zehn Jahren nicht mehr gesehen. In Prag hatte ich ein ähnliches Erlebnis: ein anderer grauhaariger, dezentelegant gekleideter Mann, der überaus höflich war und die Augen nicht von mir wenden konnte. Es stellte sich heraus, daß auch er einmal ein Liebhaber meiner Mutter gewesen war und sie beinahe geheiratet hätte, bevor sie sich schließlich für meinen Vater entschied.

Als ich schließlich auf dem Podium stand und mein Blick über den Raum voller Menschen schweifte, war ich vollkommen durcheinander. Man sah den Mitgliedern der Joseph-Popper-Loge mit ihren sorgsam frisierten weißen und grauen Haaren und ihren bescheidenen, aber makellosen Kleidern an, daß sie sich für einen Sonntagnachmittagsvortrag zurechtgemacht hatten, alles »paßte zusammen«, wie meine Mutter beifällig bemerkt hätte. Sie trugen gute, solide Schuhe, schönen, aber unauffälligen Schmuck und waren dezent geschminkt. Hier stachen keine extravaganten Zsa Zsa Gabors heraus, leuchteten keine grell gefärbten roten Haare. Eine Frau, die ungefähr so alt war wie meine Mutter, erzählte mir später beim Kaffee, daß ihr Vater es ihr früher verboten habe, sich zu schminken. Er war ein typisch böhmischer Jude, und sein Wunsch, jegliche Aufmerksamkeit zu vermeiden, ging noch auf das Mittelalter zurück, wie ich von meiner Lektüre wußte.

Die hier versammelten älteren Angehörigen meines Stammes legten überall, wohin es sie in der Diaspora auch verschlagen hatte, das gleiche unauffällige Verhalten an den Tag. In Kalifornien, England, Israel und Australien, überall führten sie das ordentliche Leben weiter, zu dem sie erzogen worden waren, auch wenn sie mittlerweile ihren gesellschaftlichen Rang eingebüßt hatten. Die meisten Männer hatten ihre berufliche Identität verloren.

Mein Vater, ein Sportler und Fabrikantensohn, war in New York einfacher Arbeiter in einer Fabrik gewesen. Ehemalige Rechtsanwälte und Journalisten hatten als Taxifahrer oder Vertreter gearbeitet oder bei anderen ehemaligen Flüchtlingen Arbeit gefunden. Die Frauen – von denen viele noch nie für ihren Lebensunterhalt hatten sorgen müssen – übernahmen Näharbeiten, hüteten Kinder oder arbeiteten in Bibliotheken. Ihr Kultur- und Geistesleben wurde jedoch durch die Emigration nicht verändert. Sie nutzten eifrig die New Yorker Bibliotheken und bildeten – wie ihre Wiener Verwandten – ein treues Publikum bei Klavierkonzerten, Kammermusikabenden und Symphoniekonzerten; sie besuchten die Oper, Museen und Vorträge. Wie meine Mutter betrachteten sie die Kunst als unverzichtbaren Bestandteil ihres Lebens.

Ein Mann über neunzig sprach die einleitenden Worte, dann betrat ich das Podium und versuchte, mit meinem Vortrag zu beginnen. Doch ich brachte nur ein Schluchzen heraus. Meine Brillengläser beschlugen. Zu meinem Schrecken mußte ich feststellen, daß ich die Tränen nicht zurückhalten konnte. Glücklicherweise konnten meine Zuhörer nicht mehr sehr gut hören und auch nicht gut sehen, zudem gab es ein Problem mit der Mikrofonanlage. Von hinten beklagten sich einige Stimmen, daß sie nichts verstehen könnten. Ich fummelte an den Kabeln herum, testete mehrmals das Mikrofon und fing mich unterdessen wieder. Schließlich erzählte ich vom Tod meiner Mutter und von meinen anschließenden Forschungen über die Geschichte der tschechischen Juden. Ich beendete meinen Vortrag mit dem Satz, daß ich für Fragen, Anregungen und Hinweise jeglicher Art sehr dankbar sei. Die Geschichte der Ersten Tschechoslowakischen Republik, die nach dem Ersten Weltkrieg gegründet worden war, interessierte mich besonders. Hatte damals wirklich so eine Art Goldenes Zeitalter geherrscht, wie es sich in den Erinnerungen meiner Eltern darstellte? War die Republik demokratischer als die Vereinigten Staaten gewesen, und waren die tschechischen Juden genauso assimiliert wie die amerikanischen Juden heute?

Zunächst herrschte Schweigen, dann gingen ein paar Hände in die Höhe, und einige Kommentare wurden abgegeben. Die vorsichtige Zurückhaltung der meisten war jedoch offensichtlich. Einige Zuhörer wollten sich vielleicht gern mit mir unterhalten, aber nicht vor allen anderen. Ich setzte mich an eine ganze Reihe von Tischen, trank Kaffee und plauderte mit Frauen, deren Mütter zur gleichen Zeit gelebt hatten wie meine Großmutter. Sie waren viel stärker an Pepis Lebensgeschichte interessiert als an den politischen und kulturellen Gegebenheiten der Tschechoslowakischen Republik.

Ich erzählte ihnen von der Liebesgeschichte meiner Großmutter während der Jahre 1909 bis 1919, die frei von jeglicher häuslicher Routine gewesen war. Ich sprach davon, wie sie den Lohn einer sinnvollen Arbeit genoß, wie sie und Emil geschäftlich und zum Vergnügen verreisten. Wie Pepi im Alter von siebenunddreißig Jahren annahm, daß sie keine Kinder mehr bekommen könnte, und wie negativ Emil Rabinek gegenüber Kindern eingestellt gewesen war. Wie er keine Gelegenheit ausließ, Ina – so nannte er sie immer noch – darauf hinzuweisen, daß Kinder im Leben ihrer verheirateten Freunde Einschränkungen bedeuteten.

Die Schwestern von B'nai B'rith hörten zu und schüttelten ihre weißen Köpfe. Pepi sei »sehr tapfer« gewesen, sagte eine. »Außergewöhnlich«, meinte eine andere, und auf einmal verstand ich, daß meine Großmutter in den Augen der Prager Gesellschaft nicht als Freigeist betrachtet wurde und schon gar nicht als Heldin, sondern als bemitleidenswerte Frau, weil ihr durch äußere Umstände nichts anderes übriggeblieben war, als zu arbeiten, und weil ein widerstrebender Mann sie gezwungen hatte, unverheiratet zu bleiben, außerhalb der Schranken der Respektabilität. Jahrelang hatte ich Pepis Foto im Arbeitszimmer meiner Mutter betrachtet und ihr Gesicht mit Anna Karenina in Verbindung gebracht, nun ergab die Assoziation einen Sinn.

Auf dem Heimweg versuchte ich mir vorzustellen, was für eine Außenseiterin sie gewesen sein mußte. Ich lebe in Massachusetts, und ich kenne Frauen, die mit anderen Frauen zusammenleben, Frauen, die ihr Kind allein großziehen, und Frauen, die beschlossen haben, ganz allein zu bleiben. Die Möglichkeit, frei zu wählen, ist ein Grundbestandteil unseres Lebens. Wir sehen diese

Wahlmöglichkeit als so selbstverständlich an, daß wir manchmal vergessen, daß es auch Dinge gibt, die man nicht selbst entscheiden kann.

Im Jahr 1919 in Prag war es so gut wie undenkbar, daß eine Frau ihr Leben selbst in die Hand nahm. Die Konvention galt alles, und gerade die assimilierten Juden beachteten besonders streng die gesellschaftlichen Normen. In ihrem Bemühen, sich »richtig« zu benehmen, verhielten sie sich wie alle neu in eine Gesellschaft aufgenommenen Minderheiten: Sie wollten bürgerlicher sein als das Bürgertum. Zu der Zeit, als meine Großeltern ihre zehn Jahre dauernde »wilde Ehe« führten, wurden jüdische Ehen immer noch arrangiert. Die Mitgift spielte immer noch eine herausragende Rolle auf dem Heiratsmarkt, und der Wert einer Frau bemaß sich immer noch nach Jugend, Schönheit, sozialem Status und Geld. Pepi hatte weder gesellschaftlichen Rang noch Mitgift und konnte keine Ansprüche erheben. Sie hätte nicht wie die britische Feministin Vera Brittain sagen können: »Ich war mir sicher, daß ich nicht heiraten wollte … Ich liebte meine ungestörte Unabhängigkeit und war davon überzeugt, daß ich mich über jede Möglichkeit, Kinder in meinen Lebensentwurf einzubeziehen, hinausentwickelt hatte.« Und letzten Endes entschloß sich sogar Vera Brittain zu einer Heirat. Es ist mehr als wahrscheinlich, daß Pepi Emil schon Jahre früher hätte heiraten wollen und daß mein Großvater mit vierzig die Entscheidung traf, nun sei es für ihn an der Zeit, ein geregeltes Leben zu führen. Dafür muß sich Pepi ihm gegenüber zu Dank verpflichtet gefühlt haben.

Im Gegensatz zu den Weigerts feierten die Rabineks keine jüdische Hochzeit. Sie heirateten standesamtlich im Prager Neuen Rathaus. An diesem Januartag im Jahr 1919 standen die Rabineks in Einklang mit ihrer Zeit und den damaligen Ereignissen: Sie waren weltlich gesonnene, optimistische Prager Bürger, und sie traten in die Ehe zur selben Zeit, wie die Tschechoslowakische Republik ins Leben trat. In anderen Ländern Europas – in Frankreich, Großbritannien, Deutschland und Österreich – hatte der Krieg die Menschen erschöpft und das Leben einer ganzen Generation zerstört. Natürlich gab es auch in der Tschechoslowakei verwundete Soldaten und Kinder, die an den Folgen von Mangelernährung litten, doch der Krieg hatte die langersehnte Unabhängigkeit gebracht. Die tschechische nationale Führungsriege, darunter auch der sechzigjährige »Vater der Nation«, Tomáš Garrigue Masaryk, hatte den Krieg unbeschadet überstanden. Die Hauptstadt war verschont geblieben. Während Wien und Berlin gedemütigt darniederlagen, herrschte in Prag Jubelstimmung. Eifrig wurden die Spuren der österreichischen Herrschaft getilgt, Straßen und Denkmäler umbenannt, die Lehrpläne in den Schulen geändert.

»Das erste Jahr war ein Festjahr«, erinnerte sich Olga Scheinpflugová, eine Schauspielerin, die später eine Kundin von Pepi wurde.

> Die Leute ärgerten sich nicht mehr länger über den Mangel an Lebensmitteln und sonstigen Dingen; sie wußten, wenn sie heute nichts bekamen, dann eben morgen … Die Landkarte Europas hatte sich verändert; wir mußten ganz von vorn anfangen … Wir feierten die Namen neuer Schlachten und neuer Helden: die Marne, Wilson, Clemenceau, Štefánik, Beneš, Masaryk. Die befreite tschechische Öffentlichkeit hatte etwas, worauf sie sich verlassen konnte … Deutsche Firmen wurden geschlossen … Die blieben, glaubten, daß man sie brauchen würde, wenn der revolutionäre Eifer erst einmal abgeflaut wäre … Die Menschen richteten sich auf und blickten einander ins Gesicht.

Journalisten und Diplomaten, die das Land bereisten, stellten die Verzweiflung und den Nihilismus im übrigen Europa der »ernsthaften, tatkräftigen, genügsamen« Stimmung in der Tschechoslowakei gegenüber.

Den Herrn Ingenieur, Pan Inženýr, Rabinek, wie man ihn jetzt nannte, hätte man genauso beschreiben können. Er sah, daß von all den neuen Ländern, die aus der Habsburgermonarchie entstanden, die Tschechoslowakei das stärkste war. Auf ihrem Gebiet befand sich ein Großteil der Industrie der alten Monarchie, darunter die Montanindustrie, die chemische Industrie, die Textil-, Glas- und Zuckerproduktion. Das Land konnte seinen Lebensmittelbedarf fast selbst decken. Eine vorsichtige Finanzpolitik zügelte die Inflation, die in den Nachbarländern wütete. Zudem ergriff die neue Regierung schon früh Maßnahmen gegen die Arbeitslosigkeit. Eine rasche Elektrifizierung des Landes verhalf Rabineks Elektroteilegroßhandel zu einem ungeheuren Aufschwung. Die Geschäfte der Firma Korálek & Rabinek gingen schon bald so gut, daß sie ihren Besitz um eine Werft an der Elbe vergrößern konnte.

Mein Großvater wählte die Deutschen Sozialdemokraten, er glaubte an die Lebensfähigkeit des neuen Staates und hielt nichts von der Auffassung mancher seiner Freunde, daß die Tschechoslowakei nur eine »geographische Erfindung« sei. Gewiß, zu den 13,6 Millionen Einwohnern des Landes gehörten auch drei Millionen Deutsche, siebenhundertfünfzigtausend Ungarn sowie Juden, Polen, Ruthenen und Zigeuner. Gewiß, die heimkehrenden Soldaten fanden ein Land mit wenig Arbeitsmöglichkeiten und zu wenigen Wohnungen vor, ein Land, in dem es selbst an Grundnahrungsmitteln und den wichtigsten Dienstleistungen mangelte. Zugegeben, die Politik war ein Chaos, in dem die verschiedenen Parteien miteinander um die Herrschaft rangen. Gewiß, das Ende der Habsburgermonarchie wurde von nationalistischen Gewaltausbrüchen begleitet, von Plünderungen und der Zerstörung deutschen und jüdischen Eigentums, teilweise sogar mit stillschweigender Billigung der Polizei. Doch verglichen mit den Pogromen in Polen und Rußland oder den Wahlen in Österreich, wo der Antisemitismus zum offiziellen Programm einiger Parteien gehörte, erschienen Emil Rabinek die Vorfälle in der Tschechoslowakei als vorübergehende Entgleisungen, als Geburtswehen der neuen Nation.

Die Tschechoslowakei, erklärte er, sei ein Leuchtfeuer in der Dunkelheit. Von Washington aus hatte Tomáš G. Masaryk, der erste tschechoslowakische Präsident, verkündet, daß die Tschechoslowakei die Prinzipien der amerikanischen Unabhängigkeitserklärung übernehmen werde einschließlich des Pluralismus, der Trennung von Kirche und Staat, der Versammlungs- und Pressefreiheit, der Abschaffung adliger Privilegien und der Gleichberechtigung der Geschlechter. Die Republik würde eine »bessere Schweiz« werden, wie Masaryk es formulierte, ein Land mit dem Bestreben, die Tschechen, Deutschen, Slowaken, Ungarn und Juden innerhalb seiner Grenzen zu integrieren.

Tomáš G. Masaryk war 1850 als Sohn eines Kutschers und einer tief religiösen katholischen Mutter zur Welt gekommen. Er wuchs mit der Vorstellung auf, daß andere Religionen etwas Störendes waren, und mit Angst vor den Juden, wie er später schrieb. Mit vierzehn Jahren ging er bei einem Schlosser in die Lehre, danach bei einem Schmied. Der Gemeindepfarrer erkannte schließlich die Intelligenz des Jungen und schickte ihn auf ein deutschsprachiges Gymnasium. Später studierte er an der Wiener Universität Geschichte, Politikwissenschaft, Soziologie und Philosophie. Nebenbei las er die Schriften der tschechischen Reformatoren und vertiefte sich in die Weltliteratur.

Ende der siebziger Jahre des 19. Jahrhunderts lernte Masaryk die Amerikanerin Charlotte Garrigue kennen, die wie er in Deutschland studierte, und bald heirateten sie. Sie selbst, ihre Familie und ihr Heimatland übten einen enormen Einfluß auf Masaryk aus, er fügte sogar seinem eigenen Namen den Familiennamen seiner Frau hinzu, ein für die damalige Zeit sehr ungewöhnlicher Schritt. Masaryk war ein sehr religiöser Mensch, doch er lehnte die Vorstellung einer einzigen Kirche ab und korrespondierte mit Moralphilosophen wie Leo Tolstoj. Unter den Führern der tschechischen Nationalbewegung war Masaryks Stimme immer die Stimme der Vernunft.

Noch während seiner ersten Jahre an der Prager Karlsuniversität riskierte Masaryk zweimal seine persönliche Sicherheit und Karriere, um für »die Wahrheit« einzutreten, wie er es nannte. Beim ersten Mal bestritt er die Echtheit zweier tschechischer Nationalepen, die angeblich im 10. und 13. Jahrhundert verfaßt worden waren, sich tatsächlich aber als Fälschungen tschechischer Nationalisten entpuppten. Beim zweiten Mal verteidigte er Leopold Hilsner gegen die Anklage, ein Ritualmörder zu sein.

Als Masaryk Präsident der Ersten Tschechoslowakischen Republik wurde, war er – der »Professor«, wie ihn viele nannten – achtundsechzig Jahre alt. Er sprach die Menschen in der Tschechoslowakei wie seine Studenten an, er sah die Nation als »ethische Persönlichkeit«, die von der Hussitenbewegung ähnlich beeinflußt worden war wie Frankreich von der Französischen Revolution. Seine Ehe mit Charlotte Garrigue bot ein sehr modernes Beispiel für eheliche Beziehungen: Mann und Frau als Partner und intellektuell Gleichgestellte. Gemeinsam übersetzten die Masaryks John Stuart Mills *The Subjugation of Women* ins Tschechische. Als junger Professor fuhr Masaryk gern seine Kinder im Kinderwagen spazieren. Gelegentlich fütterte und wickelte er sie auch – unvorstellbar für einen Mann, der in der Welt von Kafka, Brod und Kisch lebte.

Emil Rabinek bewunderte Masaryk und gefiel sich in der Rolle eines überaus modernen Mannes und Kämpfers für die Gleichberechtigung nach Masarykschem Vorbild. Zehn Jahre lang hatte seine Geliebte für Moric Schiller gearbeitet. Nun, da Ina mit ihm verheiratet war, erschien Rabinek diese Regelung absurd. Er bestand darauf, daß sie ihr eigenes Modeatelier eröffnete. Schiller habe lang genug von ihrem Talent profitiert, argumentierte er. Nun solle sie auf eigenen Beinen stehen. Ihre Kundinnen würden ihr sicher folgen.

Wie immer überzeugt von seiner Sicht der Situation, mietete Ingenieur Rabinek Geschäftsräume im Erdgeschoß eines neuen Gebäudes an der Ecke Spálená- und Národní-Straße (der ehemaligen Ferdinandstraße, die man in Nationalstraße umgetauft hatte), zwischen Wenzelsplatz und Nationaltheater. Im oberen Stock mietete er eine Wohnung, die groß genug war, daß er seine umfangreiche deutschsprachige Bibliothek mit zahlreichen prächtig eingebundenen Übersetzungen aus dem Französischen, Englischen und Russischen unterbringen konnte. In die Wohnung kamen außerdem noch sein Klavier, seine Gemälde und die Möbel, die er von seiner Mutter geerbt hatte. Sein Büro, das Deutsche Kasino und die Moldau waren von der Wohnung aus zu Fuß leicht zu erreichen. Im Erdgeschoß eröffnete Pepi ihren Salon Weigert.

Ihre Kundinnen blieben ihr tatsächlich treu, und Neuzugänge vergrößerten bald den alten Kundenstamm. Die Tschechen waren nun eigenständige Bürger Europas. »Kleider machen Leute« war zwar ursprünglich ein deutsches Sprichwort, doch die Tschechen übernahmen es und glaubten zudem, Kleider würden auch eine Nation ausmachen. So wie Emil Rabineks Firma von der Einstellung profitierte, daß die Bürger eines neuen Staates Elektrizitätsanschlüsse benötigten, profitierte Pepis Salon von der Überzeugung, daß man als Bürgerin eines neuen Staates auch neue Kleider brauchte.

»Es heißt, Kleider machen Leute«, schrieb die Journalistin Milena Jesenská, »daher sollten wir uns überlegen, was wir anziehen.« In den ersten Jahren der Unabhängigkeit schrieb Jesenská Artikel, die sich wie eine Kreuzung aus Knigge, Gesellschaftskritik und Modejournal lesen. Wieder und wieder erinnerte sie die Tschechen daran, daß sie sich gerade erst von ihrer Kolonialmacht befreit hatten und viele ihrer alten Gewohnheiten würden aufgeben müssen. In ihren Zeitungskolumnen erklärte sie einfach alles, angefangen damit, wie man sich morgens richtig wusch (»Man braucht mindestens eine halbe Stunde dafür«), bis hin zu der Frage, wie und was man in der Öffentlichkeit essen durfte. Die Engländer seien das körperlich kultivierteste Volk in ganz Europa, schrieb sie und pries die Vorzüge von Pear's Seife, Atkinson's Lavendelwasser und englischen Badezimmern – all dies zu einer Zeit, in der nur die neuen Gebäude in Prag über moderne Sanitäreinrichtungen verfügten und die meisten Tschechen sich in der Küche wuschen.

Körperhygiene war jedoch nur der Anfang von Jesenskás persönlichem Modernisierungsprogramm. Gut angezogen zu sein diente für sie nicht nur nationalen Belangen, sondern war auch Bestandteil der weiblichen Suche nach einer angemessenen Lebensweise, nach einer Form, sich selbst auszudrücken und sich Freiräume zu schaffen. Sie spottete darüber, daß jeder Fremde eine Tschechin im Zug sofort erkennen könne: »Zehn Schachteln, ein Käfig mit Kanarienvogel und ein Korb mit Kuchen und eingemachtem Gänsefleisch – das sind die besonderen Kennzeichen der Tschechin ... Lassen Sie ruhig den Strohhut mit Federn zu Hause zusammen mit ihren übertrieben feinen Schuhen und der Spitzenbluse – und vor allem den Schmuck!« Tschechische Frauen täten gut daran, alles nach »englischer« Art in einem Koffer zu verstauen, ein gut geschnittenes Kostüm mit Taschen zu tragen, vernünftige englische Schuhe und einen Trenchcoat anzuziehen, der Jahre halten werde.

Jesenskás Kolumnen mit guten Ratschlägen sind als Teil einer Kampagne zu sehen, in der man versuchte, der tschechischen Nation andere kulturelle Vorbilder als die deutschen zu geben. Alles Französische hatte auf die Tschechen schon immer einen besonderen Reiz ausgeübt, und nun beschäftigte jede Familie, die es sich leisten konnte, einen Französischlehrer für ihre Kinder. Paris ersetzte Wien in seiner Rolle als kulturelles Vorbild, und die Tschechen waren stolz, wenn ihre Hauptstadt als das »Paris Mitteleuropas« beschrieben wurde. Tatsächlich flossen in Prag von jeher die unterschiedlichen Strömungen des europäischen Kulturlebens zusammen. Nun waren in Prag der deutsche Expressionismus ebenso zu Hause wie der französische Kubismus, die neuen Kunstformen wie Film und Photographie, die internationale Literaturavantgarde sowie Emigranten und Flüchtlinge aller Herren Länder. Russen, die vor der Revolution in ihrem Land flohen, brachten russische Literatur und russisches Theater nach Prag. Jüdische Flüchtlinge brachten die jiddische Kultur und den Zionismus mit. Und obwohl nur wenige Amerikaner kamen, erreichte ihre Kultur die Stadt über den Film und die amerikanischste aller Kunstformen, den Jazz.

In diesem neuen kosmopolitischen Prag begann Pepi mit ihrem neuen Geschäft und ihrer Ehe. Die Rabineks gehörten zu den ersten Ehepaaren in Prag, die man sehr viel später als »Doppelverdiener« beschreiben würde. Jeden Morgen machte sich Emil Rabinek nach dem Frühstück auf den Weg zu seiner Firma Korálek & Rabinek, Pepi ging ein Stockwerk tiefer und öffnete den Salon Weigert. Beide waren von ihrer Arbeit vollkommen ausgefüllt, und Emils Nichte Lily aus Wien, die 1920 für ein halbes Jahr bei ihnen wohnte, erschienen sie als das ideale moderne

Ehepaar: glücklich und wohlhabend. Tante Ina, wie die Familie in Wien sie nannte, war rundlicher als üblich, galt aber allgemein als attraktiv und tüchtig. Lily sah in ihr das Ideal einer Frau, die es aus eigener Kraft geschafft hatte.

Ihr Onkel, der Herr Ingenieur, war elegant, witzig, charmant und unverkennbar wienerisch. Selbst nach zwanzig Jahren in Prag machte er immer noch keine Anstalten, Tschechisch zu lernen. Es war nicht nötig. Seine tschechischen Geschäftspartner sprachen perfekt Deutsch, genau wie die gebildeten Nichtjuden, mit denen er gesellschaftlich verkehrte. Obwohl die Zahl der Prager Juden, die als »deutschsprachig« gemeldet waren, 1920 nur klägliche 7406 betrug – die Einwohnerzahl einer Kleinstadt –, erschien es Rabinek keineswegs absurd, nur mit dieser sehr kleinen Minderheit zu verkehren. Mindestens einmal in der Woche besuchte er eine Vorstellung im Deutschen Theater, das auf eine lange Tradition ausgezeichneter Spielpläne zurückblicken konnte. Jeden Tag studierte er ausgiebig das hervorragende *Prager Tagblatt*, die liberalere der beiden deutschen Tageszeitungen der Stadt, und las im Kasino noch mehrere andere deutsche Zeitschriften. Das Kasino war ein gepflegter deutscher Klub mit privater Bibliothek, Restaurant und Garten an der ehemaligen deutschen Promenade. Viele Juden mieden den Klub wegen einiger antisemitischer Mitglieder, doch Rabinek sah sich selbst nicht mehr als Jude, die Rassisten des Kasinos waren in seinen Augen nur die Sorte unvermeidlicher Idioten, die man in jedem Verein findet. Es gab sogar einige Antisemiten unter den »Brüdern« seiner Freimaurerloge, die ihre Versammlungen im Kasino abhielt und ihre Mitglieder aus der Prager Intelligenz – wie B'nai B'rith – nach geheimer Wahl wählte. Rabinek verstand sich als Intellektueller und pflegte Freundschaften mit einer Reihe Juden und Nichtjuden, die solch mittelalterliche Vorstellungen wie Religion längst verworfen hatten.

Zwischen 1918 und 1930 traten fast zwei Millionen Tschechen aus der katholischen Kirche aus. Ungefähr die Hälfte davon gründete die von Rom unabhängige Tschechoslowakische Kirche, der Rest ließ sich in den Melderegistern als konfessionslos eintragen.

Emil Rabineks säkulare Haltung war für einen Großteil der tschechoslowakischen Mittel- und Oberschicht typisch. Er stimmte Tomáš G. Masaryk zu, wenn dieser die humanistische Tradition der tschechischen Kultur betonte und die Tschechoslowaken gelegentlich zu philosophischen Überlegungen einlud. »Sind wir dazu fähig, uns selbst zu regieren?« fragte Masaryk öffentlich. »Besitzen wir ausreichende Fähigkeiten, genügend Verstand, genügend Weitsicht, genügend Lebenswillen, genügend Entschlossenheit, genügend Ausdauer?« Der Kommunismus habe sich in Rußland durchgesetzt, erklärte er gern, weil man dort gestern dem Priester geglaubt habe und heute dem sozialistischen Agitator glaube. Die innere Reife einer Nation lasse sich daran bemessen, daß es in ihr keinen Antisemitismus gebe.

Masaryk hatte antisemitisches Gedankengut quasi mit der Muttermilch aufgenommen. Doch im Gegensatz zu anderen europäischen Politikern bekannte er sich zu den Vorurteilen seiner Kindheit und analysierte ihre Wurzeln. Immer wenn der Präsident in einem Artikel oder einer Reden sein Credo »Wir müssen unsere Verbindung zu Rom abbrechen … Jeder von uns muß sein katholisches Ich überwinden« wiederholte, bemerkte Emil Rabinek, so wie die Katholiken dazu verpflichtet seien, sich von Rom zu lösen, müßten die Juden sich von Jerusalem lösen.

Seine eigene Familie, die Rabineks, hatte im Zuge der josephinischen Reformen ein Jahrhundert zuvor zu denen gehört, die nur zu gern »das Jerusalem in sich« überwanden. Seit 1920 war kein Rabinek mehr offiziell als Jude registriert. Die Zahl der Mischehen in der Tschechoslowakei nahm zu, die Synagogen wurden, mit Ausnahme der hohen Feiertage, nur noch selten aufgesucht, die offizielle Zugehörigkeit zu einer jüdischen Gemeinde ging ebenfalls zurück – es sah ganz so aus, als würden die tschechischen Juden allmählich verschwinden. Rabinek befürwortete diese Entwicklung und betrachtete die beiden Gruppen, die sich ihr entgegenstellten, mit Mißfallen: die Ostjuden, die als Flüchtlinge nach Prag kamen, und die 5900 Juden, die sich weder als Deutsche noch als Tschechen, sondern als Zionisten bei der ersten Volkszählung der Republik registrieren ließen.

Wie Gisi Saudek empfand Rabinek Widerwillen gegen die schwarz gekleideten Flüchtlinge, die an seine Wohnungstür kamen und mit ihren Bauchläden Bleistifte und andere Kleinigkeiten verkaufen wollten. Pepi – die mit Tante Rosas Auffassung von Wohltätigkeit als ausgleichende soziale Gerechtigkeit aufgewachsen war – beeilte sich stets, ihnen Geld oder etwas zu essen zuzustecken, bevor ihr Mann merkte, daß sie an der Tür waren. Die Zionisten fielen nicht in diese Kategorie. Sie stammten wie Rabinek von böhmischen oder mährischen Familien ab, außerdem gehörten zu ihnen Intellektuelle und Literaten wie Max Brod, gutgekleidete Männer also, die Rabinek als seinesgleichen betrachtete. Die tschechoslowakischen Zionisten erklärten nicht, daß alle tschechischen Juden nach Palästina auswandern sollten. Statt dessen traten sie, inspiriert vom Kulturzionismus Martin Bubers, für die Wiederherstellung des jüdischen Lebens in Prag ein, das an die Zeit der Renaissance-Juden wie David Gans oder Rabbi Loew anknüpfen sollte. Sie hielten die Assimilierung für unmoralisch und sahen darin eine Art nationale Amputation. Rabinek debattierte höflich mit ihnen, tat ihre Ideen jedoch als verrückt ab. Wie konnte Max Brod das eingeschränkte Leben eines Zionisten wählen? Ein Deutscher in Prag lebte nach Emil Rabineks Meinung auf der höchsten Kulturstufe, die die Menschheit je erreicht hatte.

Es fällt mir sehr schwer, meinen Großvater zu mögen oder auch nur zu verstehen, während ich ihn so porträtiere. Mir mißfällt, was ich als das Wienerische in ihm wahrnehme: sein Snobismus, sein Anspruchsdenken und seine Ichbezogenheit. Seine Ablehnung der tschechischen Kultur und die Fehleinschätzung seiner deutschen Umgebung machen mich fassungslos. Selbst wenn ich die deutsche Kultur so idealisiert hätte wie er, wäre mir meiner Meinung nach doch aufgefallen, daß die sogenannte Insel, das deutsche Prag, in Wirklichkeit aus drei Inseln bestand – aus der Universität, dem alten deutschen Adel und den Juden – und daß die beiden ersten für die Juden nicht zugänglich waren. Der Adel war schon immer eine Welt für sich und eine Bastion des Antisemitismus gewesen. Die Studentenverbindungen schlossen Juden traditionsgemäß aus und griffen sie an; Professoren wie August Rohling veröffentlichten Traktate wie *Der Talmudjude*, in denen alle Juden als Schurken erschienen. Von jüdischen Gelehrten erwartete man, daß sie sich unauffällig im Hintergrund hielten.

Ein Historiker namens Samuel Steinherz, den mein Großvater vom Kasino gekannt haben muß, brach 1922 mit dieser Tradition. Steinherz hatte einundzwanzig Jahre lang mittelalterliche Geschichte an der Universität gelehrt. Seine Kollegen wählten ihn zum Rektor, und anstatt diese Ehre abzulehnen, wie es sich für einen Juden gehörte, erklärte Steinherz, daß er Deutscher sei, und nahm die Wahl an. Voller Empörung über die Aussicht auf einen jüdischen Rektor organisierten die deutschen Studenten einen Streik, besetzten Gebäude und verlangten seinen Rücktritt. Ihr Streik fand in ganz Österreich und Deutschland Unterstützung. Als Steinherz schließlich nachgab und seinen Rücktritt beim Erziehungsministerium einreichte, weigerte sich der Minister, das Gesuch anzunehmen. Antisemitismus war in der Tschechoslowakischen Republik illegal. Steinherz beendete schließlich die peinliche Situation, indem er sich beurlauben ließ.

Die Steinherz-Affäre, wie sie in Prag hieß, veranlaßte den Gelehrten, der sich mit der Geschichte der Papsturkunden beschäftigt hatte, sein Forschungsgebiet zu wechseln und sein Selbstverständnis als Deutscher zu revidieren. Steinherz begann die Geschichte der böhmischen Juden zu erforschen. Er verließ das Kasino und trat der B'nai B'rith bei. Er war einer der vielen Akademiker, die im Getto von Theresienstadt über die Geschichte der tschechischen Juden Vorträge hielten, bis er von den Nazis umgebracht wurde. Emil Rabinek ließ sich jedoch von der Steinherz-Affäre nicht beeindrucken. Sie veränderte das Bild nicht, das er von sich selbst hatte. Er glaubte weiterhin, er sei Deutscher.

Pepi befolgte zwar keine jüdischen Feiertage, aber sie besuchte doch regelmäßig Tante Rosas Grab und fühlte sich tief in ihrem Inneren weiterhin als Jüdin. Sie nahm antisemitische Äußerungen und Handlungen viel eher wahr als ihr Mann. Schon während ihrer Kindheit in Kolín und auch jetzt in Prag war ihr bewußt, daß viele Tschechen immer noch alle Juden für arrogante, Deutsch sprechende Nichttschechen hielten, für ehemalige Agenten der Österreicher und der Germanisierung. Daher boykottierten sie jüdische Geschäfte oder brachen bei gelegentlichen Streiks und Unruhen ein und plünderten sie. Im Gegensatz zu ihrem Ehemann las Pepi tschechische Bücher und ging ins tschechische Theater. Sie wußte, anders als ihr Ehemann, daß Juden immer noch als Außenseiter dargestellt wurden, als verschlagene Schankwirte auf dem Land, als gerissene Altwarenhändler in der Stadt oder überall als ausbeuterische Industrielle.

Nach Gründung des neuen Staates zog Pepis Bruder Emil zu seinen Geschwistern nach Prag und beendete damit Jahre der Trennung. Alle drei lehnten Tante Rosas orthodoxe Lebensweise ab, sahen sich jedoch weiterhin als Juden. Obwohl sie nicht nach dem jüdischen Kalender lebten, bestanden ihre Beziehungen und ihr Freundeskreis fast ausschließlich aus Menschen, die jüdischen Familien entstammten. Das fortbestehende Problem antisemitischer »Vorfälle« in der Republik sowie die Anwesenheit gläubiger Juden in Prag, Zionisten ebenso wie geflohene Juden, hatte zur Folge, daß zu Hause immer wieder die Judenfrage diskutiert wurde.

Rabinek betrachtete solche Diskussionen als unliebsame Unterbrechungen eines ansonsten sehr angenehmen Lebens. Der Krieg hatte seine *Belle Epoque* nicht beendet. Er war es gewohnt, gut zu leben, und nun, da er verheiratet war, wollte er ein richtiges Zuhause haben und endlich die Freunde einladen, deren Gastfreundschaft er seit Jahren genoß, ohne daß er sich bisher dafür hatte erkenntlich zeigen können. Sein Leben bestand aus einer Abfolge angenehmer Rituale: am Morgen der Kaffee, dann die Bürostunden bei Korálek & Rabinek, das Mittagessen, sein Mittagsschläfchen, Bridgespielen im Kasino, Theaterbesuche, gelegentlich ein Sonntag auf der Rennbahn. Er genoß sein neues Leben als Ehemann in vollen Zügen.

Nach dem Bericht von Rabineks Nichte Lily genoß auch Pepi ihr Leben als Ehefrau. Tante Ina litt an gelegentlichen nervösen Störungen – doch das taten auch die meisten Frauen, die sie in Wien kannte. Daß Ina regelmäßig zur Kur zu Dr. Lakatos nach

Baden bei Wien fuhr oder sich in Karlsbad oder Marienbad erholte, war in Lilys Augen für eine erfolgreiche Geschäftsfrau nur angemessen. Während eines Kuraufenthalts im Sommer 1919 litt Pepi unter ungewöhnlicher Müdigkeit und Übelkeit und fragte sich, ob sie womöglich schwanger sei. Ihr Arzt versicherte ihr zunächst, daß dies in ihrem Alter sehr unwahrscheinlich sei, bestätigte dann jedoch ihren Verdacht.

Meine Mutter erzählte mir, die erste Reaktion ihres Vaters auf die Neuigkeit habe darin bestanden, daß er eine Abtreibung verlangte. Man teilte ihm jedoch mit, daß es dafür zu spät sei. Ich besitze ein Foto, das die beiden 1919 zeigt, ein gutgekleidetes Paar in eleganter Haltung. Pepi wirkt ruhig, eingehüllt in jene watteweiche Hormonwolke, die, wie ich mich erinnere, in meinem Körper die Herrschaft übernahm, als ich selbst schwanger war. Sie hält einen jungen Hund und ist so nahe daran zu lächeln wie auf sonst keinem Bild. Mein Großvater steht ein wenig von ihr entfernt, nicht hübsch, aber Aufmerksamkeit gebietend, wie mir eine Freundin meiner Mutter später erzählte – ein Mann, den man bemerkt und nach dem man sich zweimal umdreht.

Pepi war fast achtunddreißig, als meine Mutter am 26. Februar 1920 zur Welt kam. Emil hatte beschlossen, daß das Kind ein Junge werden würde, und wollte es Franz nennen, nun machte er daraus einfach Franziska. Meine Mutter berichtet fast ausschließlich seine Reaktion auf ihre Geburt. *»Als er sich über die Wiege mit seiner neugeborenen Tochter beugte«*, schrieb sie auf ihren zwölf Seiten, *»schmolz der Schock über den unerwünschten Neuankömmling dahin. Er betrachtete die nicht gerade ansprechenden Züge der Kleinen und bemerkte, sie sei so häßlich, daß ihr Gesicht mit vielen Geldscheinen bedeckt werden müßte, um dereinst einen Ehemann für sie zu finden.«*

Dieser oft wiederholte Ausspruch meines Großvaters wurde zu einem Schlüsselelement in den Berichten meiner Mutter über ihre Kindheit. Ebenso prägend war sein Beharren, daß sie – entgegen den Einwänden seiner Frau – noch im Krankenhaus getauft würde. Sie erhielt den Namen Franziska Paulina Margaret Rabinek und wurde Franzi genannt.

Zehntes Kapitel

IN DEN MEISTEN FAMILIEN sind viele Versionen der Familiengeschichte im Umlauf, je größer die Familie, desto stärker variieren sie. In meiner Familie ist es, wie in vielen Familien von Holocaust-Überlebenden, schwierig, auch nur eine Version zu rekonstruieren. Es gibt zu wenige lebende Verwandte. Sie besitzen nur wenige Dokumente. Die Katastrophe hat sie in alle Winde verstreut. Außerdem hat jeder seine eigene Strategie entwikkelt, um mit der Zerstörung der Welt, in die er hineingeboren wurde, fertig zu werden. Die einen vergessen, die anderen schwächen ab, wieder andere leugnen die Schlüsselstellen der Erzählung. Wenn ich Emil Rabineks fast hundertjähriger Nichte aus Wien oder den drei überlebenden tschechischen Cousinen meiner Mutter zuhöre, muß ich nicht nur ihre Persönlichkeiten und ihr Verhältnis zu meiner Mutter berücksichtigen, sondern auch die Art und Weise, wie der Nationalsozialismus, der Kommunismus und die Emigration sich auf ihr Leben, ihr Gedächtnis und ihre Weltsicht ausgewirkt haben.

Emil Rabineks neunundneunzigjährige Nichte Lily bestreitet, daß es je irgendeine Form von Antisemitismus in Wien gegeben habe. Mein Interesse für jüdische Geschichte betrachtet sie, genau wie mein Großvater es wohl auch getan hätte, als unerfreuliche, unerwünschte Beschäftigung. Lily lebt in Kalifornien, wo ihr Sohn ein bekannter und erfolgreicher Wissenschaftler ist, wo sie in den Bergen wandert und wo sie genau wie in Wien jeden Tag Kammermusik spielt. Mir kommt es oft so vor, als würde sie mir bei meinen Nachforschungen nur aus Pflichtgefühl gegenüber meiner toten Mutter und den Familienmitgliedern helfen, die während des Zweiten Weltkriegs umgebracht wurden. Lilys Wiener Akzent ist so stark, ihr Charme so rigoros, daß ich, wenn ich in ihrem Wohnzimmer sitze, das kalifornische Licht um mich herum vergesse und mich nach Mitteleuropa versetzt fühle.

Der einzige Cousin ersten Grades meiner Mutter – der Sohn von Pepis Bruder Emil Sachsel – ist Peter Scott, er lebt in New Jersey. Im Gegensatz zu Lily blieben ihm die Auswirkungen des Nationalsozialismus auf seine Familie immer gegenwärtig, und die Unfähigkeit, die Augen davor zu verschließen, ließ seine Gefühle für lange Zeit erstarren. Kurz vor dem Münchener Abkommen verließ er die Tschechoslowakei, um in Frankreich zu studieren. Seine Mutter, sein Vater und sein jüngerer Bruder Heinrich blieben und wurden alle umgebracht. Sein Verhältnis zu meiner Mutter war daher zwangsläufig sehr vielschichtig. Als Jugendliche waren sie eng befreundet, so eng, daß sein Vater ihn vor den möglichen genetischen Folgen einer sexuellen Verbindung zwischen Cousins ersten Grades warnte. Doch ihre Beziehung wurde für immer dadurch kompliziert, daß Franzi mehrere Konzentrationslager überlebte, während Peter von Frankreich nach Kuba und danach in die USA fliehen konnte.

In New Jersey änderte Peter Sachsel seinen Namen in Peter Scott und heiratete eine amerikanische Jüdin mit Bostoner Akzent. Er hatte Chemie studiert und entwickelte in Amerika eine Methode, Farbstoffe in textilem Gewebe zu halten. Seine Firma wurde von einer großen Gesellschaft übernommen, und Peter wurde zu unserem reichen »Onkel« aus Amerika, der gelegentlich auftauchte und meinen Eltern aus finanziellen Schwierigkeiten half. Als Kind liebte ich die Besuche bei ihm in seinem großen Haus in einem reichen Vorort, wenn ich in seinem Countryclub schwimmen und in seinem großen Auto mitfahren durfte. Erst später fand ich heraus, daß Peter, wenn er meiner Mutter mit Geld aushalf, die Rolle seines Vaters in den dreißiger Jahren übernahm: Nachdem Emil Rabinek sein ganzes Geld verloren hatte, griff Emil Sachsel seiner jüngeren Schwester unter die Arme.

Als Teenager entwickelte ich eine Abneigung gegen Onkel Peter. Mir mißfiel, daß er sich so abseits hielt und nie an einer Familienunternehmung teilnehmen wollte. Er hatte nie Zeit. Er protzte mit seiner europäischen Kultiviertheit im ländlichen New

Jersey, und mich ärgerten sein Snobismus und sein Sexismus – die typischen Eigenschaften des europäischen Mannes aus der Mittelschicht, den Arthur Schnitzler in seinen Stücken so wunderbar porträtiert hat. Meine Mutter sagte oft, daß Familienangelegenheiten für Onkel Peter sehr schwierig seien und daß sie selbst eine Vergangenheit verkörpere, die er erfolglos zu vergessen suche. Mit zunehmendem Alter und vor allem nach dem Tod meiner Mutter begann Peter jedoch, sich um ein Verständnis seiner Vergangenheit zu bemühen. Thereses Enkel und ich wurden so in gewisser Weise zu Komplizen.

Helli, eine Cousine meiner Mutter, stand hingegen abseits. Sie war eine entfernte Verwandte und konnte sich nicht erinnern, welcher Art ihre Verbindung zu den Sachsels war. Anders als Franzi und Peter, in Hellis Augen verwöhnte Kinder der *Bourgeoisie*, war sie eine ernsthafte Studentin, die sich gegen jegliche Form nationaler und ethnischer Spaltung wandte und die Ideale der kommunistischen Partei unterstützte. Sie und ihr Ehemann flohen 1938 nach England, kehrten jedoch nach Kriegsende zurück. Eine Zeitlang lebten sie ganz gut in Prag. Ihr Mann war Kardiologe, sie arbeitete an der Tschechoslowakischen Akademie der Wissenschaften. Mit der Zeit wurde das Leben im Kommunismus unerträglich für sie, ihren Mann und ihre drei Kinder. 1967 flohen sie, und mit der Hilfe zweier jüdischer Organisationen gelangten sie später in die USA.

Helli war diesen Organisationen dankbar, fühlte sich durch deren Hilfe jedoch in keiner Weise stärker als Jüdin. Sie hatte ihre jüdische Herkunft abgelegt, als sie Kommunistin wurde. In Prag hatten ihre Kinder nur gewußt, daß sie jüdische Großeltern gehabt hatten. Selbst in der Sicherheit der USA sprach Helli selten über die Familiengeschichte. »Warum mußt Du ausgerechnet über Deine Familie schreiben?« beschwerte sie sich, als ich sie anrief. »Warum nicht über etwas anderes?«

Meine vierte und beste Quelle war bis zu ihrem Tod Kitty, die andere Cousine meiner Mutter, die oft als ihre beste Freundin und ihr Alter ego beschrieben wurde. Ihre Kindermädchen gingen, als die beiden noch klein waren, oft gemeinsam mit ihnen spazieren. Als Teenager unternahmen sie mit ihren jeweiligen Freunden vieles zu viert. Sie überlebten gemeinsam Theresienstadt, Auschwitz und Bergen-Belsen. Bei Kriegsende fuhren sie auf demselben Lastwagen zurück nach Prag. Kitty wollte in die USA auswandern, heiratete jedoch einen Mann, der Invalide wurde. Während der folgenden fünfundzwanzig Jahre pflegte sie ihren Mann und kümmerte sich um ihren Sohn Miki. Sie lebten in einer engen Wohnung, in der das Schlafzimmer die Küche gewesen war und die Küche statt dessen in einem Schrank untergebracht wurde und in der die wenigen Kunstgegenstände ihrer Familie aus der Zeit vor dem Krieg traurig und fehl am Platz wirkten. Kitty erzählte wie ihre Cousine Helli, die sie ganz selten einmal besuchte, ihrem Sohn nichts von seiner Familiengeschichte, nicht einmal daß sein Großvater im Prag der Vorkriegszeit Zionist gewesen war.

Im Gegensatz zu Helli und Franzi hegte Kitty keine beruflichen Ambitionen. Sie wollte sich verlieben, heiraten und Kinder bekommen. Von Kindheit an ahmte sie Hollywoodstars nach, begehrte gegen die traditionelle Bescheidenheit der Prager Juden auf, färbte ihre Haare zu einem phantastischen Blond und trotzte mit sorgfältig getuschten Wimpern der Trostlosigkeit der sozialistischen Republik. Meine Mutter hatte in ihrem Leben die Rolle der älteren Schwester übernommen. Die Tatsache, daß sie Modeschöpferin war, machte sie für Kitty zu einem noch größeren Idol. In Prag stellte sie mich gern als ihre Nichte vor und bestand darauf, daß ich sie »Tante« nannte.

Einige Monate nach dem Tod meiner Mutter flog ich mit einem Koffer ihrer Kleider nach Prag. Kitty war zu dem Zeitpunkt siebenundsechzig Jahre alt und Rentnerin, ihre Haare waren immer noch blond. Genauso überraschend wie ihre Haarfarbe war die Tatsache, daß sie als Sekretärin für den Prager Oberrabbiner arbeitete – nicht aus religiöser Überzeugung, sondern um aus dem Haus zu kommen, wie sie sich beeilte, mir zu versichern. Wie Helli und meine Mutter fand sie, daß gläubige Juden etwas Mittelalterliches an sich hätten. Doch nach der Samtenen Revolution nahm der Tourismus in Prag einen ungeheuren Aufschwung, die jüdische Gemeinde wurde von Fremden regelrecht überschwemmt, und es gab so wenige echte Prager Juden, daß Kitty sich verpflichtet fühlte. Selbst ihr Lebensgefährte Jaroslav, ein tschechischer Protestant, arbeitete in der Altneusynagoge und verkaufte die Eintrittskarten. Die Arbeit bessere ihre Rente auf, sagte sie, und gebe ihrem Leben eine Struktur.

Aber ich spürte, daß Kitty aus ihrer Arbeit im alten Prager Getto mehr Sinn und Nutzen zog. Es gefiel ihr, wenn man sie rief, damit sie deutsch, französisch oder englisch übersetzte, oder wenn sie Briefe an Adressen in der ganzen Welt schrieb. Es erinnerte sie an ihr Leben vor dem Kommunismus und vor dem Krieg, als sie in einer großen Wohnung voller schöner Sachen gelebt hatte. Allein durch die Ähnlichkeit mit meiner Mutter brachte ich diese Welt ebenfalls zurück, und wenn ich mich gerade hielt, gut angezogen war und mein Haar gebürstet hatte, war sie bereit, mir alles zu erzählen, was ich wissen wollte.

Kitty war auch diejenige, die mich zu der Ecke an der Spálená- und der Národní-Straße im betriebsamen Zentrum führte und mir die Fenster der Wohnung zeigte, in der meine Mutter ihre ersten Lebensjahre verbracht hatte. Sie deutete auf den Balkon, auf dem sie und Franzi stundenlang gespielt hatten, und erzählte mir, wie sie beide eines Tages in große Schwierigkeiten gekommen waren, weil sie Blumentöpfe auf den Gehsteig geworfen hatten. Meine Mutter hatte sie dazu angestiftet. Franzi war wie ihr Vater oft herrisch, und Kitty wurde auf diesem Balkon einmal so wütend, daß sie erklärte, wenn sie beide einmal groß wären und Familien hätten, dürften ihre Kinder nie mit Franzis Kindern spielen. *»Bohužel«*, sagte sie, »leider«, kam es dann später genau so.

Ich fotografierte das Gebäude für meinen wachsenden Stapel an »Dokumenten« – Fotografien, Fotokopien von Melderegistern und Briefe, welche die Geschichte auf den zwölf Seiten meiner Mutter bestätigten. Ich heftete die Fotografien an die Pinnwand über meinem Schreibtisch und versuchte mir vorzustellen, was hinter diesen Fenstern vorgegangen war, als Pepi den März des Jahres 1920 im Bett verbrachte.

Pepi brachte Franzi zwei Wochen vor ihrem achtunddreißigsten Geburtstag zur Welt. Sie betrachtete ihr Kind als ein Wunder, das ihr als nach damaliger Vorstellung beinahe alter Frau zuteil geworden war. Ich stelle mir vor, daß sich in ihre Freude eine gewisse Beklommenheit mischte. Es war eine schwere und anstrengende Geburt, letztendlich mußte der Arzt das Kind mit der Zange holen. Franzi geschah zwar nichts dabei, doch Pepis Blase und Vagina wurden verletzt und mußten operiert werden. Zum ersten Mal in ihrem Erwachsenenleben konnte sie nicht arbeiten, und zum ersten Mal stand sie ihrem Mann sexuell nicht zur Verfügung.

Eine Ehe wird selbst durch eine leichte Geburt verändert, und Emil Rabinek wollte nicht, daß seine Ehe sich veränderte. Anstatt die Veränderungen, die die Vaterschaft mit sich brachte, zu begrüßen, beschloß er, sich dagegen abzuschirmen. Das Baby brauchte ein Zimmer: Sein Schlafzimmer lag am weitesten von dem Zimmer entfernt, das man als Kinderzimmer einrichtete. Ein Baby brauchte Pflege: Er stellte zu der Köchin und dem Hausmädchen noch ein Kindermädchen an, das rund um die Uhr für das Kind da war. Dann kehrte er zu seinem gewohnten Tagesablauf zurück: der Kaffee am Morgen, die Zeit im Büro bei Korálek & Rabinek, das Mittagessen um zwölf Uhr, dem ein zwanzigminütiges Nikkerchen folgte, Kaffeetrinken im Café Elektra, zurück ins Büro, Lesen oder Bridgespielen im Kasino bis halb acht, Abendessen um acht Uhr – als ob sich nichts verändert hätte.

Pepi erholte sich nur langsam von der Geburt und tastete sich vorsichtig zurück in ihr altes Leben. In nur etwas mehr als einem Jahr hatte sie geheiratet, ein Geschäft eröffnet und war Mutter geworden. Sie wollte ihr Kind eigentlich stillen, doch wegen einer Brustentzündung mußte sie Franzi einer Amme geben. Sie muß sich so unruhig gefühlt haben wie ich sechzig Jahre später wegen der unberechenbaren Natur der Mutterschaft mit dem Auf und Ab der Hormone nach der Geburt, den gleichzeitig auftretenden Gefühlen von Verbundenheit und Isolation. Sie hatte für ihre Mutterrolle keine Vorbilder. Therese Furcht war nur eine schwache Erinnerung, Tante Rosa war mehr ein Vorbild für religiöse

Überzeugung als für Mütterlichkeit. Fanny Rabinek, die einzige andere ältere Frau, die sie gut gekannt hatte, war eine *Salonière* und wurde von ihrem gesellschaftlichen und kulturellen Leben völlig in Anspruch genommen.

Mit Ausnahme von Lily sind sich alle Cousinen meiner Mutter einig, daß Emil Rabinek ein gleichgültiger und manchmal sogar feindseliger Vater war. In Hellis Familie bezeichnete man ihn als *rabiát*, als einen jähzornigen Mann, der sich immer über irgend etwas aufregte.

Emil Rabineks Ansicht, daß Kinder den Alltag eines Mannes nicht verändern sollten, war typisch für seine Generation. Untypisch hingegen dachte Pepi, wenn sie meinte, daß sie ein Kind haben und dann ihr altes Leben wiederaufnehmen könnte. Es war ungewöhnlich für eine verheiratete Frau aus der Mittelklasse, ein Kind zu bekommen und weiterhin zu arbeiten, ohne daß finanzielle Gründe sie dazu zwangen.

Aber Pepi gab das Atelier Weigert nicht auf. Sie war von einer Frau aufgezogen worden, die ihr eigenes Geld verdiente und einen eigenen Laden besaß und deren bescheidenes, aber zufriedenes Leben von ihrer Arbeit strukturiert wurde. Pepi selbst hatte fast fünfundzwanzig Jahre lang Kleider genäht, bevor sie Mutter wurde. Ihre Arbeit war der Mittelpunkt ihres Lebens gewesen. Die Arbeit hatte ihr ermöglicht, das Goldene Gäßchen in Kolín zu verlassen und nach Prag zu ziehen. Sie hatte Pepi Halt gegeben, als Emil Rabinek in den Krieg zog, und jetzt erleichterte sie ihr den Übergang in die Mutterrolle.

Die zentrale Bedeutung der Arbeit und ihr Wert als emotionaler und finanzieller Rückhalt wurden von Pepi über Franzi an mich weitervermittelt, ohne daß auch nur ein Wort darüber verloren worden wäre. Enthalten war die Botschaft, daß Beziehungen sich verändern, Männer kommen und gehen, Kriege ausbrechen und man gezwungen sein kann, seine Heimat zu verlassen, doch die Arbeit bleibt. Früher als es vielleicht ihrer Gesundheit zuträglich war, kehrte Pepi in ihr Atelier zurück.

Vom heutigen Standpunkt aus war Pepi zu beneiden: Kinderbetreuung rund um die Uhr, eine Köchin, die einkaufte und die

Mahlzeiten zubereitete, ein Hausmädchen, das sich um die Wäsche kümmerte und die Wohnung putzte, ein Arbeitsplatz, der ihr selbst gehörte und sich ein Stockwerk unter ihrer Wohnung befand. Darüber hinaus waren die zwanziger Jahre, die goldenen Zwanziger, eine lukrative Zeit für die Prager Modeateliers. Die »Machtübernahme«, wie die Tschechen ihre Unabhängigkeitserklärung bezeichneten, brachte den Bruch mit allem Österreichischen und das Bedürfnis nach einer neuen Sprache, neuen Ideen und neuen Symbolen.

Doch dem Stellenwert, den elegante Kleidung in Prag besaß, hatten selbst der Krieg, die »Übernahme« und die Emanzipation der Frau zusammengenommen nichts anhaben können. Konformität galt nach wie vor alles. Bestimmte Kleider konnte man nur morgens, nachmittags oder abends tragen, es gab Kleider fürs Kaffeehaus, fürs Theater, für die nachmittäglichen *Thés Dansants* und für die Bälle, die auch in der Republik weiterhin veranstaltet wurden. *Débutantes* benötigten immer noch Kleider für ihre Einführung in die Gesellschaft, Bräute bekamen große *Trousseaux*. Als Paul Poiret, der ungekrönte König der *Haute Couture*, beschloß, seine erste Modenschau in Prag zu veranstalten, bestätigte dies die Stellung Prags in der damaligen Modewelt.

Die wenigsten Frauen der tschechischen Mittelklasse konnten sich ein Kleid von Paul Poiret leisten. Aber eine gute, treue Schneiderin war, wie Milena Jesenská ihre Leserinnen anwies, viel mehr wert als ein berühmter Pariser Modeschöpfer. »Eine gute Schneiderin versteht nicht nur etwas von Schnitt und Material, sondern sie kennt auch die Figur, sie weiß, was man braucht, was man tragen, was man gerade noch anziehen kann«, schrieb Jesenská. »Sie kennt die Figur wirklich, wie ein nüchterner Fachmann, der die unwandelbaren Proportionen seines Objekts kennt.« In den zwanziger Jahren gab es in Prag keine Starmodeschöpfer, dafür aber Hunderte von guten Schneidern. Auf der unteren Stufe der Hierarchie befanden sich die sogenannten Hausschneiderinnen, die jedes Jahr im Frühling und im Herbst für eine Woche zu ihren Kunden ins Haus kamen, um Kleider zu ändern und eine neue Garderobe für die weiblichen Mitglieder der Familie zu nähen.

Ganz oben in der Hierarchie standen die *Maisons* von Rosenbaum und Hana Podalská, die sich an den Pariser Couture-Häusern orientierten.

Dazwischen lagen die kleineren *Salons* wie der Salon Weigert, die von »kaum bekannten Schneiderinnen« geführt wurden, wie Milena Jesenská schrieb, »die technisch genauso geschickt sind wie Herr Poiret (tatsächlich nähen einige dieser Schneiderinnen für Herrn Poiret) und die nur ein Zehntel der Summe verlangen, die man bei ihm für ein Kleid bezahlen muß«.

In den zwanziger Jahren hatten Fotografie und Film die Verbreitung der Mode und ihrer Trends in der Gesellschaft demokratisiert. Die Kleider, die Gloria Swanson in einem einzigen Film trug, wurden von mehr Frauen gesehen als die Kleider, die Sarah Bernhardt während ihres gesamten Lebens trug. Zahlreiche internationale Modezeitschriften – *Vogue, Harper's Bazaar, L'Officiell* –, aber auch die lokalen Prager Magazine – *Erstes Prager Modenblatt, Elegantní Praha, Módni svět* und *Nové pařížské módy* – druckten die Kleider ab und brachten die Details in jedes Haus.

Einige von Pepis Kundinnen kamen mittlerweile mit Fotos in ihr Atelier. Die älteren Kundinnen gaben immer noch Kleider in dem dunklen, biederen Stil in Auftrag, der in Prag seit Jahren vorherrschte. Die mutigeren ließen sich von Chanel inspirieren, von den eleganten Vamps der Filme, den *Flappers* und den *Femmes fatales*. Sie umrandeten ihre Augen mit schwarzem Kajal, zogen sich die Hüte bis zu den Augenbrauen ins Gesicht, preßten ihre Brüste flach, entblößten die Arme und trugen fleischfarbene Strümpfe, so daß ihre Beine nackt aussahen. In den zwanziger Jahren erkannte Pepi, daß sie Pariser Chic übernehmen, ihre Farbpalette erweitern und ihr Stilangebot ausdehnen mußte.

Nach den Erzählungen meiner Mutter war in einer Zeit, in der Pepis Leben zu Hause stürmisch und unberechenbar wurde, das Atelier für sie ein Ort, an dem sie kreative Befriedigung fand und selbständig sein konnte. Mit Ende Vierzig war Emil Rabinek kein schneidiger Offizier und begehrter Junggeselle mehr. Korálek & Rabinek hatte ihn reich gemacht, und aus dem liberalen Patriarchen war ein »Aufsteiger und Despot« geworden, wie Helli über ihn sagte. Er begann, sein Haus als privaten Tempel zu betrachten, und erwartete von seiner Frau, diesen zu pflegen, ungeachtet der Tatsache, daß Ina – wie er Pepi immer noch nannte – selbst ein Geschäft führte.

Für Emil Rabinek waren seine Bücher, Teppiche, Gemälde und *objets d'art* Zeugnisse seiner Kultiviertheit. Sie bewiesen seine Zugehörigkeit zu einer Kultur, die er als die höchstentwickelte der Welt verehrte. Er war die Art Mann, die sich über die hervorragende Leistung seines Schneiders, die Lage seiner Plätze in der Oper und die Marke seiner Zigaretten – *Egyptische* – definierte. Sein Klavier war ein Altar, der poliert wurde, bis er glänzte. Seine Mahlzeiten waren heilig. Sie mußten perfekt zubereitet sein, von den passenden Weinen begleitet und elegant serviert werden. Hatte einmal der Braten zu lange im Rohr geschmort oder glänzte das Klavier nicht, dann machte er seiner Frau gegenüber sarkastische Bemerkungen. War es denn wirklich so schwierig, einen Haushalt richtig zu führen? War es denn zuviel verlangt, wenn er nicht vor seinen Gästen blamiert werden wollte?

Es sind trostlose und allzu häufig wiederkehrende Szenen einer Ehe. Während ihrer langjährigen Affäre waren Emil Rabinek und Pepi Weigert zum Essen in Restaurants oder zu Freunden gegangen. Als Fanny während des Kriegs bei Pepi einzog, führte sie den Haushalt. Doch die Heirat brachte die Beziehung der Rabineks aus dem Gleichgewicht. Emil wurde der bei weitem stärkere Partner, derjenige, der Forderungen stellte, schmollte und den Ton im Leben der beiden angab. Jede Woche stellte er Pepi für etwas zur Rede, das ihm nicht paßte. Alle paar Wochen feuerte er eine Hausangestellte. Pepi, die charmante und kompetente Geschäftsfrau, wurde in der Familie bemitleidet.

Bei Kitty zu Hause sagte man, Rabinek werde Pepi mit seinem Verhalten umbringen. In Peters und Hellis Familien diskutierte man häufig über sie und machte sich große Sorgen. »Er terrorisierte seine Frau in einer Art und Weise, die vielleicht in Polen üblich war, aber niemals in einer anständigen jüdischen Familie aus Prag«, sagte Helli mit besonderer Schärfe in der Stimme. »Er war ein schrecklicher Schürzenjäger. Weißt Du, warum die Hausangestellten entlassen wurden? Weil er sie belästigte! Er versuchte sogar, mit Pepis Kundinnen anzubandeln! Ich wünschte, Du würdest über etwas anderes schreiben.«

Ich höre diese Beschreibungen meines Großvaters und denke darüber nach, als wäre Rabinek eine Figur in einem Roman. Vielleicht liegt es daran, daß ich meinen Großvater nie gekannt habe. Ich habe Mitleid mit meiner Mutter, die mit dem Schmerz und der Scham fertigwerden mußte, einen solchen Vater zu haben, und mit meiner Großmutter, die mit ihm leben mußte. Seelische Grausamkeit war damals kein Grund für eine Scheidung. Nach den Erzählungen meiner Verwandten zu schließen, hielt Pepi die Ehe nur aus, indem sie sich in ihre Arbeit flüchtete. In ihrer weiteren Familie galt Pepi als »Arbeitstier«, als hervorragende Schneiderin und Geschäftsfrau; in Hellis Familie glaubte man sogar, daß Rabinek sie geheiratet hatte, weil er wußte, daß sie immer genug für den Lebensunterhalt verdienen würde.

Die mutige junge Frau, die 1904 von Kolín allein nach Prag gegangen war, die aufgeregte junge Einkäuferin in Paris, die selbstsichere junge Geliebte während des Ersten Weltkrieges, all das war nun Geschichte. Während der ersten zehn Jahre ihrer Ehe wurde Pepi von ihrem Mann so tyrannisiert und schikaniert, daß sie sich in eine hilflose, ewig klagende Ehefrau verwandelte. Sie litt unter Kopfschmerzen und Magenbeschwerden. Ihre immer wiederkehrenden Anfälle von Agoraphobie – die Krankheit, die Emil bei seiner Geliebten so bezaubernd gefunden hatte – waren nun ein Ärgernis für ihren Ehemann. Er ging mit ihr zu einem Hypnotiseur in Wien, und als das nichts half, schickte er sie zur Kur nach Bad Ischl und Marienbad. Die kleine Franzi nahm Pepi mit.

Bereits in den zwanziger Jahren, als Franzi noch ein kleines Mädchen war und lange bevor sie verstehen konnte, was es bedeutete, wurde sie die Beschützerin ihrer Mutter, ihre beste Freundin und Vertraute, das, was Therapeuten später ein »Kind in der Elternrolle« nannten. Und Franzi wurde das Schlachtfeld, auf dem Emil und Pepi Rabinek ihre Kämpfe austrugen.

Emil konnte nie die Enttäuschung verwinden, daß seine Tochter kein Junge war. Er nannte sie Franzi oder »Franky«, anstatt die weiblichere Form »Fanny« zu verwenden, und nahm sie zum Haarschneiden mit zu seinem Friseur. Statt Puppen brachte er ihr aus dem Büro Elektrobauteile zum Spielen mit und zeigte ihr, wie man Kabel spleißt. In ihren Ferien in den Tiroler Alpen brachte er Franzi bei, wie man auf Bäume klettert, er warf sie ins Wasser, damit sie schwimmen lernte, und kaufte ihr Lederhosen – in einer Zeit, in der keine anständige Frau und kein Mädchen in Prag Hosen trugen und in der Lederhosen ein Symbol für alles Volksdeutsche waren.

Die Vaterschaft weckte in Emil Rabinek auch einen leidenschaftlichen Ehrgeiz für sein Kind. In Wien war er in einem Haus aufgewachsen, in dem man Adelstitel ebenso wie literarischen und künstlerischen Ruhm verehrte, und er wollte für Franzi beides. Wie Dornröschens Vater, der gute Feen als Patinnen einlud, um die Geburt seiner Tochter zu feiern, lud Rabinek zu Franzis Taufe prominente Prager Intellektuelle aus seinem Bekanntenkreis ein, darunter auch Max Brod und Egon Erwin Kisch. Sein Kind sollte nie die Benachteiligungen erdulden müssen, die er als jüdisches Kind zu ertragen gehabt hatte. Seine beiden älteren Schwestern in Wien – die eine Lutheranerin, die andere Katholikin – erzogen ihre Kinder als Christen. Jedes Jahr an Weihnachten kaufte und schmückte er einen Weihnachtsbaum, aß gebratenen Karpfen und Gans als traditionelles tschechisches Weihnachtsessen und beschenkte seine Familie. Gegenüber Ina bestand er darauf, daß seine Tochter nichts von ihrer jüdischen Herkunft erfahren sollte, obwohl Pepis Brüder mit ihren Familien nominell Juden blieben, auch wenn sie ihre Religion nicht praktizierten.

Pepi fügte sich Emils Wünschen. An Jom Kippur verzichtete sie zwar nur selten auf einen Besuch an Tante Rosas Grab, aber sie ging nie in die Synagoge. Die Religiosität ihrer Tante erschien Pepi starr, altmodisch und kaum einen weiteren Streit mit ihrem Mann wert. Als Franzi alt genug war, um zu verstehen, was um sie herum vorging, stritten Pepi und Emil schon regelmäßig, und sie unterstrichen ihre Worte mit den üblichen geschlechtsspezifischen Gesten und Verhaltensweisen: Emil hatte Wutanfälle, Pepi brach in Tränen aus. Emil verließ das Zimmer, Pepi zog sich in ihr Schlafzimmer zurück. Franzi wuchs mit dem Bild auf, wie ihre Eltern in getrennte Schlafzimmer davonstürmten, mysteriöse Tabletten schluckten und mit dem alten Armeerevolver herumfuchtelten, den Emil Rabinek in seinem Schreibtisch aufbewahrte.

Abgesehen von den Erinnerungen an die Selbstmorddrohungen ihrer Eltern sprach meine Mutter selten über ihre Kindheit. Wenn ich sie danach fragte, beschrieb sie sich selbst – in geringschätzigem Ton – als »kleines verzogenes reiches Mädchen«. Die Rabineks gehörten zwar nicht zu dem Kreis sehr reicher Prager Juden, die sich im Prager Vorort Bubeneč wahre Paläste erbauten, doch wuchs Franzi mit einem eigenen Zimmer, einem eigenen Kindermädchen und später einer eigenen Gouvernante auf. Selbst nachdem ihr Vater sein Geld verloren hatte, wurde sie dazu ermuntert, sich als Mitglied der Prager *zlatá mládež* oder goldenen Jugend zu betrachten, in einer Zeit, in der Hunger und Obdachlosigkeit herrschten. Ich mußte das Bild einer privilegierten Jugend aus gelegentlichen, fast entschuldigend klingenden Bemerkungen über Reitpferde und Skilaufen in den Alpen rekonstruieren. Immerhin gaben die Fotos und Porträts, die ich aus der Kindheit meiner Mutter besitze, einen Anhaltspunkt, denn sie wurden von Fotografen in einer Reihe von Kurorten aufgenommen und von einem Prager Maler gemalt.

Sein Porträt meiner Mutter, das einzige erhalten gebliebene Kunstwerk aus dem Wohnzimmer meiner Großeltern in Prag – es wurde vor den Nazis versteckt und Jahre später von meiner Mutter aus der sozialistischen Tschechoslowakei hinausgeschmuggelt –, zeigt ein ernstes kleines Mädchen mit dem Schoßhund der Familie. Weder Therese noch Pepi waren als Kinder gemalt oder fotografiert worden. Sie waren in einer von Traditionen geprägten jüdischen Kultur aufgewachsen, in der man Kunst nicht schätzte, in der die meisten Menschen gar kein Geld für solche Dinge wie Privatporträts hatten und die einzigen Bilder an der Wand biblische Patriarchen oder Philantropen wie Moses Montefiore zeigten. Das Porträt meiner Mutter weist sie als assimiliertes Kind aus. Sie lebte an einer geschäftigen Hauptverkehrsstraße der Hauptstadt und betrachtete die Stadt – den Fluß, die Brücken, das Schloß, die Inseln und Kirchen – als ihre Welt.

In Brtnice und Kolín, unter der ständigen Beobachtung der kleinen jüdischen Gemeinden und gefangen in ihren Traditionen, hatten weder Therese noch Pepi je eine Kirche betreten. In Prag wurde ein Besuch in der Kirche zusammen mit dem Spaziergang im Park und der heißen Tasse Kakao am Vormittag zu einem festen Bestandteil von Franzis Tagesablauf. Schon als Kleinkind beobachtete sie ihre Kindermädchen – fromme Tschechinnen vom Land, die Anna, Vlasta und Mařenka hießen –, wie sie auf die Knie fielen, sich bekreuzigten und das Vaterunser oder Ave Marias murmelten. Wie viele andere Kinder der Prager jüdischen Mittelklasse, die über keine eigenen religiösen Rituale verfügten, liebte meine Mutter die gewölbten Kirchendecken, den Geruch von Weihrauch, die farbigen Glasfenster, die lateinischen Gesänge und die prächtigen Roben der Priester. Obwohl Masaryk und die meisten anderen führenden Politiker Prag vom Einfluß Roms befreien wollten, konnten sie doch nicht dreihundert Jahre Jesuiteneinfluß einfach auslöschen. Der katholische Glaube war von den Heiligenstatuen auf der alten Karlsbrücke bis zu den hohen Türmen der Kathedralen in Stein gemeißelt und kam im täglichen Läuten der Kirchenglocken, den Prozessionen und Festtagen des christlichen Kalenders zum Ausdruck.

Von ihren tschechischen Kindermädchen lernte meine Mutter ihre ersten Worte, die Bezeichnungen für Essen, Spielzeug und die Menschen, die sie liebte. Tschechisch war auch die Sprache, in der sie ihr Abendgebet sprechen lernte und Geschichten über Heilige, die Erbsünde und die unbefleckte Empfängnis hörte. Sie besuchte die Messe, ging zur Beichte, feierte ihren Namens- und Geburtstag, Nikolaus, Weihnachten, den Stephanstag, Dreikönig, Ostern und Pfingsten. Deutsch war dagegen die Sprache, in der sie sich normalerweise mit ihren Eltern unterhielt, da ihr Vater sich nach wie vor standhaft weigerte, Tschechisch zu sprechen.

Als Franzi 1925 fünf Jahre alt wurde, nahm Emil Rabinek nacheinander die Prager Schulen in Augenschein. Obwohl seiner

Meinung nach die Kindererziehung zu Pepis Aufgaben gehörte, traf er doch – wie fast alle Prager Patriarchen – die wichtigen Entscheidungen selbst, und Franzis Ausbildung lag ihm sehr am Herzen. Franzi war intelligent, altklug wie die weiblichen Mitglieder seiner Wiener Familie und brachte alle Voraussetzungen mit, um später einmal zu studieren. Seine Cousine Berta gehörte zu der ersten größeren Gruppe Frauen, die ihren Abschluß an der Medizinischen Hochschule machten, seine Cousine Greta war eine der ersten Apothekerinnen. In der Tschechoslowakischen Republik gab es keine Privatschulen, da man der Ansicht war, daß alle Kinder den gleichen Start ins Leben haben sollten. Eine tschechische Schule kam für Rabinek nicht in Frage. Ihm war jedoch klar, daß eine deutsche Schule in der neuen Republik einen Rückschritt bedeuten würde. Außerdem sprach Franzi zu Hause Deutsch. Logischerweise fiel seine Wahl, wie er ihr später erklärte, auf die neu gegründete *École française de Prague*.

Mitte der zwanziger Jahre war Frankreich für die Tschechoslowakei zu einem wichtigen politischen Partner geworden und auch auf kulturellem Gebiet ein Vorbild. Im Jahr 1925 hatten beide Länder ein Abkommen unterzeichnet, das für den Fall, daß der junge Staat von Deutschland angegriffen werden sollte, eine militärische Intervention Frankreichs garantierte. Die französische Regierung subventionierte eine Schule in Prag, die die Kinder aller französischen und tschechoslowakischen Regierungsangestellten und von weißrussischen Flüchtlingen kostenlos, die Kinder anderer Leute gegen Schulgeld besuchen konnten. Die Klassen waren klein, Mädchen und Jungen wurden gemeinsam unterrichtet, die Lehrer waren intelligente junge Franzosen, die man für fortschrittlicher hielt als ihre tschechischen und deutschen Kollegen. Manche Eltern schickten ihre Kinder auf die Schule, weil sie als Regierungsangestellte arbeiteten. Andere wollten, daß ihre Kinder in einer »Weltkultur« erzogen wurden, die nicht deutsch war. Einige waren auch einfach Snobs und bevorzugten die französische Schule, weil sie in Prag am ehesten einer Privatschule entsprach.

Im Herbst 1925 wurde Franzi an der *École française* eingeschult, wo sie, ergänzt durch ein wenig Tschechisch und Geschich-

Das Bild von Pepi,
das über Francis
Zuschneidetisch hing

Frauen nähen Totenhemden (aus dem Bildtafel-Zyklus der Beerdigungsgesellschaft Chewrah Kadischah), Prag, um 1780
(Mit freundlicher Genehmigung des Jüdischen Museums in Prag)

Ein jüdischer Hausierer im 19. Jahrhundert
(Mit freundlicher Genehmigung des Leo-Baeck-Instituts)

Iglau (Jihlava) um 1860 ▷
(Mit freundlicher Genehmigung des Museums in Jihlava)

Pirnitz (Brtnice) um 1905, im Vordergrund die Synagoge, auf dem Hügel das Schloß
(Mit freundlicher Genehmigung des Jüdischen Museums in Prag)

Die Gedenktafel für
Gustav Mahler in Jihlava

Pepi Sachsel 1902 in Kolín

Schild der Weinstube »Zum Rabbi« in Kolín

Das Goldene Gäßchen in Kolín

Werbung für Moric Schillers Modeatelier in Prag, um 1905

Leutnant Emil Rabinek zu Beginn des Jahrhunderts in Graz

Pepi (stehend) mit einer Freundin in Prag

Pepi und Franzi 1922 in Prag

Emil Rabinek 1923 in Prag

Emils Mutter Fanny Rabinek, eine Hausangestellte
nd Pepi Weigert während des Ersten Weltkriegs

Franzi und ihr Cousin Pet
1923 in Prag

Die drei Cousinen Helli, Franzi und Kitty 1926

Číslo 18. (Ročník VII.) V Praze, dne 30. dubna 1927. Jednotlivé číslo 1 Kč.

MODNÍ REVUE

Vychází každou sobotu. — Redakce, administrace Praha II., Karlovo nám. 15. — Řídí R. Jelenová.

Telefon 43.241. — Předplácí se na rok Kč 42.—, na půl roku Kč 21.—, na čtvrt roku Kč 10.50, na měsíc Kč 3.60. — Účet pošt. úř. č. 67.224.

Malá roba, sestavená z crepu imprimé a hladkého satinu. K tomu kabátek z otomanu, zdobený týmž materiálem, z něhož je sukně. Podobná kombinace, vhodná k přešití moderních šatů.

Malé roby.

Malé roby jsou toalety, nejužitečnější a nejpotřebnější ženám středních stavů; malé roby jsou šaty těch vlastností, které ženy průměrných a spíše malých, nežli velkých příjmů vyžadují, chtějí-li přes svoje přesně odměřené prostředky býti dobře oblečeny ke všem příležitostem. Jsou to tedy šaty především nenápadné, jak barvou a materiálem, tak střihem i výzdobou. Každá nápadnost se vymstí, neboť upozorňujíc příliš na sebe, nesmírně brzy se okouká a omrzí nás sotva po několika týdnech, zatím co je nezbytno, aby šaty dobrých vlastností, správně volené, těšily celou sezonu, případně celý rok a s malými změnami ještě v sezoně příštího roku.

Malé roby nesmí býti z příliš levného materiálu, aby nám nepřišly příliš draho. Je to paradox, ale pravdivý, protože levná látka nikdy nedá našim šatům a jejich střihu té jednoduché elegance, jaké potřebujeme, jdeme-li do společnosti, na návštěvu, do koncertu, účastníme-li se, ne právě sice slavnostních, ale také ne zase úplně všedních společenských událostí, při nichž dobré oblečení je nezbytností.

Vhodným materiálem je jemná vlněná látka, nebo dobré hedvábí. Z vlněných se hodí jemné ripsy, jež se dostanou ve všech barvách, nebo letošní francouzská novinka crêpella (krepela), t. j. druh jemného, lehkého, vlněného krepu, také

Titelseite der Zeitschrift *Modní Revue* vom 30. April 1927 mit einer Anzeige von Pepis Atelier Weigert
(Mit freundlicher Genehmigung des Prager Kunstgewerbemuseums)

Helena Rissová 1938 bei einem Fest der Schriftstellervereinigung PEN

Franci mit Leo Oppenheimer 1937 in Prag

as letzte Foto – Pepi im Alter
›n 58 Jahren, 1940

Franci im Alter von 19 Jahren bei Werbeaufnahmen für das Modeatelier ▽

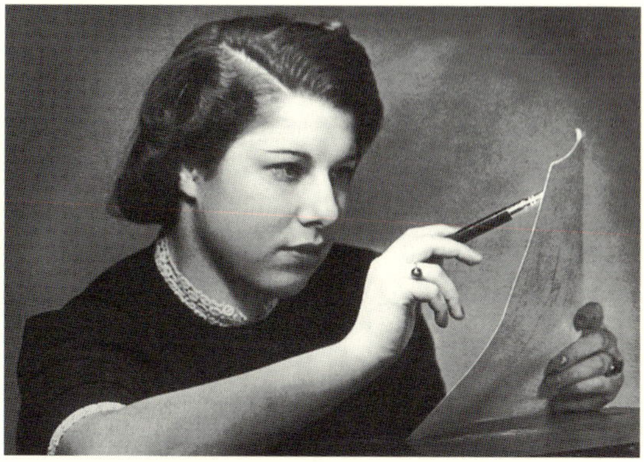

Das Hochzeitsfoto von Franci und Joe Solar, 1940

Jüdische Frauen sortieren konfiszierten jüdischen Besitz, Prag, um 1942
(Mit freundlicher Genehmigung des Jüdischen Museums in Prag)

Von den Nazis konfiszierte Nähmaschinen in einem Prager Lagerhaus, 1943
(Mit freundlicher Genehmigung des Jüdischen Museums in Prag)

Ein Transport tschechischer Juden auf dem Weg vom Bahnhof Bohušovice nach Theresienstadt ▷
(Mit freundlicher Genehmigung des Jüdischen Museums in Prag)

Peter Scott 1945 in New York

Francis Telegramm an ihren Cousin Peter, Oktober 1945

FAST — DIRECT

RCA

RADIOGRAM

RCA COMMUNICATIONS, INC.

A SERVICE OF RADIO CORPORATION OF AMERICA

TO ALL THE WORLD —— BETWEEN IMPORTANT U S CITIES —— TO SHIPS AT SEA

RECEIVED AT 64 BROAD STREET, NEW YORK 4. AT OCT 25 1945 **STANDARD TIME**

***Via* RCA**

OLI/RY ZC210

PRAHA 35 24 1215

NLT PETER SACHSEL HOCHWALT NEWYORK

CABLE YOUR PRIVATE ADRESS STOP I AM THE ONLY ONE LEFT FROM THE WHOLE FAMILY STOP PLEASE WRITE AT ONCE STOP YOUR COUSIN FRANCES STOP FRANCES SOLAR PRAHA STAROMESTEKE 15

Telephone: HAnover 2-1811 To secure prompt action on inquiries, this original RADIOGRAM should be presented at the office of RCA COMMUNICATIONS, Inc. In telephone inquiries quote the number preceding the place of origin.

Form 112 TA 134-R

Franci Solar (links) beim Skifahren in der Hohen Tatra, Januar 1946

Franci und Kurt Epstein bei ihrer Hochzeit am 21. Dezember 1946

Franci und Helen Epstein in New York, August 1948

te, eine ähnliche Schulbildung erhielt, wie sie sie in Paris erhalten hätte, einschließlich der *dictées* und *explications de textes* und der *Fables* von La Fontaine. Im Laufe der Zeit formulierte sie ihre Gedanken zunehmend in französischen Worten und Wendungen. Auch ihre Grammatik wurde französisch, ihr Sinn für Ästhetik, die Art, wie sie Erwachsene und Kinder, Männer und Frauen, die ganze Welt wahrnahm. Ihre Lieblingsbücher waren schon bald Colettes Claudine-Bände, ihre Lieblingsmaler waren die französischen Impressionisten. Die französische Ausrichtung des Ateliers ihrer Mutter verstärkte nur noch ihren Eindruck, daß alles Französische besonders gut war. Bereits in jungen Jahren entwickelte Franci (wie sie ihren Namen nun schrieb) eine besondere Liebe zu allem Französischen.

Franci ging gern in die *École* und war eine gute Schülerin, bis zur dritten Klasse brachte sie nie eine schlechte Note nach Hause. In dieser Klassenstufe, Franci war nun acht, wurde das Fach Religion eingeführt. Zweimal in der Woche wurden die Kinder in zwei Gruppen aufgeteilt, die katholischen Kinder gingen zu einem Priester und die jüdischen zu einem Rabbi. Franci gehörte zur katholischen Gruppe, die schon bald die jüdischen Kinder mit einem antisemitischen Spottvers verhöhnte:

> Jude, Jude, Judenjude,
> Hast einen giftigen Schwanz.
> Sie hacken ihn ab
> Und werfen ihn fort,
> Jude, Jude, Judenjude.

Ich stelle mir vor, wie sie dieses Lied mit der ganzen Begeisterung einer Achtjährigen sang. Obwohl Franci ihrer Mutter ähnlich sah, verhielt sie sich mehr wie ihr Vater: herrisch, von sich eingenommen und anspruchsvoll. Tagelang verfolgte sie singend ihre Klassenkameradin Margit, so beharrlich, daß Margit schließlich in Tränen ausbrach und alles ihrem Lehrer erzählte. Der Lehrer informierte Margits Mutter, und sie wiederum rief die Rabineks an.

Der Vorfall und sein Nachspiel lösten die einzige Diskussion über das Judentum aus, an die sich meine Mutter in ihrer Kindheit erinnern kann. Emil Rabinek fragte seine Tochter, was passiert sei, und verlangte dann, daß sie sich schriftlich bei Margit entschuldigte. Er sagte Franci nicht – deren einzige persönliche Verbindung zum Judentum ein gelegentlicher Besuch mit ihrer Mutter an Tante Rosas Grab war –, daß sie selbst auch eine Jüdin war. Nach Rabineks Ansicht war Franci eine getaufte Katholikin. Er behandelte das Ganze als einen Fall von ungezogenem Benehmen. Doch der Vorfall kam erneut zur Sprache, als Francis Onkel Emil Sachsel bei einem Essen davon erfuhr und erregt erklärte, daß das ein Skandal sei und daß solche idiotischen Sachen nur passieren könnten, wenn man eine Tochter aufwachsen lasse, ohne ihr zu sagen, wo sie herkomme.

Fünfzig Jahre später konnte meine Mutter sich immer noch daran erinnern, wie heftig die Auseinandersetzung zwischen ihrem Lieblingsonkel, ihrem Vater und ihrer Mutter gewesen war, die versuchte, ihre Tochter zu verteidigen. Jenes Spottlied zusammen mit den späteren historischen Ereignissen verfolgte und quälte Franci. Fünfzig Jahre danach spürte sie Margit auf – die dem Krieg durch die Flucht nach Kuba entkommen war –, um sich bei ihr zu entschuldigen. Margit selbst konnte sich an den Vorfall gar nicht mehr erinnern, doch in das Gedächtnis meiner Mutter hatte er sich eingebrannt, und er schob sich vor die Art von Erinnerungen, die Mütter normalerweise an ihre Töchter weitergeben. Ich hörte selten etwas über Francis Klavier-, Gymnastik- oder Tanzstunden oder über die Gerichte oder Spiele, die sie in ihrer Kindheit besonders gern gehabt hatte. Es war, als hätte der Krieg all dies diskreditiert. Solche Erinnerungen waren weder nützlich noch wertvoll, daher wollte Franci sie nicht an mich weitergeben.

Als hervorragende Schülerin übersprang sie die fünfte Klasse und wechselte direkt auf das *Lycée.* Zusammen mit ihren Freundinnen ging sie zur Firmung, doch kurz darauf sagte sie ihrem Vater, daß sie nichts von all dem glaube, was man sie gelehrt hatte, und daß sie als konfessionslos eingetragen werden wolle. Emil Rabinek hatte dagegen nichts einzuwenden. Franci war getauft.

Wichtig war, daß man ihr im Berufsleben keine Hindernisse in den Weg legen konnte, weil sie Jüdin war. Gemäß den Vorschriften der Republik schrieb er 1932 an die Prager Stadtverwaltung mit der Bitte, die Religionszugehörigkeit seiner Tochter von katholisch in konfessionslos umzuändern. Von da an war Franci vom Religionsunterricht befreit.

In Prag war es üblich, daß die Kinder, wenn sie auf das *Lycée* überwechselten, auch einer Jugendorganisation beitraten. Viele wurden Mitglied bei einer Abteilung von Sokol (Falke), dem nationalen tschechischen Sportverband. Kinder von Sozialdemokraten traten dem Roten Falken bei, Kinder von Zionisten dem jüdischen Wanderbund Blau-Weiß oder dem Sportverein Makkabi. Manche wurden Mitglied bei den Jungen Kommunisten, andere bei den Pfadfindern. Meine Mutter ritt bei der Reitabteilung von Sokol, trat aber sonst keiner Gruppe bei. Nach der Schule hatte sie Klavierunterricht, Reitunterricht und Gymnastik. Jeden Sommer fuhr sie zusammen mit ihren Eltern ins Ausland, bis sie zum ersten Mal an einem Ferienlager teilnahm.

Ihr Vater suchte ein deutsches Lager aus, das im Sudetenland stattfand. Im Sommer 1932 korrespondierte Franci zum ersten Mal mit ihren Eltern. Sie schrieb die Briefe in Deutsch, der Sprache, in der sie sich auch üblicherweise mit ihren Eltern unterhielt. In fast jedem Satz war ein Schreibfehler – kaum anders zu erwarten, wenn man bedenkt, daß sie Deutsch nie in der Schule gelernt hatte, für Herrn Rabinek jedoch eine unangenehme Überraschung. Er tobte. Wie hatte er seiner Tochter erlauben können, zwölf Jahre alt zu werden, ohne daß sie richtig schreiben konnte? Wie sollte sie die Aufnahmeprüfungen für die Universität bestehen? Sie würde auf ein deutsches Gymnasium wechseln müssen. Es spielte keine Rolle, welche Argumente Franci und Pepi für das *Lycée* oder für Frankreich vorbrachten, sein Entschluß stand fest. Es war zu spät, seine Tochter noch im selben Jahr wechseln zu lassen, doch sie würde ihre weitere Erziehung auf deutsch erhalten.

Emil Rabinek zeigte in diesem Herbst und Winter des Jahres 1932 sogar noch weniger Geduld als sonst. Die Nachwirkungen des amerikanischen Börsenkrachs von 1929 trafen Europa mit voller Härte. Die Bettler in jeder Straße waren nicht mehr zu übersehen. Einige von Rabineks Freunden aus dem Kasino standen kurz vor dem Bankrott; manche begingen Selbstmord. Der größte Teil des tschechischen Außenhandels war zusammengebrochen oder stand kurz davor, was weitere Konkurse und Arbeitslosigkeit nach sich zog. Die Zeitungen waren voll von Berichten über verhungernde, obdachlose Menschen, Menschen, die in Kellern lebten, in alten Zugwaggons, in den Kalksteinfelsen außerhalb Prags oder auf freiem Feld kampierten. Aus Deutschland, wo die Arbeitslosigkeit auf fünf Millionen anstieg, kamen beunruhigende Nachrichten über den Aufstieg der NSDAP und ihres Führers Adolf Hitler. Während jener Wochen, in denen meine Mutter ihre Briefe mit den vielen Fehlern nach Hause schrieb, wurden die Nazis zur stärksten Partei im deutschen Parlament.

Franci erinnerte später 1932 als das Jahr, in dem ihre Kindheit endete. Obwohl die Erwachsenen die aktuellen Ereignisse nicht mit ihren Kindern besprachen und Kinder keine Zeitungen lasen, verstand sie doch, daß etwas nicht stimmte. Zuerst verloren Korálek & Rabinek ihre Schiffswerft, dann mußten sie Konkurs anmelden, und schließlich ging Emil Rabinek nicht mehr länger in sein Büro. In meinen zahlreichen Aufzeichnungen von Gesprächen mit meiner Mutter erwähnt sie nur einmal den »Nervenzusammenbruch« ihres Vaters. Aus den Aussagen ihrer Cousinen und aus dem Prager Telefonbuch geht hervor, daß die Rabineks sich ihre Wohnung nicht mehr leisten konnten. Irgendwann im Jahr 1932 zogen sie und der Salon Weigert in eine kleinere Wohnung in der Vodičková, in der Nähe des Lucerna-Kulturpalastes beim Wenzelsplatz.

Im Herbst des Jahres 1933, als Franci dreizehn war, ging sie auf das *Deutsche Staatsrealgymnasium* in der Štepánská-Straße. Sie kam wütend dort an und wurde mit der üblichen Gleichgültigkeit behandelt, die langjährige Klassenkameraden gegenüber neuen Mitschülern an den Tag legen. Die einzigen anderen neuen Schüler im Jahr 1933 waren Kinder deutscher Flüchtlinge, die kein Tschechisch konnten. Hitler war mittlerweile Reichskanzler; Prag wurde zu einem sicheren Zufluchtsort. Franzi (wie sie ihren

Namen jetzt schrieb) paßte weder zu den deutschen jüdischen Schülern noch zu den zunehmend nazifreundlichen Nichtjuden – die alle ihre jeweils eigenen Vereine, Sportveranstaltungen und Tanzstunden besuchten –, und ihre einzige Freundin wurde ein Mädchen, dessen Vater in Berlin im Gefängnis saß. Sie vermißte das *Lycée* und verbrachte mehr und mehr Zeit bei ihrer Mutter im Salon.

Der Salon Weigert wurde zum Lebensinhalt aller Rabineks. Er warf zwar kein so hohes Einkommen ab wie Emil Rabineks Firma, doch auch in der schlimmsten Zeit der Wirtschaftskrise kauften die Prager Frauen weiterhin teure Kleider. Herr Rabinek, der den Salon als großzügiges Zugeständnis an seine Frau betrachtet hatte, war nun finanziell davon abhängig. Er wurde der Buchhalter des Unternehmens und Franzi der inoffizielle Lehrling. Mutter und Tochter begeisterten sich gemeinsam für Mode, und Franzi interessierte sich schon bald mehr für Schnittmuster als für die Schule. Nach vier Jahren auf dem Gymnasium beschloß sie, nicht weiter zur Schule zu gehen. Nur wenige Mädchen machten Abitur, es sei denn, sie wollten studieren, und ein Universitätsstudium verblaßte gegenüber einer Lehre im Salon.

Emil Rabinek hatte eigentlich den Wunsch gehabt, daß seine Tochter einmal studierte, doch er erkannte ihre Leidenschaft für Mode. Der Zustand ihrer Finanzen gab schließlich den Ausschlag. Der Leutnant der Reserve und Elektroingenieur mit höherer Bildung war arbeitslos. Pepi, die mit vierzehn von der Schule abgegangen war, kam jetzt für den Unterhalt der Familie auf. Sie war inzwischen einundfünfzig und nur zu gern bereit, das, was sie gelernt hatte, an ihre Tochter weiterzugeben. Franzi begrüßte begeistert die Aussicht, später einmal den Salon zu übernehmen. Man kam überein, daß Franzi die Schule verlassen, jedoch weiterhin Sprachen lernen würde und ihrem Französisch, Deutsch und Tschechisch noch Englisch hinzufügen sollte. Außerdem würde sie Kurse in Modezeichnen und Entwurf besuchen und bei Pepi offiziell in die Lehre gehen. Mit fünfzehn Jahren trat meine Mutter, wie Pepi achtunddreißig Jahre zuvor, ins Arbeitsleben ein.

Elftes Kapitel

Mit fünfzehn, sagte meine Mutter sarkastisch, sei sie ein frivoles junges Ding gewesen und habe sich für Tanzen, Skifahren, Jungen und den Salon interessiert. Und zwar in dieser Reihenfolge. Ich konnte mir das nur schwer vorstellen. Die Frances, die ich kannte, war manchmal Invalide, manchmal Soldat, aber immer ernsthaft, tatkräftig, mit beiden Beinen fest auf der Erde stehend. Sie besaß keine Spur von Leichtfertigkeit. Selbst ihr Lachen – das Lachen, von dem sie selbst sagte, sie habe es im Krieg verloren – klang stets angespannt. Sie las regelmäßig die Zeitung, ging zu jeder Wahl, war eine gründliche Leserin. Ich habe sie nie vollkommen entspannt oder sorglos erlebt. Aber meine Mutter behauptet, daß sie in den Jahren 1935, 1936 und 1937, als der Faschismus sich mit jedem Tag weiter in Europa ausbreitete, die Nachrichten ignoriert und sich Ginger Rogers und Fred Astaire angesehen habe, daß ihr Hitler gleichgültig gewesen sei und sie Melodien von Gershwin und Irving Berlin gesummt habe, daß sie in die Welt der Mode eingetaucht sei und ganze Nachmittage durchgetanzt habe, ohne von der Außenwelt Notiz zu nehmen.

Ihr Urteil über ihr jüngeres Ich war unversöhnlich und grenzte an Verachtung. Sie sei naiv gewesen, gedankenlos und unwissend – genau das Gegenteil von dem, was sie heute war. Damals habe sie kaum einen Blick in die Zeitung geworfen, und wenn über die Entwicklung in Deutschland gesprochen worden sei, habe sie selten zugehört. Als Jugendliche interessierte sie sich nicht für Politik, vor allem nicht für die Politik der Tschechoslowakei. Sie hatte eine Lehre als Modeschöpferin begonnen, und ihr Interesse konzentrierte sich auf Kleider. Nach der Arbeit wollte sie leben und Spaß haben.

Meine Tante Kitty erzählte mir von den Ritualen ihres Erwachsenwerdens: Spaziergänge am Fluß entlang, Kakao und Kuchen in ihrer Lieblings*cukrárna*, drei- oder viermal in der Woche Schwimmtraining, Franci im Brustschwimmen, Kitty im Kraulen. Die beiden putzten sich in ihren elegantesten Kleidern heraus und schminkten sich die Lippen, um älter auszusehen und ins Kino gehen zu können. Gemeinsam durchstöberten sie Emil Rabineks Sammlung erotischer Zeichnungen aus Belgien. Gemeinsam lernten sie, mit Kerzen zu masturbieren. Doch erst als ich das Fotoalbum durchblätterte, das meine Mutter aus Prag mitgebracht hatte, und nacheinander all die Bilder betrachtete, die ein lachendes Mädchen beim Skifahren oder Herumalbern mit ihren Freundinnen zeigten, erkannte ich ganz allmählich die Person, die meine Mutter verbannt hatte. Die meisten der schwarzweißen Schnappschüsse waren unbeschriftet, doch als ich jedes einzelne nach Hinweisen auf Personen oder Orte absuchte, stieß ich auf Namen, die meine Mutter nie erwähnt hatte. Auf der Rückseite eines Fotos fand ich die Notiz »Robert Císař, erster Antrag, 1936«. Sie war damals sechzehn Jahre alt. Ich erfuhr zum ersten Mal von diesem Antrag.

Während ich mir die Tonbandaufzeichnungen meiner Gespräche mit Frances anhörte und über den spröden Ton in ihrer Stimme nachdachte, wenn sie sich selbst vor dem Krieg beschrieb, erkannte ich, daß die Jahre im Lager aus einer normalen, glücklichen Jugend eine beschämende Erinnerung gemacht hatten. Sie verachtete die Zeit als Teenager und wollte ihre Erinnerungen an Freundinnen, Freunde und Abenteuer begraben. Sie schämte sich für ihre Vergangenheit, und daher schwieg sie, anstatt mir davon zu berichten. Sie war damit nicht allein. Das Schweigen über die Zeit »vor dem Krieg« war in ihrer Generation gang und gäbe. Spätere Generationen erhoben den Vorwurf, daß sie das Offensichtliche nicht gesehen und nichts unternommen hätten, daß sie die Situation verleugnet oder entschuldigt oder gezögert hätten, als Handeln geboten gewesen sei.

Es ist heute ein Gemeinplatz, daß bei einem Verbrechen häufig dem Opfer die Schuld gegeben wird. Die Täter neigen dazu, alles abzustreiten, zu verdrängen, zu vergessen. Die Opfer versuchen, ihr Trauma zu bewältigen, indem sie Verantwortung dafür übernehmen. So erkläre ich mir Frances' hartes Urteil über sich selbst. Und es gibt noch eine weitere Besonderheit. Obwohl meine Mutter fast nichts über den jüdischen Glauben wußte, schien sie eine Vorstellung ererbt zu haben, die schon lange fest zur rabbinischen Tradition gehörte und von Tante Rosa an Pepi weitergegeben worden war: die Vorstellung, daß menschliches Unglück die Folge von Sünde ist.

Sobald ich alt genug war, um sie zu verstehen, erzählte mir Frances ihre Lebensgeschichte als die Geschichte eines verzogenen, fehlgeleiteten, ignoranten Teenagers, für den das Konzentrationslager zu einer Art Schule des Lebens geworden sei. Erst der Krieg habe aus ihr einen Menschen gemacht. Dies war meiner Meinung nach eine verrückte, irrationale Methode, mit dem Holocaust umzugehen, eine Methode, die damit stand und fiel, daß meine Mutter sich als gedankenlos und blind betrachtete. Ich glaubte nicht daran, und glücklicherweise gab es eine Zeugin, die überlebt hatte. So wie ich mich an Gisela Saudek gewandt hatte, um eine Vorstellung von Pepis Welt zu bekommen, wandte ich mich an Helena Hartlová, um einen Eindruck von den jungen Jahren meiner Mutter zu gewinnen.

Helena kam in Franci Rabineks Klasse auf dem *Lycée français*, nachdem sie wegen Teilnahme an einer Demonstration gegen die Nationalsozialisten im Gefängnis gewesen und von der Schule verwiesen worden war. Sie war damals fünfzehn, und da sie in ihrer Entwicklung aufgehalten und meine Mutter eher vorangedrängt worden war, saßen sie in derselben Klasse. Die beiden verstanden sich auf Anhieb. Bis dahin war die engste Freundin meiner Mutter ihre Cousine gewesen. Doch Kitty war zwei Jahre jünger als Franci, Helena hingegen zwei Jahre älter. Kitty stammte aus dem jüdischen Bürgertum, Helena aus der tschechischen Oberschicht. Und während Kitty nie etwas Provokanteres tat, als einen Wutanfall zu bekommen, arbeitete Helena schon bald als geheimer Kurier und Verbindungsfrau für den tschechischen Widerstand.

Während des Kriegs wurde meine Mutter als Jüdin eingestuft, Helena als Arierin. Franci leistete Zwangsarbeit in Konzentrationslagern, Helena arbeitete für den tschechischen Widerstand. Als ich geboren wurde und mein Vater mich nach seiner Mutter nennen wollte, stimmte meine Mutter zu, weil der Name sie an ihre Freundin erinnerte. Ihre Freundschaft blieb weiter bestehen, auch als Franci nach Amerika auswanderte und Helena politische Schwierigkeiten mit den Kommunisten bekam und unter Hausarrest gestellt wurde. Jedes Mal, wenn ich in Prag war, verbrachte ich viele Stunden bei ihr und hörte ihr zu, einer Frau, die mittlerweile Invalidin war, aber immer noch einen eisernen Willen besaß.

»Franci war unglaublich fröhlich«, erinnerte sich Helena. »Sie wollte ihren Spaß im Leben, man konnte keine bessere Freundin haben. Wir redeten nicht über Bücher, obwohl wir beide viel lasen. Wir haben uns gegenseitig nicht viele Fragen gestellt und auch keine vertraulichen Gespräche geführt. Wir gingen ins Theater. Wir gingen ins Kino. Und wir gingen tanzen. Am liebsten gingen wir zwei- oder dreimal in der Woche zu Tanztees, nicht um Männer zu treffen, sondern weil wir so gern tanzten. Tango war damals beliebt. Und Foxtrott, Wiener Walzer, langsamer Walzer und Polka. Du wirst überrascht sein: Deine Mutter tanzte phantastisch Tango.«

Deine Mutter tanzte phantastisch Tango. Die Worte wirbelten in meinem Kopf herum. *Mutter! Tango!* Helena lebt außerhalb von Prag im ehemaligen Sommerhaus ihrer Familie, dort hatte sie während des Kriegs Flüchtlinge versteckt. Auch bei ihr spürt man eine ständige Anspannung, die mich an Frances erinnert, und die gleiche Ungeduld gegenüber Angebern und Dummköpfen. Bei Helena gibt es noch eine zusätzliche Wendung in der qualvollen Geschichte der Generationen: Ihre Tochter, ein Jahr älter als ich und sicher genauso eng mit ihrer Mutter verbunden wie ich mit meiner, ist tot. Sie erhängte sich im Alter von zwanzig Jahren in einem Geräteschuppen, nicht weit von der Stelle, an der ich bei Besuchen immer sitze, weil sie wegen »politischer Unzuverlässigkeit« nicht zum Studium zugelassen wurde.

Claras Selbstmord brachte die Frau, die Verhöre der Gestapo und der Kommunisten überlebt hatte, beinahe um. Helena, mittlerweile weit über siebzig, ist gesundheitlich schwer angeschlagen. Sie kann kaum noch gehen und nur wenig essen. Die Höhen und Tiefen der tschechischen Geschichte des 20. Jahrhunderts haben sie zermürbt. Aber wenn Helena lacht, kann man leicht das Mädchen wiedererkennen, das Francis beste Freundin war: eine intelligente, begabte, für ihr Alter sehr reife junge Frau, die in Prag zur Zeit der Ersten Republik aufwuchs, jenem kurzen Zeitabschnitt, in dem die Stadt der Mittelpunkt Mitteleuropas war.

Helena war wie meine Mutter ein Einzelkind. Ihre Mutter litt wie Pepi an Depressionen und fuhr regelmäßig in Sanatorien. Um ihre Erziehung kümmerte sich ihr Vater, der sich in Regierungskreisen bewegte. Antonin Hartl war ein Freidenker und Internationalist, er unterschied für seine Tochter nicht zwischen christlich und jüdisch. Wie in seiner Generation katholischer tschechischer Intellektueller üblich, vermittelte er seiner Tochter keine religiöse Bildung, sondern achtete statt dessen darauf, daß sie Sprachen lernte. Daheim sprach er mit ihr Russisch, und als Franci aufs Gymnasium kam, damit sie besser Deutsch lernte, schickte er Helena ins Sudetenland, um dort ihr Deutsch zu verbessern. Im Jahr 1937 schrieben die sprachversessenen Väter die Mädchen an der Prager *English Grammar School* ein.

Helena machte Franci mit der lokalen Künstlerszene und Theaterleuten bekannt und führte sie in Cafés, wo Intellektuelle über Politik diskutierten. Ihr Vater arbeitete als Bibliothekar im Außenministerium und als Lektor für einen bekannten Verlag. Er war Mitglied im *Společensky*-Klub oder Sozialverein in der Příkopy-Straße, einem Zentrum des Prager Kulturlebens, Treffpunkt für viele der interessantesten Leute der Republik. Helena war unter Diplomaten, Schriftstellern, Künstlern und Theaterleuten aufgewachsen. Sie kannte Jiří Voskovec und Jan Werich, die beiden Kabarettisten, die das anspruchvollste Theater in Prag boten, und war besonders gut mit deren Musikern befreundet.

Helena und Franci verbrachten viel Zeit im »Befreiten Theater«, das mit seinen tausend Sitzen nur eine Straße vom Haus der

Rabineks entfernt lag. Sie sahen bei den Proben zu und erledigten Botengänge für die Kompanie. Voskovec und Werich gehörten zu Hitlers frühesten Kritikern. Im Jahr 1933 inszenierten sie ein satirisches Stück mit dem Titel *Der Esel und der Schatten*, das auf einer griechischen Fabel basierte und einen kaum verhüllten Angriff auf den Faschismus darstellte. Wenn der Esel im Original unsicher ist, spricht er besonders laut. In Voskovecs und Werichs Stück sprach er mit Hitlers Stimme. Die deutsche Botschaft reichte eine offizielle Beschwerde ein, die rechte deutsche und die tschechische Presse begannen eine Denunzierungskampagne, und die tschechische Faschistenorganisation überklebte die Plakate des »Befreiten Theaters« mit ihrer Parole »Nichts außer der Nation«. Aufkleber mit einer Gegenparole wurden entworfen, und Helena und Franci gehörten zu den Läufern, die sie in ganz Prag plakatierten.

Nach Helenas Ansicht war Franci alles andere als leichtfertig. Im Gegensatz zu den meisten Mitgliedern der Prager *jeunesse dorée* arbeitete sie und konzentrierte sich auf ihre Ausbildung, um Modeschöpferin zu werden und den Salon Weigert übernehmen zu können. Wenn sie ins Theater gingen, unterzog Franci die Kostüme einer kritischen Musterung und gab Kommentare zu den Schauspielerinnen ab, die ihre Kleider bei ihrer Mutter kauften. Im Kino war sie völlig mit Ginger Rogers' Kleidern beschäftigt, selbst wenn sie den witzigen amerikanischen Text von »Let's Face the Music and Dance« zu verstehen versuchte. War das ein Pelzkragen oder ein Kragen aus Federn? War der Ärmel im geraden oder im schrägen Fadenlauf geschnitten? War der Stoff mit Pailletten oder mit Perlen besetzt? Auf der Skipiste oder im Café, überall weckten neue Stoffe und ungewöhnliche Farben ihr Interesse.

Mode hatte für Franci genau wie die Erwartungen, die sie an ihre Arbeit richtete, eine ganz andere Bedeutung als für ihre Mutter. Für Pepi war Mode die einzige Möglichkeit gewesen, auf anständige Weise ihr Geld zu verdienen. Für Franci war Mode eine Berufung und eine Kunst, ein Weg, den sie aus freien Stücken wählte. Als Pepi im Salon zu arbeiten begann, stellten Mädchen und Frauen ein Viertel der Schüler an Gymnasien, fünfzehn Prozent der Universitätsstudenten und – da das Lehramt mittlerweile Frauen aus allen Konfessionen offenstand und auch Heiraten erlaubt war – über die Hälfte aller Studenten an den Lehrerbildungsanstalten.

Für Franci war es selbstverständlich, daß in der Modewelt Frauen wie Callot Sœurs, Madame Vionnet und Lanvin eine Vormachtstellung einnahmen. Die führende Modeschöpferin in jener Zeit war Gabrielle »Coco« Chanel, in Francis Zimmer hing ihr Bild neben Greta Garbo und Ginger Rogers. Franci kannte jede Einzelheit ihrer Lebensgeschichte: daß Coco Chanel als Waise wie Pepi bei einer ältlichen Tante aufgewachsen war, wie ihre erste Boutique mit dem Geld eines Liebhabers finanziert wurde, wie sie damit anfing, Matrosenanzüge in Deauville zu kopieren. Chanel betrieb mittlerweile ein Modeimperium mit über viertausend Angestellten, für meine Mutter war jedoch viel wichtiger, daß sie auch als Künstlerin angesehen wurde.

Ein Jahr nachdem Franci das Gymnasium verlassen hatte, ging sie völlig in ihrer Arbeit im Salon Weigert auf. Sie perfektionierte ihre Kenntnisse im Nähen und Zuschneiden, assistierte ihrer Mutter bei Anproben und lernte die Bedeutung von Geduld, Diskretion und Takt beim Umgang mit unterschiedlichen Körpern, unterschiedlichen Persönlichkeiten und unterschiedlichen Vorstellungen von Mode. Im Jahr 1936 nahm sie Unterricht im Modezeichnen. Helena zufolge war geplant, daß Franci ihre Ausbildung in Paris vervollständigen sollte.

So wie Helena ihre Freundin in die Welt der Kunst und Politik einführte, machte Franci Helena mit der Welt der Mode bekannt. Da Helena oft zusammen mit ihrem Vater offizielle Empfänge und Gesellschaften besuchte, war sie das ideale *Mannequin de ville* für Pepi, eine junge Frau mit ausgezeichneten Verbindungen, die von einer *Couturière* kostenlos mit Kleidern und Accessoires ausgestattet wurde und im Austausch dafür als Werbeträgerin auftrat. Helena trug Kleider aus dem Atelier Weigert als Leihgaben, die dann wieder zurückgegeben und weiterverkauft wurden.

»Ich erinnere mich an Pepi im Salon, sie war klein, rundlich, sehr gescheit und besaß einen durchdringenden Blick«, erzählte mir Helena. »Sie beschäftigte damals vielleicht acht Leute, und es war offensichtlich für mich, daß sie ihre Arbeit liebte. Doch sie war nicht so erfolgreich, wie sie gern sein wollte. Die besonders reichen Pragerinnen gingen zu Hana Podolská ein paar Häuser weiter. Podolská wußte, wie man auf sich aufmerksam machte. Deine Großmutter wußte es nicht. Also sorgte ich für Aufträge. Ich war die bestangezogene Frau Prags und trug zu jedem Anlaß etwas anderes. Frauen fragten mich, wo ich meine Kleider nähen ließe, und ich antwortete ›Hier in Prag‹. ›Nicht in Paris?‹ fragten sie. ›Hier in Prag?‹ Und ich sagte ›Ja‹. ›Und verraten Sie uns wo?‹ ›Mmh, ich weiß nicht‹, antwortete ich, und sie waren alle schrecklich neugierig und ließen mir keine Ruhe, bis ich ihnen schließlich mit gespieltem Zögern den Namen Deiner Großmutter nannte.«

Das Spiel, das Helena mit reichen Prager Ehefrauen trieb, war nur der Auftakt für ganz andere Täuschungsmanöver. Im Jahr 1936, als sie achtzehn war, erhielt sie eine Nachricht von einem Angehörigen des tschechischen Verteidigungsministeriums, der wußte, daß sie einen Diplomatenpaß besaß und mehrere Fremdsprachen beherrschte. Bei einem Treffen, das sie vor meiner Mutter geheimhielt, wurde Helena gefragt, ob sie bei einer Gruppe mitmachen wolle, die sich gerade formierte, um gegen die Nazis zu arbeiten. Und wie es der Zufall so wollte, fand Helenas Ausbildung ausgerechnet im Kellergeschoß des Gebäudes in der Vodičková-Straße statt, in dem sich auch der Salon Weigert befand. Während Franci das Nähen von Kleidern lernte, lernte Helena nur wenige Stockwerke tiefer heimlich Selbstverteidigung, wie man Dokumente fälschte und Verhöre überstand. Sie hatte den Auftrag, Filme und Dokumente zu Tschechen nach London zu bringen, die versuchten, der nationalsozialistischen Propaganda über die angebliche Not der Sudetendeutschen entgegenzuwirken.

Die drei Millionen Sudetendeutschen waren die Nachfahren deutscher Siedler, die seit dem 12. Jahrhundert nach Böhmen eingewandert waren. Bis 1918 hatten sie von ihrer Zugehörigkeit zur dominierenden Kultur profitiert. Mit der Gründung der Tschechoslowakischen Republik wurde jedoch Tschechisch anstelle von Deutsch zur offiziellen Landessprache, und aus der Elite wurde eine Minderheit. Viele Sudetendeutsche hatten das Gefühl, sie seien Bürger zweiter Klasse geworden. Obwohl Masaryks Republik Minderheiten die großzügigsten Bürgerrechte in ganz Mitteleuropa gewährte, fühlten sich die Sudetendeutschen als die Opfer der wirtschaftlichen und politischen Maßnahmen der tschechischen Regierung. In den zwanziger Jahren hatten die meisten noch demokratische Parteien gewählt, doch 1933 waren sie überwiegend zum Nationalsozialismus umgeschwenkt. Als Hitler davon sprach, das deutsche Volk brauche mehr »Lebensraum«, wurde die nationalsozialistische Partei in der Tschechoslowakei vom tschechoslowakischen Obersten Gerichtshof verboten. Nach seinem Urteil mußte jede politische Partei mit einem Programm, das die territoriale Integrität des Staates bedrohte, ihre Aktivitäten einstellen. Viele Sudetendeutsche wechselten daraufhin zur Sudetendeutschen Partei unter der Führung von Konrad Henlein, einem fotogenen ehemaligen Sportlehrer.

Konrad Henlein war sorgsam darauf bedacht, seine Bewunderung für Hitler und den Nationalsozialismus zu verschleiern. Während er einerseits seine Loyalität gegenüber der Tschechoslowakischen Republik beteuerte, charakterisierte er andererseits seine Bewegung als eine Organisation für Deutsche, die sich für eine nationale Gemeinschaft und eine christliche Weltsicht interessierten. Er schlug aus dem Minderheitenstatus der Sudeten politisches Kapital. Er hetzte gegen die Schmach, mit Bahnangestellten und Postboten verhandeln zu müssen, die nur Tschechisch sprachen, er behauptete, daß deutsche Schulen und Krankenhäuser dem Verfall preisgegeben würden, während man neue tschechische baue. Die Grenzgebiete, beharrte er, hätten sich nie von den Auswirkungen der Weltwirtschaftskrise erholt. Während es den tschechischen Bürgern prächtig gehe, müßten die Deutschen in den Grenzregionen von der Fürsorge leben.

Mitte der dreißiger Jahre zählten Henleins Anhänger nach

Hunderttausenden. Sie hörten nicht mehr tschechische, sondern deutsche Radiosender. Sie schmierten Hakenkreuze auf Wände und Zäune und trugen sie am Revers ihrer Anzüge, obwohl das NS-Symbol von der Regierung verboten worden war. Kinder und Jugendliche trugen die weißen Kniestrümpfe und die grauen Hemden der Sudetendeutschen Partei und begrüßten ihre Anführer mit hochgerecktem rechtem Arm und »Sieg Heil«. Hausfrauen hängten Henleinbilder auf und nannten ihn Führer. Man begann, jüdische und tschechische Läden im Sudetenland zu boykottieren. Tschechische und sogar deutschstämmige Sozialisten und Kommunisten wurden regelmäßig auf offener Straße überfallen.

In Deutschland erfand Reichspropagandaminister Joseph Goebbels Hunderte von Geschichten über die Leiden der Sudetendeutschen in der Tschechoslowakischen Republik. In Goebbels' Propaganda wurden die Tschechen so dargestellt, als planten sie einen Völkermord an den Sudetendeutschen – zu einer Zeit, als die tschechoslowakische Regierung alles tat, um mit Henlein zu verhandeln. Goebbels wollte, daß die Sudetendeutschen in Hitler ihren Beschützer sahen und daß sich die öffentliche Meinung in Frankreich und England, wo die Tschechoslowakei als demokratische Insel auf einem zunehmend faschistischen Kontinent erschien, gegen das Land wandte. Die Dokumentation, die Helena nach London bringen sollte, sollte Goebbels' Plan entgegenwirken und der britischen Presse beweisen, daß Henlein eng mit den Nazis zusammenarbeitete und daß die Sudetendeutschen die sogenannte fünfte Kolonne in Hitlers Plänen und eine Bedrohung der tschechoslowakischen Demokratie darstellten. Im Gegensatz zu den meisten ihrer Generation und einem Großteil der Prager Einwohner stellte die politische Arbeit für Helena den Mittelpunkt ihres Lebens dar.

In Francis Leben hingegen drehte sich alles um den Salon Weigert. Sie war die Geschäftspartnerin ihrer Mutter und trug zum Unterhalt ihrer Familie bei, einer Familie, in der der Patriarch abgedankt hatte. Nach dem Verlust seiner Firma arbeitete Emil Rabinek nie wieder für sich selbst. Er machte zwar für den Salon

Weigert die Buchhaltung, führte ansonsten jedoch ein Leben, das Pepis Verwandte geringschätzig als das eines Kaffeehausjuden bezeichneten, der redete, anstatt zu arbeiten, und seinen Freunden und Verwandten auf der Tasche lag. Er ging nicht mehr ins Kasino, da sein Klub von den Prager Anhängern Henleins in eine lärmende Bierhalle verwandelt worden war. Ohne ein nennenswertes Berufs- oder Gesellschaftsleben verfolgte er seine Frauengeschichten obsessiv. In der Familie munkelte man, daß Herr Rabinek nicht wenigen von Pepis Kundinnen einen unsittlichen Antrag gemacht habe, außerdem war allgemein bekannt, daß er eine lange Affäre mit der Frau eines Prager Fabrikbesitzers hatte. Kitty erzählte mir, die beiden hätten sich jede Woche in einem der teuren Hotels an der Rennbahn getroffen, in dem die Zimmer stunden- oder wochenweise vermietet wurden. Es war unmöglich, den Skandal vor Franci und Pepi geheimzuhalten. Sie versuchten, sich in die Arbeit zu flüchten.

Als Lehrling ihrer Mutter wurden Franci die Grundlagen der Schneiderei beigebracht, sie lernte aber auch das Geschäftsgebaren gegenüber Stoffhändlern und Pariser *Maisons* und die Strategien, die manchmal notwendig waren, um das Geld für ihre Arbeit zu bekommen. Sie wurde eine perfekte Geschäftsfrau und reiste wie Helena nach Paris, Wien, Dresden und Berlin. In allen Städten ging sie abends ins Theater und in die besten Cafés und schaute sich an, was gutgekleidete Frauen trugen.

Wie in Deutschland, Frankreich und Österreich nahm die Modewelt auch in der Tschechoslowakischen Republik die Politik gar nicht zur Kenntnis. Die Welt der Mode war während des Ersten Weltkrieges, während der Inflation und der Weltwirtschaftskrise prächtig gediehen. Nun folgte die Mode ihrem eigenen Lauf, unberührt von Hitler.

Ähnlich gleichgültig verhielten sich auch die Tschechen. Emil Rabinek tat den Nationalsozialismus wie die meisten, egal ob Taxifahrer, Gelehrte oder Experten für internationale Beziehungen, als vorübergehende Erscheinung ab. Vor 1933 erklärten viele Sozialdemokraten wie mein Großvater, daß Deutschland nicht Italien sei: Deutschland könne nie den Faschisten in die Hände fallen. Nach Hitlers Machtübernahme nannten sie ihn »diesen Clown«, betrachteten den Nationalsozialismus als zeitweilige preußische Verirrung und beschuldigten die Presse, seine Macht zu übertreiben. Als Hitler aus dem Völkerbund austrat, mit der Wiederaufrüstung Deutschlands begann und das Rheinland besetzte, beklagten sie die Machtlosigkeit des Völkerbundes, prahlten jedoch mit ihrer eigenen Armee, einer der am besten ausgerüsteten in Europa. In den Prager Cafés sprach man mehr über den Spanischen Bürgerkrieg als über die Gefahr, die sich in unmittelbarer Nähe der Grenze zusammenbraute.

Die tschechischen Bürger waren sehr stolz darauf, daß die Republik sowohl mit der Sowjetunion als auch mit Frankreich eine wechselseitige Beistandsverpflichtung abgeschlossen hatte. Sollte Frankreich der Tschechoslowakei beistehen müssen, so glaubten sie, würde es von Großbritannien unterstützt werden. Die Westmächte standen fest auf der Seite des einzigen »Leuchtfeuers der Demokratie« in Mitteleuropa. Die Republik war ein Vorbild an politischer Stabilität und Wohlstand. Der Regierungswechsel 1935 vom Gründer und ersten Präsidenten der Republik, Tomáš G. Masaryk, zu seinem Nachfolger, Eduard Beneš, war vollkommen glatt und problemlos vonstatten gegangen. Die Tschechen hegten nostalgische Gefühle für den »alten Professor« und zeigten große Trauer, als er zwei Jahre später starb, doch ihr Vertrauen in den Bestand des Staates geriet nicht ins Wanken. Hitler, sagte der Mann auf der Straße in Prag, war viel Lärm um Nichts.

Auch Franci war dieser Ansicht. Helena arbeitete zwar aktiv gegen die Nationalsozialisten, aber sie sprach kaum über Hitler und überhaupt nicht über ihre geheime Tätigkeit. Franci verfolgte nicht die Berichte in der Presse über Vorfälle im Grenzgebiet oder Henleins endlose Reden und nahm auch kaum Notiz von den Tausenden deutscher Flüchtlinge – Juden und Nichtjuden –, die aus Deutschland gekommen waren und nun in Prag lebten. Später erinnerte sie sich nicht an deren Gegenwart in Cafés oder an ihre zahlreichen Emigrantenjournale, sondern nur daran, daß ihr Vater die Hausierer unter ihnen, die Stifte oder Streichhölzer verkauften, als Plage empfunden hatte.

Pepi sah in den Flüchtlingen aus Deutschland eine weitere Version des Juden in der Opferrolle. Meine Mutter erzählte, wenn jemand an der Tür des Modeateliers geklingelt habe, habe Pepi immer irgend etwas gefunden, was sie kaufen konnte. Franci hingegen hatte kein Verständnis für sie und ihre Situation. Sie waren Preußen – keine Tschechen. Ihre deutsche Aussprache verriet eine Strenge, die sie und ihr Vater lächerlich fanden.

Franci und Pepi reisten immer noch regelmäßig nach Berlin, das seine Stellung unter den großen Modestädten Europas während der ersten Jahre der nationalsozialistischen Herrschaft behielt. Sie waren auch während der Olympischen Spiele 1936 dort, als Konrad Henlein in aller Öffentlichkeit mit der höchsten deutschen Auszeichnung geehrt wurde und sich heimlich mit Hitler traf. Die Stadt war mit Hakenkreuzen geschmückt, und an den Eingängen mancher Läden hingen Schilder mit der Aufschrift *Juden nicht erwünscht*, doch Franci betrachtete sich selbst nicht als Jüdin, sondern als Tschechin und ignorierte die Schilder. Wie so viele Tschechoslowaken der ersten Generation war sie sehr stolz auf ihre Staatsbürgerschaft. Die Republik war nur zwei Jahre älter als sie selbst: Ihre moderne Geschichte hatte 1918 begonnen. Franci hatte in der Französischen Schule in Prag gelernt, daß Freiheit und Demokratie kostbare und zerbrechliche Güter waren. Den Tschechen war die Freiheit unter österreichischer Herrschaft dreihundert Jahre lang verwehrt worden. Franci gehörte einer privilegierten Generation an.

Erst Jahre später erinnerte sie sich daran, daß ihr Onkel Rudolf Sachsel, der sie wegen eigener Geschäfte nach Berlin begleitet hatte, in Tränen ausgebrochen war, als eine Abteilung Soldaten an ihnen vorbeimarschierte. Sie schrieb eine solche Reaktion seiner Senilität zu. Er war ein alter Mann, der leicht die Fassung verlor. Sie sah keine Ausschreitungen, keine eingeschlagenen Schaufenster, keine Juden, die an den Haaren weggezerrt wurden. Sie wohnten in einem guten Hotel. Sie hatten keine Schwierigkeiten. Franci übernahm die Ansicht ihres Vaters, daß die Presse alles aufbauschte.

Einige Monate später fuhr Franci noch einmal nach Berlin, um die Geschäfte für den Salon Weigert unter Dach und Fach zu bringen. Sie war siebzehn, sehr jung, um als Frau allein zu verreisen. Pepi wollte ihrer Tochter all die Freiheiten gewähren, die Tante Rosa ihr selbst als junger Frau verweigert hatte. Dennoch war sie besorgt, daher brachte sie Franci vorsorglich bei entfernten Bekannten unter, den Josephs.

Die Josephs – zwei Schwestern und ihre Mutter – lebten in einer Achtzimmerwohnung. Der Vater der Familie war gestorben, und sie erzählten Franci, daß sie planten, nach Amerika auszuwandern. Seit den Nürnberger Gesetzen, sagten sie, würden Juden nicht mehr als deutsche Bürger betrachtet. Sie waren von allen Berufen und Positionen ausgeschlossen. Nachbarn und frühere Freunde mieden sie. Selbst das mittelalterliche Gesetz gegen Rassenvermischung war wiederbelebt worden: Ehen und andere Beziehungen zwischen Juden und Menschen mit deutschem Blut waren wieder verboten.

Meine Mutter hörte höflich zu, verstand jedoch nicht, was sie sagten. Die Josephs waren, wenn man ihre Wohnung betrachtete, eindeutig sehr reiche Leute. Es sah nicht so aus, als ob sie bedroht wären. Das einzig Merkwürdige während Francis Aufenthalt war, daß Margot, die jüngere Schwester, ablehnte, als meine Mutter ihr vorschlug, ins Kino zu gehen. Margot beharrte darauf, daß sie nicht ins Kino gehen könne, da es Juden verboten sei. Meine Mutter versuchte, sie dazu zu überreden, sie zu begleiten, und ging schließlich allein, als Margot sich nicht überzeugen ließ.

»Ich war völlig gefühllos«, erzählte sie mir später. »Ich hatte keine Schwierigkeiten in Berlin. Ich war eine Tschechin, die geschäftlich dort zu tun hatte. Im Kino gab es keine Schilder, auf denen *Tschechen nicht erwünscht* stand. In einem tschechischen Paß war die Religionszugehörigkeit nicht vermerkt, und wenn sie vermerkt gewesen wäre, dann hätte dort gestanden, daß ich katholisch oder konfessionslos sei. Ich fühlte mich nicht mit ihr verbunden, als sie mir sagte, sie sei Jüdin. Ich ging aus und sah mir die deutsche Fassung von *Pygmalion* im Ufa-Palast auf dem Kurfürstendamm an, nur wenige Straßen von ihrer Wohnung entfernt. Mir war nicht klar, wie furchtbar schlecht ich mich benahm.

Es wurde mir erst Jahre später im Lager bewußt. Dort traf mich die Erkenntnis wie ein Schlag: Für wen hielt ich mich eigentlich?«

Für eine in mancher Hinsicht ungewöhnliche, in anderer Hinsicht ganz normale Sechzehnjährige, denke ich heute, wenn ich mir sechzig Jahre nach den Ereignissen ihre Schilderung durch den Kopf gehen lasse. Wie war *ich* selbst mit sechzehn, als meine Mutter mich ermunterte, die Welt auf eigene Faust zu entdecken? Ich wußte so wenig von Politik wie sie damals in Deutschland, als ich munter per Anhalter durch Europa und Israel reiste und mich von jedem Fahrer mitnehmen ließ, der neben mir stoppte. Wie die meisten Jugendlichen fühlte ich mich unverwundbar. Kein Gefühl für Grenzen, für Einschränkungen, dafür, daß etwas endgültig zu Ende sein kann. Ich war nicht unbedingt gefühllos, eher leichtsinnig. Warum sollte meine Mutter anders empfunden haben? Was bedeutete Hitler schon im Vergleich zu jugendlichem Ungestüm und einem Hang zu romantischen Abenteuern? Ich war sechzehn, als ich mich in einen Kibbuznik verliebte. Meine Mutter war sechzehn, als sie sich auf der Zugfahrt von Berlin zurück nach Prag verliebte. Sie erwähnte Leo nur selten, doch nach dem Tod meines Vaters reiste sie nach New Orleans und traf dort jemanden, den sie als einen alten Freund bezeichnete, und als sie zurückkam, sprach sie vom Duft seiner Pfeife.

»Ich lernte Ihre Mutter, zusammen mit Ihrer Großmutter, auf sehr romantische Weise kennen«, schrieb mir Leo Oppenheimer nach Francis Tod, und ich verstand sofort, warum sie sich in ihn verliebt hatte.

In Dresden, meiner Heimatstadt, wo ich meine Mutter und meine Schwester besucht hatte, stieg ich in den Eilzug. Der Zug kam aus Berlin und war sehr voll, doch es gelang mir, in einem Abteil einen Sitzplatz zu finden. Die Luft im Abteil war stickig, so ging ich nach einer Weile hinaus auf den Gang und betrachtete die Landschaft, die mit großer Geschwindigkeit an uns vorüberflog. An einer besonders kurvigen Stelle schaukelte der Zug stark hin und her. Ich stolperte, verlor das Gleichgewicht und prallte heftig mit einer jungen Dame zusammen, die just in diesem Moment an mir vorbeigehen wollte.

Sie bemerkte meine Verlegenheit und beschloß, nachdem wir uns aufgerichtet hatten, im Gang stehenzubleiben und die liebliche sächsische Landschaft zu betrachten. Es war ein schöner Nachmittag früh im Herbst. Ich erläuterte ihr die Landschaft und nannte einige kleine Städte, die ich kannte. Schließlich lud sie mich ein, mich zu ihr ins Abteil zu setzen, und dort machte sie mich dann mit ihrer Mutter bekannt. Bevor der Zug am Prager Bahnhof Žižkov ankam, tauschten wir noch Adressen und Telefonnummern aus.

Leo Oppenheimer war damals dreiundzwanzig Jahre alt, Student, in Dresden geboren und aufgewachsen. Wie Franci war er ein vollkommen assimilierter Jude. Er hatte 1933 das Gymnasium abgeschlossen und eigentlich vorgehabt, in Heidelberg Jura zu studieren. Doch da die Nationalsozialisten Juden das Jurastudium verboten, ging er nach Zürich. Als die Schweizer ihre eigenen Zulassungsbeschränkungen einführten, zog er weiter nach Paris, wo er ausgiebig Ferien machte, aber keine berufliche Zukunft für sich sah. In Anbetracht der politischen Situation und da Leo sich schon immer für Gebäude und Zeichnen interessiert hatte, empfahl ihm ein Freund der Familie, in Prag Architektur zu studieren. Im Januar 1934 unternahm Leo die dreistündige Zugfahrt von Dresden nach Prag, mietete ein billiges Zimmer im fünften Stock eines Hauses ohne Fahrstuhl und begann sein Studium an der deutschen Technischen Hochschule.

Für Leo Oppenheimer war Prag das, was Paris ein Jahrzehnt zuvor für Hemingway gewesen war. »Prag war ein ständiges Fest«, schrieb er.

Da ich in Dresden aufgewachsen war, war ich an eine der am meisten gerühmten architektonischen Landschaften Europas gewöhnt. In Prag entdeckte ich neben einer ähnlich herausragenden Schönheit auch eine Reihe grundlegender bürgerlicher Tugenden: Großzügigkeit, Kreativität, Sympathie, Gewandt-

heit, Ausgewogenheit, Spontaneität und die Ideen der Aufklärung. Man beachte, daß ich die Großzügigkeit als erste aufgeführt habe: Die Atmosphäre in Prag war großzügig, spürbar in der Reife, der Vielfalt und der Kraft eines allumfassenden kulturellen Geistes. Ich erinnere mich an einige Stimmen, deren Echos in den Zimmern und Straßen Prags widerhallten: Mozart, Janáček, Brahms, Dvořák, Strawinsky, Mahler, Čapek, Kafka, Werfel, Mann, Freud, Voltaire, Descartes, Hus, Le Corbusier, Francesco Borromini, Otto Wagner, Albert Einstein, Marx, Dostojewskij, Felix Mendelssohn. Die Stadt war sehr großzügig, was den freien gegenseitigen Austausch und den Umgang der Menschen miteinander anbetraf und ebenso ihre aufgeklärte demokratische Regierungsform. Präsident Masaryk, der große alte Philosoph und Gentleman, residierte damals noch auf dem Hügel über der Moldau, und ich war mir sicher, daß nichts passieren würde, so lange er Wache hielt.
Prag war nie eine Weltstadt. Es war weder westlich noch östlich, noch nördlich oder südlich. Es war zentral. Das machte es einzigartig. Prag war keine Stadt der Extreme – weder nach der Größe noch nach dem Klima, noch nach der Geisteshaltung. Die Stadt reflektierte die besonders gemäßigten und besonders optimistischen Anliegen und Errungenschaften der europäischen Kultur. Architekten beschreiben eine Großstadt gern mit dem Bild von einem »großen Haus«, und Prag war wirklich ein von Menschen bewohntes großes Haus. Deswegen verliebte ich mich in Prag. Man mag mich für einen naiven, melodramatischen Beobachter halten, doch mir gefällt die Vorstellung, daß das Prag der Jahre 1933–1937 dem Athen unter Perikles glich.

Leo fand in meiner modisch gekleideten, mehrere Sprachen sprechenden Mutter eine perfekte Begleiterin, um die Stadt zu erkunden. Doch obwohl Francis Aussehen und die Art, wie sie sich kleidete, sie wie eine Fünfundzwanzigjährige wirken ließen, merkte Leo, daß sie erst sechzehn war – ganze sieben Jahre jünger als er selbst. Eine sexuelle Beziehung mit einem jüdischen Teenager aus guter Familie kam natürlich nicht in Frage. In der Tradition der mitteleuropäischen jüdischen Männer aus der assimilierten Mittelklasse betrachtete Leo Frauen wie meine Mutter als potentielle Ehefrauen – und nicht als voreheliche Sexualpartnerinnen. Diese Rolle fiel den tschechischen Mädchen zu. Solche Ansichten hielten ihn jedoch nicht davon ab, meine Mutter und ihr Cousine Kitty überallhin in Prag zu begleiten, die Rabineks zu Hause zu besuchen und sich in der Vorstellung meiner Mutter als der ideale Mann festzusetzen.

»Sie sagten, Sie würden gerne wissen, wie ich ihre Mutter damals sah, und ich werde versuchen, diesem Wunsch nachzukommen«, schrieb er.

> Mein Gesamteindruck war der von einer ernsten, hochintelligenten und entschlossenen Person, die, was die Lebensweise anging, ihren Altersgenossinnen weit voraus war, in emotionalen Dingen jedoch noch ein Kind. Ich glaube, Ihre Großmutter übte einen sehr starken Einfluß auf sie aus. Sie war eine kleine Frau, sehr still, aber wachsam und aufmerksam. Sie hatte das Kommando, denn sie war diejenige, die die Familie finanziell über Wasser hielt, und sie verstand ihr *Métier.* Ich hatte den Eindruck, daß ihr Hauptanliegen darin bestand, ihre Tochter auf die Härten des Geschäftslebens vorzuberciten, gleichzeitig aber auch aus den Beiträgen, die Franci zu der Zeit schon leistete, Nutzen zu ziehen. Sie verlangte viel, war ehrgeizig und dogmatisch. Von Kopf bis Fuß Geschäftsfrau. Eine Mutter, mit der es ein Kind vielleicht nicht leicht hatte, vielleicht mußte sie auch so sein, um die Dinge am Laufen zu halten.
>
> Ihr Großvater war ein großgewachsener Mann, ein wenig gebeugt, mit skeptischem Gesichtsausdruck, höflich, zurückhaltend und sehr still. Ihre Mutter erwähnte mir gegenüber einmal, daß er eine nicht unbeträchtliche Summe geerbt und alles bei unglücklichen geschäftlichen Transaktionen und durch seinen unverantwortlich kostspieligen Lebenswandel verloren habe. Er war im Ruhestand und schien gelegentlich im Geschäft seiner Frau auszuhelfen. Man hatte den Eindruck, daß er von den zwei Frauen seiner Familie ausmanövriert worden

war und daß er das typische Beispiel der kafkaesken Generation der Prager deutschen Juden der damaligen Zeit darstellte: Männer, die nach dem Zusammenbruch des Habsburgerreiches gefangen und verloren waren, in einer Zeit der gravierenden wirtschaftlichen Krise und des kulturellen Umbruchs, dann des beginnenden Nationalsozialismus. Franci war das einzige Kind und erst spät geboren. Alles in allem eine Familienatmosphäre, in der Neurosen und Konflikte leicht gedeihen konnten.

Die Fotografie vom 1. Mai 1937, die ich Ihnen mit diesem Brief schicke, zeigt uns beim Spaziergang entlang der Moldau nahe dem Nationaltheater. Das Bild vermittelt den Eindruck eines sehr schönen Paares. Ich habe das Bild und den Eindruck immer sehr gemocht. Es war stets Bestandteil meiner persönlichen Schätze – seit 1937! Ich bin froh, daß ich es all die Jahre aufbewahrt habe und es jetzt Ihnen geben kann. Wer weiß, wenn sich die Dinge anders entwickelt hätten, würden Sie vielleicht heute Helen Oppenheimer heißen.

Wenn ich das Gesicht meiner Mutter auf diesem Foto betrachte, sehe ich ein unbekanntes Funkeln in ihren Augen, hervorgerufen zweifellos durch die Berührung von Leos Hand auf ihrem Arm. Ihre Haltung und Aufmachung, selbst der Winkel ihres Hutes, sind perfekt und wirken dennoch lässig. Die beiden gehen am Fluß entlang, zwei junge berufstätige Menschen der damaligen Zeit: der junge Architekt, die junge Modeschöpferin; beide sind sich ihres Stils sehr bewußt. Sie sehen aus wie normale junge Menschen in einer normalen Zeit, Menschen, denen Mode am Herzen liegt und die sich keiner Gefahr bewußt sind. Meine Mutter glaubte, daß Leo wegen der Architektur der Stadt nach Prag gekommen war. Er hielt sich nicht lange mit der Erklärung auf, daß er als Jude nicht zum Jurastudium zugelassen war. Sie saßen in Cafés und gingen in den Parks von Prag spazieren. Im Sommer 1937 segelte Leo von Cannes nach Korsika. Franci und ihre Mutter unternahmen ihre halbjährliche Einkaufsreise nach Paris.

Sie fuhren mit dem Auto nach Paris, mit einer Freundin von

Pepi, die meine Mutter als »sehr bewußte Jüdin« beschrieb. Die Freundin erklärte, daß sie keinen einzigen Liter Benzin bei den Nazis kaufen würde, und bestand darauf, einen Umweg über Österreich und die Schweiz zu machen und sich Paris aus südlicher Richtung zu nähern. Während sie durch Österreich fuhren, überhörte Franci die politischen Diskussionen, blickte statt dessen aus dem Fenster und dachte über ihr Leben nach. Pepi war mittlerweile fünfundfünfzig und hatte sich entschlossen, den Salon an Franci zu überschreiben, wenn sie achtzehn wurde. Francis Geburtstag war der 26. Februar, und der Anlaß erforderte ein entsprechendes Geschenk.

Meine Mutter fuhr fast ebenso gern Ski, wie sie tanzen ging. Meistens fuhr sie zusammen mit Helena und anderen Freunden im Riesengebirge Ski oder in der Hohen Tatra in der Slowakei. Als sie jetzt an den grünen Hängen der Tiroler Alpen vorbeifuhren, beschloß Franci, daß sie sich von ihren Eltern zu ihrem achtzehnten Geburtstag Skiferien in Kitzbühel wünschen wollte.

Im Februar 1938, als wache Beobachter der Politik bereits Wetten abschlossen, wann Deutschland Österreich annektieren würde, reiste Franci Rabinek nach Kitzbühel. Sie änderte ihre Pläne nicht, als der österreichische Kanzler Kurt von Schuschnigg zu Hitler zitiert wurde und sich anhören mußte, daß seine Regierung sich auflösen müsse, wenn er nicht mehrere Nationalsozialisten in sein Kabinett aufnehme. Sie überdachte ihre Pläne auch nicht noch einmal, als der Dirigent Arturo Toscanini in einer Geste des Protestes gegen die Nationalsozialisten seine Teilnahme an den nächsten Salzburger Festspielen absagte.

Sechs Tage vor Francis Geburtstag verkündete Hitler im Reichstag: »Über eines aber darf in unseren Augen kein Zweifel bestehen... [Zu den] Interessen des Deutschen Reiches gehört auch der Schutz jener deutschen Volksgenossen, die aus eigener Kraft nicht in der Lage sind, sich an unseren Grenzen das Recht einer allgemeinen menschlichen, politischen und weltanschaulichen Freiheit zu sichern!« Es war offensichtlich, daß er damit die sieben Millionen Deutschen in Österreich und die drei Millionen Sudetendeutschen in der Tschechoslowakei meinte.

Eines Abends in Kitzbühel schlug ein Wiener Fabrikant, an dessen Tisch Fräulein Rabinek aß, ihr vorsichtig vor, daß sie nach Hause zurückkehren sollte. Franci ignorierte seinen Vorschlag. Sie wollte volle zwei Wochen bleiben. Auf den Pisten traf man Filmstars. Sie amüsierte sich prächtig. Die antisemitische Stimmung war ihr zwar bewußt, doch sie »nahm sie nicht persönlich«, wie sie es später formulierte. Sie selbst sah sich nicht als Jüdin. Sie war eine tschechische Touristin.

Vier Tage vor Francis geplanter Abreise rief Emil Rabinek in ihrem Hotel an und bat sie, mit dem nächsten Zug nach Prag zurückzukommen. Aber am nächsten Abend sollte doch ein Ball stattfinden, erwiderte sie. Sie wolle tanzen gehen. Ihr Vater bestand darauf, daß sie abreiste. Franci fand einen Kompromiß. Sie ging direkt vom Ball zum Bahnhof und nahm den Frühzug nach Prag.

Kurz nach ihrer Ankunft marschierte Hitler in Österreich ein.

Zwölftes Kapitel

Leider fehlt in der Chronik meiner Mutter, wie die Rabineks auf den Anschluß Österreichs durch Hitler reagierten, denn Francis Rückkehr wurde bald von wesentlich dramatischeren Szenen in den Schatten gestellt. Ich sehe Franci als Achtzehnjährige vor mir, wie sie die Vorwürfe der Familie ignoriert und entschlossen den Salon Weigert übernimmt; wie Pepi, erschöpft von der ganzen Aufregung und ihrem Ehemann entfremdet, das Geschäft ihrer Tochter überläßt und sich in ihr Zimmer zurückzieht; und wie Emil Rabinek seine Erleichterung über Francis Rückkehr hinter sarkastischen Bemerkungen verbirgt, während die deutsche Armee an drei Seiten der Tschechoslowakischen Republik Stellung bezieht.

Führende NS-Politiker behaupteten zwar immer wieder, daß Deutschland mit der Tschechoslowakei nichts im Sinn habe, doch man mußte kein Militärstratege sein, um zu wissen, was als nächstes passieren würde. »Für London ist es nur noch eine Frage von Monaten, bis Hitler sich die Tschechoslowakei einverleibt«, stand kurz nach dem Anschluß Österreichs auf der Titelseite der *New York Times*. Die Rabineks hielten wie die meisten Prager Bürger solche Vorhersagen für übertriebene Schwarzmalerei. Die Tschechoslowakei sei nicht Österreich, versicherten sie sich gegenseitig. Das Land würde Hitler nicht in die Hände fallen.

Tausende österreichischer Flüchtlinge strömten nun nach Prag. Wie die deutschen Flüchtlinge fünf Jahre zuvor berichteten sie unglaubliche Dinge: Juden würden verprügelt, verhaftet und in Konzentrationslager verschleppt, viele begingen Selbstmord. Die Prager Flüchtlingsorganisationen und wohltätig gesonnene Menschen beeilten sich, den Neuankömmlingen zu helfen und sie unterzubringen. Die Zeitungen schrieben über die Schicksale der

Flüchtlinge. In den Kinos sahen schockierte Zuschauer in den Wochenschauen Bilder von älteren Juden, die an den Haaren auf die Straße gezerrt oder gezwungen wurden, auf Knien die Bürgersteige in den Städten zu schrubben.

Die Rabineks sorgten sich um ihre Wiener Verwandten, obwohl fast alle getaufte Christen waren. Emils ältere Brüder Leo und Gustav waren zu der Zeit schon tot, doch seine älteren Schwestern Gisela Kremer und Gabriela Roger mit ihren insgesamt sieben Kindern lebten noch in Österreich. Sie waren alle berufstätig, und die Nachrichten, wie sie auf den Anschluß reagierten, klangen verwirrend.

Allem Anschein nach bemühten sie sich zwar um eidesstattliche Erklärungen von Verwandten in England und Amerika, daß sie bei ihnen finanzielle Unterstützung finden würden, doch zögerte beispielsweise Gisela Kremers Tochter Erna, ihre Karriere als Konzertpianistin in Österreich aufzugeben. Die Ärztin Berta, Mutter von Zwillingstöchtern und von ihrem Mann, der jetzt ein Nazi war, frisch geschieden, war sich ebenfalls nicht sicher. Clara, die früher einmal als Au-pair-Mädchen in England gearbeitet hatte, setzte sich mit ihrem ehemaligen Arbeitgeber in Verbindung und ging nach London. Felix jedoch, ein Ingenieur, der bei Hitlers Einmarsch in Österreich in der Schweiz gewesen war, kehrte zu seiner Mutter nach Wien zurück.

Gabrielas Sohn Kurt Roger, Komponist und Professor an der Wiener Universität, floh sofort in die Schweiz. Seine Schwester Greta, ihr Mann und ihre Tochter Margaret warteten noch ab. Kurts Schwester Lily war mit Alphonse Hirsch verheiratet, einem deutsch-jüdischen Bankier, der versuchte, die nötigen Papiere für eine sofortige Ausreise zu bekommen. Doch er und seine Familie wurden von den Nazis in Wien festgehalten, während das Vermögen der Bank untersucht wurde.

Meiner Mutter erschienen die Nachrichten zwar beunruhigend, aber auch weit entfernt. Seit Korálek & Rabinek bankrott waren und ihr Vater nicht mehr beruflich nach Wien kam, hatten die Rabineks ihre Verwandten sehr selten gesehen. Sie wußten nur wenig über die tatsächlichen Verhältnisse in Wien. Für Emil

Rabinek lag daher die Schlußfolgerung nahe, daß seine beiden älteren Schwestern sich mit ihren achtundsechzig und siebzig Jahren richtig entschieden hatten, in Österreich zu bleiben, und daß die Kinder, die sich zur Emigration entschlossen hatten, Feiglinge waren. Er selbst war Leutnant der Reserve in der österreichisch-ungarischen Armee gewesen. Man hatte ihm einen Orden verliehen. Er war, dachte er, mehr Österreicher als Hitler. Die Gewalt würde bald vorüber sein. Natürlich waren die Wiener Antisemiten. Hatte Hitler nicht alles, was er wußte, in Wien gelernt? Aber die Deutschen waren im Grunde anständige, ehrliche Leute. In Zeiten der Veränderung gab es immer ein paar Rowdies. Doch das war kein Grund, panisch zu reagieren und die Heimat aufzugeben. Falls die Dinge doch so schlimm sein sollten, wie die Presse behauptete, würden Gisela und Gabriela eben nach Prag kommen müssen.

Die Gedanken meines Großvaters waren typisch für einen Mann seiner Generation. In Prag riefen selbst Zionisten angesichts der nationalsozialistischen Bedrohung zur Solidarität mit der Republik auf. Sie hatten alle in der tschechoslowakischen Armee gedient, viele als Offiziere. Wie konnten sie in einer Zeit der Gefahr alles im Stich lassen? Zwischen 1933 und 1939, bevor Großbritannien die Einwanderung begrenzte, wanderten weniger als viertausend tschechoslowakische Juden nach Palästina aus. Abgesehen von einigen hellsichtigen deutschen Flüchtlingen, die nach Paris gingen, und den ganz Reichen, die begannen, ihr Geld in die Schweiz zu schaffen, blieb der Großteil der tschechischen Juden – wie ihre christlichen Mitbürger – angesichts der Krise ruhig. Kurt Weisskopf, damals ein junger Prager Journalist, beschrieb später, wie die Menschen in Prag im Frühling 1938 das berühmte tschechische Sprichwort aus dem 19. Jahrhundert zitierten: »Wir waren vor Österreich hier und werden auch nach ihnen noch hier sein.« Und dann fügten sie hinzu: »Das gilt auch für Hitler.« Sie ignorierten das Horst-Wessel-Lied, das Blutvergießen und Gewalt verkündete, und sangen statt dessen »Die Russen stehen uns bei. Unsere Feinde werden von den Franzosen zerschmettert.«

In Bierhallen und Kaffeehäusern diskutierten die Politikexperten über den Spanischen Bürgerkrieg – der mittlerweile schon fast zwei Jahre dauerte – und werteten ihn als Beweis für die Schwäche der Nazis. Sie argumentierten, daß Hitler das Sudetenland nicht brauche, daß dessen Industrie mit der deutschen konkurrieren würde. Sie weigerten sich zu sehen, daß die Tschechoslowakei Ende März des Jahres 1938 bereits in Auflösung begriffen war und sich in drei Länder aufspaltete: in die faschistische Slowakei, das demokratische Böhmen und Mähren sowie das Sudetenland, wo Henlein Andersdenkende und die rechtsstaatlichen Prinzipien aushöhlte, bis sie nur noch eine Farce waren. Selbst als Henlein im April vor einer jubelnden Menge in Karlsbad verkündete »So wie das Deutschtum der ganzen Welt bekennen auch wir uns zu den nationalsozialistischen Grundauffassungen des Lebens«, verbot die tschechische Regierung seine Partei nicht, sondern setzte auf Verhandlungen.

Im Mai 1938 entwarf Franci in Gedanken bereits Kleider für die Herbstsaison: Eine weiblichere Silhouette kam wieder in Mode, die Brüste wurden betont, die Haare lang getragen und zu komplizierten Frisuren aufgesteckt. Für meine Mutter und ihre Generation gehörte Krieg in die Geschichte, nicht in ihr gegenwärtiges Leben. In der Schule hatte sie gelernt, daß es nach 1918 keinen Krieg mehr in Europa geben würde. Der Völkerbund war geschaffen worden, um den Frieden zu sichern, und die Tschechoslowakei gehörte zu seinen überzeugtesten Anhängern. Für viele ernsthafte junge Leute in Prag war die Frage der sozialen Gleichheit eines der Hauptprobleme der Politik. Sollte man Kommunist werden oder nicht? Eine junge Modeschöpferin beantwortete die Frage natürlich mit nein. Franci verdiente den Lebensunterhalt für ihre Familie, sie war die einzige Unterstützung ihrer alternden Eltern. Das Modeatelier war ihre Welt.

Der Frühling kam. In Prag blühten Tausende von Fliederbüschen, und verliebte Pärchen gingen am Fluß spazieren. Die Tschechen strömten in die Parks, Kaffeehäuser und Biergärten, um nach einem langen Winter die Sonne zu genießen. Die Vorbereitungen für das internationale Barockfestival, das in diesem

Sommer anläßlich des zwanzigjährigen Bestehens der Tschechoslowakischen Republik gefeiert wurde, waren in vollem Gange. Im »Befreiten Theater« von Voskovec und Werich spielte man die antifaschistische Komödie *Die Dicke Barbara.* Das Publikum kam in bester Laune aus den Vorstellungen und sang das schwungvolle Finale: »Wir stemmen uns dem Sturm entgegen, wir bieten jedem Feind die Stirn.« Nur wenige rechneten damit, daß sie dem Faschismus schon bald auf der Straße statt auf der Bühne begegnen würden.

Die ältere Generation – Männer, die im Ersten Weltkrieg gekämpft hatten – war sich darüber einig, daß der Faschismus Spaniens, Italiens und Deutschlands in der Tschechoslowakei nie auf fruchtbaren Boden fallen würde. Francis Vater war selten einer Meinung mit dem Vater ihrer Cousine Kitty, einem Zionisten, doch beide dachten, daß die Begeisterung für Hitler nur ein Strohfeuer sei. Sie glaubten so inbrünstig an Masaryks Demokratie, wie ihre Eltern an Kaiser Franz Joseph und die Monarchie geglaubt hatten. Kittys Vater, dem Journalisten Kurt Weisskopf zufolge ein »unverbesserlicher Optimist«, war Herausgeber der zweisprachigen Zeitschrift *Most/Brücke*, in deren Titel in jeder Ausgabe abwechselnd der deutsche und der tschechische Begriff an erster Stelle stand.

Die sechzehnjährige Kitty zeigte kein Interesse an der progressiven bikulturellen Einstellung ihres Vaters. Sie interessierte sich für Jungen, Kleider und Schminken. Was in Österreich geschehen war, konnte in der Tschechoslowakei nicht passieren, bestärkten sich Kitty und Franci gegenseitig, wenn eine Wochenschau aus Wien sie von ihrem Lieblingsthema abzulenken drohte: welche Sätze oder Gesten sie von Greta Garbo in *Camille* für ihre eigenen Romanzen eventuell übernehmen konnten. Ihre Väter und Freunde unterhielten sich stundenlang über die zweireihige Maginot-Linie, welche die tschechische Armee entlang der Grenze zu Deutschland errichtet hatte. Sie sagten, daß die Sowjetunion und Frankreich sich dazu verpflichtet hätten, der Tschechoslowakei im Falle eines Angriffs beizustehen und daß Großbritannien seinen Verbündeten Frankreich sicher unterstützen werde. Die beiden Cousinen dagegen diskutierten darüber, was für eine Frau Leo Oppenheimer wohl einmal heiraten würde, sie sprachen über das Programm ihrer Verabredungen zu viert und über Leos besten Freund Erwin, der Kittys regelmäßiger Begleiter geworden war.

Die Brisanz der politischen Krise wurde allen erst am 20. Mai 1938 bewußt, als die tschechoslowakische Armee als Antwort auf deutsche Truppenbewegungen und Vorfälle im Sudetenland eine Teilmobilmachung ausrief. Innerhalb eines Tages besetzten fast zweihunderttausend Reservisten die tschechoslowakische Maginot-Linie. Der Druck tschechischer Armee-Einheiten trieb die Nationalsozialisten in den Städten und Dörfern des Sudetenlandes in ihre Verstecke und ermutigte ihre Gegner, die immer noch im Grenzgebiet lebten, zu einem selbstbewußteren Auftreten. Die Hakenkreuze verschwanden. Die Anhänger Henleins hielten sich zurück. Die Menschen in Prag informierten sich über die Entwicklung in Zeitungen, die von der Regierung zensiert wurden. Sie sagten sich, daß die Mobilmachung Hitler eine Warnung gewesen sei. Die Armee war gerüstet und bereit zum Kampf.

Emil Rabinek flüchtete sich mehr und mehr in Ironie, als die deutschsprachige Insel Prags zunehmend unter den Einfluß der Nazis geriet. Er war mittlerweile sechzig, ein alter Dandy, der die ganze Familie mit seinen Versuchen, richtig Tschechisch zu lernen und dabei verzweifelt seine Würde zu bewahren, in Verlegenheit brachte. Insgeheim suchte er für seine Tochter eine Möglichkeit, Prag zu verlassen. Vor anderen wiederholte er jedoch, daß er sich als getaufter Jude, Offizier und Ordensträger der österreichischen Armee in keiner Weise in Gefahr fühle. Er spielte die Bedrohung der Tschechoslowakei durch die Nationalsozialisten herunter und machte sich über Pepi lustig, die spürte, daß eine Katastrophe unmittelbar bevorstand. Sie hatte den Erzählungen der deutschen Flüchtlinge von 1933 und der österreichischen Flüchtlinge von 1938 aufmerksam zugehört. Sie achtete auf die Worte der Kunden – Juden und Nichtjuden – des Salon Weigert, die den Aufstieg der Nationalsozialisten ernst nahmen, und ihres Bruders Emil Sachsel, der mittlerweile in Bratislava lebte, unmittelbar an der Grenze und nicht weit von Wien entfernt. Was er von der Gewalt dort berichtete, rief bei Pepi die Unruhen in Erinnerung, welche die Hilsner-Affäre in Kolín begleitet hatten. Der Zustrom von Juden nach Prag erinnerte sie an das Leben im Goldenen Gäßchen. Doch Pepi konnte nicht von ihren Ängsten sprechen, ohne bei Emil Spott und bei Franci Ungeduld hervorzurufen. Ihre Eß- und Schlafstörungen wurden stärker. Ihre Agoraphobie kehrte schlimmer denn je zurück. Sie machte sich Sorgen, daß sie keinen Plan für den Notfall hatten, wenn schon nicht für sich selbst, dann zumindest für ihre Tochter.

Franci liebte ihre Mutter über alles, hielt sie aber für eine klassische Neurotikerin. Pepi war inzwischen fünfundfünfzig Jahre alt und besuchte Sanatorien, so lange Franci denken konnte. Franci, eine eifrige Leserin und Amateurpsychologin, kam zu dem Schluß, daß eine Kombination aus Pepis Problemen mit dem Älterwerden, dem Verzicht auf die Leitung des Salons und dem Verlust der Liebe ihres Ehemannes bei ihrer melancholisch veranlagten Mutter zu einer massiven Depression geführt hatte. Emil Rabinek machte alles nur noch schlimmer, wenn er behauptete, daß die Realitätswahrnehmung seiner Frau durch ihre Kindheit im Getto für immer verzerrt sei. Das Mittelalter sei zwar schon lange vorbei, doch sie denke immer noch so, als lebte sie noch in der Judengasse.

In jenem Sommer des Jahres 1938 versuchte Franci, dem Sarkasmus ihres Vaters und den Depressionen ihrer Mutter zu entfliehen und das Leben zu genießen. Sie war achtzehn Jahre alt. Das Barockfestival hatte begonnen, und jeden Abend wurden die Kirchen und Türme der Stadt mit Flutlicht angestrahlt. In den Parks und Gärten gaben Musiker Konzerte und führten Schauspieler Shakespearestücke auf. Die internationale Schriftstellervereinigung PEN tagte in Prag, Tausende von Touristen waren in der Stadt. Ein Wiener Flüchtling, der im Juli nach Prag kam, schrieb später:

> Wir kamen in eine andere Welt. Unsere Verwandten benahmen sich, als läge Österreich auf einem anderen Planeten und als könnte Hitler die Kluft zwischen diesen Welten nie überschreiten. Der Bruder meines Vaters mietete eine Wohnung für uns und unterzeichnete einen Mietvertrag für fünf Jahre. Der Bruder meiner Mutter schickte uns zur Begrüßung ein riesiges Blumengebinde, ohne sich darüber im klaren zu sein, daß wir keinen Pfennig besaßen und so prosaische Dinge wie Töpfe und Pfannen benötigten. Die Frauen der Familie gaben eine wundervolle Party ... Der Tisch war mit einer handgearbeiteten Spitzendecke gedeckt, gekrönt von schimmerndem Silber, böhmischen Kristallgläsern und zierlichem Porzellan. Der Duft von Rosen vermischte sich mit dem Geruch von frischgebackenem Hefekuchen. Und meine »taktlose« Mutter verdarb alles, indem sie den versammelten Damen riet: »Geht, solange ihr noch könnt.« Ein Chor von »So was kann hier nicht passieren« war die Antwort, und nach diesem Vorfall wurden wir mit einer Rücksicht behandelt, wie man sie gegenüber Menschen an den Tag legt, die einen Nervenzusammenbruch erlitten haben.

Franci Rabinek teilte die allgemeine Unbekümmertheit der Tschechen. Wenn sie und ihre Mutter das Barockfestival besuchten, genossen sie die Kunst, achteten aber auch auf die Kleidung international bekannter Festivalbesucher. Mutter und Tochter diskutierten neue Schnitte, Stoffe und Entwürfe für die Herbstsaison. Sie lebten in einer Welt, in der Frauen nichts mit Krieg zu tun hatten, und in der die Beschäftigung mit Kleidern schon immer ein Gefühl von Macht vermittelt hatte. Im Sommer des Jahres 1938 boten Kleider auch eine Flucht vor der Realität.

Kurz vor dem Anschluß Österreichs hatten Pepi und Franci ein Hochzeitskleid für Helena Hartlová angefertigt. Helenas zukünftiger Ehemann war Jan Slavíček, der Sohn des beliebten tschechischen Impressionisten und selbst einer der bekanntesten Maler Prags. Helena zeigte – im Unterschied zu ihrer Mutter – nur wenig Interesse am Heiraten. Abenteuerlustig und unabhängig wie sie war, interessierten sie Männer allenfalls als Tanzpartner.

Sie liebte ihre geheime Tätigkeit als Kurier, und ihre Reisen hatten nur ihren Wunsch verstärkt, noch mehr von der Welt zu sehen. Doch selbst eine so ungewöhnliche und willensstarke junge Frau wie Helena war nicht gegen die gesellschaftlichen Zwänge Prags immun. Sie war in einem von Pepis ersten tiefausgeschnittenen trägerlosen Abendkleidern auf einem Diplomatenball erschienen und dem an der gegenüberliegenden Seite stehenden Slavíček aufgefallen. Er bat sie darum, sie in diesem Kleid porträtieren zu dürfen, und beim Malen verliebte er sich unsterblich in sie. »Ich verliebte mich nicht in ihn«, versicherte mir Helena später. »Ich liebte seine Bilder. Und das Milieu, in dem er lebte. Die Gesellschaft von Künstlern. Aber das hat er natürlich nie verstanden.« Slavíček war sechsunddreißig, charmant und hatte Beziehungen. Er verfolgte Helena so lange mit seiner Aufmerksamkeit, bis sie einwilligte, seine Frau zu werden.

Franci litt noch immer unter Leo Oppenheimers Entschluß, ihre Beziehung als rein platonisch zu betrachten. Sie empfand daher mehr als das bei jungen Mädchen häufige Gefühl von Verlorenheit, während sie die Arbeiten an Helenas Hochzeitskleid beaufsichtigte. Kurz nach der Hochzeit brach das Paar zu ausgedehnten Flitterwochen nach Italien auf. Slavíček malte, und Helena konnte, mit ihrem Künstlerehemann als Tarnung, weiterhin für den tschechischen Geheimdienst arbeiten. Franci verbrachte unterdessen ihre Freizeit mehr und mehr mit ihrer jüngeren Cousine Kitty.

Die beiden waren ein auffälliges, schick gekleidetes Paar: die dunkle, unabhängige Franci, die bereits ihr eigenes Geschäft leitete, und die blonde, kokette Kitty, die sich für älter als ihre sechzehn Jahre ausgab. Beide Mädchen hofften, sich so leidenschaftlich zu verlieben wie Anna Karenina oder die Heldinnen in italienischen Opern, umgaben sich aber zur Sicherheit mit einem großen Kreis von Verehrern. Beide fürchteten, das Leben könnte an ihnen vorübergehen. Cousine Helli hatte mit ihrem Medizinstudium begonnen und heiratete wahrscheinlich schon bald. Cousin Peter studierte in Frankreich. Im Juni 1938 machte Leo Oppenheimer seinen Abschluß in Architektur und emigrierte nach Amerika.

Ich weiß nicht, wie meine Mutter Pepík Schön kennenlernte, den schnoddrig schlagfertigen, gepflegten jungen Mann, den sie mit der Zeit als geeignetsten Heiratskandidaten betrachtete. Pepík sprach gern Englisch und ließ sich am liebsten Joe nennen. Er sah aus wie der Schauspieler Rudolph Valentino und kleidete sich auch so. Er liebte es, in der Stadt auszugehen, und wußte auch immer, wo man hingehen konnte. Seine Familie, die Schöns, hatte wie die Sachsels noch vor einer Generation zur jüdischen Gemeinde Kolíns gehört. Doch Joe wußte nichts über das Judentum und sprach, um hervorzuheben, daß er ein guter Tscheche war, absichtlich schlecht deutsch. Er hatte keinen Universitätsabschluß und keinen Beruf. Als meine Mutter ihn kennenlernte, beendete er gerade seinen Militärdienst. Für ihn zählte nur, daß er Spaß im Leben hatte. Seine Verspieltheit und seine Fähigkeit, sie zum Lachen zu bringen, faszinierten meine Mutter und stießen Kitty ab.

»Er war ein verwöhnter Kaffeehausjude«, erinnerte sich Kitty, »er arbeitete nicht, lebte vom Geld seines Vaters und lief Franci nach.« Meine Mutter, von Leo verletzt, genoß Joes Aufmerksamkeit. Er ritt, fuhr Ski, tanzte und nahm sie mit in die Klubs, die gerade in Mode waren. Immer wenn Franci nicht arbeitete und Joe vom Militärdienst beurlaubt war, verbrachten die beiden ihre Zeit zusammen.

Wie so viele junge Männer seiner Generation bildete sich Joe auf die Schlagkraft der tschechoslowakischen Armee sehr viel ein. Die Armee war in seinen Augen nicht nur hervorragend ausgestattet, sondern besaß auch das zweitgrößte Rüstungslager Europas mit Waffen, die dem neuesten Stand der Technik entsprachen. Für Joe kam die Erklärung des französischen Ministerpräsidenten Daladier, daß sich Frankreich seiner heiligen Verpflichtung gegenüber der Tschechoslowakischen Republik nicht entziehen werde, nicht überraschend. Auch die Russen waren nach Joes Ansicht aus gutem Grund mit der Tschechoslowakei verbündet. Sie brauchten die militärischen Reserven der Tschechoslowakei. Außerdem war Hitler ein Verrückter, der zwar große Reden schwang, aber weder ausreichend Männer noch Ausrüstung hatte.

Joe konnte nicht wissen, daß deutsche Generäle seit über einem Jahr Pläne für die Eroberung der Tschechoslowakei schmiedeten. Im Juni 1938 wählten fünfundachtzig Prozent aller Deutschen in der Tschechoslowakei die Sudetendeutsche Partei, doch Joe bestritt, daß dieses Wahlergebnis irgendeine Bedeutung habe. Als die Familie Petschek – eine der reichsten und prominentesten Familien Böhmens – im Juli desselben Jahres stillschweigend ihre ausgedehnte Verwandtschaft samt Bankangestellten in einen Zug verfrachtete und die Stadt verließ, bezeichnete er sie allesamt als Feiglinge. Als im August Lord Runciman in Prag eintraf, um für Premierminister Neville Chamberlain das angeblich brutale Vorgehen der Tschechen gegen Sudetendeutsche zu »untersuchen«, sagte Joe meiner Mutter, sie solle sich keine Sorgen machen.

Franci machte sich keine Sorgen. Sie verbrachte ihre Zeit sehr gern mit Joe. Sein Optimismus und seine solide tschechische Identität boten einen willkommenen Ausgleich zu ihrem Vater. Emil Rabineks Schwierigkeiten mit der Landessprache wurden immer mehr zu einer Belastung. Seit kurzem versuchte er, sich mit seiner Tochter auf tschechisch zu unterhalten. Pepi zog sich immer mehr zurück und wurde zusehends depressiver, Franci floh immer öfter vor ihren Eltern und ging mit Joe aus, der sie selbst angesichts der bedrohlichen politischen Lage zum Lachen bringen konnte.

Trotz Hitlers wiederholter Beteuerungen, er hege bezüglich der Tschechoslowakei keinerlei Gebietsansprüche, verstärkte das deutsche Radio die antitschechische Propaganda und sendete eine Reihe von Hitlerreden und Ansprachen anderer führender Nazis. »Ein kleiner Teil der europäischen Menschen schikaniert heute andere, ihm anvertraute Minderheiten«, zeterte Göring in einer typischen Rede. »Wir wissen, daß es unerträglich ist, wie dieser kleine Volkssplitter da unten [die Tschechen] – kein Mensch weiß, woher sie gekommen sind – ein Kulturvolk dauernd unterdrückt und belästigt. Wir wissen aber, daß es ja nicht diese lächerlichen Knirpse sind. Dahinter steht Moskau, dahinter steht die ewige jüdisch-bolschewistische Zerrfratze.« Bewaffnete Nazihorden übernahmen in sudetendeutschen Städten die Macht. Aus den Grenzgebieten flohen Tausende von Menschen nach Prag. Noch einmal wurde die tschechische Armee gerufen, um die Ordnung wiederherzustellen. Konrad Henlein floh nach Deutschland und veröffentlichte dort eine Erklärung: »Wir wollen als freie deutsche Menschen leben! Wir wollen wieder Friede und Arbeit in unserer Heimat! Wir wollen heim ins Reich!«

Neville Chamberlain traf sich mit Hitler in Berchtesgaden unweit der tschechischen Grenze. Dort stellte Hitler klar, daß er, wenn die Tschechoslowakei nicht alle Gebiete, in denen Sudetendeutsche mehr als fünfzig Prozent der Bevölkerung ausmachten, an Deutschland abtrat, seinen Generälen befehlen würde, sie mit Gewalt zu erobern. Chamberlain, der einen Krieg mit allen Mitteln zu verhindern suchte, kehrte nach London zurück und unterbreitete Hitlers Ultimatum seinem französischen Amtskollegen Daladier. Ohne die Tschechen zu konsultieren, beschlossen sie, daß die Republik ihre Grenzgebiete an Deutschland abtreten müsse. Die Einheit der Tschechoslowakei wurde dem Frieden geopfert.

Als die Zustimmung des tschechoslowakischen Präsidenten zu dieser englisch-französischen »Lösung« in Prag bekannt wurde, versammelten sich Tausende von Tschechen auf dem Wenzelsplatz und riefen Parolen wie »Wir sind nicht Österreich«, »Nieder mit einer Regierung, die kapituliert« und verlangten einen Militäreinsatz. Frankreich und England rieten der Tschechoslowakei angesichts der immer neuen Forderungen Hitlers, Vorbereitungen für ihre Verteidigung zu treffen. Zwei Tage später erfolgte die Generalmobilmachung, und achthunderttausend Soldaten, darunter auch Joe Schön, wurden in ihre Garnisonen gerufen. Die Zeitungen veröffentlichten Verdunkelungsvorschriften. Frauen kauften dunklen Stoff und schwarzes Papier und verhängten damit die Fenster; ältere Männer hoben in den Prager Parks Gräben aus und meldeten sich zum Zivilschutz, alle spendeten Blut beim Roten Kreuz. Voller Energie bereitete man sich auf einen Krieg vor, den man möglicherweise allein führen mußte, während Premierminister Chamberlain in London nach Ausflüchten suchte.

»Wie schrecklich, fantastisch und unglaublich es doch ist, daß wir hier wegen eines Streites in einem weit entfernten Land und zwischen Leuten, von denen wir nichts wissen, Gräben ausheben und Gasmasken aufprobieren«, sinnierte er in einer Rundfunkübertragung über die Ereignisse in der Tschechoslowakei. »Wenn wir davon überzeugt wären, daß irgendeine Nation sich entschlossen hätte, die Welt durch Angst und Schrecken zu beherrschen, wäre ich fest der Meinung, daß man sich dem entgegenstellen müßte ... Doch ein Krieg ist immer schrecklich, und wir müssen, bevor wir uns darauf einlassen, absolut sicher sein, daß es nicht nur um Belanglosigkeiten geht.«

Nach dieser Rede erhielt Chamberlain von Hitler die Nachricht, daß er bereit sei, die neuen Grenzen einer verkleinerten Tschechoslowakei zu akzeptieren, wenn Frankreich und Großbritannien einer Annexion des Sudetenlandes zustimmte. Chamberlain, Daladier, Mussolini und Hitler trafen sich in München. Chamberlain übermittelte dem tschechoslowakischen Präsidenten Beneš ihre Entscheidung: Falls die Republik dazu entschlossen war, Hitler Widerstand zu leisten, dann war sie auf sich allein gestellt. Präsident Beneš, der später sagte, er sei nicht imstande gewesen, die Nation in den Selbstmord zu führen, empfahl seinem Kabinett, die Entscheidung der Westmächte zu akzeptieren. Chamberlain kehrte nach England zurück und erklärte: »Zum zweiten Mal wurde ein ehrenhafter Frieden in Deutschland abgeschlossen. Ich glaube, daß dieser Frieden ein Frieden für unsere Zeit sein wird.«

Am 1. Oktober überschritt die deutsche Armee die Grenze zum Sudetenland und besetzte es, ohne einen einzigen Schuß abzufeuern. Am 5. Oktober 1938, dem jüdischen Versöhnungsfest, trat Präsident Beneš unter dem Druck der Nazis von seinem Amt zurück und suchte in Frankreich politisches Asyl.

Für die Welt wurde das Münchener Abkommen zu einem

Synonym für politischen Verrat, Selbsttäuschung und Appeasement-Politik. Für die Tschechoslowakische Republik bedeutete es eine Katastrophe. Die achthunderttausend tschechoslowakischen Männer, die einberufen worden waren, wurden wieder nach Hause geschickt. Ihre Maginot-Linie und sonstigen Befestigungen fielen in die Hände der Deutschen. Das Sudetenland, ein Drittel des tschechoslowakischen Territoriums und der tschechoslowakischen Bevölkerung, wurde dem Reichsgebiet eingegliedert. Das Land schrumpfte sogar noch mehr, als Polen das Gebiet von Teschen besetzte und die Slowakei ihre Unabhängigkeit verlangte. Aus der Republik, die gerade erst ihr zwanzigjähriges Bestehen gefeiert hatte, wurde die Tschecho-Slowakei.

Die politischen und wirtschaftlichen Verluste wurden von einem Verlust des nationalen Selbstbewußtseins begleitet. Millionen von Bürgern, die auf einen Krieg vorbereitet waren, wurden mit der Tatsache konfrontiert, daß ihre Regierung kapituliert hatte und die westlichen Demokratien sie im Stich gelassen hatten. Frankreich, der geschätzte Verbündete und das Vorbild für die tschechische Rückbesinnung auf die Nation, hatte sich nicht an den gemeinsamen Beistandspakt gehalten. Großbritannien hatte das Land verraten. Eine Selbstzensur, die fast so streng war wie zur Zeit der Habsburgermonarchie, brachte die tschechischen Medien und kulturellen Einrichtungen zum Schweigen. Die alten Parteien wurden aufgelöst, eine neue Partei der nationalen Einheit wurde gebildet. Ein bis dahin unbekanntes Phänomen tauchte in den Straßen Prags auf: Banden junger Faschisten.

Meine ganze Kindheit über hörte ich die Diskussionen meiner Eltern und ihrer Freunde im tschechischen Emigrantenkomitee über München. Was wäre geschehen, wenn Masaryk noch gelebt hätte? Hatte Beneš eine Alternative zur Kapitulation? Hätte die tschechoslowakische Armee kämpfen sollen? Wie lange hätte sie durchgehalten? Hätten Frankreich oder Rußland sie unterstützt? Hätte der Zweite Weltkrieg vermieden werden können? Oder verkürzt? Wie viele Leben wären gerettet worden?

Meine Mutter blieb bei Diskussionen über das Münchener Abkommen immer relativ ruhig. Auch sie war von Frankreichs Haltung enttäuscht und verstand Joes Wut über die Demobilisierung. Doch ihr eigenes Leben wurde durch München nicht verändert. Im September begann immer die geschäftigste Zeit für den Salon. Der Sommer ging zu Ende, die Theatersaison begann, und die Frauen stellten beim Blick in ihre Kleiderschränke fest, daß sie nichts zum Anziehen hatten. Der Oktober war immer ein sehr arbeitsreicher Monat im Salon Weigert, und auch der Oktober des Jahres 1938 bildete keine Ausnahme. Einige Kunden waren emigriert oder sprachen von Emigration. Doch abgesehen von Peter und Helli verließ kein Mitglied der weitverzweigten Familie – zwei Brüder Sachsel und ihre Familien und Cousine Kitty mit ihrer Familie – das Land. Peter studierte in Frankreich Chemie. Und Helli war nach Ansicht meiner Mutter ein besonderer Fall. Ihr Verlobter war ein bekannter junger Kommunist, der mit einer Verhaftung rechnen mußte, wenn er blieb. Natürlich mußte Helli mit ihm gehen.

Die Rabineks hatten keine derartigen Gründe. Sie waren tschechoslowakische Bürger, und sowohl Kittys kulturzionistischer Vater als auch Francis assimilierter Vater waren stolz auf ihre Treue zu ihrem Land. Hitler hatte mehrfach erklärt, das Sudetenland sei der letzte Gebietsanspruch, den er in Europa stelle. Er habe kein weiteres Interesse am tschechischen Staat. Großbritannien und Frankreich hatten in der Sudetenfrage nachgegeben, doch sie würden sicher nicht das Abkommen brechen, das die Unverletzbarkeit der neuen Grenzen garantierte.

Im November 1938, nachdem Hunderte von Juden in Deutschland und dem ehemaligen Österreich während der Kristallnacht verprügelt oder getötet worden waren, erreichte eine weitere Welle Flüchtlinge aus dem Sudetenland Prag, und mehr als fünftausend Menschen beantragten Ausreisevisa. Doch die meisten tschechischen Juden hatten keinen Schaden erlitten, sie fühlten sich sicher und hatten keine Angst. Was in Wien, Berlin und dem Sudetenland passierte, konnte in Prag nicht passieren. In Masaryks Republik gab es kaum Antisemitismus, und auch die soziale Diskriminierung war so gering, daß die Zahl der Mischehen mittlerweile bei über dreißig Prozent lag. Die Rechte der Juden wurden wie die aller Minderheiten von der tschechoslowakischen Verfassung garantiert. Den Juden ging es in der Tschechoslowakei so gut wie nirgendwo sonst auf der Welt, sie waren nicht nur ein wichtiger Bestandteil der nationalen Geschichte, sondern stellten auch Offiziere in der Armee, Angehörige des öffentlichen Dienstes, landesweit angesehene Künstler, Ärzte und Gelehrte. Wenn jemand bei einem Essen oder einer Diskussion in einem von Emil Rabinek bevorzugten Kaffeehaus das Thema Emigration ansprach, antwortete Rabinek, daß jeder, der die Republik jetzt im Stich lasse, ein undankbarer und unpatriotischer Feigling sei.

Selbst Kittys zionistischer Vater Lev Vohryzek argumentierte, daß Auswandern eine unsichere Sache sei und das Leben in Palästina primitiv, gefährlich und unzivilisiert. Frankreich war im Kriegsfall auch nicht sicherer als die Tschechoslowakei. Amerika war unbekannt und weit weg, außerdem kam es nur für die in Frage, die Verwandte dort hatten und ein Affidavit vorweisen konnten. Manche Juden zogen exotische Ziele in Erwägung – Chile, China, Neuseeland – oder eilten ins Prager Hauptpostamt, um in amerikanischen Telefonbüchern nach den Adressen von Familien zu suchen, die den gleichen Nachnamen hatten. Einige schrieben dann flehende Briefe. Emil Rabinek schrieb einige Briefe an den nach England geflohenen Wiener Zweig seiner Familie, allerdings erwähnte er dies nie gegenüber seiner Tochter.

Das Entscheidende aber war, wie meine Mutter später erzählte, daß sie kein Geld hatten. Emil Rabinek war eine Woche nach Hitlers Einmarsch in Österreich sechzig geworden und hielt sich selbst für zu alt, zu müde und zu arm, um zu emigrieren. Jahrelang hatte er an einem eleganten Lebensstil festgehalten, den er sich nicht leisten konnte. In seiner Wohnung befanden sich immer noch sein Klavier, seine Bücher, Gemälde und erlesene Kunstgegenstände, Rabineks einziges Einkommen kam jedoch aus dem Salon Weigert. Das ganzes Geld der Familie steckte darin, und Emil Rabinek erklärte kategorisch: »In unserem Alter emigriert man nicht ohne ausreichendes Kapital.«

Franci und Pepi versuchten wie viele andere, die im Land blieben, Halt in ihrer Arbeit und der täglichen Routine zu finden. Sie mußten ein Geschäft führen, ihre Angestellten bezahlen und ihre zahlreiche Kundschaft bedienen. In jenem Winter unternahmen die beiden wie jedes Jahr ihre Einkaufsreise nach Paris und dachten nicht einmal daran, dort zu bleiben. »Sie waren alle so dumm, du kannst dir gar nicht vorstellen, wie dumm sie waren«, sagte Helli, die die beiden zu überzeugen versuchte, in Paris zu bleiben. »Sie waren zuversichtlich, daß es nicht lange dauern konnte. Deine Mutter und deine Großmutter brachten mir meinen Wintermantel, erledigten ihre Geschäfte und reisten zurück nach Prag.«

Die aufrechten tschechischen Politiker und ein Großteil der tschechischen Kulturschaffenden waren nach dem Münchener Abkommen untergetaucht. Verlage und Theater wurden streng kontrolliert. Viele junge Leute beschlich allmählich das Gefühl, daß Tomáš G. Masaryks »Insel der Demokratie in Mitteleuropa« schon von Anfang an eine Illusion gewesen war. Idealismus war etwas, worüber man sich lustig machte, überall regierte die Korruption. Der Tod von Karel Čapek, einem beliebten Schriftsteller, der ein enger Freundes von Masaryk gewesen war, trübte die Stimmung noch mehr: Es hieß, daß er nach dem Münchener Abkommen an gebrochenem Herzen gestorben sei.

Hitler übte großen Druck auf die Tschechoslowakei aus. Er zwang die neue Regierung, aus dem Völkerbund auszutreten, sich außenpolitisch neu zu orientieren, die Wirtschaftspolitik an deutschen Zielen auszurichten und eine Volkszählung bei der jüdischen Bevölkerung durchzuführen. Der Strom der Studenten und Touristen nach Prag versiegte. Viele Ausländer, die in Prag wohnten, kehrten zurück in ihr Heimatland. Die Kultur, die Leo Oppenheimer mit dem antiken Athen verglichen hatte, ging unter wie einst Atlantis. Prags Architektur blieb zwar intakt, doch sein urbaner, internationaler Geist verschwand.

Es war kalt und schneite, als die Nationalsozialisten am Morgen des 15. März 1939 in Prag einmarschierten. »Schweigend, trauernd, verlassen und gebrochen versinkt die Tschechoslowakei im Dunkel«, hatte Winston Churchill nach dem Münchener Abkommen geschrieben und die Annexion des Landes durch das Reich vorhergesagt. Franci Rabinek hatte bis dahin noch nie etwas von Churchill gehört. Nun schien, als ob alles, was zu ihr gehörte, wie Sand durch ihre Finger rann. Sie war genau zwei Jahre jünger als die Republik. Sie kannte kein anderes Leben als das in der tschechoslowakischen Demokratie, und wie viele Menschen, die in gesicherten politischen und wirtschaftlichen Verhältnissen aufwachsen, hatte Franci sie immer als selbstverständlich betrachtet. Nun, als sie sah, wie deutsche Soldaten die Straßen ihrer Stadt übernahmen, fühlte sie sich den trauernden Menschen um sie herum verbunden. Sie erlebte die Besetzung ihres Landes als Tschechin. In nur wenigen Monaten würde sie gezwungen sein, sie als Jüdin zu erleben.

Dreizehntes Kapitel

Die Strassen waren wie leergefegt an jenem eisigen Märzmorgen um sechs Uhr, als die deutsche Armee in Prag einmarschierte. In der ganzen Stadt hatten ab halb fünf die Telefone zu läuten begonnen, Radio Prag sendete eine Erklärung des Präsidenten. Er forderte angesichts der Invasion eindringlich zu Ruhe und Ordnung auf und riet von jeglichem Widerstand ab. Der Präsident sagte, er sei von Hitler gezwungen worden, den Staat zu opfern, um die Nation zu retten. Die Einheiten der tschechischen Armee wurden entwaffnet. Alle Banken waren geschlossen. »Ein regelrechter Schneesturm tobte, und der Schnee blieb auf den Straßen liegen«, schrieb der amerikanische Diplomat George Kennan. »Den ganzen Tag dröhnten und rumpelten die motorisierten Einheiten über das Kopfsteinpflaster; es waren Hunderte und aber Hunderte schneebedeckter Fahrzeuge ... Am Abend war die Besetzung der Stadt vollzogen.« Ein Jahr nachdem die Wochenschauen gezeigt hatten, wie Tausende von Wienern die Nazis jubelnd begrüßten, zeigten sie nun Gruppen schweigender oder weinender Tschechen.

Franci und Pepi standen am 15. März schockiert am Fenster. Emil Rabinek hatte bis dahin eingeräumt, daß er nach Hitlers Definition ein Jude war, doch er war immer noch nicht bereit zuzugeben, daß die Situation chaotisch war und ihre eigenen Aussichten denkbar düster schienen. Joe Schön dagegen versuchte auf einmal, Franci zu überreden, daß sie das Land mit ihm verließ. Franci wollte nichts davon hören. Sie nannte ihn einen Feigling, woraufhin er nach einem heftigen Streit allein auf das Polizeirevier ging und sich dort in die Schlange der Ausreisewilligen einreihte. Nachmittags um vier kam er endlich an die Reihe. Er gab dem deutschen Offizier seinen Paß. Der Offizier sah ihm in die

Augen und fragte, ob er vorhabe, in die Tschechoslowakei zurückzukehren. Joe Schön starrte zurück und antwortete »vielleicht«. Sein Antrag für eine Ausreiseerlaubnis wurde abgelehnt, und Joe kehrte in die Wohnung der Rabineks zurück, wo Emil versuchte, seine Frau und seine Tochter zu beruhigen.

In jener Nacht traf Hitler in Prag ein und bezog in einer bedeutungsschweren Geste Quartier im Prager Schloß, dem Sitz der tschechischen Könige und des ersten Präsidenten, Tomáš G. Masaryk. Er zitierte Präsident Hácha zu sich und ließ ihn nur durch den Dienstboteneingang herein. Von da an mußte der Präsident die Wache um Erlaubnis bitten, wenn er seinen Amtssitz betreten wollte. Später wurde eine Briefmarke herausgebracht, die zeigte, wie Hitler auf Prag herabschaute. Hitler beabsichtigte, mit solchen dramatischen Symbolen die Tschechen zu demütigen, zwanzig Jahre Unabhängigkeit auszulöschen und Böhmen und Mähren ins Reich einzugliedern.

Die Tschechen wurden wegen ihrer Kapitulation vor Hitler noch lange von den anderen Europäern verspottet. Verglichen mit den Polen, Jugoslawen oder Griechen waren die Risiken, welche die Tschechen auf sich nahmen, gering und scheinbar unbedeutend. Männer trugen die tschechische Trikolore am Kragenaufschlag, Frauen lehnten es ab, Hakenkreuzfahnen in die Fenster zu hängen. Junge Menschen versammelten sich auf dem Wenzelsplatz und sangen die Nationalhymne. Eltern behielten ihre Kinder daheim, wenn sie in der Schule an nationalsozialistischen Feiern teilnehmen sollten. Doch auf dem Gebiet, das für die Rabineks die größte Bedeutung hatte – der Politik der Nationalsozialisten gegenüber Menschen, die sie als Juden definierten – widersetzte sich die Mehrheit der Tschechen nicht nur, sondern nahm enorme Risiken auf sich.

Für die Tschechen hätte es durchaus Anlaß gegeben, sich gegen die Juden zu wenden: Prag war voll von heimatlosen und arbeitslosen tschechischen Flüchtlingen aus dem Sudetenland, die ihre materiellen Verluste wieder wettmachen wollten. Doch sowohl nationalsozialistische Beobachter als auch Nazigegner berichteten von einem auffallenden Ausbleiben antisemitischer Äußerungen bei den Tschechen. Tschechische Politiker, von einer faschistischen Randgruppe abgesehen, zögerten so lange mit dem Erlaß antijüdischer Vorschriften, daß die Nazis es aufgaben, antijüdische Gesetze hinter der Fassade der tschechischen Regierung zu erlassen, und fast alle entsprechenden Dekrete selbst verkündeten. Ein Drittel der tschechischen Juden war mit Nichtjuden verheiratet. Die meisten waren so weitgehend assimiliert, daß sie kaum mehr von der restlichen Bevölkerung zu unterscheiden waren. In Prag kam es zu keinen antisemitischen Ausschreitungen auf offener Straße, zu keinen Plünderungen jüdischer Geschäfte und abgesehen von einem Bombenanschlag auf die historische Altneusynagoge auch zu keinen Brandanschlägen.

Die Nationalsozialisten organisierten in Prag eine Ausstellung mit dem Titel »Die Juden als Feinde der Menschheit« und zwangen Schulkinder und Arbeiter, sie zu besuchen. Sie unternahmen Anstrengungen, den Mythos vom jüdischen Ritualmord wiederzubeleben, und wiesen die tschechische Polizei an, alle Akten über ungelöste Fälle mit vermißten Kindern oder Frauen wieder zu öffnen. Die antisemitische Zeitung *Der Stürmer* und andere antisemitische Literatur wurden in großen Mengen verteilt. Wie überall stellte das nationalsozialistische Regime auch in der Tschechoslowakei den freundschaftlichen Umgang von Nichtjuden mit Juden unter Strafe.

Viele Tschechen jedoch beachteten die Vorschriften nicht und lebten weiter wie bisher. Die tschechischen Behörden hatten 1938 dem nationalsozialistischen Druck nachgegeben und drei Monate vor dem Einmarsch der Deutschen ihre eintausend jüdischen Angestellten pensioniert. Die tschechische Anwaltschaft war nur zu gern bereit, jüdische Kanzleien an tschechische Besitzer zu übergeben. Doch die breite Mehrheit der Berufsverbände widersetzte sich allen antisemitischen Maßnahmen. Als einige Verwaltungsräte von Krankenhäusern und Versicherungsgesellschaften jüdische Ärzte auszuschließen begannen, protestierten viele Tschechen und gingen weiter zu ihnen. Als Druck auf Zeitungen und Verlage ausgeübt wurde, ihre jüdischen Autoren zu entlassen, wurde einigen Juden ermöglicht, ihre Arbeiten unter einem Pseudonym zu veröffentlichen. Die Kundinnen des Salon Weigert versicherten meiner Mutter und meiner Großmutter, daß sie, was immer sich auch die Nazis als nächstes ausdenken würden, ihnen weiter treu bleiben würden.

Wie die Mehrheit der tschechischen Juden fühlten sich auch die Rabineks mit dem Schicksal ihres Landes verbunden. Sie sahen ihre Nachbarn nicht auf einmal mit anderen Augen oder bekamen Angst vor ihnen wie so viele polnische, ungarische und deutsche Juden. Die tschechischen Juden hatten sich daran gewöhnt, ihr Land als sicheren Hafen zu betrachten, als Bastion einer liberalen Demokratie und als Ausnahme von der Regel, die in Mittel- und Osteuropa galt. Als im April anläßlich von Hitlers Geburtstag eine Feier im Masaryk-Stadion stattfand, waren sie nicht überrascht, daß die Tribünen auf drei Seiten leer blieben. Es ergab durchaus einen Sinn, wenn am Fuße der Statuen von Jan Hus und dem amerikanischen Präsidenten Woodrow Wilson Kränze niedergelegt wurden. Man war beunruhigt über das Auftauchen einer einheimischen Faschistenbewegung und gleichzeitig erleichtert, daß von deren öffentlichen Auftritten in der Regel niemand Notiz nahm.

Trotz der Invasion gab es in der Modewelt eine Frühjahrssaison 1939. Chanel zeigte Kleider, die stark vom ländlichen Stil geprägt waren: weite, bauschige Röcke, Bauernblusen und karierte Halstücher. Franci und Pepi bemühten sich, diesen Stil auf Prag zu übertragen, während sie in den Gesprächen ihrer Kundinnen und Angestellten Dichtung und Wahrheit zu trennen versuchten. Sie hörten, daß die Nationalsozialisten mit vorgefertigten Verhaftungslisten in das Land einmarschiert waren und daß Hunderte von deutschen Emigranten, Kommunisten, Juden, kritischen Journalisten und Politikern festgenommen worden waren. Sie erfuhren, daß viele Prominente geflohen waren oder Selbstmord begangen hatten, daß Tausende von Tschechen Visa für so exotische Länder wie China, Venezuela oder Neuseeland beantragt hatten, daß Studenten und Soldaten im Osten über die Grenze nach Polen flohen.

Emil Rabinek telefonierte und hörte Radio. Sein Deutsch war

nutzlos geworden: Die einzigen Nachrichten, denen er noch glaubte, waren die der BBC. Er hörte, daß Großbritannien sich nicht mehr länger an das Münchener Abkommen gebunden fühlte, die territoriale Integrität der Tschechoslowakei zu verteidigen, da die slowakische Abgeordnetenversammlung die Slowakei für unabhängig erklärt und damit die Republik aufgelöst hatte. Wie konnte man vertraglich verpflichtet sein, ein Land zu verteidigen, das gar nicht mehr existierte? Frankreich folgte dem britischen Vorbild und erhob keine Einwände gegen die Besetzung des Landes durch Hitler. Ohne das Sudetenland, die Slowakei und einige Gebiete im Osten wurden die historischen tschechischen Länder Böhmen und Mähren zum deutschen »Protektorat« erklärt unter dem Reichsprotektor Konstantin von Neurath, einem deutschen Adligen. Tschechoslowakische Bürger, die bei der Volkszählung von 1930 ihre Nationalität mit deutsch angegeben hatten und als »Volksdeutsche« registriert worden waren, waren nun »Reichsbürger«. Nichtdeutsche wurden als »Staatsangehörige des Protektorats Böhmen und Mähren« bezeichnet.

Franci hörte verärgert die BBC-Sendungen mit ihrem Vater und die Gespräche der Kunden im Salon Weigert zusammen mit ihrer Mutter. Sie war gerade neunzehn geworden. Helena hatte sie zur Emigration gedrängt. Ihre Cousine Helli und ihr Cousin Peter hatten das Land bereits verlassen. Doch als einziges Kind brachte es Franci nicht über sich, ihre Eltern im Stich zu lassen. Auch den Salon, den sie mit so viel Stolz leitete, und ihre dreizehn Angestellten konnte sie nicht aufgeben. Joe machte alles noch komplizierter. Er wollte sein Land nicht verlassen. Sie vermutete sogar, daß er bereits an irgendwelchen geheimen Aktionen beteiligt war. Sie dachten an Heirat.

Als Franci sich in jenem März des Jahres 1939 zum ersten Mal auf die Straße wagte, stellte sie entsetzt fest, daß fast alle Läden – Lebensmittel-, Kleider- und sogar Buchläden – von den Soldaten der deutschen Armee ausgeräumt worden waren. Die Schilder hatte man abgenommen und die tschechischen Namen darauf mit deutschen übermalt. Auf Häuserwänden und gelegentlich an Balkons prangten Hakenkreuze. Überall waren neue Uniformen und die dazugehörigen neuen Träger zu sehen. Neben dem Protektor, der deutschen Armee und der deutschen Polizei gab es noch die Gestapo. In einer Geste, die so symbolisch war wie Hitlers Übernachtung im Prager Schloß, hatte die Gestapo die Petschek-Bank zu ihrem Hauptquartier erkoren.

Während dieses ersten Monats ihres Lebens im Protektorat begriff Franci Rabinek immer noch nicht, daß die Besetzung ihr Leben für immer verändert hatte. »Den meisten Juden war gar nicht bewußt, daß sich zwischen gestern und heute plötzlich ein gähnender Abgrund aufgetan hatte«, schrieb ihre Prager Zeitgenossin Ruth Bondy später.

> Sie empfanden die Situation nicht als unerhört und beispiellos. Sie betrachteten sie als Kontinuum, wenn auch als beängstigendes, besorgniserregendes, gefahrvolles Kontinuum, aber nicht als das Ende der ihnen bekannten Welt. In den ersten Wochen der Protektoratszeit ging das Leben fast wie gewohnt weiter, ohne große Veränderungen, abgesehen von dem Wechsel vom Links- zum Rechtsverkehr, der über Nacht erfolgte. Hier brach ein alter deutscher Freund plötzlich alle Beziehungen ab, dort wechselte ein Bekannter schnell die Straßenseite … Hier und da erschienen Schilder mit der Aufschrift »Arisches Geschäft«. Doch das Leben ging seinen Gang wie bisher.

Besatzung oder nicht, die Frauen kauften weiterhin Kleider. Jeden Morgen stand Franci auf, zog sich an und durchquerte den kurzen Flur von der Wohnung der Rabineks zum Salon Weigert.

Die tägliche Routine, den Laden aufzuschließen, am Zuschneidetisch zu stehen, Mäntel, Kleider, Abend- und Reisegarderoben anzupassen, milderte den Eindruck der deutschen Invasion. Franci achtete auf die Wünsche ihrer Kundinnen und schlug Änderungen, Ergänzungen und Accessoires vor. Sie verhandelte mit den Lieferanten und beaufsichtigte die Arbeit ihrer Angestellten, deren Fehler sie zu korrigieren versuchte, ohne die Beherrschung zu verlieren. Sie stritt mit ihrem Vater über Rechnungen und bemühte sich, die Kommunikation mit Pepi aufrechtzuerhalten, während Pepi sich immer mehr in ihre eigene, schweigsame, abgeschlossene Welt zurückzog.

»Deine Großmutter saß dort in einer Ecke und – verzeih mir, wenn ich das sage – stank nach Urin«, erzählte mir Joes Cousine Vava Schön in Jerusalem. Wir blickten auf die Judäischen Hügel, und ich war froh, daß ich gegen das blendend weiße Licht anblinzeln mußte. Ich wußte sofort, daß ihre unerfreuliche Beschreibung von Pepi im Jahr 1939 wahr war.

Wir saßen auf einem Balkon in der ultraorthodoxen Siedlung Kiryat Ya'arim, wo Vavas Tochter lebte. Vavas sorgfältig frisiertes weißes Haar und die unaufdringliche Eleganz ihres Kleides hoben sich deutlich ab von den bedeckten Köpfen und formlosen Röcken der gläubigen Frauen der Stadt. Ihr eigenes Schicksal versetzte Vava immer wieder in Erstaunen. Im Frühling des Jahres 1939 begann sie ihre Karriere als junge Schauspielerin am tschechischen Theater. Wie Franci war sie bei ihrer Geburt getauft worden und in völliger Unkenntnis der jüdischen Tradition aufgewachsen. Nachdem Protektor von Neurath ein Dekret erlassen hatte, das jede Person als Jude definierte, die zwei jüdische Großeltern besaß, und Juden von allen Bereichen des öffentlichen Lebens ausschloß, war es Vava per Gesetz verboten, die Bühne zu betreten. »Ich ging jeden Tag in den Salon, nachdem sie mich beim Theater rausgeworfen hatten«, erzählte die Schauspielerin, die später ihren Namen für das israelische Publikum zu Nava Shan hebraisierte. »Deine Mutter war die Chefin und verhielt sich auch so. Ich war tief beeindruckt von ihr. Sie war noch so jung, benahm sich aber wie ein Direktor. Sie gab Anweisungen. Sie trug die Verantwortung. Francis Mutter war deprimiert und antriebslos, eine alte Frau, die allein in der Ecke saß und ihre Blase nicht mehr kontrollieren konnte. Das passierte damals den alten Frauen. Niemand dachte daran, zum Arzt zu gehen und es richten zu lassen.«

Sie stank nach Urin, wiederholte ich im stillen und versuchte, dieses unerfreuliche Detail in das Bild einzufügen, das ich mir von Pepi gemacht hatte. Meine Großmutter war damals noch nicht einmal sechzig, fünfzehn Jahre jünger als Nava heute, wohl kaum eine alte Frau. Doch die Teile fügten sich zusammen: Ihre Verletzungen bei Franzis Geburt 1920 waren nie richtig ausgeheilt. Etwa um dieselbe Zeit hatte mein Großvater das sexuelle Interesse an seiner Frau verloren und Verhältnisse mit anderen Frauen begonnen. Pepi litt seit dem Selbstmord ihrer Mutter unter Depressionen und psychosomatischen Krankheiten. Sie hatte als einzige in ihrer Familie den langsamen, unaufhaltsamen Aufstieg des Nationalsozialismus erfaßt. Die Art, wie ihr Mann ihre Angst als Hysterie abtat, hatte sie nur noch einsamer gemacht. Sie hatte ihre Tochter zu einem ungewöhnlich unabhängigen, selbstbewußten Menschen erzogen und ihr ein eigenes, gutgehendes Geschäft aufgebaut. Aber die Frau, an die sich Nava nun erinnerte, war eine schweigende, vor sich hin brütende Person mit einer zwanghaften Angst vor Verlusten.

Einen Monat nach dem Einmarsch der Deutschen in Prag hatte Franci ein Erlebnis, das sie später als ihre »erste Berührung mit der Realität« beschrieb. Ein großer blonder Mann erschien an der Tür des Salon Weigert und wies sich als Kommissar aus, der den Auftrag habe, jüdische Geschäfte zu »arisieren«. Er bat höflich um eine Führung durch die Räumlichkeiten.

Meine Mutter erwiderte seine Höflichkeit. Sie führte ihn durch das Atelier und den Salon, überschlug die Zahl der Kundinnen pro Jahr, schätzte Einnahmen und Ausgaben und beantwortete seine Fragen in fließendem Deutsch. Der junge Kommissar kam zu dem Schluß, daß mit dem Salon Weigert kein Geld zu verdienen sei, und erklärte, daß er ihr Unternehmen nicht »arisieren« werde. Im Vertrauen teilte er meiner Mutter mit, daß sie zwei Möglichkeiten habe: entweder den Salon an einen Nichtjuden zu verkaufen oder, wenn sie ihn behalten wollte, ihn *pro forma* an eine ihrer Näherinnen zu verkaufen und nach außen hin als Angestellte zu bleiben. Mit der Bemerkung, daß seine Frau ein paar neue Kleider gebrauchen könne, ging er.

Sobald der Kommissar die Tür hinter sich geschlossen hatte, unterrichtete Franci ihre Mutter und ihren Vater in knappen Worten über ihre Lage. Dann riefen sie die Angestellten zusammen. Die zwölf Näherinnen und eine Schneiderin waren alle junge

Tschechinnen, viele waren schon bei Pepi in die Lehre gegangen. Die meisten bewunderten Pepi und hatten zugesehen, wie ihre Tochter heranwuchs. Sie hatten wenig Grund zur Klage über ihre Chefinnen und wollten auch ihre Arbeit nicht verlieren. Die Rabineks wiederum waren von dem Besuch des Kommissars so schockiert und so überzeugt von der Loyalität ihrer Angestellten, daß sie seinen Rat Wort für Wort wiedergaben.

Die dreizehn jungen Tschechinnen aus dem Nähzimmer schienen nicht überrascht. In ganz Prag kam es, wie sie wußten, in allen möglichen Geschäften zu ähnlichen Vorfällen. Lebhaft wurde darüber diskutiert, welche der Näherinnen sich am besten eigne, den Salon Weigert zu »kaufen«. Schließlich kam man überein, noch einmal in Ruhe nachzudenken und am nächsten Tag eine Entscheidung zu treffen. An diesem Abend versuchte Franci, ihre Eltern davon zu überzeugen, daß ihnen nur dieser Weg blieb, doch Emil und Pepi Rabinek waren nervös. Wie konnten sie sicher sein, daß sie ihr Geschäft jemals wieder zurückbekommen würden? Wie kam Franci darauf, daß sie das Geschäft als Angestellte würde führen können? Wer würde mit den Lieferanten verhandeln? Wer würde die Schecks unterschreiben? Wie konnten sie sicher sein, daß niemand sie denunzieren würde?

Franci erklärte, daß sie keine andere Wahl hätten. Die einzige legale Alternative bestand darin, den Salon zu schließen und von ihren Ersparnissen zu leben, bis die Nazis aus Prag vertrieben worden wären. Die Rabineks hörten nicht auf, sich zu sorgen, aber sie akzeptierten, wie es inzwischen ihre Gewohnheit war, Francis Einschätzung der Lage. Mit ihren neunzehn Jahren war Franci nun verantwortlich für das gemeinsame Schicksal der Familie. Sie war die neue Generation. Die Eltern konnten nicht länger die Entscheidungen treffen.

Am nächsten Morgen meldete sich die Näherin, die am längsten im Salon Weigert arbeitete, und bot an, die offizielle Besitzerin zu werden. Meine Mutter beauftragte einen nichtjüdischen tschechischen Rechtsanwalt, von dem sie wußte, daß er bereits mehrere solcher Überschreibungen abgewickelt hatte, einen geheimen Vertrag aufzusetzen. Marie würde den Salon Weigert kaufen, Franci würde als Geschäftsführerin arbeiten. Beide sollten den gleichen Lohn erhalten und jedes zusätzliche Einkommen unter sich aufteilen. Eine Kopie des Vertrages wurde im Garten hinter dem Landhaus des Rechtsanwalts vergraben. Ein Schildermaler wurde beauftragt, Maries Namen über den Eingang zu schreiben. Die anderen Näherinnen nannten Marie nun »Fräulein Marie«, und einige alte Kundinnen Pepis fragten diskret, ob Franci für einen angemessenen Preis habe verkaufen können. Ähnliche Firmenübereignungen und Umbenennungen gab es überall in Prag. Sie waren zu einem Bestandteil des Lebens geworden.

Im Juni erließ Protektor von Neurath eine Verfügung, die Juden von nahezu jeglicher wirtschaftlicher Tätigkeit im Protektorat ausschloß. Die Verfügung enthielt auch die Anordnung, daß die Juden alles Platin, Gold, Silber und alle Edelsteine in ihrem Besitz bei einer speziellen Stelle registrieren lassen mußten. Die Reaktion von Joes Mutter auf diese Anordnung führte zu Francis erster Begegnung mit der Gestapo.

Frau Schön hatte beschlossen, einen Teil ihrer Juwelen bei einem Freund und ehemaligen Kommandanten ihres Sohnes in Sicherheit zu bringen. Sie notierte den Namen des Majors und eine Beschreibung des Schmucks auf einem Zettel und deponierte ihn in der Wohnung von Joes Bruder. Joes Bruder wurde jedoch von Gestapoagenten überwacht, der Zettel wurde entdeckt, und die Gestapo nahm Joes Bruder und seine Mutter fest. Als man Frau Schön fragte, wo Joe sich aufhalten könnte, nannte sie Franci, und alle drei Rabineks wurden ebenfalls verhaftet.

Ihre erste Begegnung mit der Gestapo im Juni 1939 muß Franci in große Angst versetzt haben, doch ihre Identität war noch intakt. Sie war immer noch eine junge, tschechische Bürgerin mit allen Rechten, eine berufstätige Frau, die sich ihrer Bürgerrechte sicher wähnte. Wenn meine Mutter an ihr erstes Verhör zurückdachte, sagte sie in jener besonderen Sprache, die ich meine ganze Kindheit über zu dechiffrieren versuchte, daß sie nicht »mißhandelt« worden sei. Die Gestapoleute hätten sie nicht geschlagen. Sie boten ihr nur im Wechsel Schokolade an und drohten, sie zu erschießen, wenn sie ihre Fragen nicht beantworte. Sie sei »nicht bereit« gewesen, ihnen etwas zu erzählen. Sie sorgte sich um ihre Eltern und darüber, daß die Gestapo die geheime Abmachung über den Salon Weigert herausfinden könnte. Sie erklärte, daß sie nichts über den Major und über den Schmuck der Mutter ihres Freundes wisse.

Am Abend wurden alle drei Rabineks nach ihren Verhören ins Pankrác-Gefängnis gebracht. Dort mußten sie sich an einer Wand aufstellen und wurden dann in verschiedene Zellen eingewiesen. Franci kam zu zwei Frauen mittleren Alters in eine Zelle, beide keine Jüdinnen. Ludmilla stellte sich als Frau eines Offiziers der tschechoslowakischen Armee und Funktionärs bei Sokol vor, der das Land verlassen hatte, Marianne als Österreicherin und ehemalige Schauspielerin. Francis erste Worte waren, daß sie aus Versehen verhaftet worden sei, woraufhin sich Ludmilla zur Wand drehte, um weiter zu schlafen, und Marianne in Gelächter ausbrach. Franci, zu deren Kundinnen Prager Frauen aller Schattierungen gehörten, stufte die erste als Witwe und die zweite als *Femme fatale* ein, wie sie von Greta Garbo gespielt werden könnte.

Die stattliche Ludmilla saß seit drei Monaten im Gefängnis. Sie wurde verdächtigt, Informationen über die geheime Tätigkeit ehemaliger tschechischer Armeeoffiziere zurückzuhalten. Sie war seit fünfundzwanzig Jahren mit ihrem Mann verheiratet und strahlte die phlegmatische, beruhigende Gelassenheit einer tschechischen Matrone aus. Die rothaarige, lustige und extravagante Marianne, erfuhr meine Mutter, war mehrmals verheiratet gewesen oder hatte mit vielen Männern zusammengelebt. Der letzte war ein jüdischer Journalist aus Wien gewesen, der wie Ludmillas Mann das Land verlassen hatte. Marianne hatte sich unter Berufung auf rassische Gründe von ihm scheiden lassen und dann ihre gemeinsamen jüdischen Freunde unterstützt. Sie hatte Geld und Juwelen in die Schweiz geschmuggelt, während sie mit einem SS-Offizier eine Affäre hatte, der in Wien stationiert war. Als er an einen anderen Ort versetzt wurde, war sie ins Protektorat gezogen und hatte Kontakt zum tschechischen Widerstand aufgenommen.

Unter anderen Umständen, dachte meine Mutter, hätten Ludmilla und Marianne niemals ein Zimmer miteinander geteilt. Ludmilla fand, daß Mariannes Geschichten über ihre sexuellen Eskapaden zu pikant waren für die Ohren einer neunzehnjährigen Tochter aus einer Prager Mittelschichtfamilie, und Mariannes Beziehung zu einem SS-Offizier hielt sie für abstoßend. Franci war natürlich von jeder Einzelheit in Mariannes Liebesleben fasziniert und so von ihr beeindruckt, daß sie ihren Lektionen über den Nationalsozialismus aufmerksam zuhörte.

Ludmilla und Marianne übernahmen die seit langem überfällige politische Aufklärung der Franci Rabinek. Sie wiesen sie an, niemals etwas zuzugeben, was man ihr bei einem Verhör nahelegte, niemals an irgendeiner Belohnung Interesse zu zeigen und niemals freiwillig irgendwelche Informationen preiszugeben, vor allem keine Namen. Stundenlang erklärten die beiden Frauen Franci Hitlers Vision von Europa und das alltägliche Funktionieren der Nazimaschinerie. Sie versuchten, Franci begreiflich zu machen, daß das, was sie in den Wochenschauen gesehen hatte, wirklich stimmte. Die Nazis seien Schlächter, sagten sie. Nach der nationalsozialistischen Ideologie seien alle Juden Untermenschen, und sie, Franci Rabinek, würde genauso wie jeder andere Jude behandelt werden, es spiele keine Rolle, daß ihr Vater Offizier in der österreichischen Armee gewesen und sie getauft war.

Marianne beschrieb die brutale Demütigung der Wiener Juden, die Verhaftungen und die Beschlagnahmung ihres Eigentums. Sie drängte Franci, daß sie alles unternehmen müsse, um aus dem Protektorat herauszukommen. Sie sagte, daß es dumm von den Rabineks sei, weiterhin direkt neben dem Salon zu wohnen. Ihre Anwesenheit gefährde Marie, außerdem würde eine große, moderne Wohnung mitten im Stadtzentrum früher oder später von den Nazis konfisziert werden. Franci müsse jetzt in eine unauffälligere Wohnung ziehen und dürfe nicht warten, bis man sie hinauswerfen würde.

Ludmilla stimmte Marianne zu. Die Abneigung der beiden gegen den Nationalsozialismus war stärker als ihre stärksten persönlichen Differenzen, und ihr Wille zum Widerstand steckte meine Mutter an. Franci erinnerte sich später an Pankrác als das erste Klassenzimmer in der Schule des Lebens, die der Krieg für sie wurde, und an Ludmilla und Marianne als ihre ersten Lehrerinnen. Bis dahin hatte sie die meisten Frauen – mit Ausnahme ihrer Mutter und Helena – als hilflose und größtenteils uninteressante Geschöpfe betrachtet. Emil Rabinek hatte seine Verachtung gegenüber allem Weiblichen, die seine angebliche Aufgeschlossenheit gegenüber der Frauenrechtsbewegung widerlegte, nie verborgen, Franci hatte seine Verachtung übernommen und ihre eigenen Beobachtungen aus dem Salon hinzugefügt. Dank ihrer beiden Mitgefangenen sah sie Frauen in einem neuen Licht.

Nach der Entlassung aus Pankrác kehrte Franci in eine verlassene Wohnung und ein leeres Atelier zurück. Keine Nachricht von Joe, kein Zettel von Marie, kein Lebenszeichen von ihren Eltern. Sie durchwühlte den Schreibtisch ihres Vaters, an dem er die Buchhaltung für den Salon erledigte, und suchte nach einer versteckten Botschaft. Statt dessen fand sie ein unbeschriftetes Röhrchen mit kleinen Tabletten.

Ihr war klar, daß es sich um Gift handelte. Seit Franci denken konnte, hatten beide Rabineks immer wieder mit Selbstmord gedroht, mittlerweile ein nur zu vertrautes Ritual, das niemanden mehr erschreckte. Doch seit der Besetzung häuften sich Selbstmorde aus Verzweiflung, oft in aller Öffentlichkeit. In einem Fall sprangen vier Juden, einer nach dem anderen, von einem Gebäude im Stadtzentrum. Franci wollte nicht, daß ihr Vater, der so impulsiv und so überzeugt von seinen Ansichten war, so leichten Zugang zu einem tödlichen Gift hatte. Noch am selben Tag brachte sie die Pillen zu einem Apotheker, und der ersetzte sie durch Saccharin.

Als Emil und Pepi Rabinek einen Tag später zurückkehrten, tobte Emil vor Wut gegen Joe, weil er ihn für ihren Gefängnisaufenthalt verantwortlich machte. Er marschierte in der Wohnung auf und ab und schimpfte über die Dummheit von Frau Schön, Listen anzulegen, die unschuldige Leute ins Gefängnis brachten. Pepi war bleich und wog fünf Kilo weniger. Krank vor Sorge hatte sie schließlich fest geglaubt, daß Franci deportiert worden sei, und jetzt konnte sie nicht aufhören zu weinen und ihre Tochter zu umklammern. Joe entschuldigte sich zwar, trat aber noch großspuriger auf als sonst. Er erzählte ihnen, daß er ihre Freilassung veranlaßt habe. Es sei ihm gelungen, Leute bei der Gestapo zu bestechen.

Joe erzählte eine komplizierte Geschichte. Er hatte einen befreundeten tschechischen Anwalt angeheuert, der für die lächerliche Summe von zwanzigtausend tschechischen Kronen, die in eine Ausgabe von *Mein Kampf* gesteckt worden waren, ihre Freilassung erwirkt hatte. Die Gestapo hatte den Major nicht verhaftet. Sie hatten die Juwelen beschlagnahmt und ihn nach einem Vortrag über die Gefahren, ein »Judenfreund« zu sein, laufen lassen. Joe zog aus dem ganzen den Schluß, daß sie nichts zu befürchten hatten. Man konnte Nazis wie alle anderen bestechen: Man brauchte nur Geld.

Daraufhin erzählte Franci, was sie von ihren Zellengenossinnen in Pankrác erfahren hatte, aber sowohl ihr Vater als auch ihr Freund nahmen ihre Worte nicht ernst. Wie konnte Franci nur so naiv sein und das glauben, was man ihr in einer Zelle erzählte? Wußte sie denn nicht, daß in einer Zelle immer auch ein Spitzel war? War Marianne nicht als *Provocateur* von der Gestapo eingesetzt? Welche Art Frau prahlte mit einer Affäre mit einem SS-Mann?

Die Rabineks waren wie Joe nach ihrem zweiwöchigen Aufenthalt in Pankrác optimistischer, was den Nationalsozialismus anging. Joe hatte recht mit seiner Behauptung, man könne die Deutschen kaufen. Jeder Gefangene, den sie getroffen hatten, drängte danach, gegen Hitler zu kämpfen. »Kaum irgendwo auf der Welt sehnt man einen Krieg so dringend herbei wie in Böhmen und Mähren«, schrieb George Kennan in einem Telegramm nach Washington. Die tschechische Armee war ins Exil und in den Untergrund gegangen, um sich neu zu formieren. Abgesehen von einer kleinen tschechischen Faschistengruppe widersetzte sich die ganze Nation den Deutschen. Ihr Widerstand war lächerlich und entsprach mehr der gutmütigen Obstruktion des Braven Soldaten Schweijk als Heldenmut, doch trotzdem beflügelte die

Tschechen ein Gefühl der Solidarität gegen einen gemeinsamen Feind. In der schützenden Dunkelheit der Kinos zischten die tschechischen Zuschauer bei deutschen Wochenschauen, in den Kaffeehäusern reichten tschechische Kellner deutschen Gästen ihre Zeitungen nur verkehrt herum. Die Telefonleitungen in deutschen Ämtern wurden auf mysteriöse Weise durchtrennt oder kurzgeschlossen; auf deutsche Autos wurden Hammer und Sichel gemalt und immer, wenn ein Deutscher eine Frage stellte, antworteten die Tschechen »*Nerozumím*«, »Ich verstehe nicht«.

Kennan beschrieb seinen Vorgesetzten im Außenministerium den Sommer des Jahres 1939 als eine Jahreszeit mit ungewöhnlichem Wetter und vielen Gewittern, »voller düsterer Symbolik für die rasch wechselnden Gefühle und Ängste der Menschen«.

> Alles ist in der Schwebe. Niemand ergreift die Initiative. Es gibt keine Pläne für die Zukunft. Das kulturelle Leben und die Vergnügungen gehen weiter, aber man nimmt nur mit halbem Herzen und fast mechanisch daran teil. Die Theater und andere Veranstaltungen sind schwach besucht, und das Publikum zeigt kein Interesse. An den Sommerabenden sitzen die Leute am liebsten in den Biergärten oder Anlagen am Fluß, um über die unzähligen Gerüchte zu sprechen, an die sie selbst kaum glauben, und um mit erzwungener Geduld auf das Herannahen von irgend etwas zu warten, das niemand näher bezeichnen kann, von dem aber jeder überzeugt ist, es müsse kommen und das Leben von Grund auf verändern. Die nächste Zukunft dürfte zeigen, ob diese abwartende Haltung das Zeichen für einen gesunden Instinkt oder nur Ausdruck des natürlichen Widerwillens der Menschen ist, die aus einem zwanzig Jahre dauernden Traum von der Unabhängigkeit erwacht sind und nun wieder die Rolle eines dienenden Volkes haben übernehmen müssen.

Franci Rabinek jedoch verharrte nicht in Untätigkeit. Sie machte sich auf die Suche nach einer geeigneten Wohnung in den Prager Vororten, in die ihre Familie umziehen konnte.

Im August wurden die Juden erstmals völlig vom tschechischen Kulturleben ausgeschlossen. Protektor von Neurath erließ eine Bestimmung, nach der alle Juden, die in Böhmen und Mähren lebten, nach Prag umsiedeln mußten. Dort war es ihnen verboten, Restaurants, Kaffeehäuser, Spielplätze, Museen, Theater und Konzertsäle sowie Schwimmbäder, Badehäuser, Krankenhäuser und Pflegeheime aufzusuchen. Schilder mit der Aufschrift »Für Juden verboten« hingen an jedem Eingang. Franci und Kitty, die daran gewohnt waren, sich vor der Sommerhitze in den Schwimmverein und in klimatisierte Kinos zu flüchten, fühlten sich erheblich eingeschränkt. »Man wußte, daß man nichts wert war, weil man Jude war«, erzählte mir Kitty später in Prag. »Die ganzen Einschränkungen führten allmählich zum völligen Verlust der Selbstachtung.«

Beiden Cousinen erschien ihre aufgezwungene jüdische Identität wie eine Strafe, die sich ein Wahnsinniger für sie ausgedacht hatte. Franci hatte noch nie in ihrem Leben eine Synagoge betreten oder ein jüdisches Gebet gesprochen. Sie und Kitty hatten Weihnachten immer mit wunderschön geschmückten Christbäumen, Karpfensuppe, gefüllter Gans und köstlichen Plätzchen gefeiert. Sie waren typische Prager Mädchen, die gern vor dem Spiegel standen und ihre Augenbrauen und Lippen genauso schminkten wie die Hollywoodstars. Nun gab die nationalsozialistische Propaganda das Schönheitsideal vor. »Arisch« mußte man aussehen, und auf einmal wurde über die Merkmale der jüdischen Physiognomie öffentlich diskutiert. Kitty beschloß, ihr Haar zu bleichen. Francis Haare waren so dunkel, daß Bleichen aussichtslos war. Gegen ihre »jüdischen« braunen Augen konnten sie nichts unternehmen, daher richtete sich ihre Aufmerksamkeit auf ihre Nasen.

Kittys Nase war schmal, gerade und unauffällig, doch Francis Nase war lang und am Ende leicht gebogen, das Paradebeispiel für eine »jüdische« Nase. Francis ganze Frustration über die Einschränkungen durch die Nazis richtete sich gegen die Länge und Form ihrer Nase. »Ich dachte, wenn meine Nase anders aussehen würde«, sagte sie später einmal zu mir, »dann könnte ich ins

Kino gehen.« Während dieses merkwürdigen Sommers kurz vor Kriegsausbruch überredete meine Mutter ihren Freund, ihre Eltern und einen Prager Gesichtschirurgen, ihr mit einer Nasenoperation zu helfen.

Am 1. September 1939, dem Tag, als Hitler in Polen einfiel und die Alliierten Deutschland den Krieg erklärten, erlebte meine Mutter den Jubel der Tschechen benommen von postoperativen Kopfschmerzen. Ihr Arzt hatte ihr eingeschärft, einige Wochen lang nicht in den Spiegel zu sehen. Ihre Nase sei furchtbar geschwollen. Aber er hatte ihr auch versichert, daß die Operation erfolgreich verlaufen war: Ihre Nase sei nun kurz und gerade, mit einem leichten Schwung nach oben, ganz ähnlich wie die ihrer Mutter.

Ich stelle mir vor, wie Pepi ihre Tochter mit einer gewissen Traurigkeit pflegte, da sie ahnte, wie nutzlos es war, eine Nase zu korrigieren, wenn die ganze Welt der Korrektur bedurfte. In Paris schloß Coco Chanel ihr Modehaus mit der Erklärung, daß der Krieg nicht die rechte Zeit für Mode sei. Die Rabineks warteten wie so viele andere Prager Familien in jenem September auf die Nachricht, daß die Engländer und Franzosen Deutschland angriffen. Gewiß würden sie Deutschland vernichten und Hitlers Regime bis Weihnachten beseitigt haben. Doch von Vernichtung der Deutschen konnte keine Rede sein, vielmehr wüteten sie in Polen. Anstatt anzugreifen, warteten die Franzosen, bis sie von den Deutschen angegriffen wurden. Die Engländer waren auf einen Krieg nicht vorbereitet. Die Amerikaner hielten an ihrer Neutralitätspolitik fest.

In Prag verschaffte die Enttäuschung über den »Sitzkrieg« der Widerstandsbewegung Zulauf. Protektor von Neurath ließ als Warnung an politisch Andersdenkende fast zweitausend Angehörige der tschechischen Intelligenz in Konzentrationslager bringen, doch die Deportationen verstärkten eher noch die allgemeine Entschlossenheit zum passiven Widerstand. Am 30. September boykottierten die Tschechen die öffentlichen Verkehrsmittel und gingen zu Fuß. Zuvor war das Gerücht aufgetaucht, daß der Gewinn, den die Straßenbahn an diesem Tag erwirtschaftete, von den Nazis für das Winterhilfswerk verwendet werden sollte. Am 28. Oktober, dem tschechoslowakischen Unabhängigkeitstag, demonstrierten so viele Menschen, daß die deutsche Polizei gerufen wurde. Im November löste die Beerdigung eines Medizinstudenten, der bei der Demonstration erschossen worden war, eine weitere Welle von Studentenprotesten aus. Auf Anordnung Hitlers ging man zum zweiten Mal massiv gegen die tschechische Intelligenz vor.

SS-Truppen führten Razzien in Studentenheimen in ganz Prag durch, dabei wurden neun Studentenführer getötet und zwölfhundert Studenten in Konzentrationslager gebracht. Alle Hochschuleinrichtungen in der Tschechei mit insgesamt etwa neunzehntausend Studenten wurden gewaltsam geschlossen. Tschechische Bibliotheken, Archive und Laboratorien wurden mutwillig zerstört. In einem weiteren symbolischen Akt wurde die juristische Fakultät der Prager Karlsuniversität zum SS-Hauptquartier erklärt.

Die willkürliche Auswahl der Opfer und die Herrschaft des Terrors versetzten die Bevölkerung in Aufruhr. Gerüchte machten die Runde: Die Nazis planten, alle tschechischen Frauen sterilisieren zu lassen, Zigaretten würden heimlich mit Chlor und Blei versetzt, um die Menschen zu vergiften, alle tschechischen Eheschließungen sollten verboten werden. Eltern lehnten es ab, ihre kranken Kinder zu deutschen Ärzten zu bringen. Man mied deutsche Geschäfte und weigerte sich, Deutsche in den eigenen Läden zu bedienen. Die Nazis zogen die Schrauben fester an: Im ganzen Protektorat wurden die tschechischen höheren Schulen geschlossen. Jeder Tscheche mußte dem Hakenkreuz seine Ehrerbietung erweisen, ansonsten drohte ihm die Verhaftung. Jegliche Zurschaustellung von tschechischem Nationalgefühl wurde untersagt. Das Hören ausländischer Radiosendungen wurde verboten. Juden waren zusätzlichen Einschränkungen unterworfen, zudem mußten sie spezielle Ausweise mit sich führen, die mit dem Buchstaben J gekennzeichnet waren. Sie durften keine Radios mehr besitzen. Ab 20 Uhr galt für sie Ausgangssperre.

Franci ärgerte sich über die Verbote und Einschränkungen. Zu

Beginn des Jahres 1940 arbeiteten alle Rabineks für den Salon Weigert, doch Pepi war nur noch ein Schatten ihrer selbst. Emil führte immer noch die Bücher, doch seit die Rabineks ihr kostbares Radio hatten abgeben müssen, drehte sich in seinem Tagesablauf alles um die vier täglichen Sendungen der BBC in Tschechisch. Täglich lief er mehrere Kilometer durch Prag zu einem ehemaligen tschechischen Angestellten und hörte dort Radio, anschließend kehrte er nach Hause zurück und brachte auf seinen Landkarten im Schlafzimmer den Frontverlauf auf den neuesten Stand.

Joe Schön, mittlerweile Francis Verlobter, war jeden Abend zur Stelle, arrangierte die Nadeln mit ihren sorgfältig beschrifteten Fähnchen auf der Europakarte und diskutierte militärische Strategien und die neuesten Nachrichten. Joe hatte noch nie gearbeitet. Sein Militärdienst war die einzige bedeutsame Tätigkeit in seinem bisherigen Leben. Einige seiner ehemaligen Kameraden arbeiteten mittlerweile für den tschechischen Widerstand und verhalfen tschechischen Männern zur Flucht, damit sie der tschechischen Exilarmee in England beitreten konnten. Joe hatte außerdem seinen Familiennamen Schön in das tschechische »Solar« geändert. Ein jüdischer Name brachte nicht nur ihn selbst, sondern auch die, mit denen er zu tun hatte, in Schwierigkeiten.

Ohne große Feier beging Franci ihren zwanzigsten Geburtstag. Ich stelle sie mir vor, wie sie mühsam ihre Wut unterdrückte, erbost, daß das Überleben der gesamten Familie von ihrem guten Verhältnis zu Marie abhing, erbost über die Einschränkungen, erbost über den Verlust ganz normaler Freuden im Leben eines Erwachsenen. Ihre neue Nase hatte ihr keinen Zugang zu den Kinos verschafft. Pepi hatte solche Angst vor den regelmäßigen Razzien der Gestapo in den Kinos, daß sie jedes Mal ganz aus der Fassung geriet, wenn Franci den Wunsch äußerte, einen Film zu sehen.

Im April 1940 fiel Dänemark an Deutschland, kurz darauf Norwegen. Joe beschloß, daß es an der Zeit sei, sich ebenfalls der tschechischen Exilarmee anzuschließen, anstatt immer nur anderen Soldaten zur Flucht über die Grenze zu verhelfen. Es gab einen langen und tränenreichen Abschied von den Rabineks, selbst der unwirsche Emil war zu Tränen gerührt. Dann verschwand Joe, nachdem er noch dafür gesorgt hatte, daß am Tag nach seiner Abreise zwei Blumengebinde für Franci und Pepi geliefert wurden.

Franci hatte sich gerade an die Abwesenheit ihres Verlobten gewöhnt, als Joe eine Woche später unrasiert, schmutzig und nach Jauche stinkend wieder auftauchte. Seine Gruppe war von einer deutschen Patrouille abgefangen worden. Einige seiner Kameraden wurden erschossen, andere verhaftet. Er und ein Freund hatten sich größtenteils zu Fuß nach Prag durchgeschlagen. Tschechische Bauern hatten ihnen geholfen und sie in ihren Scheunen versteckt. Joe bedeutete eine Gefahr für jeden, bei dem er sich aufhielt. Er mußte ein paar Wochen lang untertauchen.

Im Mai fielen Holland und Belgien. Im Juni nahm die deutsche Armee Paris ein. Im Juli wurden alle jüdischen Kinder im Protektorat vom Schulunterricht ausgeschlossen. Franci fühlte sich in die Enge getrieben. Sie bestand gegenüber ihren Eltern darauf, daß es höchste Zeit war, aus der Stadt wegzuziehen. Der Salon Weigert wechselte den Standort, und sie selbst fanden eine kleine Wohnung in Barrandov, der tschechischen Filmkolonie am Rande der Stadt. Ein Großteil von Emil Rabineks geliebtem Besitz, darunter sein Klavier, wurde verkauft. Die übrigen Bücher, Gemälde, Möbel und Kleider wurden in die kleine Wohnung gestopft.

Der Umzug war zwar notwendig und vernünftig, doch Franci zuwider. Ihr ganzes Leben lang hatte sie in einer großen Wohnung mitten in der Stadt gelebt, nur wenige Minuten von den Cafés und Kinos entfernt, so daß sie sich von einem Augenblick auf den anderen entscheiden konnte auszugehen. Nun saß sie in einem abgelegenen Vorort fest, wo die Straßen wie ausgestorben waren, von wo Filmstars in Autos mit Chauffeur in die Stadt gefahren wurden, gewöhnliche Leute wie sie jedoch mit dem Fahrrad fahren oder auf den Bus warten mußten, der Hunderte von Filmtechnikern und Statisten zu den Filmstudios und wieder zurück transportierte. Francis einziger Lichtblick in der Welt war Joe, mittlerweile ein Held, weil er nur knapp dem Tod entgangen war. Joe schenkte ihr Blumen, kaufte ihr einen kleinen Hund und brachte sie zum Lachen.

Auf dem Prager Rathaus, wo Emil und Pepi geheiratet hatten, waren keine jüdischen Trauungen mehr erlaubt. So heirateten Joe und Franci im August 1940 in einem kleinen Bezirksrathaus. Juden durften keine Taxis mehr benutzen, daher fuhren die Hochzeitsgäste mit der Straßenbahn. Ein Lehrmädchen aus dem Salon brachte den Brautstrauß mit, um der Braut das Aufsehen zu ersparen. Da Juden auch keine Restaurants mehr besuchen durften, wurde »Père Louis«, das französische Bistro, in dem die Jungvermählten Stammgäste waren, für die Hochzeitsfeier »wegen Krankheit geschlossen«.

Die Hochzeitsfotos, die den Krieg überlebt haben, zeigen Franci Solar in einem schwarzen Hochzeitskleid und einem albernen Hut als ziemlich glückliche Braut. Joe sieht aus wie Rudolph Valentino. Ihre Flitterwochen verbrachten sie in Zlin, einer Stadt, die für ihre Schuhindustrie bekannt war, denn Juden durften nur in ganz wenigen Hotels im Protektorat wohnen, und Joe hatte dort einen Freund.

Nach ihren viertägigen Flitterwochen kehrten die Solars in die enge Wohnung der Rabineks in Barrandov zurück und begannen ihr Leben als Eheleute.

Vierzehntes Kapitel

ICH WUCHS MIT DER VORSTELLUNG auf, das normale Leben hätte während des Kriegs aufgehört. Den Krieg sah ich als sechs lange Jahre, in denen alle Farbe aus der Welt gewichen und nur noch das Grau der Schlachtfelder und Konzentrationslager übriggeblieben war. Natürlich war es nicht so, jedenfalls nicht für meine Mutter und die anderen tschechoslowakischen Juden. Der Übergang vom Vorkriegsleben zu den Deportationen dauerte drei Jahre und erfolgte schrittweise, jeder Schritt schränkte den Bewegungsspielraum ein Stück weiter ein. Aber selbst diese aufgezwungenen Einschränkungen waren nicht so offensichtlich, wie es im Rückblick scheint. Der Alltag ging unabhängig und unbeirrt von den Nazis weiter. Wahrscheinlich hat die Sonne das Desaster manchmal hell erleuchtet und der Regen einen Triumph weggespült – Gewohnheiten, Launen, Glück und Pech gab es unter der Besatzung genauso wie Liebe, Krankheit, Geburt und Tod. Im Oktober 1940, sechs Wochen nach Francis Hochzeit, musterte Pepi Rabinek das Gesicht ihrer Tochter und vermutete, daß sie schwanger war.

Die Bestätigung des Arztes führte im Hause Rabinek-Solar zu großer Aufregung. Pepi erinnerte sich an ihre eigene unerwartete Schwangerschaft und wurde weinerlich und sentimental. Joe Solar war entzückt über die Nachricht, er werde Vater. Emil Rabinek bekam einen seiner Wutanfälle. Er schimpfte über den Leichtsinn und die Verantwortungslosigkeit, ein Kind in diese Welt zu setzen. 1919 hatte er von seiner Frau verlangt, sie solle abtreiben, nun verlangte er es von seiner Tochter.

Franci mußte ihm zustimmen. Ein Kind zu haben war ausgeschlossen. Sie war zwanzig Jahre alt und das einzige Familienmitglied mit einem Einkommen. Joe hatte keine Arbeit. Er verbrachte seine Zeit mit Kameraden vom Militär und ließ sich auf Geschichten ein, die, wie er sagte, zu gefährlich seien, um darüber zu sprechen. Auch die alten Rabineks waren arbeitslos. Nachdem sie nach Barrandov gezogen waren, hatte Marie Franci wissen lassen, daß ihre Eltern zu fast nichts mehr zu gebrauchen seien und daß sie nicht mehr länger für drei Juden den Kopf hinhalten könne. Meine Mutter schrieb später:

> *Marie hatte sich langsam verändert. Nachdem sie nun ein florierendes Geschäft besaß, hatte sie einen Status erreicht, von dem sie bis dahin nur träumen konnte. Die ständige antisemitische Propaganda in den Zeitungen hatte diesem einfachen Mädchen das Risiko vor Augen geführt, das sie eingegangen war, und eine Rechtfertigung für die vertauschten Rollen gegeben. Nun siegten die Deutschen, und es gab nicht das geringste Anzeichen, daß nicht alles ihr ganzes Leben lang so bleiben könnte wie bisher. Sie sagte sich, einer von unserer Familie im Geschäft sei genug, daß die alten Kunden weiterhin kämen. So verloren meine Eltern ihre Arbeit.*

Daß sie abtreiben mußte, war für Franci keine Frage. Sie hatte zwar immer zu Helena und Kitty gesagt, sie wolle Kinder, aber nicht sofort; schließlich war ihr Mann ein großes Kind, und sie konnte ihn sich als Vater einfach nicht vorstellen. Die ständig neuen Nazi-Verordnungen schränkten das Leben eines jüdischen Kindes deutlich ein: Juden durften sich nicht in öffentlichen Parkanlagen aufhalten, sie durften die Boote auf dem Fluß nicht benutzen, sie durften keine Schulen, Kinos und Theater besuchen.

Abtreibungen waren in der Tschechoslowakei zwar verboten, das Gesetz wurde aber oft umgangen. Unter der nationalsozialistischen Besatzung standen jüdische Ärzte unter strenger Beobachtung, und Christen durften keine jüdischen Patienten behandeln. Schließlich fand ein Kamerad von Joe doch einen Gynäkologen, der bereit war, den Eingriff vorzunehmen. Seine Frau würde als Krankenschwester fungieren. Es würde keine richtige Betäubung geben, und Franci würde die Praxis gleich nach der Operation verlassen müssen. Joe bat seine Frau bis zum letzten Augenblick, ihre Meinung zu ändern, aber sie blieb dabei. Nach dem Eingriff packte man sie ins Auto eines Freundes und fuhr sie nach Hause. Pepi saß an ihrem Bett und maß ihre Temperatur. Am nächsten Tag fuhr Franci schon wieder mit dem Fahrrad.

In der wissenschaftlichen Literatur über das Protektorat werden die Jahre 1940 und 1941 als relativ ruhig beschrieben. Im Gegensatz zu anderen Ländern, in die Hitler einmarschierte, wurde das Protektorat nicht bombardiert. Die Soldaten verloren ihre Ehre und ihre Waffen, nicht aber ihr Leben. Da Hitler die tschechischen Arbeiter brauchte, waren Waffen, Verpflegung und die Rationen im Protektorat besser als in Deutschland. Für die tschechischen Juden war das Leben zwar schwieriger als für andere Bevölkerungsgruppen, aber unvergleichlich besser als für die Juden in Polen, Deutschland und Österreich.

Ein Jahr nach dem deutschen Einmarsch in Prag lebten die Rabineks noch unbehelligt in ihrer kleinen Wohnung in Barrandov. Franci fuhr jeden Morgen mit dem Fahrrad in die Stadt, zog sich um und schlüpfte in ihre Rolle als Chefin des Salon Weigert. Sie hatte nun begriffen, was es bedeutete, unter der Besatzung zu leben, nämlich daß sie absolut machtlos waren. Das zu akzeptieren war hart für Franci, sie fand es ungerecht, empörend. Sie hatte einer ehemaligen Angestellten zu gehorchen und war zahllosen Demütigungen ausgesetzt, nur weil ihre Großeltern zufällig »Rassejuden« waren.

Zu Hause zwang sich Franci, ihre Eltern nicht zu kritisieren. Bei der Arbeit bemühte sie sich, ihre Abneigung gegen Marie zu zügeln und eine herzliche Beziehung zu ihr aufrechtzuerhalten. Manche Kundinnen regten sich über Pepis Abwesenheit auf und drohten, ihre Aufträge einem anderen Geschäft zu geben, wenn nicht die wirkliche Besitzerin des Modesalons zurückkäme. Franci wußte nicht, wie lange sie noch die Stellung halten konnte. Jeden Morgen, wenn sie ihre Arbeit antrat, schaute sie in Maries Gesicht, versuchte, ihre Gedanken zu lesen, und fragte sich, wieviel Zeit ihr noch blieb. Eine Woche? Ein Monat?

In Barrandov wurde Pepi Rabinek Hausfrau. Einen Haushalt zu führen wurde für Juden immer schwieriger. Im August erhielten die Geschäfte die Anweisung, die Einkaufszeiten für Juden auf zwei Stunden am Morgen und eineinhalb Stunden am Nachmittag zu begrenzen. Im Oktober verbot eine weitere Verordnung die Ausgabe von Kleidermarken an Juden. Die Schwarzmarktpreise für Kleidung, Lebensmittel, Kohle und Seife stiegen, es war sinnlos, mit Erbstücken zu bezahlen, denn der Markt wurde mit Schmuck und Kunstgegenständen regelrecht überschwemmt. Pepi bemühte sich, gute Beziehungen zu den Nachbarn, den Ladeninhabern und zu ihrem Mann aufzubauen.

Durch die Besatzung waren meine Großeltern gezwungen, das beste aus ihrer Ehe zu machen. Mit zweiundsechzig Jahren mußte Emil Rabinek nach langer Zeit wieder das Bett mit seiner Frau teilen. Er lebte nun weit entfernt von seinen ehemaligen Geliebten und konnte sich seine kostspieligen Gewohnheiten nicht länger leisten. Er ging seltener zum Barbier, und statt ins Kasino zu gehen, blieb er zu Hause und las seine geliebten deutschen Klassiker, er half seiner Frau beim Einkaufen, spielte mit seinem Schwiegersohn Schach, und zusammen mit seiner Frau und Tommy, Francis Terrier, spazierte er durch die Wälder und über die Felder. Seinen Tagesablauf richtete er nach wie vor nach den BBC-Sendungen aus und hielt seine detaillierten Kriegskarten auf dem laufenden.

Höhepunkt der Sendungen war Jan Masaryks *Volá Londýn!* (Hier spricht London!), das mit den Klängen von Beethovens Fünfter Symphonie eröffnet wurde. Jan Masaryk, ehemaliger Botschafter in Großbritannien, war der Sohn des Gründers der Republik. Als Hitler das Protektorat ausrief, blieb er als Außenminister der tschechoslowakischen Exilregierung in London. In Anlehnung an Franklin D. Roosevelts behagliche Plaudereien am Kamin sprach Masaryk in einem persönlichen Ton zu seinem Land und erhielt so eine Verbindung zwischen der wachsenden Zahl der Tschechen in London und seinen im Protektorat gefangenen Landsleuten aufrecht. Er teilte die neuesten Kriegsnachrichten mit, erzählte Witze, rief die Tschechen zum Zusammenhalt auf und berichtete aus erster Hand, wie sich der Krieg für die Briten auswirkte.

Am 16. Oktober 1940 sagte er:

> Die Londoner sind sehr wütend.
> Ich war in den Vierteln, wo die Armen durch die Barbarei der Nazis alles verloren haben. Traurig, aber gefaßt stehen sie vor den Trümmern ihrer kleinen Häuser. Eine alte Frau sagte: »Wir dürfen ihnen niemals vergeben, wir müssen kämpfen bis zum Ende, selbst wenn sie halb London zerstören.« Die Engländer sind ein sonderbares Volk. Sie zeigen nicht gern ihre Gefühle; man muß sie schon sehr reizen, daß ihre Wut herausbricht. Den Deutschen ist es gelungen, sie richtig zornig zu machen, und dieser Zorn wird von Dauer sein …

Am 23. Oktober 1940, kurz vor dem Tag der Republik, wurde gesendet:

> Ich weiß mit Sicherheit, daß der Sieg am Ende ein Sieg der Ideen sein wird, die unsere geliebte Nation seit tausend Jahren beflügeln und ihr in guten wie in schlechten Zeiten Kraft gegeben haben. Ich rufe meine Landsleute dringend auf, angesichts der Provokation Ruhe zu bewahren, zu Hause zu bleiben, nicht durch die Straßen zu spazieren, sich nicht in Gruppen zu versammeln. Zu Hause habt ihr Bücher, genügend Bücher, die euch Kraft geben. Es kann gut sein, daß die Nazis versuchen zu provozieren. Ignoriert sie, sonst führt es nur zu unnötigen Verhaftungen und Massakern. Das Motto muß heißen: Stillhalten.

Das Abhören ausländischer Sender war im Protektorat eine Straftat, und die Nazis versuchten, den Empfang von Kurzwellensendern zu verhindern, dennoch hörten Hunderttausende Tschechen regelmäßig BBC. Auch Emil Rabinek saß zusammen mit anderen vor dem Radio und hörte die Stimme des Außenministers. So konnte er sich immer noch als Bürger fühlen. So wie Tomáš G.

Masaryk seine Präsidentschaft erfolgreich genutzt hatte, um der Ersten Republik eine humanistische Prägung zu geben, nutzte nun Jan Masaryk erfolgreich seine Sendungen, um die Moral der Bevölkerung unter der Besatzung zu heben. »Die tschechische Nation stellt sich heute vermutlich immer noch genauso massiv gegen die gegenwärtige Form der Herrschaft wie vor eineinhalb Jahren«, schrieb George Kennan im Herbst nach Washington. »In Böhmen und Mähren gibt es ganz einfach keine nationalsozialistische Gesinnung – außer unter den Deutschen selbst.«

Die Solars empfanden die Einschränkungen in ihrem Leben stärker als die Rabineks. Wenn sie nach der Ausgangssperre um acht Uhr abends ausgehen wollten, mußten sie an Herrn Lachmann vorbeischleichen, einem deutschen Spitzel, der die »jüdischen Umtriebe« in seiner Straße streng überwachte und sich darüber empörte, daß Juden doch tatsächlich immer noch Freiheiten hatten wie zum Beispiel das Halten von Haustieren. Herrn Lachmann zu überlisten, um Freunde am anderen Ende der Straße zu besuchen, wurde zur regelmäßigen Freizeitbeschäftigung der Solars.

Weihnachten kam und das neue Jahr 1941. Im Haus Rabinek-Solar versuchte man, es trotz Kohleknappheit warm zu halten, die Feiertage zu begehen und sich zu beschäftigen, während die »Privilegien« unerbittlich weniger wurden. Im Januar wurden alle privaten Telefone von Juden bis auf die der wenigen verbliebenen jüdischen Ärzte und der Beamten der jüdischen Gemeinde abgestellt. Dann bekamen die Juden keine Bezugsscheine mehr für Äpfel. Als nächstes mußten sie ihre Briefmarkensammlungen abgeben. Dann wurde ihnen verboten, Obst, Nüsse, Käse, Kerzen, Fisch, Fleisch, Geflügel, Zwiebel und Knoblauch zu kaufen. Als Freizeitbeschäftigungen blieben nur Lesen, Spazierengehen und heimliches Radiohören. Mitte Februar sagte Jan Masaryk:

> Heute ist wieder Mittwoch. Auf dem Balkan brennt die Zündschnur ... Bulgarien könnte das nächste Opfer der deutschen Verkündigung werden ... Rumänien hat den Becher der deutschen Freundschaft schon bis zur bitteren Neige ausgetrun-

> ken … Und die Türkei, das exponierteste, aber auch am besten vorbereitete Land der Alliierten, ist bereit, seine so teuer erkaufte Freiheit zu verteidigen …

Im Mai erinnerte er seine Landsleute an die Notwendigkeit, Widerstand gegen die antijüdischen Maßnahmen der Nazis zu leisten:

> London wurde verheerend bombardiert. Westminster Abbey, obgleich ganz und gar kein militärisches Ziel wurde zerstört … Auch der Sitz des Roten Kreuzes wurde von einer deutschen Bombe getroffen und brannte aus … Juden und Christen haben die Rettungsarbeiten gemeinsam bewältigt, niemand würde auf die Idee kommen, daß es zwischen ihnen Rassen-, Religions-, Klassen- und Eigentumsunterschiede gibt. So sollte es auch sein, wenn keine Bomben fallen, und so war es in unserer Ersten Republik. Daran sollten wir immer denken.

Im Juli 1941 wurde den Juden verboten, in städtische Wälder zu gehen. Ab September durften sie öffentliche und private Leihbüchereien nicht mehr betreten. Im Protektorat und im ganzen Reich mußten alle Juden, die älter waren als sechs Jahre, einen gelben Stern mit der Aufschrift »Jude« tragen.

Pepi Rabinek nähte die drei Sterne, die an jeden Juden ausgegeben worden waren, sorgfältig auf Jacken und Mäntel. Manche Prager Juden trugen den gelben Stern mit Stolz, andere fühlten sich erniedrigt. Viele wußten nichts über die Geschichte des gelben Sterns und bagatellisierten das von den Nazis eingeführte Abzeichen. Das Jüdische Rathaus, wo die Sterne ausgeteilt wurden, tauften sie um in »Place d'Étoile«, Sternplatz.

Franci betrachtete den gelben Stern als persönliche Beleidigung und ging oft ohne das Zeichen aus dem Haus. Daß ihre Mutter den Stern einfach so hinnahm, störte sie sehr, sie schrieb es Pepis religiöser Erziehung in Kolín, der Tradition ihrer Vorfahren und der Tatsache zu, daß Pepi Tante Rosa verlassen hatte. Aus Angst, daß Franci verhaftet werden könnte, wenn sie ohne Stern das Haus verließ, bestand Pepi oft darauf, daß ihre Tochter ihn trug. Franci kam ihr insoweit entgegen, als sie ihre große Schultertasche darüberhängte. Sie war aber nicht die einzige. Viele junge tschechische Juden aus Francis Generation »gingen immer noch heimlich ins Kino, spazierten im Park oder aßen Kuchen in der Konditorei«, schreibt Ruth Bondy, »mit jugendlicher Unbekümmertheit, in kühnem Spiel mit dem Feuer und in Wut über ihre eigene Hilflosigkeit«.

Ende September des Jahres 1941 verblaßte die Demütigung durch den Judenstern angesichts einer viel schlimmeren Katastrophe: Hitler ernannte Reinhard Heydrich, den Leiter des Reichssicherheitshauptamtes, zum stellvertretenden Rechtsprotektor von Böhmen und Mähren. Seine Aufgabe bestand in der Eliminierung des massiven tschechischen Widerstands, der tschechischen Intellektuellen und der tschechischen Juden. Bei seiner Ankunft in Prag verhängte Heydrich den Ausnahmezustand und richtete etliche Standgerichte ein, die mit Gestapo-Leuten besetzt wurden. Innerhalb von drei Monaten wurden mehr als fünftausend Mitglieder der tschechischen Elite verhaftet und über vierhundert Generäle, Professoren, Anwälte, Journalisten, Geschäftsleute und Funktionäre des tschechischen Sportverbandes Sokol exekutiert. Der Aktionsspielraum der tschechischen Kultureinrichtungen und Kirchen wurde stark eingeschränkt, die Landwirtschaft streng kontrolliert, in den Schulen die Einführung der deutschen Sprache oktroyiert – die politische Unabhängigkeit des Landes war nur noch Fiktion.

Das Grab des Unbekannten Soldaten wurde zerstört – ein Akt von gleicher Symbolkraft wie Hitlers Übernachtung auf der Prager Burg. »Das tschechische Volk hat immer noch nicht genug gesunden Menschenverstand, um zu begreifen, was seine Lage in der Mitte eines von Deutschland geführten Europas bedeutet«, schrieb die offizielle deutsche Tageszeitung *Der Neue Tag.* »Sie werden lernen müssen, was Realismus und Loyalität heißen.«

Jan Masaryk beschwor von London aus seine Landsleute, jede Provokation zu vermeiden und den Glauben an die Nation während der Terrorherrschaft nicht zu verlieren:

Als nach und nach Meldungen über Massenhinrichtungen in Frankreich, Norwegen, Jugoslawien und anderswo eintrafen, wartete ich gespannt darauf, wann Hitler sich auch an uns erinnern würde. Und er hat sich an uns erinnert. Heydrich kam nach Prag, um eure Moral zu brechen und euch einzuschüchtern. Das wird ihm aber nicht gelingen.

Ich schäme mich ein wenig, heute von hier aus zu euch zu sprechen, wo ich in Sicherheit bin ... Laßt euch nicht zu Provokationen verführen, darauf wartet Heydrich mit seinen blutigen Hände nur, geht still euren Geschäften nach. Gebt Heydrich diese Gelegenheit nicht ... Keine Aktionen, keine übereilten Demonstrationen und Manifestationen! Heute fällt es mir schwer, allen eine gute Nacht zu wünschen.

Mitte Oktober wurden die ersten Prager Juden deportiert. Ein Transport mit tausend Menschen ging ins Getto von Łodz, bald folgten vier weitere. Für die Rabineks, die gehört hatten, daß alle Juden in einen Stadtteil ziehen mußten, der im Mittelalter einmal das Prager Getto gewesen war, wo sich drei, vier Familien eine Küche und eine Toilette teilten, klangen die Nachrichten über die Deportationen zunächst gar nicht so schlimm. *»Sie holten nur die reichsten Familien«*, schrieb meine Mutter. *»Und uns schien der Unterschied zu einem Umzug ins alte Getto, wo Juden mit der ganzen Familie in einem Raum leben mußten, nicht sehr groß zu sein.«* Dann hörten die Transporte nach Polen auf. Das Gerücht tauchte auf, die tschechischen Juden würden eine eigene Stadt bekommen, eine Festungsstadt namens Terezín. Im November ging ein Sondertransport mit kräftigen jungen Männern in die Garnison, die sie für die Zivilbevölkerung herrichten sollten.

Die Rabineks blieben draußen in der Filmkolonie Barrandov von den katastrophalen Veränderungen im Leben der Prager Juden weitgehend verschont. Dank der Weitsicht von Francis Zellengenossin, der rothaarigen Marianne, hatten sie wenigstens noch ein bißchen Kontrolle über ihr Leben. Emil Rabinek konnte immer noch eine Stunde beim Barbier verbringen, er konnte ungestört lesen, Pepi konnte den Lebensmittelhändler noch überreden, ihr unter dem Ladentisch Zucker und Speck zu verkaufen, und sie konnte Kuchen und Kekse backen, wann sie wollte. Da Seife teuer war, färbte sie Bettwäsche und Kleider dunkel, damit die Flecke nicht so auffielen. Stück für Stück sah sie die Kleidung ihrer Familie durch und flickte, was geflickt werden mußte.

Joe verbrachte immer mehr Zeit mit seinen geheimen Geschäften. Er kannte den Schwarzmarkt wie seine Westentasche und brachte nicht nur Geld nach Hause, sondern auch Matchsäcke und Rucksäcke, die so gepackt wurden, daß die beiden Familien innerhalb von vierundzwanzig Stunden umziehen konnten. Gerne schmuggelte er Wertsachen der Familie unter den Augen des Blockwarts zu nichtjüdischen Freunden, er schaffte die Bibliothek seines Schwiegervaters, dessen Gemälde und die Fotografien, die hier in diesem Buch abgedruckt sind, aus dem Haus.

Francis Leben war noch am »normalsten« und merkwürdig losgelöst von der Gesamtsituation der Juden im Protektorat. Sie konnte weiter ihrer Arbeit nachgehen, mit der Schultertasche über dem gelben Stern radelte sie zum Wenzelsplatz, ohne in dem regen Fahrradverkehr zwischen der Filmkolonie und der Stadt aufzufallen. Ich sehe Franci vor mir: Im Februar 1941 war sie einundzwanzig; eigenwillig wie immer, lebenshungrig, radelte sie mit unsichtbaren Scheuklappen durch Prag, ignorierte die uniformierten Männer und die Hakenkreuze.

Das Bild der Franci Solar, wie sie – auf dem Herzen den Stern, auf dem Stern die Tasche – durch die winterlichen Straßen radelt, ist für mich neu, es läßt mich nicht mehr los. Meine Mutter sagte oft, daß sie die schützende Wirkung der seelischen Erstarrung erfahren habe, als man ihr in Auschwitz eine Häftlingsnummer auf den Unterarm tätowierte. Sie starrte darauf, sah, wie aus ihrem Arm zwei Arme wurde, aus ihrem Körper zwei Körper, aus ihrem Selbst zwei Selbst. Ich denke jedoch, daß sie diesen Schutzmechanismus schon sehr viel früher entwickelt hatte, lange bevor sie ein Konzentrationslager von innen sah.

Alle Tschechen, welche die Besatzung überlebten, beschrieben den Alltag im Protektorat als organisierten Wahnsinn. Ein anonymer Zeitzeuge berichtete:

> Alles, was man sieht, trägt das Zeichen der Besatzung. Man wird von Bekanntmachungen auf der Straße herumkommandiert. Jedesmal, wenn man diese Plakate sieht, muß man sich aufs neue klarmachen, daß man nicht mehr Herr im eigenen Lande ist... Sobald man das Radio anstellt oder eine Zeitung aufschlägt, wird man angeschrien, angestarrt, beschimpft und beleidigt... All die Kleinigkeiten, die das normale Leben ausmachen, werden unnormal. Man steht ständig unter krankhafter Spannung. Man kann es nicht loswerden... nicht wegwaschen...

Franci und ihre Generation lernten, ihre Sinne je nach Notwendigkeit an- und abzuschalten, um das Protektorat auszuschalten. Sobald sie im Salon stand, schaltete sie ihre Sinne wieder ein. In Paris hatten Madame Vionnet und Mainbocher ihre Unternehmen aufgegeben und sich Chanel angeschlossen, sechzig Modehäuser, darunter auch Schiaparelli, arbeiteten noch und bestimmten weiterhin die Länge der Röcke, die Breite der Schultern, die Höhe der Taille. Auch die Modemagazine erschienen immer noch regelmäßig, und im Salon richtete man sich danach.

Franci stürzte sich kopfüber in die Arbeit. Sie überprüfte die Bücher, bestellte alles Notwendige bei den Lieferanten, korrigierte ihre Angestellten und tat, was in ihrer Macht stand, die Beziehungen zu ihren Kundinnen zu erhalten. Die Konzentration, mit der sie arbeitete, verbunden mit ihrem Bedürfnis nach Flucht, war so groß, daß sie wahrscheinlich manchmal die Realität des Protektorates vergaß. Das konnte sie sich aber nicht zu oft erlauben. Spitzel waren im Protektorat eine Plage, und im Modegeschäft hatte sie mit so vielen Leuten zu tun, daß ein jeder von ihnen – eine Kundin, eine Arbeiterin, ein Lieferant – sie an die Gestapo verraten konnte.

Francis Gefühle gegenüber Marie waren eine Mischung aus Bitterkeit und Verwirrung. Wenn ich über Maries Rolle als Deckung für meine Mutter vor über fünfzig Jahren unter Heydrich nachdenke, muß ich sagen, sie hat eine Menge riskiert. Franci aber sah nur, wie sie die Macht an sich riß. Sie betrachtete Marie als

Feindin und die Kundinnen als ihre Verbündeten. Die deutschen Kundinnen versicherten sie ihrer Freundschaft und ließen Pepi die besten Wünsche bestellen, die Tschechinnen seien jedoch, so schrieb sie, *»wie ein Sonnenstrahl gewesen. So manch ein Erbstück fand den Weg aus unserem Haus in das ihre. Auch machten sie Marie gegenüber immer wieder deutlich, daß sie nur wegen mir weiterhin in den Salon kamen. Die tschechischen Kundinnen und meine Schul- und Sportfreundinnen ließen mich den Glauben an die Menschen nicht verlieren.«*

Im Dezember 1941, nach dem japanischen Angriff auf Pearl Harbor, traten die Vereinigten Staaten in den Krieg ein. In seiner Weihnachtsansprache, die aus den Staaten gesendet wurde, erklärte Jan Masaryk:

> Heute ist die amerikanische Nation vereint, der Sieg über Hitler rückt näher ... auch wenn ich euch warnen muß, daß es nicht leicht sein wird. Wir werden noch viele Proben zu bestehen haben, und es wird noch viel Blut fließen. Der Sieg ist sicher, Wunder darf man jedoch nicht erwarten, und man darf vor allem nicht denken, daß die anderen diesen Krieg für uns gewinnen. Euer Widerstand ist heute so wichtig wie nie ...
> Rußland ist unser Verbündeter, ein Verbündeter, der Großartiges leistet. Die amerikanische Regierung und Präsident Roosevelt verfolgen mit Sympathie und Bewunderung euren heldenhaften Kampf gegen die Deutschen. In Rußland und England zählt man auf euch, dort weiß man, daß die Sabotageakte zunehmen und die Vorbereitungen für die Endabrechnung auf Hochtouren laufen. Wir glauben an unsere Nation und lieben sie ...
> Heute habe ich Heimweh, großes Heimweh. Gute Nacht.

Jubelnd steckte Emil Rabinek für die Amerikaner neue Fähnchen auf seine Wandkarten; sie würden dem Krieg mit Sicherheit ein Ende setzen. An ihrem zweiten Silvester in Barrandov tranken die Solars und die Rabineks auf die Niederlage Deutschlands in Rußland, auf einen amerikanischen und britischen Einmarsch in

Europa, auf den Tod Heydrichs, Hitlers, des Protektorates und des Nationalsozialismus. Doch 1942 war nicht anders als das Jahr zuvor, die BBC-Meldungen verhießen nichts Gutes. Die Amerikaner waren auf den Krieg nicht vorbereitet, die Ressourcen der Briten waren erschöpft, die Deutschen rückten in Rußland vor, und die Japaner, die Verbündeten der Deutschen, marschierten gegen Indien.

Das Protektorat wurde weiter von antisemitischen Verordnungen überschwemmt. Ein Arbeitgeber konnte jederzeit das Beschäftigungsverhältnis mit einem Juden lösen. Das Verbot für Juden, Büchereien zu besuchen, wurde auf Museen, Ausstellungen, Galerien, Archive und Auktionen ausgedehnt. Im Januar durften Juden keine Zeitungen und Zeitschriften mehr kaufen. Im Februar durften sie keine Wäschereien und Reinigungen mehr in Anspruch nehmen. Wöchentlich wurden Juden aus tschechischen Städten in das KZ Terezín und von dort aus weiter in andere Lager im Osten gebracht. In ihre Häuser zogen andere Menschen ein. Was die Juden nicht tragen konnten, wurde von den Nazis beschlagnahmt. In Prag wurden fünfundvierzig Lagerhäuser mit Möbeln, Schreibmaschinen, Ferngläsern, Kameras, Gemälden, Devotionalien und Musikinstrumenten aus jüdischem Besitz gefüllt.

Während der ersten Monate des Jahres 1942 radelte Franci Solar weiterhin jeden Morgen zum Salon Weigert. Einen Juden oder jüdischen Besitz zu verstecken war inzwischen ein Verbrechen, das mit der Todesstrafe geahndet wurde. Marie wurde immer unruhiger. Es gab dauernd neue Einschränkungen: Juden mußten alle Kameras, Schreib- und Rechenmaschinen, Skier, Skistiefel und Skistöcke registrieren lassen. Sie mußten alle Haustiere abgeben, Katzen, Hunde, Vögel. Franci gab ihren Kanarienvogel ab, aber von ihrem Terrier Tommy wollte sie sich nicht trennen. Kurz vor Francis zweiundzwanzigstem Geburtstag wurde Joe bei Schwarzmarktgeschäften erwischt, verhaftet und von der Gestapo zu fünf Monaten Haft verurteilt.

Joe schaffte es zwar, aus der Gefängniszelle Franci zu ihrem Geburtstag einen langen Fliederzweig zukommen zu lassen, aber er verzagte rascher als die Rabineks 1939. Er hatte von den immer brutaler werdenden Schlägen und den willkürlichen Erschießungen unter Heydrich gehört, auch wußte er, daß es in der Todeszelle in Pankrác ein Fallbeil gab, das regelmäßig benutzt wurde. Er sei nicht der Typ, der längere Zeit im Gefängnis überleben könne, sagte er seiner Frau bei einem ihrer wöchentlichen Besuche, und bat sie, ihn herauszuholen. Bei Emil Rabinek stieß seine Verzweiflung auf Verachtung; er fand es unmännlich, eine Frau um Hilfe zu bitten.

Wie viele Männer seiner Generation war Emil Rabinek wenn schon kein Bürger mehr, so doch ein gesetzestreuer Mensch geblieben – abgesehen davon, daß er BBC hörte. Da er in dem Glauben aufgewachsen war, ohne Gesetz herrsche nur Chaos, befolgte er treu das Gesetz, auch wenn es Hitlers Gesetz war und wenn es ungerecht war und es ihn seiner Bürgerrechte beraubt hatte. Er verabscheute den Schwarzmarkt und fand, sein Schwiegersohn habe nur bekommen, was er verdiente.

Franci war entsetzt über die Haltung ihres Vaters. Wie fast ihre gesamte Generation verachtete sie die Gesetze des Protektorats. Sie behauptete zwar nicht, daß ihr Mann ein Held sei – vielleicht war er tatsächlich, wie ihr Vater meinte, ein Feigling –, aber er war immerhin ihr Mann, und er war von einem Femegericht verurteilt worden, das kein Recht sprach, sondern Unrecht. Pepi versuchte zu vermitteln, doch als Dank traf sie die Wut von beiden, von ihrer Tochter und von ihrem Ehemann. Joes Verhaftung hatte die Zeit zurückgedreht: Franci war wieder das Einzelkind, auf dessen Rücken die alternden Eltern ihre Streitereien austrugen. Joe hatte sie alle unterhalten und abgelenkt. Nun hatte Franci keinen Gefährten und keinen Zufluchtsort mehr.

Aus einem Monat wurden zwei, dann drei, und trotz intensiver Bemühungen gelang es Franci nicht – wie zwei Jahre zuvor Joe –, in das Gefängnissystem einzudringen. Der 27. Mai machte dann alle Bemühungen unmöglich. Angehörige des tschechischen Widerstandes – Fallschirmspringer, die aus England eingeflogen worden waren – verübten einen tödlichen Anschlag auf Heydrich. Er sollte der einzige führende Nazi bleiben, der noch während des Zweiten Weltkrieges ermordet wurde. Hitler war so empört, daß er drohte, dreißigtausend Tschechen hinrichten zu lassen, wenn die Täter nicht gefunden würden.

Im Protektorat wurde das Kriegsrecht verhängt. Alle Tschechen mußten in Sonderämtern antreten und ihre Kennkarten stempeln lassen. Jeder, der es versäumte, sich registrieren zu lassen, oder der eine Person ohne abgestempelte Kennkarte bei sich aufgenommen hatte, wurde hingerichtet. Alle tschechischen Kinos, Sportstätten und Theater wurden geschlossen. In Tausenden von Städten und Dörfern mußten über vier Millionen Tschechen die eingehende Suche nach den Tätern über sich ergehen lassen. Offiziell gab es 1331 Hinrichtungen. Die Namen einiger Opfer wurden in der Presse veröffentlicht und im Radio gesendet, andere verschwanden einfach. Mehr als dreitausend Personen wurden in Gefängnisse gesteckt, geschlagen, gefoltert, erschossen. Für Hinweise auf die Täter wurde eine hohe Belohnung ausgesetzt. Wer Hinweise zurückhielt oder Personen nicht anzeigte, die in reichsfeindliche Umtriebe verwickelt waren, wurde erschossen.

Heydrich starb am 4. Juni. Daraufhin ließen die Nazis das Bergarbeiterdorf Lidice dem Erdboden gleichmachen, sie erschossen 173 Männer, deportierten Frauen und Kinder in Konzentrationslager und zerstörten alle Gebäude bis auf die Grundmauern. Es ging das Gerücht, jeden Tag sollte jeder zehnte Tscheche erschossen werden, bis sich die Täter ergaben. Zwei Wochen später, am 18. Juni, wurden die beiden Täter und fünf weitere tschechische Fallschirmspringer in der Kirche der Heiligen Kyrill und Method in Prag entdeckt und begingen nach einer Schießerei Selbstmord. Ihr Tod setzte dem Terror jedoch kein Ende. Die orthodoxe Kirche wurde aufgelöst, der Bischof hingerichtet, alle Angehörigen und Kameraden der sieben Fallschirmspringer wurden verhaftet und später getötet. Am 26. Juni zerstörten die Deutschen das Dorf Ležáky.

Zu jener Zeit war Franci ohne Arbeit. *»Marie teilte mir Anfang Juni mit, daß sie die Situation zu prekär finde«*, schrieb meine Mutter, *»ich könne von nun an das Geschäft nicht mehr betreten. In meinem verletzten Stolz bat ich sie nicht einmal um eine kleine*

Gewinnbeteiligung.« Mehr hat meine Mutter über diese Angelegenheit nicht geschrieben, und sie hat auch nie sehr viel mehr dazu gesagt. Im Laufe der Zeit mußte ihr klargeworden sein, daß sie die letzten drei Jahre Marie verdankte und daß Marie ein hohes Risiko eingegangen war, das von dem Gewinn aus dem Salon keineswegs aufgewogen wurde. Aber im Juni 1942 sah Franci nur, daß man ihr den Mittelpunkt ihres Lebens, ihre Arbeit, weggenommen hatte. Und ihr Mann war im Gefängnis; angesichts des politischen Klimas konnte keiner sagen, wann und ob er überhaupt freigelassen werden würde.

Ausgeschlossen von allen normalen Möglichkeiten, die Freizeit zu verbringen, ans Haus gefesselt, begann Franci, sich mit dem Haushalt zu beschäftigen. Pepi hatte sich in Barrandov an vieles erinnert, was sie von Tante Rosa gelernt hatte. Nun brachte sie ihrer Tochter bei, wie man Kartoffelklöße und Kartoffelgulasch zubereitete und wie man Kuchen mit Karotten und anderem Wurzelgemüse süßte – zum großen Entsetzen meiner Mutter wurde Karottenkuchen später einmal ein Modedessert in Amerika. Franci lenkte ihre Energie auf das Schrubben von Böden und das Polieren der Möbel und auf illegale Spaziergänge mit ihrem Hund.

Barrandov konnte sich immer noch den Anstrich blühenden Wohlstandes erhalten. Heydrich hatte vorgehabt, die Filmkolonie in ein Zentrum nationalsozialistischer Kunst und Kultur zu verwandeln. Propagandachef Goebbels wollte eine Filmindustrie begründen, die es mit Hollywood aufnehmen könnte, und förderte den Ausbau der Studios und den Bau eines der größten Tonstudios in Europa. In Barrandov lebten Techniker und Filmstars, es gab luxuriöse Villen mit Swimmingpool wie in Kalifornien. 1942 wurden in Barrandov immer noch tschechische Filme gedreht, und obwohl auch in der Filmkolonie antinazistische Untergrundarbeit betrieben wurde, betrachteten die Deutschen den Ort als sicher.

In jenem Sommer spazierte Franci jeden Tag mit ihrem Hund Tommy über die Felder und durch die Wälder, viel mehr hatte sie nicht zu tun. Trotz ihrer Beschäftigung mit Mode war sie zwei

Jahre lang nicht mehr im Kino gewesen, nicht im Theater und auch nicht in einem Konzert. Nach anfänglichem Schaffensdrang im Haushalt war sie teilnahmslos und deprimiert. Jede Woche erfuhr sie von Freunden und Verwandten, die nach Terezín gebracht worden waren, in die alte österreichische Garnisonsstadt Theresienstadt, die Joseph II. 1780 erbaut und nach seiner Mutter, Kaiserin Maria Theresa, benannt hatte.

Während der Ersten Republik war Terezín eine Garnison der tschechoslowakischen Armee gewesen, es gab dort eine Reihe billiger Restaurants und Kneipen. Die Stadt lag zwar in der finstersten Provinz, aber sie war immerhin noch in der Tschechoslowakei, nicht irgendwo in Polen. Die Familie ihrer Cousine Kitty war schon dort, auch Joes Cousine Vava, die Schauspielerin. Alle Prager Juden bereiteten sich auf die Deportation vor, überlegten sich, was sie mitnehmen und was sie zurücklassen sollten, welche Lebensmittel, Medikamente, Kleider und Bücher sie am besten in den erlaubten fünfzig Kilogramm Gepäck verstauen sollten.

Franci stritt sich endlos mit ihren Eltern über die Vorbereitungen und suchte schließlich immer wieder Zuflucht bei ihrem Hund, ihrem einzigen Gefährten, denn Joe saß immer noch im Gefängnis. An einem Julitag steckte sie ihm einen gelben Stern ans Halsband, teilte ihm mit, daß er auch Jude sei, und ging mit ihm spazieren. Auf den Feldern machte sie ihn von der Leine los; Tommy verschwand wie immer im hohen Gras, kam aber dieses Mal nicht mehr zurück. Pfeifend und rufend wartete meine Mutter eine Weile in der sengenden Sommersonne, schließlich kehrte sie nach Hause zurück in der Hoffnung, er würde, wie schon so oft, allein heimkommen. Als er bei Einbruch der Dunkelheit immer noch nicht zu Hause war, machten sich alle drei Rabineks auf die Suche. Niemand hatte Tommy gesehen. Bei ihrer Rückkehr spät nachts fand Franci Pepi in Tränen aufgelöst: Herr Lachmann war auf der Jagd gewesen, er hatte Tommy für ein Kaninchen gehalten und erschossen.

Alle drei Rabineks trauerten um Tommy, für Franci aber war der Tod ihres Tieres der Tropfen, der das Faß zum Überlaufen brachte. Sie ging nicht mehr aus dem Haus und wartete nur noch darauf, wie alle anderen deportiert zu werden. Sie konnte sich nicht einmal richtig freuen, als Joe im Juli seine fünfmonatige Strafe abgesessen hatte und entlassen wurde. Zwei Wochen später bekam er seine »Einberufung« in das inzwischen so genannte »Getto Theresienstadt«.

Franci glitt immer tiefer in ihre Depression. Seit Jahren litt sie unter häufig wiederkehrenden Halsschmerzen, die Ärzte hatten ihr eine Mandelentfernung nahegelegt, um spätere Komplikationen zu vermeiden. Aber aus Angst vor der Operation hatte sie immer ihre beruflichen Verpflichtungen vorgeschützt und den Eingriff hinausgeschoben. Angesichts der Deportationen und der zweifelhaften medizinischen Versorgung im Getto hielten sie und ihre Eltern es für das beste, die Mandeloperation nun doch vornehmen zu lassen. Emil Rabinek erkundigte sich im Jüdischen Rathaus, ob in den nächsten zwei Wochen »Transporte abgehen« sollten. Nachdem man ihm versichert hatte, daß nichts geplant sei, meldete er seine Tochter im letzten Prager Krankenhaus an, das noch Juden behandelte.

Am 3. September um acht Uhr morgens entfernte man Franci die Mandeln. Am Nachmittag erschien ein Freund von Joe mit der Nachricht am Krankenbett, daß doch ein Transport anberaumt worden sei und daß sie und ihre Eltern auf der Liste stünden, daß man sie aus medizinischen Gründen zurückstellen könne, ihre Eltern aber wie befohlen Prag verlassen müßten.

Wie meine Mutter später erzählte, starrte sie einige Minuten lang nur an die Decke und wog das Brennen im Hals gegen den Gedanken ab, am nächsten Tag in den Zug nach Terezín zu steigen. Sie mußte nicht lange überlegen: sie gehörte zu ihren Eltern. Sie wollte eine Veränderung. Was sollte sie ganz allein, ohne Joe und ohne ihre Eltern, in Barrandov? Diese Aussicht erschreckte sie mehr, als mit einem wunden Hals deportiert zu werden. Die Nacht blieb sie noch da, am nächsten Tag verließ sie gegen den Rat der Ärzte das Krankenhaus und ging nach Hause, um packen zu helfen.

In mehreren Lagen Winterkleider übereinander und mit ihren fünfzig Kilogramm Handgepäck nahmen Franci Solar und ihre

Eltern am 4. September 1942 die Straßenbahn vom Prager Zentrum zum Messepalast, wo Korálek & Rabinek früher immer einen Stand gemietet hatten und wo Franci oft den ganzen Tag verbrachte, bis sie abends mit Luftballons und Knäulen von Isolierband und Kabeln nach Hause zurückkehrte. Nun diente der Messepalast als »Sammelstelle« und »Abfertigungshalle« für die Juden aus Böhmen und Mähren. Die Straßenbahn überquerte den Fluß, dabei bot sich den Fahrgästen ein schöner Blick auf den Hradschin, die Karlsbrücke, auf die Giebel und Türme von Prag.

Fünfzig Jahre später fuhr auch ich mit dieser Straßenbahn. Ich war erstaunt, wie kurz die Fahrt zum Messepalast ist. An den Fenstern der vorbeiziehenden Häuser hingen Blumenkästen mit Geranien, Wäsche trocknete auf den Balkonen – für Franci die letzten Reste normalen Lebens. Wahrscheinlich hatte sie gar nicht darauf geachtet; ihr wunder Hals brannte. Am Messepalast brach sie zusammen. Sie sollte Prag erst drei Jahre später wiedersehen.

Fünfzehntes Kapitel

MITTE FÜNFZIG BESCHLOSS meine Mutter, ihre Erinnerungen an die drei Jahre in Theresienstadt, Auschwitz, Hamburg und Bergen-Belsen aufzuschreiben. Sie gab ihnen den Titel *Rundreise* – zum einen, weil die Deportation aus Prag der Beginn ihrer Reise war und sie mit ihrer einsamen Rückkehr dorthin endete, zum anderen weil sie sich mit der Ironie vor dem Schmerz schützte.

Warum empfinde ich die Notwendigkeit, meine Stimme in den großen Chor der Statistiken einzufügen, der Erfahrungsberichte, der psychologischen Studien, der Romane und Dramen, die schon geschrieben worden sind?
Ich weiß es nicht. Vielleicht weil meine erste und wichtigste Sorge meinen Kindern und ihrer Generation gilt, die genauso viele oder eher noch mehr Probleme haben als ich damals in ihrem Alter…
Wenn ich in Betracht ziehe, daß Kinder dem Innenleben ihrer Eltern fremd gegenüberstehen … und daß ich meinen Kindern kein Vermögen hinterlasse, kann ich nur versuchen, ihnen ein wahres und ehrliches Bild ihrer Mutter als junge Frau zu geben und ihnen meine Methode zu vermitteln, mit den Wirrnissen des Lebens fertig zu werden. Vielleicht hilft es ihnen, das mannigfaltige und oft rätselhafte Verhalten des Tieres Mensch zu verstehen, wenn es mit der korrumpierenden Macht in den Händen einiger weniger Individuen konfrontiert ist, die sie mit Hilfe eines gleichgültigen, eingeschüchterten und unzufriedenen Volkes an sich gerissen haben.

Eine Kundin meiner Mutter schickte die *Rundreise* an ein Dutzend New Yorker Verlage, dann gab sie auf. Es sei kein Markt dafür da, hieß es in einem Ablehnungsschreiben, es sei nicht ausgefeilt genug, in einem anderen, manche Verlage veröffentlichten keine Holocaust-Memoiren. Die meisten Autoren setzen eine Ablehnung ihrer Arbeit mit der Ablehnung ihrer Person gleich, Frances Epstein war da keine Ausnahme. Die Ablehnung verletzte sie und bestätigte ihren Verdacht, daß niemand an ihren Erfahrungen interessiert sei. Sie überließ das Manuskript mir, ich solle es verwenden, wenn ich damit etwas anfangen könne. Schließlich hatte sie es für mich und meine Brüder geschrieben. Und schließlich war ich die professionelle Autorin in der Familie.

Damals war das Buch meiner Mutter das letzte, was ich wollte. Ich hatte mein ganzes Leben mit ihren Erinnerungen verbracht. Es war ihre Geschichte, nicht meine. Ich wollte mich nicht darin vertiefen, ich wollte mich davon entfernen. Ich war damals schon Mitte Zwanzig, hatte mich aber nie gegen meine Eltern auflehnen und mich ernsthaft trennen können. Ich war dabei, mein eigenes Buch zu schreiben, um auseinanderzusortieren, was zu meiner Mutter gehörte und was zu mir.

Nach dem Tod meiner Mutter fiel es mir sehr viel leichter, die *Rundreise* noch einmal zu lesen und die Geschichte mit eigenen Augen und auf eine Weise zu betrachten, die mir, solange sie lebte, illoyal erschienen wäre. Ich konnte nun ihre Geschichte mit Hunderten von Berichten anderer Überlebender vergleichen – darunter viele Frauen, einige hatte meine Mutter gekannt – und jeden Aspekt ihrer »Reise« anhand der Erkenntnisse der Forschung überprüfen. Gelegentlich war sie ungenau in bezug auf Namen und Daten, ihre Geschichte war aber so ergreifend, daß ich verstand, warum *koncentrák* – das tschechische Wort, das meine Mutter für alle Konzentrationslager benutzte – ihre Familiengeschichte hatte verblassen lassen und nicht Unterbrechung, sondern Mittelpunkt ihres Lebens geworden war. Frances hatte es oft ihre Schule des Lebens genannt: den Ort, an dem sie ihre höhere Bildung bekommen habe.

Die Hierarchie in der Familie Rabinek wurde im Messepalast

auf den Kopf gestellt. Alle paar Stunden tönten neue Befehle aus den Lautsprechern. Man mußte die Hausschlüssel abgeben. Die Kennkarten. Das Geld. Zusammen mit Hunderten anderer Männer bahnte sich Emil Rabinek seinen Weg durch das Gedränge auf dem Boden hockender Menschen zum zuständigen Schalter. Die meisten waren noch nie mit solcher Verachtung behandelt worden. All ihrer Papiere beraubt, putzten sie sich mit dem Taschentuch die Brille und wanderten fassungslos zu ihren Familien zurück.

Pepi hingegen wurde stark. Pepi belegte für ihre Familie ein Stückchen Fußboden, ordnete die Habseligkeiten, bestand darauf, daß Franci etwas trank, Emil etwas aß und sie alle paar Stunden aufstanden, um sich die Füße zu vertreten. Pepi gab Franci ihren schönen Kamelhaarmantel, ein Stück aus der Frühjahrskollektion 1939 des Salon Weigert, und redete ihr zu, immer wieder aufzustehen. Dann mußten sie sich alle drei mit einem Nummernschild um den Hals dem langen Zug der Juden anschließen, die am frühen Morgen zum Bahnhof Holešovice geführt wurden. Dort mußten sie in einen Sonderzug nach Bohušovice steigen, der Terezín am nächsten gelegenen Station.

Der September heißt auf tschechisch *Září*, »Glühen«. Der September 1942 war besonders golden, warm und sonnig. Die Judentransporte nach Theresienstadt fuhren nicht, wie ich mir immer vorgestellt hatte, durch grauen Nebel, sondern vorbei an frisch gepflügten Feldern, goldenen Garben und kleinen Haufen frisch geernteter Kartoffeln. Das Laub war noch saftig grün, der Himmel blau. *»Wir fühlten uns immer noch als Menschen«*, schrieb Franci später. Sie fühlte und dachte immer noch als ein freier Mensch, unbequem waren nur die vielen Schichten von Kleidern, die sie trug, um Platz in ihrem Koffer zu sparen. Das Benehmen der SS entrüstete sie, als sie in Bohušovice aus dem Zug getrieben wurden, und sie hatte Angst, ihr Vater würde zurückschreien und erschossen werden.

Während des drei Kilometer langen Marsches nach Terezín in der Mittagssonne registrierte Franci, wie seltsam sich der Zug von Städtern in der tschechischen Provinz ausnahm; sie war erstaunt, daß ihre Mutter allein ihren fünfzig Kilogramm schweren Koffer trug, und sie war schockiert, als einer der tschechischen Wärter ihr mitteilte, daß alles, was sie nicht in der Hand halten könnten, gestohlen werden würde. Die menschenleeren Straßen und die verlassenen Wälle der ehemaligen Garnisonsstadt verwirrten sie. Später fand sie heraus, daß die tschechische Bevölkerung umgesiedelt worden war und bei der Ankunft jedes neuen Transportes eine Blocksperre angeordnet wurde. Sie war entsetzt über die »Quarantäne« in einem ehemaligen Pferdestall, die »Abfertigung«, wo sie sich einer medizinischen Untersuchung unterziehen mußten und wo man Dinge aus ihrem sorgfältig gepackten Koffer stahl. Ihr Hals fühlte sich an wie Schmirgelpapier. Vergeblich hatte sie nach ihrem Mann Ausschau gehalten. Sie legte sich auf den Boden, schloß die Augen und rührte sich nicht mehr.

Pepi organisierte ein Bündel schmutziges Stroh für ihre Familie, Pepi schickte Emil auf die Suche nach frischem Wasser für Franci, Pepi redete Franci zu, etwas zu trinken, und Pepi überlegte, wie an diesem überfüllten, fremden Ort Joe Solar versuchen könnte, mit ihnen Kontakt aufzunehmen. Da sie die Schliche ihres Schwiegersohnes kannte, dachte sie, Joe würde vielleicht bei den Latrinen auf sie warten. Sie überredete Franci, aufzustehen und mit ihr zu den primitiven Aborten zu gehen, dort trafen sie tatsächlich Joe, der hinter einer Trennwand versteckt auf sie wartete.

Sogar an diesem erbärmlichen Ort war Joe noch ungezwungen und selbstsicher. Er erklärte ihr, daß die Rabineks mit einem »Durchgangs«-Transport gekommen seien, der innerhalb von achtundvierzig Stunden das Lager wieder verlassen werde, da Theresienstadt eher ein Durchgangsgetto zu Lagern im Osten sei als ein Ort der Ansiedlung. Da aber er, Joe, ein »wichtiger Arbeiter« sei und die Schienen vom Bahnhof in Bohušovice zum Konzentrationslager verlängere, seien sie von weiteren Deportationen »ausgenommen«. Wenn sie erst aus der Quarantäne kämen, würde alles besser werden und sie würden sich eingewöhnen.

Als Pepi ihrem Mann weitergab, was ihr Schwiegersohn gesagt

hatte, tat er es als eine weitere von Joes leeren Versprechungen ab: Nur Franci zähle zu Joes engerer Familie, nicht ihre Eltern. In der ganzen Masse verschreckter Menschen traf Emil einen ehemaligen Freund aus dem Kasino, der versprach, etwas für die Rabineks zu tun. Joe ließ sie irgendwie wissen, daß er die Dinge im Griff habe. Aber ein paar Stunden später wurden schmale Papierstreifen an die Juden im Stall ausgeteilt: Franci mußte bleiben, ihre Eltern mußten fahren.

In dem Moment, schrieb meine Mutter, habe Emil all seinen beißenden Humor, sein Selbstbewußtsein und seine Selbstkontrolle verloren. Er habe es immer schon gewußt, Joe rede viel, in Wirklichkeit aber sei er ein kleiner Niemand; in einer Situation wie dieser seien Beziehungen zu denen ganz oben die einzige Hoffnung; Franci solle sich doch umschauen – andere Töchter würden ihre alten Eltern auch nicht einfach allein in die Ungewißheit ziehen lassen.

Emil Rabinek brach in lautes Schluchzen aus, er hatte außerordentliche Schwierigkeiten, überhaupt einen Satz herauszubringen, gebrauchte erschreckende, ungewohnte Worte. Seine Tochter sei der Mittelpunkt seiner Welt, er könne nicht ohne sie leben. Er werde nicht mit den anderen zurück zum Zug gehen, nicht ohne sie.

Die Tränen und der Wortschwall ihres Vaters verblüfften Franci. Ihr Vater hatte ihr nur selten seine Zuneigung gezeigt, von Liebe ganz zu schweigen. Gefühle waren Pepis Sache. Wenn Emil Rabinek auf Geschäftsreise ging, verabschiedete er seine Tochter mit einigen Ermahnungen und einem flüchtigen Kuß auf die Stirn. Franci war so verwirrt, daß sie nichts mehr hörte außer der Stimme ihres Vaters, sie sah nichts mehr, sie roch nichts mehr, sie fühlte das Brennen in ihrem Hals nicht mehr.

Schließlich wurde Emil Rabinek seines Gefühlsausbruchs wieder Herr. Er setzte sich aufrecht auf den strohbedeckten Stallboden und machte ein trotziges Gesicht. Er verkündete, daß er nicht bereit sei, sich und Pepi nach den Plänen der Nazis töten zu lassen, er habe seine eigenen Pläne, und er habe, was er brauche, um sie auszuführen. Er schlug auf seine Brusttasche und teilte ihnen mit, darin befänden sich genügend tödlich wirkende Pillen, um seinem Leben und dem Leben seiner Frau ein Ende zu setzen.

Meine Mutter war immer noch so durcheinander, daß sie keinen klaren Gedanken fassen konnte. Unüberlegt platzte sie damit heraus, daß nicht die Pillen, die er meine, in seiner Tasche seien. Vor drei Jahren, als sie nach der Verhaftung durch die Gestapo als erste wieder entlassen worden sei, habe sie seinen Schreibtisch durchsucht, die Pillen entdeckt und sie von einem Apotheker austauschen lassen. Seine Pillendose enthalte kein Gift, sondern Saccharin.

Aus dem Gesicht ihrer Mutter wich alle Farbe, ihr Vater bekam einen seiner Wutanfälle. Ihr wurde klar, daß sie einen großen Fehler gemacht hatte. *»Es dämmerte mir, daß sie von der geheimen Hintertür meines Vaters gewußt haben mußte und sich nun genauso verloren fühlte wie er«*, schrieb sie in *Rundreise. »Anstatt meine Eltern zu schützen, hatte ich meinen Vater der letzten Möglichkeit beraubt, sein Schicksal als freier Mann selbst zu bestimmen. Ich wollte es erklären, wollte ihnen sagen, daß ich die Pillen nur ausgetauscht hatte, weil ich den Gedanken nicht ertragen konnte, allein gelassen zu werden, wollte ihnen sagen, wie sehr ich sie liebte. Aber ich brachte kein Wort heraus.«*

Die drei verbrachten den Rest des Tages und eine weitere Nacht im Stall auf dem Stroh, Stunden des Schweigens wechselten mit heftigem Streit. Um sie herum lagerten andere Familien, die am nächsten Tag alle zusammen mit dem Transport Terezín verlassen sollten. Emil Rabinek mußte seine Tochter nicht mehr darauf hinweisen, wie viele Töchter ihre Eltern ins Ungewisse begleiteten – Franci war außer sich vor Schuldgefühlen und Trauer. Sie wußte, daß ihre Bindung zu Joe nicht halb so fest war wie die Bindung zu ihren Eltern. Obwohl die Rabineks seit zwei Generationen getauft waren, hatten die moralischen Grundsätze des Judentums – besonders das fünfte Gebot »Ehre Vater und Mutter« – ihren hohen Stellenwert in der Familienethik nicht verloren.

Und wieder war Pepi die Stärkere. Während ihr Mann schlief, hielt sie Franci im Arm und beschwor sie, Emils Wut zu ignorieren. Sie verstehe, warum Franci die Pillen zur Apotheke gebracht und ausgetauscht habe, sie hätte an Francis Stelle dasselbe getan. Was die bevorstehende Trennung angehe, so gehöre Franci zu ihrem Mann, nicht zu ihren Eltern. Sie und Emil hätten ihr Leben gelebt, sie hätten beide schon ihren sechzigsten Geburtstag hinter sich, Franci hingegen sei erst zweiundzwanzig und habe ihr ganzes Leben noch vor sich. Ruhig und mit einer Voraussicht, die für Franci unbegreiflich war, teilte Pepi ihrer Tochter mit, daß sie nur eine kleine Tasche mit Proviant auf den Transport mitnehme und Franci den Rest des Gepäcks behalten könne.

Über ein halbes Jahrhundert nach der Trennung, die meiner Mutter und meinen Großeltern aufgezwungen wurde, kann ich immer noch nicht darüber sprechen, ohne daß mir das Herz blutet. Als meine Mutter von ihren Eltern getrennt wurde, stand sie schluchzend in der Tür jenes Stalles von Theresienstadt; zwei Freunde von Joe hielten sie fest, daß sie ihnen nicht nachlaufen konnte. Ihre Rücken waren das letzte, was Franci von ihren Eltern sah, als sie das Lager Richtung Bohušovice verließen, jeder einen Henkel der kleinen Proviantasche in der Hand. Keiner von beiden drehte sich noch einmal um.

Im September 1942 wohnten im »Judengetto Theresienstadt« ungefähr achtundfünfzigtausendfünfhundert tschechische, österreichische und deutsche Juden, etwa vierzigtausend davon waren zu alt, zu jung oder zu krank, um zu arbeiten. Mit ihren zweiundzwanzig Jahren und ihrem kräftigen Körper wurde Franci gleich zu einem Dienst eingeteilt, den »Zugänge« gewöhnlich bekamen: eine zwölfstündige Nachtschicht auf einem heißen Dachboden voller älterer, todkranker Häftlinge, die im Sterben lagen – Scharlach, Gelbsucht, Typhus, Ruhr, Unterernährung. In jenem September starben im Lager annähernd viertausend Menschen, mehr als hundert jeden Tag. Theresienstadt, das angebliche »Paradiesgetto« für Juden, war eigentlich ein riesiger Wartesaal, in dem Tausende von Menschen starben, bevor ihr Zug eintraf.

Schluchzend meldete sich Franci zum Dienst; wie sie später erzählte, war sie fast unnütz. Wenn ihr befohlen wurde, den Menschen, die da halbnackt in der Septemberhitze lagen, Wasser oder Bettpfannen zu bringen, konnte sie die Lebenden nicht von den

Toten unterscheiden. Sie fing an zu halluzinieren, sah in jedem abgemagerten, sterbenden Menschen ihre Mutter und ihren Vater. Erst Jahrzehnte später sollte sie erfahren, wohin man ihre Eltern gebracht und was man mit ihnen gemacht hatte. Damals dachte sie nur daran, daß sie hätte mit ihnen gehen sollen und daß ihr Mann sie daran gehindert hatte.

Joe Solar, der sich selbst dazu beglückwünschte, seine Frau vor der Deportation gerettet zu haben, wurde zum Objekt ihrer Verachtung. Franci wollte nicht, daß er sie berührte, wollte seine Stimme nicht hören, wollte ihm nicht in die Augen sehen. Von der Hochzeit an hatte Emil Rabinek keinen Hehl aus seiner Abneigung gegen Joe gemacht, diesen raffinierten Kerl, seine besserwisserischen Bemerkungen und seinen Hang zu Schwarzmarktgeschäften. In Francis Gefühlsleben hatte er immer nur den dritten Platz eingenommen, nach ihren Eltern und ihrer Arbeit. Nun sah sie Joe mit den Augen ihres Vaters. Seine Prahlerei, er könne ihre Eltern vor der Deportation retten, war nichts als leeres Geschwätz gewesen. Joe hatte versagt, und Franci gab ihm – nicht der SS – die Schuld, daß sie ihre Eltern verloren hatte.

Wie andere junge tschechische Juden, die schon einige Monate in Theresienstadt waren, hatte sich auch Joe im Lagerleben eingerichtet. Im sozialen Gefüge hatte er sich eine Nische geschaffen und war nach Francis Meinung glücklicher als zuvor in Prag. Er arbeitete jeden Tag draußen auf der Schienenanlage und hatte auf diese Weise ein Netz zwischen tschechischen Arbeitern und Polizisten knüpfen können, über die er mit seinen »arischen« Kumpeln in Prag Kontakt aufnehmen konnte. Sie hatten einen illegalen Postdienst eingerichtet, der Briefe zwischen dem Getto und der Stadt, Lebensmittel und Tabak schmuggelte. Rauchen war in Theresienstadt offiziell verboten, Zigaretten waren jedoch inoffizielles Zahlungsmittel. Da Joe keine andere Möglichkeit sah, den Tränenfluß seiner Frau zum Versiegen zu bringen, stopfte er ihr schließlich eine Zigarette in den Mund und befahl ihr zu inhalieren. So fing Franci an zu rauchen.

Nikotin war eine wirkungsvolle Droge, so wirkungsvoll, daß meine Mutter nie wieder aufhören konnte zu rauchen, abgesehen von den jeweils neun Monaten ihrer Schwangerschaften. Das Rauchen betäubte ihre Sinne in dieser ersten Woche im *koncentrák* so gut, daß sie mit ihrem Mann sprechen, daß sie essen und sich waschen konnte und bemerkte, daß die Gesellschaft, in der sie nun lebte, sich gar nicht so sehr von jener unterschied, die unmittelbar vor der Errichtung des Protektorats existiert hatte.

Franci Solar bekam die zweite Pritsche einer dreistöckigen Schlafstelle im zweiten Stock der Hamburger Kaserne, in einem Saal, in dem alle Richtungen des mitteleuropäischen Judentums vertreten waren. Die Doppelpritsche über ihr wurde von einem seltsamen Paar belegt, einer katholischen Konvertitin, die es niemals versäumte, ihre Gebete zu sprechen, und einer ehemaligen Kundin des Salons, die nur von ihrem verlorenen Besitz erzählte. Die Doppelpritsche darunter teilte sich eine Frau aus Frankfurt, die immer obszöne Geschichten erzählte, mit der bescheidenen sechzehnjährigen Großenkelin des Oberrabbiners von Böhmen. Francis Lagergenossin hieß Margot Körbel und war eine auffallend schöne Frau, ihr Mann Arthur arbeitete zusammen mit Joe an der Schienenanlage.

Margot packte die Decken und die grüngefärbten Laken aus, welche die Rabineks Franci überlassen hatten, und ordnete Francis Sachen auf den Holzlatten, die das Bett darstellten. Jede Pritsche war von den Frauen, die darauf lebten und schliefen, in ein kleines Heim verwandelt worden, die Kaserne war ein Mikrokosmos jener Welt, die sie zurückgelassen hatten. Margot machte Franci mit ihren Nachbarinnen bekannt, die sie mit den Titeln ihrer Ehemänner vorstellte – »Frau Professor Stein«, »Frau Ingenieur Baum« – und erklärte ihr, wie das Lager funktionierte.

Theresienstadt wurde zwar von den Nazis »Paradiesgetto« genannt, erfuhr Franci von Margot, aber es war nicht mit den mitteleuropäischen jüdischen Gettos vor 1848 zu vergleichen. Die damaligen Gettos waren in der religiösen Tradition verwurzelt und besaßen wirkliche politische Unabhängigkeit; die Juden verließen das Getto jeden Morgen; sie konnten es auch für immer verlassen, wenn sie zum Christentum übertraten. Theresienstadt jedoch konnten die Juden nicht verlassen, auch war den Häftlingen jeder Kontakt zur Außenwelt verboten. Theresienstadt wirkte wie eine autonome politische Einheit, weil es von Juden verwaltet wurde, aber auch das war eine Täuschung.

Die Frau, die für den Saal verantwortlich war, hieß »Saalälteste«, denn Juden durften nicht den Titel »Kommandant« oder »Führer« tragen. Sie erstattete der »Gruppenältesten« Meldung, die wiederum der »Blockältesten« und so weiter, bis hinauf zum Ältestenrat, den von den Nazis ernannten jüdischen Funktionären. Die Belegung des Lagers änderte sich täglich, manche starben, manche wurden deportiert, neue Transporte trafen unbemerkt ein. Über jeden kräftigen, jungen Zugang wie Franci freute man sich – ein Mensch, der vor der Deportation gerettet werden konnte. Krankheiten, zu wenig und verseuchtes Wasser, Läuse, Ungeziefer überhaupt und natürlich die Deportation waren eine ständige Bedrohung. Franci würde sich an den Anblick der altmodischen, von Menschen gezogenen Leichenkarren gewöhnen müssen, auf denen Leichen aus dem Lager hinaus- und halbverfaulte Kartoffeln hineingebracht wurden. Was das Essen anging, so durfte sie hier, falls sie es früher gewesen war, nicht heikel sein. Und sie würde sich dazu zwingen müssen, sich jeden Tag zu waschen, auch wenn es keine Seife gab und das Wasser eiskalt war. Margot nahm nicht nur die Reinigung ihres sichtbaren Gesichtes peinlich genau, sondern auch jenes Körperteils, den sie verschämt ihr »anderes« Gesicht nannte.

Meine Mutter betrachtete Margot später als die Person, die ihr das Leben rettete, Ersatzmutter, ältere Schwester und Freundin in einem. Sie solle sich glücklich schätzen, daß Theresienstadt nicht irgendwo in Polen, sondern in ihrem Heimatland liege, erklärte Margot. Margot war im schlesischen Breslau aufgewachsen und Mitte Dreißig mit ihrem Mann nach Prag geflohen. Daß sie Tschechisch konnte, stellte sich als äußerst vorteilhaft heraus, Franci sollte bald merken, daß sie als Tschechin zur Lagerelite gehörte. Manche tschechische Juden hatten zusammen mit den Wärtern ihren Militärdienst abgeleistet. Sie hatten nicht nur Zugang zur Außenwelt, wo sie ihre Muttersprache sprechen konnten, sondern da sie als erste gekommen waren und die Garnisonsstadt zum Konzentrationslager umgebaut hatten, leiteten sie alles – Krankenhaus, Küche, Lagerhäuser und Zentralsekretariat.

In Theresienstadt, erfuhr Franci von Margot, waren die tschechischen Juden Funktionäre und Älteste, Köche und Menagedienst. Deutsche Juden waren zweite Klasse; die meisten älteren deutschen Juden hatten gedacht, Theresienstadt wäre ein privilegierter Wohnort, und konnten gar nicht den Schock darüber verwinden, daß sie all ihre Besitztümer gegen Lebensmittel eintauschen mußten. Wie privilegiert Franci als Tschechin war, merkte sie, als sie in der ersten Woche von der ehemaligen Besitzerin eines Prager Modesalons erkannt wurde. Diese Frau war nun Leiterin einer der Schneiderwerkstätten von Theresienstadt. Da die wenigsten ihrer Arbeiterinnen eine Ausbildung hatten, holte sie Franci aus der Krankenpflege heraus und ließ sie für die Nähwerkstätte einteilen.

Daß sie wieder Kleider nähen konnte, auch wenn es nur billige Kleider für Deutschland waren, richtete Franci auf. Der Zehnstundentag verging leicht mit Zuschneiden und Nähen, verglichen mit dem endlosen Nachtdienst bei den Alten und Kranken. Wie Joe, Margot und Kitty, die bei Francis Ankunft mit Scharlach in Quarantäne lag, und wie Joes Cousine Vava, die vor ihr nach Theresienstadt gekommen war, gewöhnte sich auch Franci ein. Im Februar hörten die Deportationen in den Osten plötzlich auf, eine Illusion von Normalität breitete sich aus. Franci lernte, die ausgemergelten Gestalten zu übersehen, die auf den Straßen im Müll wühlten, sie lernte, Hunger, Schmutz, Lärm, Krankheit, Tod, das Fehlen jeglicher Privatsphäre und die Angst vor der Wiederaufnahme der Deportationen zu ignorieren. Das ganze Jahr 1943 hindurch, während 15 126 Juden in Theresienstadt ankamen und 12 696 dort starben, nähte Franci. Für ein Stück Salami und ein paar Zigaretten machte sie Überstunden und flickte die Kleider der Häftlinge, oder sie nähte Mäntel und Röcke aus Decken. Vava rezitierte unterdessen Gedichte und Theaterstücke für ein Publikum, das die Bühne höher schätzte als Brot.

»Die Toten türmten sich zu Haufen«, schrieb der junge, in Pankrác inhaftierte Autor Julius Fučik in seinem Tagebuch. »Sie zählen nicht mehr nach Dutzenden, nicht nach Hunderten, sondern nach Tausenden ... Und der Mensch in diesem Grauen? Er lebte. Nicht zu glauben. Aber er lebte, aß, schlief, liebte, arbeitete und dachte an tausenderlei Dinge, die mit dem Tod auf keine Weise zusammenhingen.«

Franci bekam Mumps und hatte immer wieder Läuse. Samstags besuchte sie die Fußballspiele im Hof der Dresdner Kaserne und versuchte, das breite Angebot an Musik, Kabarett, Oper und Schauspiel zu genießen. Bildende Künstler malten auf allem, was sie finden konnten, nähten Puppen aus Stoffresten und schufen Bühnenbilder aus Abfall. Ganze Theaterstücke und Partituren wurden aus dem Gedächtnis rekonstruiert und von Menschen nachgespielt, die im Protektorat kein Theater und keinen Konzertsaal mehr hatten betreten dürfen. Franci hörte das *Requiem* von Verdi, aufgeführt von Sängern und Musikern, die nach der Vorstellung deportiert wurden.

In Theresienstadt gab es auch eine Frau, die aus der Hand lesen konnte. Margot und Franci suchten sie eines Abends in einem Saal auf, in dem nur alte Menschen hausten. Als sie Francis Hand hielt, sagte sie, ihr junger und gutaussehender Mann sei in Dinge verwickelt, die ihm das Leben kosten würden, Franci werde Witwe werden. Nach Kriegsende werde sie einen Mann heiraten, den sie schon in ihrer Kindheit kennengelernt habe, sie werde Europa verlassen und eine Familie gründen. Franci fragte sie nach den Rabineks, doch darauf antwortete die Handleserin nicht. Sie wandte sich Margots Handfläche zu und murmelte »so viele Witwen, so viele Witwen«. Sie sagte Margot voraus, daß sie überleben, ihr Mann aber noch vor Kriegsende sterben werde.

Die beiden Lagergenossinnen erzählten ihren Männern nichts von ihrem Besuch bei der Wahrsagerin. Joe Solar überraschte seine Frau an ihrem dreiundzwanzigsten Geburtstag mit zwei unfaßlichen Geschenken: einem Fläschchen französischen Parfüms und zwei Schweinekoteletts, die er in hohlen Schulterpolstern nach Theresienstadt geschmuggelt hatte. Ein Jahr zuvor waren sechzehn Häftlinge hingerichtet worden, weil sie das Verbrechen begangen hatten, illegale Briefe zu schmuggeln. Die Hinrichtungen hatten Joe aber nicht vom Schmuggeln abhalten können. Nichts bereitete ihm mehr Vergnügen, als die Deutschen zu hintergehen. Selbst im Lager unterhielt er meine Mutter mit seinen Heldentaten. Sie fühlte sich abgestoßen von der Gefahr, in die er sich begab, gleichzeitig empfand sie aber auch eine prickelnde Erregung dabei. In Prag war er mit seinen Schwarzmarktgeschäften ein Krimineller gewesen, im *koncentrák* war er ein Held. Was von beidem galt denn nun? Und sie, die Hauptnutznießerin seiner Schmuggeleien, was war sie?

Mit der dreizehn Jahre älteren Margot sprach Franci über die Moral des Lagerlebens und die sich wandelnden Moralbegriffe. Die Nähe des Todes, des Sterbens, der tägliche Umgang mit gestohlenen Waren und die stetige Bedrohung durch die Transporte »in den Osten« veränderten die Menschen. Langjährige Ehen zerbrachen, alte Freundschaften starben, zu völlig fremden Menschen entstanden feste Bindungen. Sex war ein Zahlungsmittel und eine Möglichkeit, der Realität zu entfliehen. Franci aber empfand keine sexuelle Lust mehr, weder auf ihren Mann noch auf sonst irgend jemanden.

Sie verglich sich mit Margot. Margot hatte sich zehn Jahre zuvor auf den ersten Blick in ihren Mann Arthur verliebt und benahm sich immer noch so, als wäre es erst gestern geschehen. Sie verglich sich mit Kitty. Kitty war in Prag mit einem Christen verlobt gewesen, nun aber in einen Angehörigen der jüdischen Gettowache vernarrt. Sie war kurz nach ihrem neunzehnten Geburtstag mit einem der ersten Transporte nach Theresienstadt gekommen und lebte einigermaßen ungestört in einem kleinen Zimmer in der Hamburger Kaserne. Kitty und ihre drei Zimmergenossinnen hatten einen Plan ausgearbeitet, wie sie ihre drei Liebesaffären und eine Ehe dort einrichten konnten. Kitty bot ihrer Cousine ihr Zimmer stundenweise an, Franci aber konnte Kittys Begeisterung nicht erwidern und machte sich dafür Vorwürfe.

Franci wünschte sich ein Kind – wie damals Pepi, als sie die Gefühle, die sie eigentlich auf ihren Mann hätte richten sollen, ihrer Tochter geschenkt hatte. Viele in Theresienstadt internierte Kinder hatten weder Mutter noch Vater. Ihre Eltern waren in andern Lagern inhaftiert oder schon umgebracht worden. Ehepaare wie die Solars wurden vom Ältestenrat angehalten, solche Waisen zu »adoptieren«. Da die Solars erst Anfang Zwanzig waren, sollten sie einen Säugling nehmen, als aber die Wahl getroffen werden sollte, fühlte sich Franci auf der Stelle zu einem kleinen, dunkelhaarigen Mädchen mit großen Augen hingezogen, das aussah wie eine Neunjährige.

Wie sich herausstellte, war Gisa zwölf. Bei der Annexion des Sudetenlandes hatte man ihre Eltern zu Hause in Karlsbad abgeholt. Die damals siebenjährige Gisa und ihr älterer Bruder – der einzige Mensch, mit dem sie im Lager sprach – kamen in ein Waisenhaus. Gisa erinnerte Franci an eine Maus – vielleicht auch an sie selbst. Sie bestand darauf, Gisa zu adoptieren. Den Großteil ihrer freien Zeit verbrachte sie nun mit ihr, fütterte sie und versuchte, ihr ein Lächeln zu entlocken. Aber auch eine Tafel Schokolade, die Joe für sie ins Lager geschmuggelt hatte, wirkte nicht; wie sich herausstellte, wußte Gisa nicht, was Schokolade war. Sie knabberte an den Broten, welche die Solars ihr brachten, dann steckte sie sie weg, um sie mit ihrem Bruder zu teilen. Sie begann erst zu sprechen, nachdem Franci auf einem ihrer schweigsamen Spaziergänge zu Joe ein paar Worte auf englisch gesagt hatte.

Franci sprach Englisch! Ob sie ihr das beibringen könne? Gleich? Franci fing sofort an, sie die englische Grammatik zu lehren, machte mit Gisa Konversationsübungen und brachte ihr die Lieder aus den Filmen mit Fred Astaire bei, die sie zusammen mit Kitty gesehen hatte. *Dancing in the dark* oder *When we're out together dancing cheek to cheek* – mit solchen Sätzen schlug Franci eine Brücke zu Gisa und zu ihrer eigenen Jugend. Franci nähte Kleider für Gisa und brachte dem Mädchen, das nie in eine Schule gegangen war, neben Englisch auch noch andere Fächer bei. Allmählich begann die kleine Zwölfjährige über ihre Kindheit zu sprechen, sie erzählte Franci, was sie über ihre Eltern noch wußte.

Vielleicht war es Gisa, die in Franci das Interesse am Lernen weckte. Religion war eines der Themen, über das sie etwas erfahren wollte. Wie viele andere jüdische Kinder in Prag war auch sie von einem katholischen Kindermädchen betreut worden, das ihr

Heiligengeschichten erzählte, sie jedes Jahr zum Weihnachtsmarkt mitnahm und ihr an Ostern bunte Eier brachte. Franci fühlte sich vom Katholizismus angezogen, und sie war fasziniert von der Juweliersgattin auf der Pritsche über ihr, die ihre Gebetszeiten einhielt, als würde sie in einem Kloster leben. Am ersten Weihnachtsfest in Theresienstadt besuchte Franci mit ihr die Christmette, aber sie fühlte sich fremd unter den Leuten, die auf einem Dachboden zusammengekommen waren, um die Messe zu lesen.

Mit dem Judentum erging es ihr ähnlich. Margot war in Deutschland Mitglied des zionistischen Jüdischen Wanderbundes Blau-Weiß gewesen und sogar schon einmal zur landwirtschaftlichen Ausbildung nach Palästina gereist. Sie besuchte geheime Vorträge über Zionismus und faßte sie für ihre Lagergenossin zusammen. Joes Cousine Vava, die als Kind getauft worden war, studierte das Judentum bei einem Wiener Rabbi. Mit ihr besuchte Franci einen Sabbatgottesdienst, bei dem eine Gruppe alter Männer, jeder eingehüllt in den Gebetsschal, auf hebräisch betete. Vava fühlte eine Verwandtschaft mit ihnen – Franci fühlte sich fremd, so sehr sie sich auch bemühte. Franci stand auch den kommunistischen Zellen, die sich im Untergrund gebildet hatten, nicht nahe. Nach dreieinhalb Jahren nationalsozialistischer Besatzung war sie immer noch eine unpolitische, weltlich orientierte Tschechin.

Da sie sich so sehr als Tschechin fühlte, las ich mit besonderer Befriedigung die Ansprache Jan Masaryks , die am 29. September 1943 aus London gesendet wurde. Kein Häftling von Theresienstadt konnte die Rede hören, einige der tschechischen Wärter hatten die Möglichkeit, und manche dürften sie auch genutzt haben.

> Gestern gedachten wir des heiligen Wenzel und erinnerten uns an das Münchener Abkommen. Heute sollten wir des jüdischen Neujahrsfestes gedenken. Die Juden, die nun das Jahr 5704 feiern, beten in den Synagogen Amerikas, Großbritanniens, Rußlands und Palästinas für die Ärmsten der Armen,

deren Synagogen von den Deutschen zerstört und die zu Millionen von diesen Barbaren hingeschlachtet wurden. In ihrer ereignisreichen Geschichte haben die Juden schon vieles erlebt, keines ihrer Leiden war aber so schrecklich, so unerträglich und traf ihr Volk so massenhaft wie das, was wir heute erleben. Wie wir können auch die Juden nicht frei unter einem totalitären Regime leben… Bald stellte sich heraus, daß nach den Juden die Sozialdemokraten kamen, die Geistlichen, die Wissenschaftler. Als Hitler mit diesen Vertretern der Freiheit und des Fortschritts fertig war, hat er sich auf uns andere gestürzt, auf Polen, Belgier, Holländer, Norweger, Franzosen, Jugoslawen, Griechen und Russen. Mit Antisemitismus fing es an, in einem Weltkrieg endete es…

Nach dem Krieg werden wir alle arm sein und die Juden am ärmsten. Wem die Flucht aus dem Wahnsinn der Nazis gelingt, muß wieder ganz von unten anfangen. Ich möchte, daß wir unseren Kindern und der ganzen Welt nach dem Krieg sagen können, daß wir für die Juden alles getan haben, was in unserer Macht stand, und daß wir während des deutschen Terrorregimes Menschen geblieben sind. Ich weiß, daß meine Landsleute mir zustimmen und entsprechend handeln werden. Möge Gott euch beistehen. Gute Nacht. Möge das neue Jahr für die Juden besser werden.

Dafür gab es wenig Hoffnung. Das Blatt hatte sich zwar gegen die Deutschen gewendet, und die Alliierten waren in Sizilien gelandet, in Theresienstadt aber stand die Nachricht im Mittelpunkt, daß die Eisenbahnlinie nach Bohušovice nun fertiggestellt war. Damit sank drastisch die Zahl der Männer, die durch die Arbeit an diesem Projekt »geschützt« waren. Joe Solar schaffte es, wieder eine Beschäftigung zu finden, aber er mußte nun hauptsächlich innerhalb des Lagers arbeiten. Ein neuer Kommandant hielt die tschechischen Wärter hart an der Kandare, die Verbindungen zwischen Häftlingen und Angehörigen der Außenwelt waren riskanter denn je.

Unter dem neuen Kommandanten gab es Veränderungen, deren Bedeutung erst später deutlich werden sollte. So ordnete er die Benennung der Straßen an, die zuvor nur mit Buchstaben und Zahlen gekennzeichnet waren. Sinnträchtige Namen wurden auf die Schilder gepinselt: Postgasse, Parkstraße, Seestraße. Er befahl den Abbau der dreistöckigen Schlafstellen in den Kasernen, die Verschönerung des Stadtparks und die Verlegung von sechstausend Häftlingen aus einer Baracke, die ausgeräuchert, getüncht und als Lager für das Reichsarchiv hergerichtet wurde. Die im Februar unterbrochenen Deportationen wurden wieder aufgenommen.

Am 6. September 1943, drei Wochen vor Masaryks Radioansprache, wurden fünftausend tschechoslowakische Juden »in den Osten« verschickt. Rund sechs Wochen später wurde Kitty einundzwanzig und verlor damit gerade zu der Zeit, als ein Transport dänischer Juden eintraf und dringend Platz gebraucht wurde, den Schutz, den sie zwei Jahre lang als Tochter des Zionistenführers und Hausältesten Lev Vohryzek genossen hatte. Franci war entsetzt, als sie den Namen ihrer Cousine auf der Deportationsliste für Dezember las, und erstaunt über Kittys Unbekümmertheit. Kitty glaubte fest, sie kämen in ein neues Getto, und sie war begeistert, daß auch ihr Freund mitkam.

Der Zug mit Kitty verließ Theresienstadt mitten während der »Verschönerungsaktion«. Es ging das Gerücht, die Judendeportationen hätten in Dänemark so viel Empörung ausgelöst, daß das Rote Kreuz verlangt habe, das Lager zu inspizieren, und daß die Nazis aus Angst, das neutrale Schweden gegen sich aufzubringen, zugestimmt hätten. Eine Delegation des Internationalen Roten Kreuzes würde also Theresienstadt besuchen.

Franci Solar arbeitete nun in der Kleiderkammer, wo sie beschlagnahmte jüdische Kleidungsstücke flickte, die dann ins Reich geschickt wurden. Am 15. Januar mußten Franci und ihre Mithäftlinge ihre Kaserne räumen, sie wurde ausgeräuchert und getüncht, der erste Stock in einen Empfangssaal verwandelt. Sechs Tage später kam ein Zug mit niederländischen Juden in der Bahnhofstraße an. Darunter befanden sich einige bekannte Persönlichkeiten aus dem Lager Westerbork, ihre Ankunft wurde gefilmt. Im darauffolgenden Monat wurde der Kommandant von Theresienstadt wieder ausgetauscht.

Der neue Mann trieb die »Verschönerung« des nun so genannten »Jüdischen Siedlungsgebietes« voran. Er legte fest, welche Route die Delegation vom Bahnhof aus nehmen sollte, und befahl Verbesserungen in diesem Bereich. Lampen wurden angeschlossen, Läden gebaut, die Schaufenster sorgfältig mit konfiszierten jüdischen Kleidungsstücken aus der Kleiderkammer dekoriert, Gettogeld wurde eingeführt, ein »Gemeinschaftshaus« mit einer Bühne, einem Gebetssaal und einer Bibliothek aus beschlagnahmten jüdischen Büchern errichtet; die berühmten holländischen Häftlinge wurden in große Säle mit richtigen Möbeln eingewiesen, neue Verordnungen in den »Mitteilungen der jüdischen Selbstverwaltung« veröffentlicht. Früher war es ein streng geahndetes Vergehen, nicht zu grüßen und nicht den Gehsteig zu verlassen, sobald man einen SS-Offizier erspähte – nun galt das Gegenteil.

Die Veränderungen im Protokoll veränderten allerdings nicht die Realität des *koncentrák*. Eines Abends Anfang März teilte Joe Franci mit, es habe eine undichte Stelle in seinem Schmugglerring gegeben. Am nächsten Tag wurde er verhaftet und in die Kleine Festung von Theresienstadt gebracht, wo politische Gefangene eingesperrt waren, viele wurden umgebracht. Franci machte sich Vorwürfe, daß sie bei dieser Nachricht nicht viel empfand. Später schrieb sie, daß sie sich weniger Sorgen gemacht habe, wie Joe wohl behandelt werden würde, als vielmehr, welche Folgen seine Angst vor der Folter haben könnte. Sie fürchtete, er würde die Namen aller Tschechen und Juden preisgeben, die in die Schmuggelgeschäfte verwickelt waren.

Joes Freunde kümmerten sich um Franci. Zwei besuchten sie jeden Morgen. Beide waren mit Prager Christinnen verlobt, beide wußten, daß Sex mit der Frau eines inhaftierten Freundes absolut tabu war, aber jeder verdächtigte den anderen, es auf Franci abgesehen zu haben. Auch ein tschechischer Polizist, der Bruder des Wärters, der Joe verhaftet hatte, kümmerte sich um sie. Jede Woche kam er in die Kleiderkammer, holte sie heraus und schloß sie im Wärterhäuschen ein, wo sie belegte Brote und eingelegtes Gemüse von seiner Mutter zu essen bekam. Nach einer Viertelstunde brachte er sie wieder zurück und wies sie lautstark an, mehr zu arbeiten. Von ihm erfuhr sie, daß Joe mit einer Gruppe von anderen Häftlingen Kohlen schippte. Einmal brachte er ihr einen Zettel mit der gekritzelten Nachricht, daß es ihm gut gehe und daß er sie liebe.

Am 12. Mai wurde der Ältestenrat von Theresienstadt angewiesen, drei Transporte von je zweitausendfünfhundert Menschen zusammenzustellen. Alle Waisen und Insassen der Irrenanstalt sollten deportiert werden, die restlichen Plätze sollten mit anderen Häftlingen aufgefüllt werden. Obwohl alle Freunde versuchten, es zu verhindern, erschien Franci Solars Name mit den Namen der Angehörigen all jener Männer, die am Schmuggel beteiligt gewesen waren, auf der Liste. Am 18. Mai 1944 verließ Franci Solar, wie sie gekommen war, im Kamelhaarmantel der Frühjahrskollektion 1939 des Salon Weigert, Theresienstadt in Richtung »Osten«.

Sechzehntes Kapitel

WENIGE MONATE vor ihrer Deportation, schrieb meine Mutter später, habe sie einen Alptraum gehabt: Sie sei allein an einem Ort gewesen, den sie noch nie gesehen hatte, die Erde von einer merkwürdigen Farbe, fast gelb, der Himmel dunkelrot, durchzogen von Blitzen, der Wald habe nicht aus Bäumen bestanden, sondern aus Stacheldraht. Schreiend sei sie erwacht. Sie fragte Joe und Margot und jeden, den sie sonst noch kannte, ob sie je gelbe Erde gesehen hätten. Nein. Später, als sie aus dem Zug hinaus und auf einer Straße zwischen zwei stacheldrahtbewehrten Mauern hinein in die Nacht getrieben wurde, erkannte sie das Land aus ihrem Alptraum wieder.

Die Ankunft in Auschwitz ist oft beschrieben worden. Auch meine Mutter schilderte das Entsetzen, den Gestank, die Scheinwerfer, den Lärm und den Marsch auf einem endlos scheinenden Weg zwischen Stacheldraht durch ein Tor mit der Aufschrift »Arbeit macht frei«. In Theresienstadt hatte sie nichts von Auschwitz gehört. Wie alle anderen tschechischen Juden glaubte auch sie, daß sie in ein »Familienlager« namens Birkenau gingen, aus dem sie erst kurz zuvor Postkarten bekommen hatten.

Ein paar gestreifte Gestalten huschten durch die Dunkelheit, bedacht darauf, der SS aus dem Weg zu gehen. Eine dieser Gestalten erschien plötzlich neben mir, in der Hand die Griffe einer Bahre mit einer bedeckten Leiche. »Nazdar!« begrüßte man mich auf tschechisch. Ich versuchte, die Gestalt zu identifizieren, und erkannte zu meiner Freude unseren Freund Tommy Schwartzkopf, der Terezín im Dezember verlassen hatte. Er sah alt aus und ausgehungert. Er erklärte mir rasch, das man uns alles, was nur irgendwie von Wert war, abneh-

men würde, ich könne ihm etwas zur Aufbewahrung geben, er würde es ins Lager schmuggeln. Ich hatte nur wenig, meine und Joes Armbanduhr, einen Füllfederhalter, eine Zahnbürste, einen Kamm und ein paar Strümpfe. Er stopfte alles unter die Leichendecke und verschwand unbemerkt in der Dunkelheit.

Männer und Frauen wurden getrennt und mußten sich zur Registrierung anstellen. Nachdem die SS-Männer gegangen waren, zog Honza Polak, auch ein Freund von Joe, Franci in einen kleinen Raum und gab ihr einen Teller Suppe. Die Transporte würden unter strikter Quarantäne gehalten, teilte Honza ihr mit, er aber sei Blockältester und das da sei sein Raum. Honza war Anfang Dreißig, Anwalt, wohlerzogen und anständig. In Theresienstadt hatte Franci ihn für einen Schnösel gehalten, in diesem unheimlichen Birkenau aber empfand sie seine korrekte und überlegte Art als beruhigend.

Honza erklärte ihr, daß Auschwitz in drei Bereiche unterteilt war: Auschwitz I, Auschwitz II oder Birkenau und Auschwitz III mit den Fabriken. Von den Gaskammern sagte er nichts, nur daß das »Familienlager Birkenau« für fünftausend Häftlinge aus Theresienstadt gebaut worden sei, die im September 1943 dort angekommen seien. Im Gegensatz zu anderen Häftlingen in Auschwitz durften sie ihre Kinder bei sich behalten, sie durften weiterhin Zivilkleidung tragen und mußten sich nicht den Kopf kahl scheren. Der »Älteste« war Deutscher, ein politischer Gefangener, die anderen Funktionäre waren wie in Theresienstadt Juden. In Birkenau hieß »Registrierung« ärztliche Untersuchung, eine Tätowierung auf dem Unterarm und Einweisung in die Blocks. In Theresienstadt waren fast alle Häftlinge Juden gewesen, die relativ mächtigsten tschechische Juden. In Auschwitz war es anders: Hier gab es Juden, Zigeuner, Homosexuelle, politische Gefangene aus verschiedenen Ländern und gewöhnliche Kriminelle. Die Kapos wurden vor allem aus den deutschen und polnischen Kriminellen rekrutiert und benahmen sich wie die SS. Das alles erfuhr meine Mutter von Honza.

Dabei ließ er einige Einzelheiten aus. Er erzählte nicht, daß die

Menschen, die mit dem September-Transport aus Theresienstadt gekommen waren, am 7. März, genau ein halbes Jahr nach ihrer Ankunft in Birkenau, Postkarten schreiben mußten und dann vergast wurden. Er sagte auch nicht, daß die Lebensbedingungen in dem angeblichen »Familienlager« Birkenau menschenunwürdig waren und daß von den fünftausend Häftlingen aus Theresienstadt innerhalb des halben Jahres an die Tausend bereits gestorben waren. Er habe Tommy geschickt, um ihre Wertgegenstände zu verstecken, erklärte er, wenn sie Ruhr bekomme, was ganz sicher der Fall sein werde, könne sie sie gegen Medikamente tauschen. Außerdem erfuhr sie, daß Gisa in seiner Baracke lebte und auch Kitty in Sicherheit war.

Honza schärfte ihr ein, stark zu sein. Er versicherte ihr, sie könne auf seine Hilfe zählen, und brachte sie in die Quarantänestation, wo gerade die letzten Frauen tätowiert wurden. Polnische »Schreiberinnen« ritzten die Nummer A-4116 auf Francis Arm. Erschöpft schlief sie auf dem überfüllten Fußboden ein.

Am nächsten Tag kamen die Blockältesten, um die Neuzugänge zu inspizieren und für ihre Blocks auszuwählen. Eine der Blockältesten war Renée, eine auffallende Blondine, die in Theresienstadt Köchin gewesen war und für die Franci genäht hatte. Renée, Älteste in einem Block mit alten Frauen, versprach Franci eine ausgesuchte Pritsche in einer Ecke neben dem einzigen Fenster in der Baracke, eine Extraration Brot und Suppe vom Bodensatz. Es war Franci klar, daß sie das nicht aus reiner Menschenfreundlichkeit tat, sondern daß sie erwartete, daß Franci für sie nähte. Franci willigte ein – sehr zu Kittys Mißfallen, die, sobald sie konnte, aufgebracht in Francis Baracke stürmte: Franci könne nicht dort bleiben. Wisse sie denn nicht, daß sie geradewegs in den Kamin gehen werde, wenn sie bei diesen alten Frauen bleibe? Warum sei sie überhaupt hierhergekommen? Warum sei sie nicht weggelaufen?

Franci verstand nicht. Wie hätte sie weglaufen sollen? Und von was für einem Kamin sprach Kitty? Sie bekam schreckliche Angst. Anstelle des hübschen Mädchens, das sechs Monate zuvor zusammen mit seinem Freund Theresienstadt verlassen hatte, stand eine ausgemergelte, gehetzte Irre vor ihr, ein Nervenbündel mit flackerndem Blick und stumpfem Haar. Ob Franci denn die Schornsteine nicht sehe. Hier würden Menschen vergast. Und dann verbrannt.

Franci beruhigte ihre Cousine. Sie habe Honza getroffen, er habe ihr alles erklärt. Von Gas habe er nicht gesprochen.

Kitty starrte Franci verzweifelt an. Ihr ganzes Leben lang hatte Franci immer recht gehabt.

»Hör zu«, sagte Kitty, »alle sechs Monate werden hier zehntausend Menschen in die Gaskammern gesteckt. Da, die Kamine! Kannst du das nicht riechen?«

Franci sog die Luft ein – es war dieser eigenartige Geruch, den sie vom Frisör kannte, wenn der Lockenstab zu lange im Haar blieb. Sie beruhigte Kitty wieder. Ein großes Lager. Leute sterben eben. Vor allem alte Leute. Und die Deutschen mit ihrem Sauberkeitsfimmel. Selbstverständlich haben sie ein Krematorium.

Aber Kitty blieb dabei: Gas. Rauch. Wer im September gekommen war, verschwand im März. Sie selbst war im Dezember gekommen, sie würde im Juni verschwinden. Was, glaube Franci, sei mit den fünftausend Tschechen vom September-Transport passiert? Wo seien sie denn? Erst hätten sie Postkarten geschrieben, dann seien sie mit der tschechischen Nationalhymne auf den Lippen ins Gas marschiert. Mit der Nationalhymne!

In Kitty war etwas zerbrochen. Wie ein Automat wiederholte sie immer wieder dieselben Wörter. Im September gekommen, im März vergast. Im Dezember gekommen, im Juni vergast. Weniger als ein Monat. Aber warum war Renée dann noch am Leben? Weil sie einen Freund bei der SS hatte. Am Ende würden sie alle ins Gas gehen.

Franci versuchte, stark zu sein. Sie hörte sich selbst dabei zu, wie sie Kitty einen Spaziergang vorschlug. Es war Mai, und die Luft war warm, aber es gab nicht einen grünen Fleck. Die Lagerstraße verlief in einer gelbbraunen Geraden zwischen endlosen Baracken und Stacheldraht. Kitty redete ununterbrochen auf sie ein. Franci sah, daß fünf Monate Auschwitz nicht nur ihre Cousine verändert hatten, sondern auch alle anderen Bekannten aus

Theresienstadt. Sie waren mager, ihr Haar stumpf, die Haut grau. Außer den Kapos trugen alle Lumpen. Manche Frauen würden Sex gegen Essen tauschen, sagte Kitty, und daß es hier keine normalen Menschen mehr gebe. Ein Starfußballer aus Theresienstadt war Blockältester; er schlug seine Leute. Die Blockälteste aus Kittys Baracke, eine Klassenkameradin von Franci in Prag und ehemaliges Modell, behandelte ihre Frauen wie Dienstmädchen. Der einzige Blockälteste, der noch nicht korrumpiert zu sein schien, war Honza. Er hatte seine Mutter nach Auschwitz begleitet; jeden Abend spazierte er mit ihr Arm in Arm. Die Kinder in seiner Baracke vergötterten ihn.

Kitty bat ihre Cousine inständig, in ihre Baracke zu ziehen, aber Franci blieb lieber, wo sie war, anstatt einer Frau nachzugeben, die offensichtlich den Verstand verloren hatte. Außerdem behandelte Renée sie als Ebenbürtige. Honza und die Kinderbaracke, wo auch Gisa lebte, waren gleich gegenüber. Franci wurde zur Arbeit in der Schneiderwerkstatt eingeteilt und nähte wieder.

Im Sommer 1944 fiel ihr auf, daß die Uniformen der Deutschen, die sie zu flicken hatte, große Löcher aufwiesen und dunkle Flecke. Blut. Es sah wohl nicht gut aus für die Deutschen. In Birkenau konnte man sich nicht so auf die Nachrichten verlassen wie in Theresienstadt, wo die Wärter BBC-Meldungen an die Häftlinge weitergaben, doch Gerüchte verbreiteten sich: Die Deutschen kämpften um ihr Leben, eine Meuterei sei geplant, man wolle das Lager mit Heizöl aus dem Krankenbau in Brand setzen, mindestens tausend Häftlinge könnten fliehen, bevor eine zweite Gruppe tschechischer Juden in die Gaskammern geschickt würde.

Franci fragte Honza, warum er ihr nicht die Wahrheit gesagt habe. Er habe gewußt, sie würde es früh genug selbst herausfinden, lautete seine Antwort. Gegen alle Vernunft glaubte Honza, daß irgend etwas passieren würde, daß keine tschechischen Juden mehr mit der Nationalhymne auf den Lippen in die Gaskammern gehen müßten, daß sie das Ende dieses Krieges noch erleben würden. Sie fand sein Gottvertrauen bewundernswert, aber wenig überzeugend. In Theresienstadt hatte Franci als offen und gesellig gegolten, in Birkenau zog sie sich in ihre eigene Welt zurück. Sie wußte, daß Kitty sie vermißte und daß Gisa sie brauchte, aber sie brachte es nicht fertig, Gisa wieder Englischunterricht zu geben oder sie nur regelmäßig zu sehen. Im Lager hatte sie eine entfernte Cousine ihrer Mutter getroffen; wenn sie sich mit ihr unterhielt, hatte sie unweigerlich Pepis Bild vor Augen. Das war so schmerzlich für Franci, daß sie die Cousine mied. Sie kümmerte sich nicht um die alten Frauen in ihrem Zimmer, sie ging immer seltener zu Honza. Der Hunger plagte sie zwar, aber sie wollte ihn um nichts bitten, auch wenn er dafür keinen Sex erwartete. Sie hatte einen Weg gefunden, wie sie die Signale ihrer Sinne ausschalten konnte.

Sie lebte in ihrer Phantasie. Und plante ihre Flucht – wie unzählige Gefangene vor ihr und nach ihr. Es war Sommer, die beste Zeit, um draußen zu überleben. Sie brauchte keine warmen Kleider, die Wälder waren dicht belaubt, es gab Beeren und in den Gärten Obst. Sie würde sich verstecken, eine isolierte Drahtschere stehlen und sich ihren Weg durch den elektrisch geladenen Stacheldraht schneiden, sie würde zum Bahnhof gehen und sich unter einem Viehwaggon verstecken, bis er Auschwitz verließ.

Sie phantasierte sich Geschichten mit Leo zusammen, dem Studenten, den sie mit sechzehn auf der Rückfahrt von Berlin im Zug getroffen hatte, stellte sich vor, wie es gewesen wäre, wenn er ihr Liebhaber geworden wäre, und malte sich Verführungsszenen aus, die sie aus Opern und Romanen kannte. Sie erlebte noch einmal die Spaziergänge durch Prag, ihre Gespräche über Kunst, den Duft seiner Pfeife. Sie verbot sich, Spekulationen über sein Leben in Amerika anzustellen, ob er inzwischen verheiratet war, Familienvater, Architekt. In ihrer Erinnerung war er derselbe geblieben wie vor der Besatzung: ein schöner, ehrgeiziger junger Mann mit dem Ziel, die Welt neu zu erbauen.

Ihr Ehemann, ihr Geschäft und ihre Eltern kamen in ihren Tagträumen nicht vor. Sie wußte nicht, ob man die Rabineks nach Auschwitz gebracht hatte oder an einen andern Ort. Sie wußte auch nicht, ob Joe noch lebte. Sie hatte genug damit zu tun, stark zu bleiben, wie Honza ihr geraten hatte, sauber, wie

Margot sie angehalten hatte, und einen Tag nach dem anderen zu überleben.

Drei Wochen nach ihrer Ankunft begann der Monat Juni. Am 7. Juni war immer noch nichts passiert, es gab keine Selektionen, nichts. Mitte des Monats sagte Kitty – die unermüdlich versucht hatte, Franci aus der Baracke zu locken –, daß die Deutschen eine Gruppe von Leuten zwischen fünfzehn und fünfundvierzig Jahren für einen »Arbeitseinsatz« in Deutschland auswählen wollten. Diese Leute würden nicht vergast werden.

Alle spielten mit der Möglichkeit, mit dem Transport aus Auschwitz zu entkommen. Mädchen, die noch keine fünfzehn waren, machten sich älter, ältere Frauen versuchten, Wasserstoffperoxid aus dem Krankenbau zu organisieren, um sich damit die Haare zu färben. Am 20. Juni selektierte Josef Mengele, SS-Offizier und Lagerarzt von Birkenau, die erste Gruppe männlicher Häftlinge.

Die Pessimisten behaupteten unerschütterlich, die Selektion sei nur eine Farce, die Deutschen hätten von der geplanten Meuterei gehört und suchten nun jene jungen Männer heraus, die so aussähen, als könnten sie eine Meuterei organisieren, um sie zu eliminieren. Stundenlang beobachteten die Frauen abwechselnd die Bahnschienen; weinend sahen sie dem ersten Transport nach, der Auschwitz mit ihren Brüdern, Geliebten und Männern verließ. Dann wurden die Frauen selektiert. Nackt, ihre Kleider über dem linken Arm, warteten sie auf die kurze Befragung.

Franci stand etliche Stunden in der Reihe – lange genug, um zu erfahren, daß die meisten Frauen angeben wollten, Schneiderin zu sein. Den ganzen Tag über hatte schon ein Sommergewitter in der Luft gelegen, nun verwandelten die ersten Blitze die Halle mit den Reihen nackter Frauen, Gruppen von SS-Männern und dem eleganten Offizier in ein surrealistisches Gemälde. Franci sah, daß Mengele alle alten und schwachen Frauen, alle, die eine Brille trugen oder eine Narbe hatten, auf die eine Seite schickte, die gesunden Frauen auf die andere.

Franci, die kaum vierundzwanzig Jahre alt war und fünf Monate weniger Hunger in Birkenau gelitten hatte als Kitty, fand ihren

Gesundheitszustand weniger besorgniserregend als ihre Blinddarmnarbe. Sie hatte beobachtet, daß Mengele einigen Frauen Fragen stellte, und in der Gewißheit, daß es letztlich gleichgültig war, welchen Beruf sie angab, entschloß sie sich zur Lüge. »Elektrikerin«, antwortete sie, als Mengele sie nach Alter, Familienstand und Beruf fragte.

Elektrikerin? Wirklich? Ob sie auch Kabel und solche Sachen reparieren könne?

»Jawohl«, entgegnete sie entschieden.

Er befahl einer Schreiberin zu notieren: A-4116, Elektrikerin.

An jenem Abend verabschiedeten sich die Frauen, die zum Arbeitseinsatz fuhren, von jenen, die ins Gas gehen würden. Franci sagte Lebewohl zu Pepis Cousine Hella. Und zu Gisa. Barfuß stand das kleine, stille Mädchen da, in der Hand ein paar Schuhe, die Franci ihm in Theresienstadt gegeben hatte. Gisa war dreizehn: zu jung, um zum Arbeitseinsatz ausgewählt zu werden, aber alt genug, um zu wissen, was es bedeutete, wenn man zurückblieb.

Meine Mutter schrieb später, an jenem Morgen im Juli, als sie Auschwitz verließ, habe sie wieder Interesse am Leben bekommen. Die Sonne schien vom blauen Himmel, der Viehwaggon, in den sie und Kitty gepfercht wurden, war relativ sauber, der Boden mit frischem Stroh ausgestreut, und sie konnten sich darauf ausstrecken, denn es waren nur etwa fünfzig Frauen und Mädchen im Waggon. Die Türen blieben offen, sie sahen Bauern auf dem Feld, Vieh auf den Weiden, Menschen auf staubigen Straßen. Ein Mädchen fing an zu singen, bald fiel der ganze Viehwaggon in Couplets von Voskovec und Werich ein, in tschechische Volkslieder und amerikanische Schlager. Sie tollten im Waggon herum, kitzelten sich gegenseitig, kreischten und lachten wie Kinder. Wenn am Abend die Türen geschlossen wurden, rollten sie sich auf dem Stroh zusammen und schliefen zum ersten Mal, seit sie Prag verlassen hatten, wieder bequem. Wohin sie fuhren, wußten sie nicht, nur daß sie die Gaskammern hinter sich gelassen hatten und nach Westen durchs Reich rollten.

Schließlich fuhr der Zug in eine Stadt ein. Er hielt vor einer Reihe von Gebäuden mit riesigen Schiebetüren. Sie wurden aus dem Waggon in eine Art Lagerhaus zwischen Bahnschienen und einem Kanal getrieben. Daneben stand ein ähnliches Gebäude, Männer winkten und riefen aus den Fenstern im zweiten Stock. Es gab keine Hunde, nur einen schneidigen SS-Offizier, dem sie nach einem bekannten deutschen Filmstar den Spitznamen Petrovich gaben. Die Wärter waren meist alt und nicht mehr fronttauglich. Registriert und mit Arbeitsanzügen und Decken ausgestattet, belegten die Frauen schnell ihre Pritschen, dann rannten sie zu den Waschbecken – etwas, das sie seit Jahren nicht mehr gesehen hatten –, drehten die Hähne auf, steckten die Daumen hinein und vergnügten sich bei einer Wasserschlacht.

Franci und Kitty setzten sich auf den Fenstersims. Mit einer Mischung aus Deutsch und Französisch fanden sie heraus, daß sie in Hamburg waren. Die Männer waren italienische Kriegsgefangene, ihre Quartiere lagen in einem Speicherhaus im Freihafen. Die Italiener bekamen Post und hatten Zugang zu Nachrichten. So erfuhren die Frauen, daß die Alliierten schon Rom erreicht hatten, daß sie in der Normandie gelandet waren und vorrückten. Franci erzählte den Italienern, daß sie tschechoslowakische Jüdinnen waren und aus einem Konzentrationslager mit Namen Auschwitz kamen.

Grüppchenweise wechselten sich Männer und Frauen an den Fenstern ab. Manche schauten sich nur gegenseitig an und sprachen die jeweiligen Namen nach, andere unterhielten sich intensiv. So lernte meine Mutter Bruno kennen, einen Kriegsgefangenen aus Norditalien. Er erklärte Francesca – so nannte er sie –, daß die Kriegsgefangenen regelmäßig Lebensmittelpakete, Zigaretten und Kleider erhielten. Er hatte eine Idee: Sie solle später ans Fenster kommen. Nachdem sich die Frauen schlafen gelegt hatten, ging Franci ans Fenster. Bruno band ein kleines Päckchen an eine Wäscheleine und warf es meiner Mutter aus seinem zwanzig Meter entfernten Fenster zu. Schokolade, Kamm, Zahnbürste, Socken, Bleistift, Papier und ein Brief auf französisch. Bruno war Fabrikarbeiter aus Treviso – wie ich bei meiner Recherche herausfand, war dies der Stammsitz der Familie Collalto in Brtnice. Bruno war in die italienische Armee eingezogen worden, aber zu den Partisanen in Jugoslawien übergelaufen, man hatte ihn gefangengenommen und ins Lager geschickt. Er schrieb Francesca, er habe sich auf den ersten Blick in sie verliebt und wolle sie heiraten.

Franci teilte Schokolade und Brief mit Kitty. Als Frau wahrgenommen zu werden, war eine Offenbarung für sie, die sich selbst nur noch als A-4116 sah, einen unförmigen Arbeitsanzug trug und ihr Lager mit Ratten teilte. Ihre Depression verflog. In Auschwitz hatte Franci vergeblich den Himmel nach alliierten Flugzeugen abgesucht, nun begrüßte sie die Bomben, als die Alliierten Luftangriffe auf Hamburg flogen. Sie wiegte Kittys Kopf in ihrem Schoß, hielt ihr die Ohren zu und weidete sich an dem Getöse der Explosionen.

Die Frauen mußten den Schutt beseitigen. Franci und Kitty arbeiteten in einer Gruppe, jeden Morgen wurden sie mit dem Boot zu einer beschädigten, aber immer noch in Betrieb befindlichen Ölraffinerie gebracht, wo sie den Schutt auf große Halden schichten mußten. Für Frauen, die noch nie einen Ziegelstein und eine Schaufel in der Hand gehalten hatten, war das Schwerstarbeit, aber immerhin waren sie im Freien und konnten mit anderen Häftlingen Kontakt aufnehmen. Ein französischer Kriegsgefangener hatte selbst ein Radio gebaut und versorgte sie mit den neuesten Nachrichten. Kitty lernte einen Gefangenen kennen, der ihr Essen zusteckte und ihr zuwinkte, wann immer er sie sah, was ihre Stimmung nach den unruhigen Bombennächten erheblich verbesserte.

Als schöne Frau angesehen zu werden, sei genauso wichtig gewesen wie die dicken Kartoffel- und Rübensuppen, schrieb meine Mutter. Viele Frauen aus ihrem Transport hatten bald einen Flavio oder einen Benedetto oder einen Pierre. Eines Morgens sah Bruno, wie Franci beim Appell zitterte, und abends warf er ihr einen Pullover hinüber. Franci schrieb ihm, sie sei eine verheiratete Frau, auch wenn sie wußte, daß sie damit riskierte, seine Unterstützung zu verlieren. Aber Bruno antwortete, er werde sie immer wie eine Schwester lieben, und ihre Korrespondenz über die Wäscheleine ging weiter.

Die Freundschaften trieben einen Keil in die Gruppe der Frauen, die gemeinsam aus Auschwitz gekommen waren. Denn nur die jungen bekamen Briefe und Geschenke, die älteren fühlten sich ausgeschlossen, obwohl die Lebensmittel geteilt wurden. Die Ungleichheit zwischen den Frauen mit Verehrern und ohne, die Zwölfstundenschichten und der permanent gestörte Schlaf zermürbten den Zusammenhalt. Sie spalteten sich in kleine Grüppchen, genannt »Gemeinden«, in denen sie sich umeinander kümmerten. Als der Sommer ging und es kälter wurde, bewahrte das Aufteilen von Lebensmitteln und Kleidern so manche Frau vor Krankheit und Tod.

Im Oktober 1944 sollten die Kriegsgefangenen den Status von normalen Häftlingen bekommen und zum Arbeitsdienst eingeteilt werden, die Frauen sollten in ein anderes Lager gebracht werden. Dieses Gerücht löste eine wahre Geschenkflut aus. Im Juli waren die Frauen mit leeren Händen in Hamburg angekommen, als sie sich zum Abmarsch aufstellten, trugen viele ein Bündel. Franci hatte einen Brustbeutel mit zweihundert Reichsmark von Bruno und in der Hosentasche eine Schachtel Zigaretten. Petrovich zog die Zigarettenschachtel heraus und fragte, woher sie sie habe.

»Gefunden, Hauptscharführer«, antwortete Franci, die wieder etwas von ihrer Ironie zurückgewonnen hatte. Und als er fragte, wo sie sie gefunden habe, entgegnete sie: »Immer an derselben Stelle.« Petrovich gab ihr die Zigaretten zurück und lud die Mädchen auf Lastwagen, die sie in ein kleines Lager in einem Hamburger Vorort bringen sollten.

In diesem neuen, kleinen Lager wurde Franci als Elektrikerin eingeteilt. Den Kommandanten, einen SS-Offizier, der ehemals Zimmermann gewesen war, kannten sie nur als »Spieß«. Friedrich-Wilhelm Kliem, wie er sich 1946 vor einem britischen Kriegsverbrechertribunal auswies, war damals siebenundvierzig Jahre alt, ein schwieriger Mann, der seine Häftlinge mit dem Revolver bedrohte und mit einem Gummischlauch traktierte, jedoch seine Stellung riskierte, weil er seine schwangere Schreibkraft Mimi, eine Tschechin, vor der Deportation schützte. Das Lager war nicht nach seinen Vorstellungen, und so wollte er es als guter Zimmermann, der er war, umbauen. Dazu brauchte er einen Elektriker. Er schickte nach A-4116. Sie sollte seine Telefonleitung verlegen.

Meine Mutter hatte nicht die blasseste Ahnung, wie man eine Telefonleitung verlegte. Mit einer Reihe Buntstifte, die sie auf dem Schreibtisch des Spieß entdeckte, zeichnete sie die bisherigen Anschlüsse ab, entfernte dann die Kabel von der Hauptleitung, schloß ein neues Kabel an, legte es an der Wand entlang in das neue Büro und verdrahtete es mit dem Telefon. Schweißgebadet wartete sie auf das Amtszeichen. Dann kam der Spieß, und sie gab ihm den Hörer. Er war zufrieden und beschloß, die erstaunliche Gefangene für anspruchsvollere Aufgaben einzusetzen.

Er spielte mit dem Gedanken, einen baufälligen alten Schuppen in eine Personalküche umzubauen. Das war bislang nicht gegangen, weil noch keine Leitungen vom Hochspannungsmast gelegt waren und es niemanden gab, der dazu in der Lage gewesen wäre. Aber nun hatte er A-4116. Er machte Skizzen. An einem trockenen Tag holte er sie, drückte ihr eine große Leiter in die Hand und ein Paar seiner eigenen Lederhandschuhe.

»Sie nahm ihren ganzen Verstand zusammen und arbeitete von morgens bis abends an den Leitungen«, schrieb meine Mutter in *Rundreise.* Wenn sie von sich als Gefangener schrieb, gebrauchte sie die dritte Person. *»Und siehe da, am Abend gab es wirklich Licht, auch wenn die Leitungen gefährlich in der Luft hingen. Diese Episode nötigte dem Spieß grummelnd Respekt vor A-4116 ab.«* Offenbar genoß er die Unterhaltungen mit seinem Häftling, manchmal steckte er sich eine Zigarette an, legte sie auf die Tischkante und verließ den Raum. Er ernannte meine Mutter zur Lagermonteurin, was ihr viel Auftrieb gab.

Anstatt im kalten norddeutschen Herbstwind Schutt zu schaufeln, arbeitete sie mit einer Mannschaft, die Proviant entlud, und hatte verschiedene Aufgaben im Lager. Sie wechselte Sicherungen, hielt die Stromversorgung instand, kümmerte sich um überlastete Leitungen und reparierte die zahlreichen Geräte der SS-Frauen. Sie arbeitete allein und meistens an warmen, trockenen Orten, wo sie sich manchmal unbeobachtet auf eine Planke legen und sich Tagträumen überlassen konnte. Auch konnte sie sich frei zwischen dem Lager und dem Hauptquartier bewegen, und manchmal traf sie eine deutsche Zivilistin, die sie grüßte, als wäre sie eine normale Bürgerin.

Daß die Amerikaner und die Briten von Westen und die Russen von Osten her vorrückten, wußte sie. Wo genau sie waren und wie lange sie noch nach Hamburg brauchen würden, wußte sie allerdings nicht. In der Zwischenzeit schmolz Francis Gruppe zusammen, nachdem sie nun nicht mehr die Großzügigkeit und Aufmerksamkeit der Kriegsgefangenen genossen. Ab November war der Boden jeden Morgen gefroren. Sie bekamen zwar Mäntel, aber festes Schuhwerk war weiterhin Mangelware. Beim Abtransport aus Auschwitz hatte keine ihre Schuhe behalten dürfen, auch Franci nicht; das Paar, das Gisa ihr zurückgegeben hatte, hatte sie verloren. Einige Frauen hatten leichte Schuhe, die Löcher mit Pappe überklebt, die meisten liefen jedoch in Lumpen herum, die sie mit einem Strick um die Füße banden. Franci machte sich vor allem Sorgen um Kitty.

Kitty genoß zwar als Zimmerälteste einige Privilegien, aber sie hatte sich einen Ausschlag zugezogen, der sich zu Furunkeln auswuchs. Die Furunkel breiteten sich auch in den Achselhöhlen aus, sie bekam Fieber. Vitamine gab es nicht, auch keine Medikamente. Der Lagerarzt konnte einige Furunkel ausdrücken, trotzdem verschlechterte sich Kittys Zustand. Ihre Zimmergenossinnen behandelten sie wie eine Aussätzige, sie wollten nicht mehr, daß sie das Brot austeilte. Um den Frauen zu zeigen, daß Kittys Krankheit nicht ansteckend war, schlief Franci mit ihr unter derselben Decke. Franci stach die Furunkel mit den Nähnadeln auf, die sie während ihrer ganzen Inhaftierung behalten hatte, konnte aber mit ihrer Behandlung keinen Erfolg erzielen. Dann erinnerte sie sich, daß Hefe viel Vitamin B enthielt, und da sie zur »Innen«-Mannschaft gehörte, die immer Brot aus der Backstube holen mußte, konnte sie eines Tages einige Würfel Hefe stehlen. Sie überredete Kitty, an ihren Verlobten in Prag zu schreiben. Dann wollte sie der Deutschen, die sie immer freundlich grüßte und auf deren Hilfe sie zählte, zehn von ihren zweihundert Mark anbieten dafür, daß sie den Brief aufgab und eine Antwort zurückbrachte.

Die Deutsche war einverstanden. Drei Wochen später kam ein kleines Päckchen mit Verbandsmaterial und Salben zusammen mit einem Brief, der weit mehr zu Kittys Genesung beitrug als die Salben. Sie lernte ihn auswendig, zitierte die Liebes- und Mitleidsbekundungen ihres Verlobten und die Gebete seiner Mutter für ihre Rückkehr, bis sie auch ihre Lagergenossinnen auswendig kannten. In den langen, kalten Nächten kuschelten sich Franci und Kitty unter der dünnen Decke zusammen, und während sie in der Ferne die Bombeneinschläge hörten, unternahmen sie mit den anderen Frauen in der Baracke imaginäre Spaziergänge durch Prag. Dabei verteilten sie Punkte, wenn sich eine Frau an den schwierigen Namen einer Straße oder eines Geschäftes erinnern konnte. Sie gingen die Kabarett-Shows des Befreiten Theaters in Prag durch, sie sorgten sich gemeinsam um Männer und Freunde und malten sich aus, wie es sein würde, wenn alles wieder normal wäre. Francis Lieblingsvorstellung war ein heißes Bad in einer bis obenhin gefüllten Wanne.

Franci Solar begann etwas zu tun, was sie sich ganze zwei Jahre lang verboten hatte: Sie dachte wieder an Pepi. Auf dem Schreibtisch des Spieß hatte sie ein leeres Notizbuch gefunden. Sie hatte es an sich genommen und schrieb nun, während sie angeblich arbeitete, in Briefen an ihre Mutter alles nieder, was seit dem Tag im September geschehen war, an dem sie in Terezín getrennt worden waren.

Sie schrieb in Tschechisch, der Sprache, die sie mit Pepi gesprochen hatte, wenn sie allein waren, der Sprache der Deportation, der Sprache, die ihr ans Herz gewachsen war. Das Notizbuch war nicht nur ein Tagebuch ihres Lebens als Sklavenarbeiterin in Hamburg, es war auch eine Meditation über alles, was sie seit ihrer Deportation aus Prag gesehen und erlebt hatte. Sie erzählte ihr Leben in Theresienstadt, berichtete über ihre Freundschaft zu

Margot und Gisa, über Joes fortwährende Schmuggeleien, seine Verhaftung und Inhaftierung in der Kleinen Festung und über ihre Angst, daß er die Namen der anderen Mitglieder seines Netzwerkes verraten haben könnte. Sie schilderte ihren Transport nach Auschwitz, das Zusammensein mit Kitty und beschrieb, wie alles, was man ihnen als Mädchen beigebracht hatte, im *koncentrák* in einem anderen Licht erschien.

Die Frauen wußten mittlerweile nicht mehr, wie sich der Krieg weiterentwickelte. In Norddeutschland war es bitter kalt, viele wurden krank. Sie richteten sich auf, indem sie an einem »Unterhaltungsprogramm« arbeiteten, das aus ihrer Erinnerung an das Befreite Theater in Prag entstanden war und an Weihnachten für das ganze Lager aufgeführt werden sollte. Der Spieß hatte ihnen erlaubt, den Speisesaal zu benutzen, und ihnen Material aus dem Lager zur Verfügung gestellt; er verlangte nur, daß die ganze Vorstellung auf deutsch war. Eine ehemalige Opernsängerin studierte Stücke aus deutschen Operetten ein, ein Kamm-Orchester begleitete sie. Eine ehemalige Journalistin des *Prager Tagblatts* schrieb Sketche, eine ehemalige Nachtklubtänzerin übte ihre alten Auftritte, Franci war Beleuchterin. Die Kostüme wurden aus fünfhundert Taschentüchern hergestellt, die anstelle von Schuhen im Lager angekommen waren. Sie studierten das Programm in zwei Versionen ein, einer deutschen und einer in ziemlich deftigem Tschechisch.

Die Veranstaltung war ein großer Erfolg bei den Häftlingen und auch bei den Wärtern, schrieb Franci ihrer Mutter. Die ersten Tage des Jahres 1945 aber waren bitterkalt. Zu Francis Instandhaltungsaufgaben gehörte es auch, die gefrorenen Abwasserkanäle aufzuhacken. Ihre Zimmergenossinnen machten einen großen Bogen um sie und beklagten sich über ihren Geruch, wie sie sich zuvor über Kittys Furunkel beklagt hatten. Dann starb die erste an Lungenentzündung. Der Spieß entwarf einen Sarg. Franci sagte ihm, daß die jüdische Religion einen einfachen Holzsarg verlange – da merkte sie, daß sie sich, seit sie Prag verlassen hatte, allmählich mit dem Judentum identifizierte.

Mimi, die Sekretärin des Spieß, gebar einen Jungen, schrieb

Franci an Pepi. Er wurde erdrosselt und im Wald vergraben. Endlich kam auch die ausstehende Ladung von einhundert Holzpantinen. Noch eine andere Frau war schwanger, von einem Italiener; man sah es ihr langsam an. Als der Spieß es bemerkte, schickte er sie nach Bergen-Belsen und ordnete an, daß Franci ihren Posten als Blockälteste übernahm.

Die Frauen bereiteten ihr einen kühlen Empfang. Sie hatten alle an der Schwangerschaft Anteil genommen, es war schwierig für sie, den Verlust zu verkraften. Dann entdeckten auch noch zwei SS-Wärterinnen bei einer Routinedurchsuchung unter einem losen Brett ein Versteck mit Kartoffeln, Rüben und ein paar Gläsern eingemachtem Obst. Franci mußte das Ganze im Hauptquartier abliefern, konnte aber einem Glas Kirschen nicht widerstehen und versteckte es in dem Verschlag, die ihr als Blockältester zustand.

Als die Frauen von der Arbeit zurückkamen, berichtete Franci ihnen von dem Vorfall. Die Frauen gerieten in Wut und beschuldigten sie, ihr Versteck an die SS verraten zu haben, um sich beliebt zu machen. Franci konnte sie nicht vom Gegenteil überzeugen und zog sich schließlich in ihren Verschlag zurück. Eine der Frauen platzte herein, als sie gerade von den Kirschen naschen wollte. Nun hatte Franci endgültig verspielt. Die Frau fing an zu schreien, ein Tumult brach aus. Vier Tage lang sprachen die Frauen nicht mit ihr und weigerten sich, ihre Anordnungen zu befolgen. Der Spieß sah, wie sie selbst den Müll aus der Baracke schob und stellte sie zur Rede. Franci wurde wieder in ihre alte Baracke zurückversetzt.

Dort empfing man sie kalt wie der Januarwind. Sogar Kitty machte ihr Vorwürfe. »Wie konntest du nur?« Sie weigerte sich, Franci anzuhören. Franci fühlte sich schuldig, aber vor allem mißverstanden, sie flüchtete in ihre Arbeit und schrieb an ihre Mutter, Seite um Seite füllte sie mit ihrer engen, gleichmäßigen Schrift. Dann fanden die SS-Wärterinnen ihr Notizbuch. Sie brachten es zum Spieß; der ließ Franci antreten.

Was stand in dem Notizbuch?

Briefe an die Mutter.

Der Spieß gab es Mimi zum Übersetzen. Wort für Wort.

Mimi las ihm Francis intimste Gedanken auf deutsch vor, glättete hier und da, ließ aus, was sie konnte.

Nach ein paar Seiten befahl ihr der Spieß aufzuhören.

Ob sich A-4116 darüber im klaren sei, daß sie ein illegales Schriftstück verfaßt habe? Ob sie sich darüber im klaren sei, daß er sie melden müsse?

Franci nickte.

Der Spieß gab ihr das Notizbuch. Er deutete auf den Holzofen.

Franci öffnete die Klappe, warf das Notizbuch ins Feuer und sah zu, wie die Flammen Seite um Seite verschlangen. Dann schickte der Spieß sie in ihre Baracke zurück.

Daß sie die Briefe an ihre Mutter verbrennen mußte, sagte sie niemandem. Das tat Mimi. Mitgefühl gewann die Oberhand gegenüber der Kritik an ihrem Verhalten als Blockälteste. Und Kitty kam zu ihr zurück, das war das Wichtigste.

Ende Februar bekam der Spieß die Anweisung, seine Häftlinge auf Lastwägen zu laden und sie nach Tiefstack, ins Industriegebiet von Hamburg, zu bringen. Unterwegs sahen sie, was die alliierten Bomben vollbracht hatten: Häuserzeile um Häuserzeile war ausgebrannt oder lag in Trümmern. Die beiden Cousinen waren krank. Kitty hatte wieder Fieber, Franci einen gebrochenen Zeh. Im März lagen sie beide im Krankensaal und plauderten, sobald der Fliegeralarm aussetzte. Auf einmal fielen sie kopfüber aus dem Bett.

Das Rettungskommando grub die Verschütteten aus. Zwanzig Mädchen waren tot. Sie zogen die staubüberzogene Kitty aus den Trümmern und hoben die Balken an, so daß Franci allein herauskrabbeln konnte. In dem ganzen Durcheinander konnten ein paar aus ihrer Gruppe entkommen, sie überlebten den Krieg in Hamburger Verstecken. Auch Franci und Kitty überlegten, ob sie fliehen sollen, fühlten sich aber nicht kräftig genug.

Die Luftangriffe folgten in immer kürzeren Abständen. Der nicht enden wollende nächtliche Bombenhagel drang durch alle Schichten von Francis Sinnesstarre, sie erschrak bei jedem Knall und bei jedem Flackern. Morgens standen sie vor einem Flammenmeer. Am 5. April lud der Spieß seine Häftlinge auf Güterwaggons. Der Zug setzte sich in Bewegung, hielt an, fuhr zurück, setzte sich wieder in Bewegung, hielt wieder und blieb vierundzwanzig Stunden stehen. Die Frauen erfuhren, daß sie in einem Lager angekommen waren, dessen Kommandant sie nicht haben wollte, und daß der Zugführer sich weigerte, sie nach Hamburg zurückzubringen. Schließlich gingen die Türen auf und sie wurden aus den Waggons getrieben. Was sie dort sahen, war grauenerregender als alles, was sie kannten.

Sie waren in Bergen-Belsen. Neben Bergen von Leichen warteten die noch Lebenden auf den Tod. Der Boden war übersät von Läusen, die Typhus übertrugen. Es gab nichts zu essen. Die Schlafstellen dienten als Feuerholz. Franci und Kitty legten sich zusammen mit den wenigen Überlebenden des tschechischen Transportes auf den nackten Fußboden; sie warteten und versuchten, bei Kräften zu bleiben.

Als die britische Armee am 15. April Bergen-Belsen befreite, waren noch sechzigtausend Häftlinge am Leben. Vierzehntausend starben in den ersten Tagen nach der Befreiung, weitere vierzehntausend in den folgenden Wochen.

Meine Mutter und Kitty hielten sich gegenseitig davon ab, sich wie die anderen um Lebensmittel und Zigaretten zu schlagen, die britische Soldaten über den Stacheldraht warfen. Sie wollten den Läusen entkommen und schleppten sich und ihre Decken die Stufen des nun verlassenen Wachturms hinauf. Sie schauten ihren Befreiern ein paar Stunden winkend zu und schliefen dann ein.

In der ersten Woche nach der Befreiung wurden sie unter Quarantäne gestellt. Sie bekamen zu essen, wurden entlaust, erhielten neue Schuhe und Kleider. Da Franci und Kitty fließend Englisch, Tschechisch, Deutsch und Französisch sprachen, wurden sie als Dolmetscherinnen eingesetzt. Sie wurden in ein britisches Militärlager eingewiesen. Dort angekommen, brach Franci zusammen.

Im Krankenhaus diagnostizierte man Typhus. Drei Wochen lang hatte sie hohes Fieber und glitt von einer Bewußtlosigkeit in die nächste. Ohne die Tätowierung auf dem Arm hätte sie keine Ahnung mehr gehabt, wer sie war und woher sie kam.

Siebzehntes Kapitel

Während Franci Solar in einem britischen Militärkrankenhaus gegen den Typhus kämpfte, rückte die sowjetische Armee von Osten und die amerikanische Armee von Westen nach Prag vor. Die Amerikaner standen kurz vor der Stadt, als sie den unmißverständlichen Befehl erhielten, den Vormarsch zu stoppen. Winston Churchill, Joseph Stalin und Franklin D. Roosevelt waren in Jalta übereingekommen, daß die Rote Armee Prag befreien sollte. Doch die Tschechen nahmen die Sache selbst in die Hand.

Am 5. Mai besetzten sie die öffentlichen Gebäude der Stadt. Sie bauten Barrikaden aus Pflastersteinen und kämpften notdürftig bewaffnet gegen die letzte Bastion der Nazis. Als die Rote Armee schließlich in Prag einmarschierte, waren zweitausend Tschechen umgekommen, Tausende verwundet, und Prags schönes Altstädter Rathaus war schwer beschädigt. Zur Befreiungsfeier begruben sie ihre Toten. Niemand verstand, warum die amerikanische Armee ihren Vormarsch gestoppt hatte und ihnen nicht zu Hilfe gekommen war.

Bei Kriegsende waren die meisten Persönlichkeiten aus Politik, Wirtschaft, Kultur und Bildung der Republik tot oder im Exil. Landwirtschaftliche und industrielle Produktionsstätten lagen in Trümmern. Eine regelrechte Völkerwanderung war im Gange: Tausende Deutsche flohen oder wurden aus dem Land getrieben, Tausende Tschechen kehrten nach Hause zurück. In ihrem Bett im britischen Militärkrankenhaus Celle bei Bergen-Belsen hörte Franci BBC, las Zeitungen und unterhielt sich mit den Besuchern; sie wußte Bescheid über das Chaos. Eine Frau, die mit ihr die ganze Zeit über zusammen gewesen war – in Theresienstadt, in Birkenau, in Hamburg und in Belsen –, war nach Prag gegangen und mit grauenvollen Nachrichten nach Celle zurückgekehrt: Ihre Eltern und ihr Mann waren tot. Francis Eltern waren tot, Joe Solar vermißt. Kittys Eltern waren tot, ihr Verlobter, dessen Liebesbrief im Dezember den ganzen Block in Aufregung versetzt hatte, hatte im Februar eine Tschechin geheiratet. In Prag mangelte es an allem, auch Unterkünfte waren knapp, die Stimmung war von Jubel in Zynismus umgeschlagen. Heda Kovály beschrieb später diese ersten Monate folgendermaßen:

> Zwei Monate nach der Befreiung hatten die Menschen aufgehört, zu jubeln und einander zu umarmen. Sie verschenkten keine Lebensmittel und Kleider mehr, sondern verkauften sie auf dem Schwarzmarkt ... Partisanen, die während des Kriegs in den Wäldern gelebt hatten, Witwen von Hingerichteten, die jahrelang in irgendeinem Keller auf dem nackten Boden geschlafen hatten, und leidende Überlebende der Konzentrationslager verbrachten Tag für Tag damit, bei den Wohnungsämtern Schlange zu stehen, während Fleischer, Lebensmittelhändler und andere Kriegsgewinnler durch die Hintertür kamen und zuerst abgefertigt wurden ... Hatten die Fleischer und Lebensmittelhändler nicht die Bürokraten im Rathaus den ganzen Krieg über mit Fleisch und Mehl versorgt? Hatten sie jetzt nicht ein Anrecht auf eine kleine Anerkennung für das, was sie geleistet hatten?
> Im Wartesaal wurden unterdessen die Frauen, die oft weinend dastanden, von den Angestellten angeschrien: »Was soll ich denn tun? So viele sind jetzt zurückgekommen – woher sollen wir denn für euch alle die Wohnungen nehmen? Glaubt ihr vielleicht, wir können zaubern?« Daraufhin gingen die Menschen wieder, gedemütigt, die Fäuste geballt in ohnmächtiger Wut.

Einmal die Woche kam ein alter Prager Touristenbus mit Repatriierungsbeauftragten der tschechoslowakischen Regierung nach Celle, die versuchten, die tschechischen Juden zur Rückkehr zu bewegen. Kitty und Franci reagierten nicht. *»In unseren Augen* *waren sie Idealisten und möglicherweise – nur möglicherweise – nicht ganz repräsentativ für die tschechische Bevölkerung«*, schrieb meine Mutter. *»Die bloße Tatsache, daß sie so viele hundert Kilometer mit heruntergekommenen Bussen fuhren, bewies natürlich, daß sie immer unsere Freunde gewesen waren. Aber wir hatten zuviel erlebt, und wir waren zu sehr gewöhnt an sechs Jahre deutsche Propaganda, daß die meisten von uns nicht in der Lage waren, die ausgestreckte Hand zu ergreifen.«*

Außerdem waren sie nicht darauf vorbereitet zu begreifen, was sie alles verloren hatten. Franci war fünfundzwanzig, Kitty dreiundzwanzig. Sie hatten nur einander, und Francis schlechter Gesundheitszustand lieferte ihnen einen guten Grund, bei den Briten zu bleiben. Durch den Typhus war Franci teilweise taub geworden, ihr Körper war aufgedunsen, die Haare fielen aus, sie mußte sich an strenge Diät und Bettruhe halten und sich sowohl einer psychologischen als auch einer körperlichen Behandlung unterziehen. Der Arzt hatte angeordnet, daß Franci jeden Nachmittag von einer wechselnden Mannschaft britischer Soldaten mit dem Jeep ausgefahren wurde, damit sie etwas anderes sah als Baracken und wieder Kontakt mit der Natur bekam.

Die Ausfahrten trugen entscheidend zu ihrer Genesung bei. Die Engländer, Männer und Frauen, die sich um sie kümmerten, waren ganz anders als alle Menschen, die sie bisher gekannt hatte. Franci wußte, daß sie entsetzt waren über das, was sie bei der Befreiung Bergen-Belsens gesehen hatten, aber sie sprachen nicht darüber. Sie waren zurückhaltend und besorgt, ohne arrogant zu sein, sie waren nett, aber unaufdringlich. Eine Britin, ein mütterlicher Colonel aus Südafrika, nahm Franci unter ihre Fittiche. Sie schlug ihr vor, die Namen ihrer Familienangehörigen in die Suchlisten des Internationalen Roten Kreuzes eintragen zu lassen, kümmerte sich darum, daß Franci einen Zahnarzt aufsuchte, überwachte ihre Rekonvaleszenz und ermutigte sie sogar zu einer Beziehung mit einem britischen Offizier, der dann manchmal mit ihr ausfuhr.

Einige ehemalige Häftlinge hatten sich inzwischen mit ihren britischen Befreiern verlobt. Franci betrachtete Captain Jason, wie sie und Kitty ihn nannten, jedoch nur als zeitweilige Gesellschaft. Er war ein schweigsamer junger Mann, der auch ihr Schweigen respektierte. Er brachte ihr bei, wie man mit einer Knüppelschaltung umging, und stellte glücklicherweise keine Fragen. Während ihrer Genesung grübelte Franci über ihr Leben vor dem Krieg nach und entwickelte allmählich eine Abneigung gegen das Mädchen, das sie gewesen war, und gegen den Mann, den sie gewählt hatte. Sie schrieb einen langen Brief an eine Adresse, die sie und Joe Solar vor der Deportation vereinbart hatten, und erklärte ihm, warum sie die Scheidung wolle. Sie brauchte keinen Ehemann. Mit Ausnahme der Zeit in Hamburg hatte sie sich in den letzten drei Jahren nicht als Frau gefühlt, sondern als Soldat. Sogar ihr Körper hatte sich ihrer Weiblichkeit verschlossen: Ihre Regel, die sie in jener Woche im Herbst 1942, als sie zur Sammelstelle beim Messepalast gebracht worden war, hätte bekommen sollen, setzte erst im Juni 1945 ein, sechs Wochen nach der Befreiung. Sie mochte Joe, den ewigen Witzbold; er war immer ihr Spielkamerad gewesen, nun aber wollte sie nicht mehr spielen. Sie war sicher, sie würde nie wieder heiraten.

Sobald Franci wieder auf den Beinen war, wurde sie als Übersetzerin eingesetzt, in ihrer Freizeit nähte sie. Mit dem schriftlichen Befehl des südafrikanischen Colonels in der Hand und begleitet von einem britischen Fahrer, machte sie sich im Sommer 1945 auf den Weg in ein schönes Wohngebiet, um eine Nähmaschine zu requirieren. Sie klingelte. Als die Tür aufging, blickte sie in die angsterfüllten Augen einer jungen deutschen Frau und erkannte für einen kurzen Augenblick sich selbst, wie sie vor sechs Jahren gewesen war. Die Frau war erleichtert, daß sie nichts weiter wollten als eine Nähmaschine, zu ihrem Erstaunen bekam sie auch noch eine Empfangsbestätigung. Diesen kurzen Kontakt beschrieb Franci später als eine Station auf ihrer Reise zurück in ein normales Leben. Sie begann wieder zu nähen.

Kitty begrub ihren Schmerz in einer Affäre mit einem britischen Major. Sie war Francis wichtigste Kundin. Kittys Rücken würde zwar für den Rest ihres Lebens von Narben gezeichnet sein, die Furunkel waren aber verheilt. Ihr blondes, glänzendes

Haar trug sie wie Ginger Rogers im Pagenschnitt, mit Wimperntusche und Lippenstift ging sie wieder genauso gewandt um wie vor dem Krieg. Im Juli 1945 sahen weder Kitty noch Franci aus wie Überlebende aus Bergen-Belsen, sondern wie ganz normale junge Frauen. Tagsüber arbeiteten sie, abends gingen sie zum Tanz, ins Kino, oder sie lasen. Der Alltag im britischen Militärlager in Celle hatte den Alltag des Häftlingsdaseins im Konzentrationslager abgelöst.

Eines Abends wurde der Film *Song of Russia* gezeigt, davor eine Wochenschau über die Befreiung Bergen-Belsens. An Jasons Seite verfolgte Franci die Bilder der wandelnden Skelette und der gestapelten Leichen, als sähe sie das alles zum ersten Mal. Auf einmal erschienen auf der Leinwand zwei Mädchen, sie standen auf dem Wachturm und winkten in die Kamera. Jason packte Francis Arm und rief: »Mein Gott, du und Kitty!« Aber Franci schüttelte nur den Kopf. Abgesehen von einem gelegentlichen unerwarteten Aufblitzen des Wiedererkennens – wie bei der Deutschen, die ihr die Nähmaschine gab – lebte sie im Hier und Jetzt.

Den beiden Offizieren, mit denen die Cousinen ihre freie Zeit verbrachten, blieb nicht verborgen, daß sie sich sträubten, Zukunftspläne zu schmieden. Vorsichtig legten sie ihnen den Gedanken nahe, nach Prag zurückzukehren. Franci und Kitty widersprachen nicht. Ihre Tätowierungen wiesen sie zwar als Jüdinnen aus, aber sie sahen sich selbst immer noch als Tschechinnen und Prag als ihre Heimat. Natürlich wollten sie zurückkehren. Allerdings zögerten sie so lange, bis schließlich der südafrikanische Colonel und die beiden Offiziere eingriffen. Sie sagten, daß die Angehörigen der Befreiungsarmee bald nach Hause geschickt und durch andere Soldaten ersetzt würden, welche die Befreiung der Lager nicht miterlebt hätten und somit einen ehemaligen KZ-Häftling nicht von einem normalen Zivilisten unterscheiden könnten. Kitty und Franci begriffen, daß es Zeit war, in die Heimat zurückzukehren.

In der ersten Augustwoche 1945 machten sie sich, beladen mit Geschenken der Briten, auf den Heimweg nach Prag. Kitty fuhr in dem alten Touristenbus, Franci war mit ihren dreizehn Gepäckstücken und einem Radio auf einem klapprigen Lastwagen untergekommen. Die zwei Vehikel mit Holzvergaser bahnten sich durch die Trümmer des Dritten Reiches ihren Weg nach Osten, alle achtzig bis hundert Kilometer blieben sie stehen. In der amerikanischen Besatzungszone trafen sie Mechaniker, die Bob oder Jim hießen und noch nie so einen komischen Motor gesehen hatten, aber gern bereit waren, ihn wieder zum Laufen zu bringen. Sie kauten Kaugummi, boten den Frauen Dosenfleisch an und erkundigten sich arglos nach ihren Tätowierungen. In der russischen Besatzungszone deuteten die Soldaten auf ihren geschminkten Mund und fragten *»Ty kurva?«*, »Bist du eine Hure?«, womit sie große Heiterkeit bei den vier tschechischen Begleitern auslösten. Schließlich erreichten sie ihr Ziel in Prag, eine Zweizimmerwohnung, die der Mutter und der Großmutter eines ehemaligen Klassenkameraden von Kitty gehörte.

Am ersten Morgen in Prag bekam Franci von Menschen, die sie zum ersten Mal in ihrem Leben sah, ein reichhaltiges Frühstück serviert. Danach eilte sie mit Kitty zur Straßenbahn, um in die Innenstadt zu fahren. Es gab zwar freie Plätze, aber keine der beiden kam auf die Idee, daß sie sich nun setzen durften. Wie gut dressierte Hunde standen sie auf der hinteren Plattform. Sie gingen zum Jüdischen Rathaus neben der Altneusynagoge. Vor dem Krieg hatte Franci nie einen Fuß in dieses Gebäude gesetzt, während der Besatzung mußte sie sich wie Tausende anderer Juden dort registrieren lassen; nun, da der Krieg vorüber war, war die *Kehillah* oder tschechisch *Obec* wieder die obligatorische Meldestelle für alle tschechischen Juden. Viele waren nicht übriggeblieben: Von den fünfundachtzigtausend deportierten Juden des »Protektorates Böhmen und Mähren« waren gerade dreitausendzweihundertfünfzig zurückgekehrt.

Die meisten Rückkehrer hatten keine Papiere – keine Pässe, keine Kennkarten, keine Kontobücher, keine Schulzeugnisse, keine Geburtsurkunden. Sie mußten seitenweise Formulare ausfüllen und sich an eine Reihe von Ämtern wenden, um neue Papiere zu beantragen. Man sagte ihnen, da sie so spät zurückgekommen seien, gebe es keine Unterkünfte mehr, Familien und Ehepaare hätten Vorrang, in ihren alten Wohnungen lebten nun Tschechen, von den Deutschen vertrieben, die die Juden vertrieben hatten. In der Zwischenzeit ging Franci die Liste der Toten und Vermißten durch. Die Euphorie der Heimkehr nach Prag war der vertrauten Seelenstarre gewichen.

An diesem ersten Tag traf sich Franci auch mit Max, dem Freund, den die Solars gebeten hatten, nach dem Krieg als Kontaktperson zur Verfügung zu stehen. Während sie ganz in der Nähe des ehemaligen Salon Weigert auf dem Wenzelsplatz auf ihn wartete, merkte sie, daß ihr Kleid, ein Geschenk der Briten, auf das sie so stolz war, aus billiger Baumwolle bestand und daß ihre nackten Beine und die Sandalen nicht in diese Stadt paßten. Max kam auf sie zu, sie sah nur seinen gut geschnittenen Anzug und sein gebräuntes Gesicht. Als Gatte einer »Arierin« waren ihm die Lager erspart geblieben, er war nur die letzten beiden Kriegsmonate in Haft gewesen. Er wirkte verlegen. Im Café gab er ihr den Brief, in dem sie ihren Mann um die Scheidung bat. Joe hatte ihn nicht kontaktiert. Max war fast sicher, daß er nicht mehr lebte.

Franci saß schweigend da, das ungeöffnete Kuvert in der Hand. Daß Joe den Krieg nicht überleben könnte, war ihr nie in den Sinn gekommen. Wie fühlte man sich, wenn man einen Toten um die Scheidung gebeten hatte? Max wurde Francis Schweigen unbehaglich. Er schob ihr Geld zu und lud sie für den Abend zum Essen bei sich nach Hause ein, dann stand er auf und verabschiedete sich.

Franci zwang sich, zum Salon zu gehen. Sie klingelte. Marie schien genauso verlegen zu sein wie Max. Sie erkundigte sich nach Pepi und Emil, sagte dann, sie besitze nichts mehr von dem, was einmal den Rabineks gehört hatte. Die Möbel und Spiegel, die Nähmaschinen und Büsten habe sie eingelagert, um dem Vorwurf zu entgehen, sie habe sich an jüdischem Eigentum bereichert. Sie und ihr Mann, ein Schneider, hätten den Salon neu eingerichtet, einen neuen Mietvertrag unterschrieben und eine andere Kundschaft herangezogen. Sie gab Franci die Adresse des Lagerraums. Franci ging wortlos.

Am Abend wurde beim Essen in Max' Wohnzimmer ihre Rückkehr gefeiert. Mit Pepis Silberbesteck in der Hand starrte sie auf das eingestickte *R* im Tischtuch – vor der Deportation hatten die Rabineks ihre Sachen zu Max gebracht. Sie begriff nur langsam, daß diese Gegenstände nicht ihr zu Ehren ausgepackt worden waren. Den Krieg mit einem jüdischen Mann zu überleben sei sehr schwierig gewesen, sagte Max' Frau im Plauderton. Angst. Kein Einkommen. Hungerrationen. Marken. Schwarzmarkt. Die Kinder hätten nicht mehr zur Schule gehen dürfen. Sie seien gezwungen gewesen, einige Stücke aus dem Besitz der Rabineks gegen Lebensmittel zu verkaufen und zu tauschen. Franci nickte und versuchte, ihre Bestürzung zu verbergen. Da betrat Max' Sohn in einem von Joe Solars Anzügen das Zimmer. Sie verstehe, sagte Franci. Aber sie verstand überhaupt nichts. Und sie fühlte nichts mehr.

Auch Vava Schön kam zurück. Sie rief einen ehemaligen Kollegen vom Theater an, um ihm zu sagen, daß sie wieder in Prag war, und mußte sich anhören: »Du hast sicher mit den Deutschen rumgehurt – sonst hättest du nicht überlebt!«

Heda Kovály schreibt:

> Es kam auch vor, daß der Überlebende einen Rechtsanwalt brauchte, um irgendwelche verlorengegangenen Dokumente zurückzubekommen, und sich an den Namen eines Anwalts erinnerte, der früher einmal große jüdische Unternehmen vertreten hatte. Er suchte ihn auf und nahm auf einem Empirestuhl in der Ecke eines eleganten Wartezimmers Platz, genoß den Luxus und die geschmackvolle Einrichtung um sich herum und sah den hübschen Sekretärinnen bei der Arbeit zu. Bis eines der hübschen Mädchen vergaß, die Tür hinter sich zu schließen, und die sonore Stimme des Anwalts durch den Spalt drang: »Man sollte meinen, wir wären diese Leute endlich los, aber nein, sie sind einfach nicht auszurotten – nicht mal Hitler hat das geschafft. Jeden Tag kommen wieder welche angekrochen, immer mehr, wie die Ratten…

Vava und Heda fraßen die Eindrücke nicht so in sich hinein wie Franci und kamen über solche Vorfälle leichter hinweg. Vava sprach vierzehn Tage nach ihrer Rückkehr schon wieder vor, bekam die Rolle und fing an zu proben. Heda fand ihre Jugendliebe wieder und baute sich ein Nachkriegsleben auf. Franci hingegen hatte keine Arbeit, und sie hatte keinen Menschen. Wenn sie nachts im Wohnzimmer der Zweizimmerwohnung von Kittys Schulfreund neben Kitty auf der Couch lag – der Schulfreund, seine Mutter und Großmutter schliefen zusammengepfercht im Schlafzimmer –, sagte sie sich, daß ein Flüchtlingslager allemal besser gewesen wäre als das, was sie jetzt hatte. Der Schulfreund verhielt sich denkbar rücksichtsvoll, seine Mutter und Großmutter genauso – die Situation war trotzdem unerträglich. Wie lange sollten sie denn mit Fremden zusammenleben müssen? Wohin sollten sie gehen? Sie waren aus ihrer Welt hinausgeworfen worden, die Welt hatte sich ohne sie weitergedreht, sie hatten ihren Platz darin verloren.

Kitty versuchte, Franci aufzurichten. Auch sie müsse sich idiotische Kommentare anhören, wie »Was für eine komische Idee, sich die Telefonnummer auf den Arm zu schreiben!« oder »Ihr seid so patente Mädchen – ihr seid unter der Haube, bevor ihr es überhaupt merkt!«. Und die berühmte Frage, auf die sie keine Antwort wußten: Wie hatten sie überlebt? Aber sie waren zu Hause, es würde alles schon wieder werden. In den Lagern hatte immer Franci Kitty Mut gemacht, nun nahm Kitty Franci an der Hand, schob sie durch die Ämter und schleppte sie zu ehemaligen Freunden, Kunden und Häftlingen, die schon eine eigene Wohnung bekommen hatten.

Franci ließ alles über sich ergehen. Das Konzentrationslager hatte ihr Verhältnis zur Autorität für immer verändert. Uniformen machten ihr Angst, Anweisungen versetzten sie in Wut, sie duldete keine Fragen, Untersuchungen oder Überprüfungen mehr. Ein Freund hatte ihr eine Stelle in seiner Exportfirma angeboten, die mit ausgedehnten Reisen verbunden war. Franci freute sich auf die Arbeit, aber gemäß einer Verordnung von 1930 brauchte sie einen Paß. Dafür wiederum brauchte sie den Nachweis ihrer Staatsangehörigkeit. Und dabei erfuhr sie, daß Emil Rabinek sich und seine damals zehnjährige Tochter als Deutsche eingetragen hatte. Ihr Französischzeugnis diente als Beweis für ihre tschechische Staatsangehörigkeit, so konnte sie zwar dieses Problem lösen, aber um den Paß zu bekommen, hätte sie wieder bei mehreren Stellen anstehen und eine Reihe von Erklärungen abgeben müssen. Franci verzichtete auf die Stelle und bemühte sich auch nicht um eine andere.

»Ich habe weder Pauken und Trompeten bei meiner Rückkehr erwartet«, sagte sie viele Jahre später, »aber zumindest eine höfliche, wirkliche Freude bei den Menschen, daß wir wieder da waren, daß wir durchgekommen waren, daß wir es irgendwie geschafft hatten zu überleben. Das war aber nur vereinzelt der Fall. Unsere engen Freunde waren natürlich froh, uns wiederzusehen, die eher flüchtigen Bekannten nahmen eine Art Abwarten-und-Weitersehen-Haltung ein. Es tauchte immer wieder die Frage auf: Wie hast du es angestellt zu überleben, während mein bester Freund umgekommen ist? Schließlich traf ich mich nur noch mit den Menschen, die ich vom Lager her kannte, weil ich sonst wirklich niemandem mehr vertraute. Oder ich wollte nur noch neue Bekannte um mich haben.«

Karel, ein ehemaliger tschechischer Polizist, der in Terezín zusammen mit seinem Bruder viel für Franci und andere Tschechen getan hatte, war einer der Menschen, mit denen sie den Kontakt hielt. Nachdem er von Joe Solars Tod gehört hatte, lud er Franci zum Abendessen ein. Nach alter böhmischer Sitte gab er ihr einen detaillierten Bericht über seine Vermögensverhältnisse und drückte seinen Wunsch aus, um sie zu werben und sie vielleicht eines Tages heiraten zu dürfen. Er wisse, daß es noch zu früh für sie sei, eine Bindung einzugehen, aber er wolle es sie von Anfang an wissen lassen. Franci war dankbar für seine guten Manieren, doch vor seinem Antrag schreckte sie zurück. Joe sei noch nicht offiziell für tot erklärt, wandte sie ein, außerdem habe sie beschlossen, nie wieder zu heiraten. Später erinnerte sie sich vor allem an den Diamantring an seinem Finger und an die Zuchtperle am Revers seines dunkelblauen Anzugs – sie war sicher, beide

Schmuckstücke hatten einst Juden gehört. Sie war deprimiert, fühlte sich fehl am Platz.

Solche Gefühle tauchten auch auf, als sie in Rakovník bei einer Dame mittleren Alters eingeladen war, für die Pepi viele Jahre zuvor das Hochzeitskleid und die Aussteuer entworfen hatte. Die ehemalige Kundin besaß nun zusammen mit ihrem Mann ein Autohaus. Sie waren reich und kinderlos. Die Dame überhäufte sie mit Essen, trug ihr an, statt nur einen Tag eine ganze Woche zu bleiben, und bestand darauf, ihr den dreifachen Betrag des Geldes zu erstatten, den Pepi ihr zur Aufbewahrung gegeben hatte. Am Ende der Woche bat das Ehepaar Franci, ganz zu ihnen zu kommen, sie würden sie lieben wie eine Tochter. Franci bedankte sich, sagte aber, daß sie fünfundzwanzig sei und damit ein bißchen zu alt für eine Adoption. Wieder fühlte sie sich fehl am Platz und kehrte deprimiert nach Prag zurück.

Kitty hatte eine neue Unterkunft für sie beide gefunden: eine geräumige Wohnung am Altstädter Ring, die einem Tschechen gehörte, einem Junggesellen mittleren Alters. Vor dem Krieg hatte Kitty als Sekretärin bei ihm gearbeitet, und er hatte sich in sie verliebt. Er war oft heimlich nach Terezín gefahren, um sie zu besuchen, und war für seine Zuneigung sogar ins Gefängnis gekommen. Seine Familie bot Franci und Kitty nun eine Unterkunft an, dabei war allerdings stillschweigend vorausgesetzt, daß Kitty ihren Sohn irgendwann heiraten würde. Kitty und Franci hatten jede ihr eigenes Zimmer, die Wohnung war sehr schön, doch Franci schien die Verbesserung ihrer Situation gar nicht wahrzunehmen.

Halbherzig suchte sie nach ihrer alten Freundin Helena. Sie rief bei Jan Slavíček an. Eine fremde Stimme teilte ihr kurz angebunden mit, daß Helena den Maler bei Kriegsende verlassen habe. Sie besuchte Honza Pollak, dessen Integrität sie in Terezín und Birkenau so bewundert hatte. Er lag mit Tuberkulose in einem staatlichen Krankenhaus im Sterben und hustete sich die Lunge aus dem Leib. An seinem Bett wurde Franci so heftig von der Ungerechtigkeit überwältigt, daß jemand die Lager überlebte und nun in Prag eines langsamen Todes starb, daß sie wieder in denselben Zustand verfiel wie drei Jahre zuvor bei der Trennung von ihren Eltern.

Franci weinte und schluchzte tagelang und wollte nicht mehr aus dem Haus gehen. Bislang hatte sie noch nichts Offizielles über das Schicksal ihrer Eltern und ihres Mannes in Erfahrung bringen können. Auf den Listen im Jüdischen Rathaus waren Emil und Josefa Rabinek eingetragen als »nach Riga deportiert«, und sie fand niemanden, der bestätigen konnte, daß sie tatsächlich tot waren. Es wurde September, es wurde Oktober, und es wurde kälter. Kitty bestand darauf, daß Franci zum Arzt ging. Im Wartezimmer traf sie Margot Körbel wieder, ihre Lagergenossin aus Theresienstadt.

Margot war in Mauthausen befreit worden, ein tschechischer Oberst, der selbst sechs Jahre lang inhaftiert gewesen war, hatte sie gesund gepflegt. Mit ihm war sie nach Prag zurückgekehrt. Dank seiner Beziehungen hatte sie als ehemalige deutsche Staatsangehörige eine Sondererlaubnis erhalten, in der Tschechoslowakei zu bleiben. Sie hatte herausgefunden, daß ihr Mann Arthur bei Kriegsende auf einem der Todesmärsche gestorben war. Nun lebte sie mit dem Oberst zusammen, er hatte das letzte Kriegsjahr mit Joe Solar verbracht. Nach seiner Verhaftung war Joe in der Kleinen Festung in den Bunker der tschechischen Armeeoffiziere gesteckt worden. Bei ihrer Deportation nach Auschwitz übersahen die Deutschen, daß Joe Jude war, die Tschechen verrieten ihn nicht. Als die Rote Armee vorrückte, wurden die tschechischen Häftlinge nach Mauthausen gebracht. Dort starb Joe, zu der Zeit, als Franci gegen den Typhus kämpfte.

Im Oktober setzte das Internationale Rote Kreuz, dem Franci die Namen all ihrer Verwandten gegeben hatte, sie davon in Kenntnis, daß Peter Sachsel, der Sohn von Pepis älterem Bruder Emil, in New York lebte. Am 25. Oktober 1945 telegraphierte sie ihm: ICH BIN DIE LETZTE ÜBERLEBENDE DER FAMILIE – STOP – BITTE SCHREIB SOFORT – STOP – DEINE COUSINE FRANCES.

In der folgenden Zeit tauschten die beiden Fünfundzwanzigjährigen, die sich seit zehn Jahren nicht mehr gesehen hatten, an die fünfzig Briefe aus. Von deren Existenz erfuhr ich erst, als ich sie bei der Durchsicht der Geschäftsunterlagen meiner Mutter in einem unbeschrifteten Ordner in meinem Arbeitszimmer fand. Die Korrespondenz ist zwar nicht vollständig erhalten, ein Brief aber reicht aus, um die Stimme meiner Mutter zu hören und zu begreifen, welche Abgründe die KZ-Überlebenden von fast allen anderen Menschen trennten.

New York, den 18. November 1945
Liebe Franzi,
dies ist mein dritter Brief an Dich, diesmal auf englisch. Ich kann nur wiederholen, was ich in den anderen Briefen auch schon geschrieben habe: Du kannst Dir nicht vorstellen, wie froh ich war, von Dir zu hören. Ich habe Gott dafür gedankt, daß er wenigstens einen mir lieben Menschen verschont hat. Ich hatte absolut keine Hoffnung mehr. Ich werde Dir helfen, soviel ich nur kann. Zunächst schicke ich Dir zwei Pakete mit Kaffee, Tee, Zucker, Zigaretten und ähnlichem. Dann werde ich versuchen, Dich herüberzuholen. Dazu muß ich aber alles von Dir wissen, nicht nur Angaben zu Deiner Person, sondern alles, was in den letzten Jahren geschehen ist. Ich kann Dir nichts versprechen – die Zeiten sind schwierig –, aber ich werde tun, was ich kann.
Noch einmal: Du kannst Dir nicht vorstellen, Franzi, wie froh, wie glücklich und bewegt ich war, als ich Dein Telegramm erhielt. Meine Cousine Franzi muß wirklich ein Teufelskerl sein, dachte ich – sie ist durch die Hölle gegangen und nicht nur lebend herausgekommen, sondern auch noch guten Mutes! Dafür hast Du meinen Respekt und meine Bewunderung. Nach all dem kann es für Dich ja keine Hindernisse mehr geben. Es tut mir leid, was mit Deinen Eltern und Deinem Mann geschehen ist. Ich hoffe nur, sie mußten nicht zu lange leiden. Meine Eltern und mein Bruder erlitten sehr wahrscheinlich das gleiche Schicksal. Kannst Du versuchen, etwas über sie herauszufinden?
Was mich angeht, so hatte ich großes Glück. Du weißt, daß ich im Juli 1938 nach Frankreich gegangen bin. Im Juli 1941 habe

ich mein Diplom gemacht. Ich bin Chemiker, spezialisiert auf Lederverarbeitung. Glücklicherweise hatte ich zwei Onkel in Amerika und konnte Frankreich im November 1941 – fast auf den Tag genau vor vier Jahren – verlassen. Bis März 1943 wartete ich in Kuba auf meine Einwanderungsgenehmigung in die Staaten. Hier habe ich zuerst in der Forschungsabteilung einer Gesellschaft gearbeitet, die Chemikalien zur Lederbearbeitung herstellt. Nach ein paar Monaten meldete ich mich freiwillig zur Armee, man war aber der Meinung, ich könne in der Industrie mehr ausrichten, und zog mich einfach nicht ein. Ich bin zu meinem Onkel Walter gegangen, der hier, wie auch in Europa, in der Lederbranche sehr erfolgreich ist; ich hoffe, daß ich noch lange mit ihm zusammenarbeiten kann. Als Chemiker habe ich nicht sehr viel Geld verdient – man verdient hier überhaupt nicht sehr viel Geld, wenn man nicht sein eigenes Geschäft hat –, und da das Geldverdienen in diesem Land ganz entscheidend ist, habe ich mich Walter angeschlossen. Natürlich mußte ich von der Pike anfangen. Verheiratet bin ich noch nicht, aber ich denke, das wird sich wohl in naher Zukunft ändern.

Schreib mir, Franzi, und sag mir, was Du brauchst. Strümpfe, Wolle, Lebensmittel – was immer Du willst, Du brauchst nur zu schreiben.

In Liebe und mit den besten Wünschen

Dein Peter

Prag (ohne Datum; auf tschechisch)

Lieber Peter,

ich habe erst jetzt Deinen Brief vom 18. November bekommen. Es ist schwer zu beschreiben, was ich empfand. Dir für Deine Hilfe zu danken, kommt mir fast banal vor. Du hast mir so viel gegeben – Du hast mir ein Stück meiner Mutter zurückgegeben …

Du meinst, nach allem, was ich durchgemacht habe, gibt es für mich keine Hindernisse mehr. Wie sehr Du Dich irrst! Mir kommt es so vor, als wäre ich von nichts anderem umgeben als von Hindernissen, manchmal verstehe ich überhaupt nicht, wie und warum ich den Krieg überlebt habe. Du mußt wissen, daß ich nach Prag zurückgekehrt bin und dort nichts und niemanden mehr vorgefunden habe. Jeder Schritt erinnert mich an meine Mutter und an die Vergangenheit. Am schlimmsten aber ist, daß ich hier keinen Ort finde, an dem ich leben kann. Es ist eine Katastrophe, denn nach den Jahren ständigen Hin- und Herschiebens brauche ich eine Ecke für mich wie ein Hund seine Hütte.

Ich lebe immer noch bei Freunden, das ist schrecklich. Und dann die materiellen Sorgen. Nicht daß ich Geld bräuchte – aber die momentane Rechtslage in bezug auf die Wiedererteilung des Gewerbescheins macht mir Sorgen ... Außerdem sind meine Gefühle ganz erstarrt. Das hat nichts mit meinem Mann zu tun. Du weißt, daß ich nicht besonders um ihn trauere, das kann man eben nicht ändern. Vielleicht hat Gott recht daran getan, daß er unsere Ehe nicht unter einen glücklichen Stern gestellt hat. Während ich im Lager war, hatte ich die ganze Zeit Angst, ihn zu treffen, denn ich wollte nicht zu ihm zurückkehren. Natürlich habe ich vor einer neuen Heirat genausoviel Angst. Wahrscheinlich gehöre ich zu den Menschen, denen es in Freiheit am besten geht.

Du hast recht. Wahrscheinlich ist es das beste, daß ich Prag verlasse. Vielleicht könnte ich mir in Amerika eine Existenz aufbauen, einiges kann ich ja. Weißt Du eigentlich, daß ich Nähen, Zuschneiden und Entwerfen gelernt und daß ich in den letzten Jahren Mutters Geschäft allein geführt habe? Ich habe es sogar wieder zum Laufen gebracht. Nebenher habe ich vier Sprachen gelernt. Irgend etwas könnte ich dort also schon tun.

Ich will mich nicht selbst bemitleiden, Peter, aber ich muß wieder einen Sinn im Leben finden. Für Menschen, die aus dieser Hölle kommen, ist das ziemlich schwierig. Was willst Du sonst noch von mir wissen? Mein Leben ist ein Roman; Dir würden die Haare zu Berge stehen, wenn ich Dir alles erzählte ...

Du fragst mich, was ich brauche. Nun, hier ist alles sehr teuer und von schlechter Qualität – wenn man überhaupt etwas bekommt. Schick mir Strümpfe, wenn Du kannst, Stoff und vor allem Schuhe. Oder vielleicht kannst Du mir Leder schicken, dann könnte ich mir Schuhe daraus machen lassen. Bitte, schick mir kein Geld; es ist mir lieber, Du kaufst etwas für mich. Und schick mir Zigaretten. Ich rauche wie ein Schlot, und Zigaretten sind hier schlecht und teuer...

Ende November drängte Kittys Wohltäter auf einen baldigen Heiratstermin. Kitty fühlte sich nicht in der Lage, ihn nur aus Dankbarkeit zu heiraten, und so mußten die beiden Cousinen aus der Wohnung am Altstädter Ring ausziehen. Von da an wohnten sie und Franci getrennt. Ein halbes Jahr nach Kriegsende bewegten sie sich in völlig verschiedenen Kreisen. Kitty umgab sich mit sorglosen Menschen, die Franci materialistisch und aufgeblasen fand. Franci bewegte sich mehr in Künstlerkreisen. Sehr zu Kittys Verwunderung nahm Franci jeden Mann mit nach Hause, der für sie die Theater- oder Konzertkarten bezahlt hatte. Einen slowakischen Partisanen traf sie regelmäßig, er erzählte ihr Geschichten aus dem Untergrund. Befreundet war sie auch mit einem verheirateten Mann, einem Freund von Joe, der eine »Arierin« geheiratet hatte. Seine Mutter war in Theresienstadt umgekommen, nun war er besessen von dem Gedanken, den seine Mutter vor dem Krieg einmal ausgesprochen hatte, daß er ein jüdisches Mädchen wie Franci hätte heiraten sollen. Francis bester Freund war ein jüdischer Arzt, der zu seiner Prager Verlobten, einer Christin, zurückgekehrt war und feststellen mußte, daß sie die letzten drei Jahre die Geliebte eines SS-Offiziers gewesen war. Er konnte sich nicht entscheiden, ihr zu verzeihen oder eine Beziehung mit Franci anzufangen. Um dem Dilemma zu entkommen, nahm er schließlich eine Stelle in der Provinz an, und Franci zog in seine Wohnung in Prag.

»Damals ist deine Mutter mit jedem ins Bett gegangen«, sagte mir Kitty fünfzig Jahre später, während wir untergehakt über den Altstädter Ring schlenderten, der die Nazis und die Kommunisten überlebt hatte und nun eine kapitalistische Restaurierung erfuhr. »Es war ihre Art, mit den Depressionen nach dem Krieg fertig zu werden. Sie schlief ein paar Mal mit einem, dann wollte sie ihn nicht mehr sehen. Ich hingegen habe mit keinem geschlafen, ich war unendlich traurig. Der Mann, den ich geliebt hatte, hatte eine Tschechin geheiratet, weil sie ihn davon überzeugt hatte, daß ich nach dem Krieg keine Kinder mehr bekommen könnte. Wir trafen uns in einem Café, er sagte mir, wenn seine Frau nicht schwanger wäre, würde er sich sofort scheiden lassen, aber unter diesen Umständen sei das natürlich nicht möglich. Natürlich hatte sie ihn sowohl in bezug auf meine Unfruchtbarkeit als auch in bezug auf ihre Schwangerschaft angelogen. Sie konnte nämlich keine Kinder bekommen. Ich aber habe später geheiratet und ein Kind geboren.«

> Prag, den 20. Dezember 1945 (auf tschechisch)
> Lieber Peter,
> Du kannst Dir gar nicht vorstellen, wie sehnsüchtig ich auf Neuigkeiten von Dir warte! Ich bin so unsagbar traurig, daß ich manchmal sogar denke, es wäre besser gewesen, wenn ich im Lager gestorben wäre. Ich kann überhaupt keinen Sinn in meiner Rückkehr finden. Wahrscheinlich haben alle, die durch diese Hölle gegangen sind, eine Art seelischen Zusammenbruch gehabt. Dieser Zustand ist manchmal schlimmer als das ganze Leiden davor. In den Lagern haben wir die Hoffnung nicht aufgegeben, daß wir alle, wenn das alles einmal vorbei wäre, jemanden finden würden, der uns liebt. Dann war es vorbei, und jetzt stehe ich ganz allein da und stehe mir nur selber im Weg.
> Ich spreche nicht von materiellen Sorgen. Ich habe keinen einzigen Menschen, den es auch nur ein bißchen interessieren würde, ob ich lebe oder tot bin. Niemand braucht mich. Wenn ich tot wäre – niemand würde mich vermissen.
> Die ganze Zeit über habe ich daran geglaubt, daß wir beide uns wiedersehen. Wir hatten doch immer eine so gute und herzliche Beziehung. Aber Du bist so schrecklich weit weg, und Du hast so viele andere Dinge im Kopf. Da ist Dein Mädchen, das Du heiraten willst – und es wäre egoistisch von mir, von Dir zu

verlangen, daß Du Dich um mich kümmerst. Ich würde so gern wieder mit Dir zusammen sein – wie damals, vor so vielen Jahren in Bratislava, als wir Kinder waren – und mit Dir über alles sprechen und über alles weinen, das uns verletzt. Ich weiß nicht, ob Du das verstehst, aber ich habe das Gefühl, wir würden einander sehr gut verstehen.
Du mußt wissen, Peter, daß die Sachen, um die ich Dich in meinem letzten Brief gebeten habe, nicht annähernd so wichtig für mich sind, wie einen richtigen Menschen zu finden, der nicht durch den Dreck der Lager gegangen ist und der zumindest noch einigermaßen seelisch gesund ist. Wärst Du hier, so wärst Du dieser Mensch, der alles, was in mir zerbrochen ist, wieder kitten würde, das weiß ich. Ich bin wie ein streunender, herrenloser Hund. Schließlich bin ich nur eine Frau. Ich habe zwar die ganzen Kriegsjahre über die Nerven nicht verloren, aber jetzt kann ich nicht mehr. Ich bin seelisch völlig am Boden.
Bitte sei nicht ärgerlich, daß ich mit solchen Themen in Dein Leben eindringe – ich habe nun einmal auf dieser Welt niemanden, dem ich das alles sagen könnte. Ich bin klug genug zu wissen, daß Du mir nicht helfen kannst. Wenn ich doch nur zu Dir kommen könnte! Ich fürchte aber, das wäre zu kompliziert, auch wenn ich finanziell unabhängig wäre, denn ich kann Geld verdienen und das nicht zu knapp. Aber ich hätte Angst, Du würdest mich aus Mitleid aufnehmen. Man sollte nie etwas aus Mitleid tun, irgendwann ergeben sich daraus Schwierigkeiten. Wenn ich aber wüßte, daß Du mich als Gefährtin brauchst, als Ersatz für das, was Du verloren hast, so würde ich, auf der Stelle und ohne zu zögern, zu Dir kommen.
Du darfst nicht denken, daß ich nur über die Leere in meinem Leben nachdenke. Ich bin eine Pragmatikerin, aber auch der größte Pragmatiker braucht eine Heimat. Ich lebe nicht wie eine Nonne, einen Arzt, den ich im Lager kennengelernt habe, mag ich sehr. Er ist in einer ganz ähnlichen seelischen Verfassung wie ich. Zudem hatte er eine Verlobte, die er sehr liebte, die aber mit ihm gebrochen hat, als er zurückkehrte. Ich kann

nicht erwarten, daß er sich wieder verliebt, weiß Gott nicht, aber trotzdem tut es weh …

Jetzt habe ich Dich aber lange genug belästigt. Schließlich möchte ich Dich nicht mit meiner Depression anstecken. Ich bin im Gegenteil froh, daß Dir das alles erspart geblieben ist, und ich möchte, daß Du glücklich bist, ich liebe Dich nämlich. Schließlich sind wir eine Familie, und von unserer Familie sollte wenigstens einer glücklich sein. Mein Lieber, es tut mir so leid, daß Du Dir das alles anhören mußt. Ich kann auch viel lachen – manchmal aber kann ich es einfach nicht. Schreib mir bald und schick mir Fotos! Ich bin neugierig, wie Du jetzt als Erwachsener aussiehst. Dir und Deinen Onkeln wünsche ich das Beste fürs neue Jahr und verabschiede mich mit den herzlichsten Grüßen.

Deine Franci

Der Arzt hatte inzwischen beschlossen, seiner Verlobten zu verzeihen. Franci zog aus seiner Prager Wohnung aus. Arbeit hatte sie noch immer nicht, auch kein Interesse am Leben. Die ersten sechs Monate seit ihrer Rückkehr nach Prag waren für meine Mutter später in Amerika ein Thema auf der Couch eines Psychoanalytikers. Sie verbrachte Wochen damit, ihre Rückkehr ins Leben zu analysieren. In *Rundreise* schildert sie die letzten Tage des Jahres 1945:

Zum ersten Mal seit Jahren lebte ich vollständig allein. Zeitweise genoß ich meine Einsamkeit, doch sie ließ auch viel Platz für das stetige Grübeln über die Vergangenheit. Irgendwann war ich auf den Gedanken gekommen, daß ich eine Mitschuld an der Ermordung meiner Eltern trug, und ich war nicht in der Lage, mir diese Idee wieder auszureden … Weihnachten stand vor der Tür. Mein Stolz verbat es mir, Einladungen anzunehmen, weil ich sie als Brosamen betrachtete, die man einem hungrigen Hund hinwirft … Silvester verbrachte ich an dem Ort, an dem ich mich immer am wohlsten fühlte, wenn ich deprimiert war: in der Wanne mit einem heißen Bad. Aus einem

Loch in der Wand kroch eine Maus und kam auf dem Wannenrand langsam auf mich zu, neugierig starrte sie mich an. So verloren und unschlüssig, welche Richtung sie einschlagen sollte, erschien sie mir wie ein Sinnbild meiner eigenen Existenz. Wir starrten uns eine Zeitlang an, dann beschloß sie, in ihr Loch zurückzukriechen. Diesen Rückzug empfand ich als den letzten unerträglichen Verlust – ich floh aus der Wohnung, um schließlich doch auf eine Party zu gehen. Aber statt dessen lief ich durch die Gassen der Altstadt zum Fluß und am südlichen Kai entlang, der früher Treffpunkt der Liebenden gewesen war und wo ich neun Jahre zuvor meinen ersten Kuß bekommen hatte.
Ich landete an einer Einbuchtung im Kai mit einer Stufe zum Fluß hin und einem großen Eisenring zum Vertäuen der Boote. Mir fiel ein, wie ich als Fünfjährige gesehen hatte, wie dort ein Ertrunkener aus dem Fluß gefischt und an dem Ring festgebunden worden war. Er mußte lange Zeit im Wasser gelegen haben, er war grün und schleimig, roch nach totem Fisch und Verwesung. In jener Nacht träumte ich von dem Ertrunkenen und dem Wassermann aus der tschechischen Volkssage, der kleine Mädchen in die Tiefen des Flusses lockt. Damit hatte mein Kindermädchen mir immer gedroht, wenn ich nicht artig war. Nun wurde dieses Bild in mir wieder lebendig, aber der Mann war nicht tot. Er rief meinen Namen und erzählte mir, wie dunkel und sanft das Wasser sei.
Ich stand da wie versteinert und starrte auf den geliebten Fluß mit seinen langsam dahingleitenden Eisschollen. Ich dachte daran, wie ich mit Schlittschuhen darauf gelaufen war und wie gern ich gerade von jener Stelle aus, wo ich stand, schwimmen gegangen war. Der Schein der Straßenlaternen tanzte wie kleine Sterne auf dem Wasser und ließ es kalt, aber friedvoll aussehen.
Da fühlte ich eine Hand auf meiner Schulter. Ein weißhaariger Polizist sagte: »Das hier ist kein guter Ort für einen einsamen Mitternachtsspaziergang, Fräulein. Wo wohnen Sie? Ich bringe Sie nach Hause.«

Jene Nacht, schrieb meine Mutter, sei der Wendepunkt ihrer Rückkehr nach Prag gewesen. Sie ging nach Hause und schlief sich aus. Kalt und sonnig brach der nächste Morgen an. Sie packte ihren Koffer, holte Ski und Skistiefel bei Freunden ab, die die Sachen während des Krieges versteckt hatten, und nahm den nächsten Zug in die Berge. Zum ersten Mal seit ihrem achtzehnten Geburtstag kurz vor dem Anschluß Österreichs durch Hitler ging meine Mutter wieder skilaufen.

Achtzehntes Kapitel

NACH DER RÜCKKEHR von ihrem Skiurlaub im Januar 1946 klang Franci zum ersten Mal seit Jahren wieder unbeschwert. Ende Januar teilte sie Peter Sachsel mit:

> Ich habe doch tatsächlich eine Stelle! Ich bin Directrice einer großen Exportfirma, einer Textilfabrik. Die Firma befindet sich zwar in Domažlice, aber die Hauptverwaltung und die Werkstätten sind in Prag, ich bin also die meiste Zeit hier und gehe nur einmal in der Woche in die Fabrik hinaus. Mein Gehalt reicht aus, daß ich gut davon leben kann. Mehr könnte ich wahrscheinlich auch nicht verdienen, wenn ich selbständig wäre, von den Sorgen, die ich als Chefin hätte, ganz zu schweigen. Meinen Chef sehe ich nur zweimal die Woche, ich kann tun, was ich will. Wie Du siehst, lande ich immer wieder auf den Füßen, auch wenn mich das Leben manchmal auf den Kopf stellt.
>
> Außerdem habe ich eine feste Zusage für eine Einzimmerwohnung für mich allein. Was das für mich bedeutet, kannst Du vielleicht erst verstehen, wenn Du Dir klarmachst, daß ich in den letzten drei Jahren immer mit fünfundzwanzig bis zweihundert anderen Leuten in einem Raum geschlafen und, seit ich wieder in Prag bin, in verschiedenen Wohnungen von Freunden gelebt habe, wo ich keine Ecke hatte, in die ich mich einmal zurückziehen konnte.
>
> Diese beiden Umstände haben mich wieder aufgerichtet – fünf vor zwölf …

Acht Monate nach der Befreiung kämpfte Franci Solar darum, sich wieder ein normales Leben aufzubauen. Die Tschechoslowakei führte den gleichen Kampf auf nationaler Ebene. Sowohl die Amerikaner als auch die Rote Armee hatten sich aus dem Land zurückgezogen und der tschechoslowakischen Armee die Herrschaft über das Land gelassen. Die Armee war jedoch tief gespalten: Ein Teil hatte auf Seiten der Roten Armee gekämpft, ein Teil auf Seiten der Alliierten, und dann gab es auch noch jene, die den Krieg im Protektorat erlebt hatten. Diese Spaltung trat allmählich in allen Bereichen des Nachkriegslebens zutage. Personen, die die letzten sechs Jahre in der Sowjetunion, in England oder im Protektorat verbracht hatten, rissen sich um die Macht in dem wiedererstandenen Staat.

»Nichts ist schwieriger, als ein totalitäres Regime zu stürzen, wenn es erst einmal in einem Land Fuß gefaßt hat«, schrieb Hubert Řípka, »die Spuren eines ›Protektorates‹ zu beseitigen und die unerläßlichen Bedingungen für die Wiederherstellung eines unabhängigen Staates zu schaffen. Das Desaster des Münchener Abkommens hat die Nation erdrückt. Aus freien Bürgern sind Sklaven geworden, die Tschechoslowakische Republik ist von der Landkarte verschwunden.«

Masaryks Vorstellung von einer humanistischen Republik als einer »besseren Schweiz«, in der unterschiedliche ethnische Gruppen zusammenleben sollten, blieb ein Traum. Im Januar 1946 wurden zwei Millionen Sudetendeutsche aus dem Land vertrieben. Als Ausgleich für die Vertreibung durch die Nationalsozialisten hatten die Alliierten in Jalta und Potsdam eine geordnete Ausweisung vereinbart, der sogenannte Bevölkerungsaustausch ging aber keineswegs geordnet vonstatten, er war im Gegenteil sogar oft brutal. Täglich wurden Hunderte von Deutschen mit ihren fünfzig Kilogramm Handgepäck von der Tschechoslowakei nach Deutschland vertrieben. Täglich zogen Tschechen und Slowaken aus dem ganzen Land an die ehemaligen Wohnorte der Deutschen, um sich ihrer Häuser und ihres Landbesitzes zu bemächtigen.

Die Vertreibung der Sudetendeutschen kurz nach der Vernichtung der tschechischen Juden – zwei Bevölkerungsgruppen mit guter Bildung und Ausbildung, hauptsächlich aus der Mittelschicht – ließ ein Vakuum in der tschechoslowakischen Wirtschaft zurück, das die Regierung auch gleich zu füllen gedachte. In den folgenden Monaten wurden sechzig Prozent der tschechoslowakischen Arbeiter in verstaatlichten Betrieben angestellt. Der Regierung, die diese Betriebe verwaltete, gehörten drei Gruppen von Politikern an: solche, die in der Sowjetunion geschult worden waren, solche, die im Westen geschult worden waren, und solche, die im Protektorat geblieben waren. Der neue Staat war jedoch auf sowjetischem Boden entstanden, und die Kommunisten wurden von Stalin unterstützt. Im Mai sollte es die ersten Wahlen nach dem Krieg geben, die Kommunisten erwarteten einen überwältigenden Sieg.

Während die Bevölkerung in diese drei Gruppen zerfiel, verlor auch die kleine Schar jüdischer Rückkehrer ihren Zusammenhalt und strebte in alle Richtungen auseinander. Die einen hatten die Rückkehr zu schmerzlich gefunden und emigrierten nach England, Nordamerika und Australien, so weit weg wie möglich. Andere wie Margot Körbel und Vava Schön waren Zionisten geworden und wollten nach Palästina. Manche schlossen sich den Kommunisten an, andere, darunter Kitty Vohryzek, versuchten, den Bruch durch den Krieg zu ignorieren und so zu leben wie vor der Besatzung. Mit ihren dreiundzwanzig Jahren genoß Kitty das Leben in vollen Zügen. Um die verlorene Zeit zurückzugewinnen, schwamm sie mit dem schnellen Strom, über den Krieg sprach sie nicht, und sie verriet auch nur selten, daß sie im Lager gewesen war.

Franci schaute sich an, welche Wege ihre Freunde gewählt hatten, und fand dabei keine Lösung für sich selbst. Sie konnte nicht wie Kitty die Vergangenheit einfach abschütteln, auch an Emigration war für sie nicht zu denken. Sie schrieb an Peter:

> Ich kann wirklich nicht verstehen, warum Du nicht den Wunsch verspürst, nach Hause zu kommen. Wahrscheinlich bist Du nicht so mit unserer Republik verbunden, wie ich es immer war. Es ist zwar gegenwärtig nicht ideal hier, aber es ist interessant, und es hat einen gewissen Reiz, jetzt hier zu sein, während die Menschen alles wieder aus den Trümmern auf-

bauen. Die Dinge verbessern sich täglich, in ein paar Jahren werden wir überhaupt nicht mehr daran denken, daß einmal Krieg war. Ich bin gewiß keine Chauvinistin, aber trotz meiner internationalistischen Haltung habe ich doch eine Schwäche für unser kleines Land; ich würde mir wie ein Deserteur vorkommen, wenn ich es verließe …

Mit dem Argument, der Nationalsozialismus sei die natürliche Folge des jahrhundertealten Antisemitismus in Europa und werde nie aus der Welt verschwinden, wollte Margot Franci dazu bringen, mit ihr nach Palästina zu gehen. Doch Franci war von den Zionisten in Theresienstadt nicht angetan gewesen. Sie wollte nicht in einem religiös geführten jüdischen Staat leben, den sie sich als ein großes Lager vorstellte. Durch Hitler hatte sie zwar zu ihren jüdischen Wurzeln gefunden, sie betrachtete sich aber nicht in erster Linie als Jüdin. Als Peter Sachsel ihr gestand, daß er seinen Familiennamen in Scott umgeändert habe, schrieb sie zurück: »Aber ich bitte Dich! Du mußt Dich doch nicht vor mir rechtfertigen. Meinst Du, ich hänge aus irgendeiner idiotischen Religiosität an einem Namen? Ich bin ganz für die Assimilation.«

Den Künstlerfreunden, die sich selbst als Kommunisten verstanden, auch wenn die meisten nicht der Partei angehörten, fühlte sich Franci sehr nahe. Die Kommunisten waren mit die hilfsbereitesten und anständigsten Menschen in den Lagern gewesen, im Prag der Nachkriegsjahre waren sie Idealisten und Pragmatiker zugleich. Zu ihnen zählten auch ihre lernbegierige Cousine Helli, die aus England zurückgekehrt war, und natürlich auch einige plumpe Phrasendrescher, die sie schon vor dem Krieg gekannt hatte. Obwohl Franci ein Kind der Ersten Republik war und als Frau und Jüdin von ihr profitiert hatte, teilte sie doch die Meinung der Kommunisten, daß Masaryks Regierung letztendlich versagt hatte.

Francis Zeitgenossin Heda Kovály faßt zusammen:

Unsere Demokratie hatte das Aufkommen der faschistischen und nationalsozialistischen Parteien zugelassen, die sie am Ende zerstörten.
Und das Schlimmste war, sie hatte das Land nicht gegen Hitler verteidigen können. Nach dem Münchener Abkommen, als unsere treulosen Verbündeten uns verrieten, hatte unsere demokratische Regierung sich den Deutschen kampflos unterworfen.
Wollen wir die gleichen Fehler wiederholen und eine Neuauflage von München erleben? Wer hatte uns denn an Hitler verkauft? Unsere Verbündeten, die Kapitalisten des Westens. Wer hatte uns denn Hilfe angeboten, als alle anderen Länder uns im Stich ließen? Die Sowjetunion. Wer hatte Prag befreit, während die amerikanische Armee in Pilsen stand und zuschaute, nicht einmal achtzig ungesicherte Kilometer weit? Die Sowjetunion.

Die kommunistische Ideologie mit ihrer kategorischen Verurteilung des Rassismus und ihrer Betonung sozialer Gleichheit besaß für KZ-Überlebende wie Heda und Franci, die sich früher nicht viel Gedanken über Politik gemacht hatten, eine große Anziehungskraft. Wie viele Tschechen ihrer Generation glaubte auch Franci an das kommunistische Ideal der Gleichheit. Enthusiastisch begann sie, ihre Gedanken in der Sprache der Kommunisten auszudrücken.

Im März schrieb sie:

Diese Woche war ich geschäftlich in Bratislava.
Im *Carlton* gibt es abends immer noch Tanz, und die Slowaken sind so galant wie vor dem Krieg. Aber es wäre noch schöner, wenn sie politisch Stellung beziehen und aufhören würden, mit den alten Faschisten zu flirten. Die Slowakei ist ein selbständiger Staat, sie können tun, was sie wollen, treffen aber dabei nicht immer die klügste Wahl. Die Slowaken reden schlecht über die Tschechen, die Tschechen reden schlecht über die Slowaken, aber in meinen Augen ist das alles Zeitverschwendung,

denn sie brauchen uns, und wir brauchen sie. Ich kenne einen slowakischen kommunistischen Politiker – einen netten, intelligenten Mann. Davon gibt es viele. Wir Tschechen halten sie oft vorschnell für Trottel, und verständlicherweise lassen sie sich das nicht gefallen …

Anfang Mai schrieb sie:

Vielleicht bist Du der Meinung, Frauen sollten sich nicht in die Politik mischen … Aber man kann doch nicht einfach sagen, Politik ist ein schmutziges Geschäft und man will nichts damit zu tun haben, wo doch die Politik alle Bereiche unseres Lebens beeinflußt, vor allem den wirtschaftlichen und kulturellen Bereich. Hier kann man der Politik nicht länger den Rücken kehren. Ich muß zugeben, daß ich nach dem Lager schrecklich anglophil war, aber nun, ein Jahr nach dem Krieg, muß ich anerkennen, daß es nur in einer sozialistischen Welt Hoffnung gibt, einen weiteren Krieg zu verhindern. Solange ein paar Millionäre die Welt aus Profitgier regieren, anstatt im Namen des Friedens unter den Menschen, wird es keinen Frieden geben. Es würde mich interessieren, was normale Amerikaner darüber denken … Hättest Du durchgemacht, was ich durchgemacht habe, wärst Du wahrscheinlich auch Kommunist.

Und am 25. Mai:

Du machst Dir kein Bild, wie es hier in den letzten paar Tagen zugeht. Wir hatten Wahlen. Zum ersten Mal seit Kriegsende können die Menschen sich wieder politisch äußern und sogar mit denen über Politik streiten, die es ihnen verbieten wollen … Die Wahlen sind gut ausgegangen. Wir – also die Kommunisten – haben vierzig Prozent bekommen, die anderen Parteien zusammen sechzig Prozent, der rechte Flügel ungefähr fünfunddreißig Prozent, die Sozialdemokraten fünfzehn Prozent. Meine Freunde klagen immer öfter über meinen Mangel an tschechischem Nationalgefühl. Ich sei zuallererst Kommunistin, dann erst Tschechin. Das stimmt. Wenn ich Dir meine Weltsicht erklären sollte, würde ich die kommunistische Idee an erste Stelle setzen, wenn auch nicht in allen Punkten, aber gewiß hinsichtlich der Gleichheit aller Menschen und Nationen. Der blinde deutsche Nationalismus hat uns den letzten Krieg beschert, und weder der tschechische noch der jüdische Nationalismus ist sehr weit davon entfernt ... Du darfst nicht denken, daß die Kommunisten hier nur Arbeiter sind. Ich würde sagen, die ganze Intelligenz ist linksorientiert, aber es ist auch nicht ungewöhnlich, einen Fabrikanten in der kommunistischen Partei oder sogar unter den Parteifunktionären zu finden.

Franci glaubte, die tschechoslowakischen Kommunisten würden einen eigenen, »tschechischen« Weg zum Kommunismus finden in Anlehnung an die humanistische Tradition eines Jan Hus, Amos Comenius und Tomáš G. Masaryk. Auch viele erfahrene tschechische Politiker dachten das und sahen im Kommunismus den besten Weg, ihr zerstörtes Land wieder aufzubauen. Bei der Konstituierung der tschechoslowakischen Nachkriegsregierung in Rußland bekamen die Kommunisten die Schlüsselministerien. Bald weiteten sie ihre Kontrolle auch auf die Medien aus, die Polizei, die Gewerkschaften und, was vielleicht am wichtigsten war, auf die Behörden, die beispielsweise für die Rückerstattung von Vorkriegsbesitz zuständig waren oder Gewerbescheine erteilten. Die Kommunisten konnten die Niederlassung eines zurückgekehrten Exilanten, eines Bauern auf dem Land oder eines Schneiders in der Stadt beschleunigen – sie konnten sie aber auch außerordentlich hinauszögern. Die Wahlen im Mai 1946 bewiesen ihre Macht. Die Kommunistische Partei der Tschechoslowakei bekam die meisten Stimmen und hatte zusammen mit den Sozialdemokraten eine Mehrheit von einundfünfzig Prozent im Parlament.

Im Frühjahr 1946 verbrachte Franci ihre Tage damit, Modelle zuzuschneiden und die Näherinnen einer Werkstatt zu beaufsichtigen. Abends ging sie oft in Konzerte, und sie traf frühere Kundinnen. Viele drückten ihr Bedauern darüber aus, daß sie nun in einer Fabrik arbeitete, und ermutigten sie, den Salon Weigert wieder zu öffnen. Franci antwortete ausweichend. Sie war damit beschäftigt, ihr Leben zu ordnen. Sie ging in das Lagerhaus, in dem Marie den Besitz ihrer Familie zur Aufbewahrung gegeben hatte. Die Louis-quinze-Sessel ihrer Mutter schimmelten in einer halbüberdachten Scheune vor sich hin, die Nähmaschinen waren schmutzig und kaputt, nur die gut geölten mechanischen Teile waren noch zu gebrauchen. Bei der Rückerstattungsbehörde erfuhr sie, daß es einen Antragsstau gebe – man munkelte, niemand habe es eilig, jüdischen Besitz zurückzugeben. Freunde und ehemalige Kundinnen ließen aber nicht locker; sie sagten, Pepi würde es nicht gern gesehen haben, daß ihre Tochter für Fremde arbeitete. Als eine ehemalige Kundin ihr einen Raum und ihre Beziehungen anbot, beschloß Franci endlich, eine Gewerbeerlaubnis zu beantragen. Aber nichts geschah.

Am Anfang ihres zweiten Nachkriegssommers schrieb sie an Peter:

> Lieber Peter,
> in meinen Briefen möchte ich am liebsten mein Leben in den schönsten Farben schildern, denn Du kannst mir ja nicht helfen, und außerdem ist es auch nicht besonders vergnüglich, über die Sorgen anderer Leute zu lesen. Aber dieses Mal werde ich die grundlegende Regel der Höflichkeit außer acht lassen und Dir berichten, wie es wirklich ist …
> Ich habe immer noch keine eigene Wohnung. Wenn Du die Bedingungen hier kennen würdest, wüßtest Du, daß es nicht an mir liegt. Ich lebe bei Freunden, oder besser gesagt, bei einer früheren Kundin, die ich sehr gut kenne und mit deren Familie ich mich nach meiner Rückkehr oft getroffen habe. Sie sind sehr nett zu mir, aber es ist zuwenig Platz da, und ich lebe praktisch aus dem Koffer. Ich kann auch nur den Sommer über bleiben; wenn ihr Kind und das Kindermädchen vom Land zurückkommen, weiß ich wieder nicht, wohin ich gehen soll. Du kannst Dir gar nicht vorstellen, wie deprimierend das ist. Seit meiner Rückkehr habe ich bei sechs verschiedenen Leuten ge-

wohnt, meine Sachen sind eingelagert, ich fühle mich wie ein streunender Hund. Diese Gedanken führen dann immer zu einem anderen Thema: wie unnötig es ist, daß ich den Krieg überlebt habe – kein Mensch hätte es bemerkt, wenn ich fortgeblieben wäre. Natürlich gibt es unzählige billige Argumente gegen diesen Gedanken, aber im Kern ist es die Wahrheit.
Ein anderes Thema sind meine Beziehungen zu anderen oder besser gesagt, das Fehlen solcher Beziehungen. Kitty ist zwar eine gute Freundin, und sie ist in der gleichen Situation, aber sie hat meistens etwas vor, und wir sehen uns kaum außerhalb der Arbeit. Meine Beziehung zu Männern ist auch so ein Punkt: Da ich, wie Du es ausdrückst, eine »lustige Witwe« bin, denkt jeder, ich sei Freiwild, und will eine aufregende Nacht mit mir verbringen. Glaub mir, ich habe genug davon. Ich habe keine Lust mehr, die Geliebte eines verheirateten Mannes zu sein oder mich mit jemandem zu treffen, weil ich nichts Besseres zu tun habe. Und sich in diesen verrückten Nachkriegszeiten zu verlieben bringt nur Probleme.
Ich versuche, mit all dem fertig zu werden, indem ich mich in meiner Arbeit vergrabe. Ich arbeite von 7.30 Uhr morgens bis 5 Uhr nachmittags, von 6 Uhr abends bis 10 Uhr gehe ich auf eine Meisterschule für Schneider. Ich habe eine Gewerbeerlaubnis beantragt und hoffe, im Herbst mein eigenes Geschäft eröffnen zu können. Wie Du weißt, bin ich auch eine große Musikliebhaberin, und ich besuche fast alle guten Konzerte. Trotzdem erscheint mir mein Leben so schrecklich sinnlos und leer, daß ich mir manchmal wünsche, der Teufel möge es holen.

Kurz nachdem sie den Brief aufgegeben hatte, bekam Franci ihre Gewerbeerlaubnis. Nun hatte sie die Papiere und den Raum, um einen Modesalon zu eröffnen, aber sie brauchte auch Startkapital, um die Werkstatt einzurichten, den Raum für die Anproben auszustatten und Personal einzustellen. Sie schrieb Peter, der inzwischen bei der Armee war, um Geld und Stoffe an, und bat ihn, ihr per Luftpost die neuesten Ausgaben von *Vogue, Mademoiselle* und *Harper's Bazaar* zu schicken. Bis Ende Juli wollte sie ihre alte Arbeit behalten, den Sommer dann in einem Kurort in der Slowakei verbringen und im Herbst den Salon eröffnen. »Ich bin mit den Nerven am Ende«, schrieb sie an Peter. »Dieses Mal nicht aus Hysterie, sondern weil ich völlig überarbeitet bin ...«

Zwei Wochen später schrieb sie den nächsten Brief. Er wurde allerdings nicht in der Slowakei aufgegeben. Und er enthielt eine Überraschung:

> Lieber Peter,
> ich schreibe, um Dir mitzuteilen, daß ich mich verlobt habe. Es ist alles sehr schnell gegangen, eigentlich in einer Woche – jedenfalls werde ich heiraten. Zum ersten Mal in meinem Leben bin ich richtig glücklich. Du willst sicher Einzelheiten wissen: Mein Mann heißt Kurt Epstein ... Er ist zweiundvierzig, einen Kopf größer als ich und sieht sehr gut aus (er ist ein bekannter Sportler, Schwimmer, und mit den Petscheks verwandt). Ich kenne ihn, seit ich zwölf bin, er war unser Trainer im Schwimmverein. Ich habe ihn mit Leib und Seele gehaßt, weil er uns Jugendliche so schrecklich behandelt hat, und ich habe ihn immer für einen furchtbaren, arroganten Menschen gehalten.
> Aber auf einmal war Herr Epstein gar nicht mehr schrecklich ... Kurt arbeitet in der Chemieindustrie und verdient genug für uns beide, aber natürlich ändert das nichts an meinem Vorhaben, mein eigenes Geschäft zu eröffnen. Ich habe das Beispiel meiner Eltern vor Augen: Als sie heirateten, war mein Vater Millionär, am Ende waren sie froh, daß sie Mutters Geschäft hatten. Außerdem ist Kurt nicht mehr der Jüngste, und man weiß nie, was passieren kann. Er teilt natürlich meine Meinung nicht ganz, vor allem weil wir Kinder haben wollen, und er fürchtet, daß ich dann nicht mehr mit allem zu Rande komme. Aber trotzdem werde ich mein Geschäft eröffnen, dann werden wir weitersehen. Wahrscheinlich werden wir erst im Winter heiraten, wenn meine Papiere in Ordnung sind und wir eine Wohnung haben. Ehepaare bekommen leichter eine

Wohnung, in der Zwischenzeit ist hier überhaupt alles ein bißchen einfacher geworden. Meinst Du nicht, daß wir hier in Europa manchmal mit amerikanischem Tempo voranschreiten? Du hast bestimmt noch nie zwei Menschen gesehen, die so verliebt sind wie Kurt und ich – so sehr, daß ich manchmal Angst habe, es könnte nicht lange halten. Ich war so lange vom Pech verfolgt, daß ich noch gar nicht begreifen kann, daß auch ich ein Recht auf Glück habe. Das wollte ich Dir nur sagen.

In Liebe

Franci

Francis Freundeskreis betrachtete Kurt Epstein als eine Art Rückkehr in eine andere Zeit – ähnlich wie damals die Verbindung zwischen dem Altwarenhändler Judah Sachsel und der Wirtstochter Therese Furcht. Sein einwandfreies Tschechisch, sein sicheres Auftreten und seine guten Manieren wiesen ihn als Relikt einer Welt vor der Ersten Republik aus. Kurt Epstein war 1904 zur Welt gekommen, zu einer Zeit, als Kaiser Franz Joseph noch regierte. Er war in der Kleinstadt Roudnice aufgewachsen, wo sich die Epsteins nach der Vertreibung der Juden aus Spanien 1492 niedergelassen hatten. Kurts Großvater bekam als erster Jude die Erlaubnis, ein Haus außerhalb des Gettos zu bauen und in Roudnice eine Fabrik zu gründen. Kurts Vater hatte die Fabrik geerbt und war eine Stütze der jüdischen Gemeinde geworden, er war Synagogenvorsteher und Chorleiter. Kurt wurde in einem kleinstädtischen böhmisch-jüdischen Haus groß, mit Geigenstunden, dreimal pro Woche Hebräischunterricht bei Rabbi Richard Feder, Sommerferien am Baltischen Meer und mit einer Mutter, die zwar Hausangestellte hatte, aber am liebsten selber backte.

Die Epsteins waren in zweierlei Hinsicht ungewöhnlich. Zum einen waren sie tschechische Patrioten, die mit ihren Kindern nur Tschechisch sprachen, zum anderen waren sie nachgiebige, liebevolle Eltern, die ihre Söhne darin bestärkten, ihre eigenen Interessen zu verfolgen. Daß Kurt, der Zweitgeborene, seine Freizeit meist auf der Elbe beim Schwimmen und Rudern verbrachte, störte sie nicht. Als er verkündete, er wolle an Wettkämpfen teilnehmen, unterstützten sie ihn. Kurt trat keinem jüdischen Sportverein bei. 1921 gründete er mit drei Freunden den nichtkonfessionellen unabhängigen Schwimmklub von Roudnice. Später wurde er Mitglied des tschechischen Schwimmerverbandes. Bei den Olympischen Spielen 1928 gehörte er zur Wasserballmannschaft der Tschechoslowakei.

Wasserball war in der Tschechoslowakei ein sehr populärer Sport, und Kurt wurde ein bekannter Sportler. Er nahm mit seiner Mannschaft an Turnieren in ganz Europa und Nordafrika teil, und 1936 schloß er sich nicht wie viele Juden dem internationalen Boykott an, sondern vertrat sein Land bei der Olympiade in Berlin. Er war Idealist und lebte in der Überzeugung, Sport solle über der Politik stehen. Er hatte den Ruf eines Mannes mit strenger Disziplin, der ganz in seinem Sport aufging.

Das Schwimmbad in Barrandov, in dem sie als Jugendliche trainiert hatte, schloß im Herbst und öffnete wieder im Frühjahr. Seit ihrer Rückkehr hatte Franci nicht wieder ans Schwimmen gedacht oder daran, wie gesund die Runden im Wasser waren – was in ihrer Jugend eine große Rolle gespielt hatte –, bis sie einen Schwimmkameraden von damals auf der Straße traf, der sie nicht fragte, wie sie das Konzentrationslager überlebt habe, sondern warum er sie noch nicht im Schwimmbad gesehen habe. Was sie an den Wochenenden mache? Ob man sich nicht morgen im Schwimmbad treffen könne? Franci kaufte sich einen Badeanzug und fuhr mit der Straßenbahn nach Barrandov. Vorsichtig betrat sie die Familienumkleidekabine; sie erwartete, daß ihre Rückkehr dort genauso verlegen aufgenommen würde wie anderswo auch. Aber diese Welt, in der alle die gleichen Badeanzüge und Badekappen trugen, war irgendwie anders. Als sie alte Bekannte am Beckenrand begrüßte, bekam sie den Eindruck, daß sich der Schwimmklub von allen Prager Einrichtungen der Vorkriegszeit am wenigsten verändert hatte. Man sprach über Runden, Beinschlag und Armzug, über Punkte und die Wassertemperatur, wie sie es von früher, als sie zwölf gewesen war, noch kannte.

Ganz anders war Kurt Epstein. Als sie und Kitty Jugendliche

waren, hatte er die Damenmannschaft trainiert. Er war streng und fast eine Generation älter als sie, er hatte keine Zeit für die kichernden, tratschenden Mädchen, die über ihn herzogen. Nun begrüßte sie Kurt Epstein mit dem geraden Blick eines ehemaligen Mithäftlings. Zusammen mit tausend anderen jüdischen Männern war er im Dezember 1941 nach Theresienstadt deportiert worden. Er kannte Theresienstadt besser als jeder andere, weil er dort stationiert gewesen war, wie er Franci erzählte. Im September 1938 hatte er sich dort als Reserveleutnant der Tschechoslowakischen Armee gemeldet.

Als Franci nach Theresienstadt gekommen war, gehörte er zu der achtköpfigen Menagekommission, die verantwortlich war für Lieferung, Zubereitung und Ausgabe der Lebensmittel. Im Gegensatz zu Joe Solar galt Kurt Epstein als grundanständig und unbestechlich. Man wußte, daß er dafür sorgte, daß die Lebensmittel, die er in Empfang nahm und quittierte, auch im Magen der Häftlinge landeten, für die sie bestimmt waren. Franci und Kurt fanden bei ihren Gesprächen nun heraus, daß seine Eltern im selben Transport wie Franci nach Auschwitz gekommen waren. Kurt wurde erst 1944 nach Auschwitz gebracht. Auch er hatte vor Mengele gestanden und war in ein Arbeitslager geschickt worden. Auch er war der einzige Überlebende seiner Familie. Seine Verlobte war im Krieg ermordet worden. Daß meine Eltern sich innerhalb eines einzigen Tage entschieden zu heiraten, war mir immer etwas überstürzt erschienen. Nun, da ich ihre Geschichte niederschreibe, wundert es mich nicht mehr.

Im September berichtete Franci an Peter:

> Er ist ein wundervoller Mensch mit einer altmodischen Art Frauen gegenüber. Das gefällt mir, denn er benimmt sich mit einer Ehrenhaftigkeit, die junge Männer nicht besitzen. Außerdem liebt er mich – aber das macht ihn nicht blind gegenüber meinen Fehlern. Kurt ist in jeder Hinsicht das absolute Gegenteil meines ersten Mannes, der mich angebetet hat und mir alle möglichen Dummheiten hat durchgehen lassen. Am Ende habe ich ihn für seine Schwäche gehaßt und auch noch das letzte

bißchen Respekt vor ihm verloren. Es sieht so aus, als würde Kurt diesen Fehler nicht machen und eine gewisse Autorität behalten. Daß er sechzehn Jahre älter ist als ich, hilft in diesem Fall. Am glücklichsten über meine Liebe sind meine Freundinnen. Ich war immer so ein *enfant terrible;* jeder, der mich kennt, ist froh, daß ich nun doch jemanden gefunden habe, dem ich nicht auf der Nase herumtanzen kann.

Was unsere Finanzen angeht, so verdient Kurt genug Geld, trotzdem möchte ich mein eigenes Geschäft haben. Nur als Hausfrau fühle ich mich nicht wohl. Außerdem weiß man nie, was passiert; es wäre verrückt, jetzt meine Kundschaft aufzugeben. Zu Hause wäre ich schrecklich unglücklich. Kurt weiß auch, daß ich zuviel Energie habe, um mein Leben nur mit Staubwischen zu verbringen.

Kitty kam sofort begeistert angelaufen, als sie hörte, daß Franci endlich einen festen Freund hatte. Sie redete Franci zu, nicht mit ihm zu schlafen und ihn nicht zu vergraulen. Viele andere Freunde aber hielten die Beziehung zu Kurt Epstein für einen Fehler. Sie betrachteten ihn als eine Kreuzung zwischen einem Dinosaurier und einem Puritaner. Er war nicht nur anständig, sondern spießig. Er sprach ein altmodisches Tschechisch und hatte immer ein bäuerliches Sprichwort auf den Lippen. In Konzerten und in der Oper schlief er ein, und trotz seines sportlichen Talentes war er noch nie skilaufen gewesen. Helena Slavíčková meinte, er werde einen guten Ehemann abgeben, sie glaubte aber nicht, daß Franci wirklich in ihn verliebt war. Er sprach keine Fremdsprachen, war kein Lebenskünstler, sein Ruf als Sportler würde hinter der Grenze verklingen. Wenn sie auswanderten, würde Franci die Familie ernähren müssen.

Helena Slavíčková war im Sommer 1946 wieder in Francis Leben getreten. Die beiden Frauen, deren Freundschaft 1938 unterbrochen worden war, hatten schnell wieder zueinandergefunden. Wie früher gab sich die eine mit Bruchstücken der Geschichte der anderen zufrieden. Während ihrer langen Flitterwochen hatte Helena all die Orte gesehen, nach denen sie immer Sehnsucht gehabt hatte, und anschließend konnte sie ihre Arbeit als Geheimbotin wieder aufnehmen. Doch ihr Mann war Alkoholiker, und bald begriff sie, was das bedeutete. Daß er trank, war in Italien bequem für sie gewesen, denn es hatte ihr größere Bewegungsfreiheit verschafft. Im besetzten Prag aber war Slavíček im Rausch ausfallend geworden, hatte Möbel und Kunstgegenstände zerschlagen, Prostituierte mit nach Hause gebracht und war so gewalttätig geworden, daß sie sich oft im Schlafzimmer verbarrikadieren mußte. Eines Nachts, als Helena trotz Ausgangssperre mitten in der Nacht aus dem Haus lief, ließ er sie von der Gestapo suchen. Während des ganzen Krieges verkaufte er weiterhin Gemälde, Helena war im Widerstand, sie ließ sich als Krankenschwester ausbilden und versteckte Dutzende von Menschen in ihrem Keller.

Die ganze Zeit über hatte sie nach Franci gesucht und auch im Salon Weigert nachgefragt. Sie gab vor, eine Kundin zu sein, aber Marie ließ nichts über den Aufenthaltsort der Rabineks verlauten, so war Helena vorsichtig geworden, denn es war nicht gut, zu viele Fragen zu stellen. Die ganzen Kriegsjahre trug sie eine Zyankalikapsel unter einer Krone versteckt im Mund. Als der Krieg vorüber war, arbeitete Helena mit Ärzten in einem Repatriierungsausschuß für KZ-Überlebende. Sie suchte die Listen nach Francis Namen ab, konnte sie aber nicht finden. Trotz ihrer Abscheu vor den Russen, die sie kennengelernt hatte, wurde sie Kommunistin. Der Krieg hatte in ihr jede Begeisterung für eine bestimmte Nationalität abgetötet. Sie hatte sie alle von ihrer erbärmlichsten Seite kennengelernt, ob es Tschechen waren, Italiener, Franzosen, Briten oder Amerikaner. 1946 wollte Helena nur noch ein friedliches Haus und ein normales Leben. Sie war achtundzwanzig, lebte im Sommerhaus ihrer Eltern außerhalb Prags, arbeitete bei der schwedischen Botschaft und war in einen Mann verliebt, dessen Name sie nicht verraten wollte. Sie war schwanger von ihm und voller Pläne für ihr Leben als alleinerziehende Mutter.

Ich besuchte Helena in ihrem Bauernhaus in Černošice, wo sie bis heute lebt. Sie erinnerte sich, daß die Franci, die sie 1946 wiedergetroffen hatte, sich nicht sehr von jener Franci unterschied, die sie 1938 gekannt hatte. »Sie war dünner, ihre Haare waren kürzer, aber ihre Lebenseinstellung schien sich nicht verändert zu haben. Sie war voller Lebenshunger, und die meiste Zeit redeten wir über Belanglosigkeiten. Sobald ich merkte, daß ein Thema sie belastete, brach ich ab. Sie mußte wieder in das Leben hier und jetzt zurückfinden, sie wollte nicht über den Krieg sprechen, das war normal bei den Überlebenden. Ich erzählte ihr lustige Geschichten, um sie zum Lachen zu bringen: Wie ich eine SS-Uniform geklaut hatte und damit einen Franzosen unter den Augen der Nazis aus dem Land schmuggelte. Wie der Widerstand mich als Putzfrau in die Hermann-Göring-Werke einschleuste, mit Papieren, die besagten, daß ich nur vier Jahre in die Grundschule gegangen war. Wie ich meinen Mob vor mir herschob und keiner auf die Idee kam, daß ich Deutsch verstehen könnte!«

Franci erzählte Helena von ihrer frühen Heirat, der Trennung von Pepi in Terezín, und daß sie als Elektrikerin die Lager überlebt hatte. Helena wurde klar, daß Franci, die sich früher nie als Jüdin gesehen hatte, eine tiefgreifende Veränderung ihrer Identität durchgemacht hatte. Zum ersten Mal verwendete sie das Wort »Pogrom« und sorgte sich vor einem Wiedererstarken des Antisemitismus in Europa. Wie sich Helena erinnert, führte diese Angst zu dem Gedanken einer Emigration, auch wenn sie gleichzeitig versuchte, sich ein Leben in Prag aufzubauen. Genau wie Helena wünschte sich Franci verzweifelt ein Heim, eine Familie, ein Kind. Sie verfolgte diese Lebensziele und lebte in einem schwindelerregenden Tempo, um die sechs Jahre ihres Lebens aufzuholen, die man ihr gestohlen hatte.

»Cher monsieur Pierre«, schrieb Franci auf dem neuen Briefpapier ihres Salons am Altstädter Ring 20. *»J'ai l'honneur de vous annoncer, daß ich am 15. September meine* maison de couture *eröffnet habe und daß die Geschäfte prächtig gehen.«* Wie Pepi, die ihren Salon nach ihrem ersten Mann Weigert genannt hatte, hieß Francis Salon nach ihrem ersten Mann *Salon Franci Solarová.* Im November schrieb sie Peter, sie habe sieben Näherinnen angestellt und plane eine Reise nach Paris, um sich die Frühjahrskol-

lektion anzusehen. Manche alte Kundin von Pepi sei zurückgekommen und sie habe neue Kundschaft herangezogen. »In Prag hält man es langsam für schick, bei Franci Solarová nähen zu lassen.«

Am 21. Dezember heirateten Franci und Kurt Epstein. Im Mai, nach Monaten der Sorge, daß sie durch die im *koncentrák* drei Jahre ausgebliebene Regel unfruchtbar geworden sein könnte, schrieb Franci an Peter, daß sie schwanger sei. Statt Berichten über das politische Leben in Prag enthielten die Briefe nun ausschließlich Überlegungen über Trockenmilch, Babykleidung und Windeln. Auch ihre Treffen mit Helena in der Mittagspause konzentrierten sich auf Helenas neugeborene Tochter und wie es Helena schaffte, mit einer Ganztagsarbeit ihr Kind zu stillen. Die Epsteins hatten eine neue Unterkunft gefunden, die auch Platz für den Modesalon bot. Franci war rund um die Uhr beschäftigt mit Umzugsvorbereitungen, Geschäft, Ehe und Schwangerschaft. Eines Junimorgens wachte sie auf, und an den Innenseiten ihrer Oberschenkel klebte Blut.

Franci wurde hysterisch. Sie hatte ihren Vater verloren. Sie hatte ihre Mutter verloren. Ihren Mann, Verwandte, Freunde und sechs Jahre ihres Lebens. Sie war sicher, daß sie nun auch noch ihr Kind verlieren würde. Ihr Frauenarzt, der renommierte Karel Steinbach, ein Freund der prominentesten Persönlichkeiten der Ersten Republik, versuchte sie zu trösten und erklärte ihr, daß ihr Körper es am besten wisse. Sie sei unterernährt und überanstrengt gewesen, sie habe eine schwere Typhuserkrankung durchgemacht. Sie führe erst seit zwei Jahren wieder ein normales Leben, und vielleicht sei ihr Körper noch nicht bereit, ein Kind auszutragen. Auch Kurt versuchte, sie zu beruhigen: Sollten sie dieses Kind verlieren, würden sie es erneut versuchen. Franci aber war untröstlich. Dr. Steinbach gab ihr amerikanische Medikamente, steckte sie ins Bett und warnte vor jeder Aufregung. Kitty aktivierte ihre Schwarzmarktbeziehungen und besorgte Kalbshirn, das als Wundermittel für Schwangere galt. Margot Körbel saß an ihrem Bett, die frommen unter Francis Näherinnen beteten.

Im Juli erklärte Dr. Steinbach, daß die Schwangerschaft nicht mehr gefährdet sei. Franci erledigte die Arbeit, die im Salon liegengeblieben war. Das Baby und die Arbeit hatten Vorrang vor allem anderen. Nur am Rande registrierten die Epsteins die politische Krise in jenem Sommer. Die Amerikaner hatten einen Wirtschaftsplan vorgelegt, um Nachkriegseuropa zu helfen, und das tschechoslowakische Kabinett hatte sich einstimmig für eine Beteiligung ausgesprochen. Stalin aber verurteilte den Marshallplan als sowjetfeindlich und bestand darauf, das Kabinett müsse seine Entscheidung revidieren und gegen den Plan stimmen. Kluge Beobachter sahen in der Kapitulation der Regierung gegenüber Stalin ein zweites München. Die Epsteins waren nicht so weitblickend.

Als Winston Churchill im Jahr zuvor erklärt hatte, daß sich ein Eiserner Vorhang auf Europa senke, hatten die Tschechen ihm wenig Aufmerksamkeit geschenkt, obwohl die Tschechoslowakei ein Bindeglied zwischen West und Ost war, eine Demokratie, die Raum ließ für viele Parteien. Die tschechischen Kommunisten waren schließlich aus anderem Holz geschnitzt als die Russen oder die Polen.

Im Sommer 1947 kümmerten sich die Epsteins kaum um Politik. Kurt Epstein hatte viel zu tun. Er war Teilhaber einer Chemiegesellschaft, er war aktives Mitglied des Tschechoslowakischen Olympischen Komitees, er stellte sich oft als Schiedsrichter bei Wasserballturnieren zur Verfügung und absolvierte wieder ein strenges Schwimmtraining. In der Zeitung las er vor allem den Sportteil, Meldungen über den kalten Krieg, die fortwährenden Denunziationen von »Kollaborateuren« und die Verwicklung der tschechischen Polizei in nicht enden wollende Skandale überflog er nur. Franci registrierte mit Verdruß, daß immer weniger amerikanische und britische Filme in die Kinos kamen. Sie ahnte nicht, daß das Informationsministerium zugestimmt hatte, siebzig Prozent aller ausländischen Filme aus Rußland zu importieren.

Im Gegensatz zu den anderen Ländern, die von der Roten Armee befreit worden waren, regierte in der Tschechoslowakei eine

Koalition aus Kommunisten und Nichtkommunisten, die lebhafte Diskussionen untereinander austrugen. Alle Bevölkerungsgruppen – ob Bauern, Studenten, Fabrikarbeiter oder Beamte – führten anscheinend ein freies politisches Leben.

Einige Freunde der Epsteins beschlossen auszuwandern, Franci und Kurt wollten bleiben. Im Sommer bezogen sie ihre neue Wohnung am unteren Ende des Wenzelsplatzes, Margot Körbel zog zu ihnen.

Franci schrieb an Peter:

> Wir sind umgezogen!
> Fünf Fenster gehen auf den Wenzelsplatz hinaus, alle unsere Freunde haben sich schon für die Paraden angemeldet ... Ich arbeite nur noch vierzehn Tage, dann fahre ich nach Mähren an einen großen See. Dort werde ich den Wolken zusehen, vielleicht Pilze sammeln, für Deine neue Nichte oder Deinen neuen Neffen stricken und spazierengehen. Ich werde auch baden, allerdings nicht zuviel ... Deine zwei Pakete mit Wolle sind wohlbehalten angekommen. Ich hätte gerne noch Babyseife und Seifenpulver. Hier gibt es das nicht, und drüben ist es wahrscheinlich nicht teuer.

Im Oktober:

> Es geht mir gut. Trotzdem wäre es mir lieber, ich wäre schon zwei Monate älter. Ich bin schrecklich gespannt, was ich auf diese Welt bringen werde ... Ich habe viel zu tun, aber es gibt immer noch wenig Material. Alle unsere guten Stoffe werden für den Export produziert, für uns zu Hause bleibt nichts mehr übrig.

Im November:

> Es geht mir gut. Doch so langsam habe ich genug von der Schwangerschaft. Der kleine Schlingel tritt mich so fest, daß ich nachts nicht schlafen kann. Leider ist mein Arzt in New

York, und ich weiß nicht, ob er rechtzeitig zurück sein wird. Ich bin an Dr. Steinbach so gewöhnt, er ist so ein netter Mensch … Kurt ist ein perfekter Ehemann. Er geht abends um neun Uhr mit mir ins Bett, oder er sitzt mit mir zu Hause und hört Radio, weil er nicht allein ins Kino gehen will. Das Geschäft läuft gut, aber das Material ist furchtbar knapp. Ich fürchte, wir sind bald schlimmer dran als im Krieg. Auch bei Lebensmitteln und sonstigen Waren sieht es nicht viel besser aus, aber noch geht es uns gut. *Tu sais, on se débrouille.* Wir sind noch jung, und nichts auf der Welt kann uns so leicht aus dem Gleis bringen. Schreib bitte nicht erst wieder in einem halben Jahr.

In Liebe

Franci

Im Herbst 1947 ergaben Meinungsumfragen, daß der Einfluß der Kommunisten seinen Höhepunkt überschritten hatte, die Kommunistische Partei würde wohl bei den nächsten Wahlen eine Schlappe einstecken müssen. Die Menschen waren unzufrieden mit ihnen. Es gab eine Reihe von Polizei- und Regierungsskandalen, es gab sogar Attentatsversuche auf drei demokratische Minister, aber nichts davon findet in der Korrespondenz zwischen den Epsteins und ihrem Cousin Erwähnung.

Am 27. November schrieb Kurt Epstein:

Heute morgen, um zwei Uhr in der Früh, ist unser kleines Mädchen, sie heißt Helenka, auf die Welt gekommen. Franci ist ein wunderbarer Mensch. Gestern abend hat sie bis neun Uhr gearbeitet, um zehn ist sie ins Krankenhaus gefahren, und nach vier Stunden war das Kind geboren. Ohne Betäubung, ohne Schreie … Ich hätte nie gedacht, daß wir einmal so glücklich sein würden, nach allem, was wir in den letzten Jahren durchgemacht haben.

Am 9. Januar 1948 schrieb Franci:

> Lieber »Onkel«,
> ich bin eine überglückliche Mutter ... Helen soll bald ein Kindermädchen bekommen, im Moment mache ich jedoch alles noch selbst. Das Baby braucht nicht viel außer der Brust, und die kann ihm sowieso niemand anders geben. Natürlich kostet das alles Zeit, und gerade jetzt habe ich eine Menge Arbeit. Mein Tag sollte mindestens sechsunddreißig Stunden haben. Trotzdem gefällt mir meine Rolle als Mutter sehr. Ich will noch mehr Kinder – der Vater natürlich auch. Kurt ist ganz vernarrt in seine Tochter, und wenn er für sie singt (!), hört sie sofort auf zu schreien, während ich am liebsten damit anfangen würde. Gerade weint sie; ich muß nachschauen, ob sie naß ist – in zwanzig Jahren wird das wohl nicht mehr passieren. Ich habe ihr gesagt, sie soll artig sein, weil ich an ihren Onkel Peter schreibe; sie hat es sich zu Herzen genommen. Wirklich schade, daß Du sie nicht sehen kannst ... Ich würde gern mal ins Theater gehen oder tanzen, aber wenn ich weg bin, sorge ich mich um mein kleines Mädchen und habe Angst, sie könnte zu Hause weinen. Gott sei Dank kann ich sie stillen, denn der Milchmangel hier ist eine Katastrophe ...

Diesen Brief schrieb Franci in dem letzten Monat, in dem die Tschechoslowakei noch von Anfang bis Ende ein demokratischer Staat war. Der Milchmangel, den Franci erwähnt, war nur ein Symptom für den allgemeinen Mangel, der von der sowjetischen Politik weiter verschärft wurde, weil sie die tschechische Landwirtschaft in eine schwere Krise stürzte. Auch andere Wirtschaftszweige gerieten in die Krise.

Die meisten dramatischen Schlagzeilen der Zeitungen hatten aber mit Politik zu tun. Im Januar 1948 gehörten Zusammenstöße zwischen Kommunisten und Nichtkommunisten zum politischen Alltag. Die Koalitionsregierung hatte die Wahlen vor Augen, die in vier Monaten stattfinden sollten und sehr wahrscheinlich mit einer Niederlage der Kommunisten enden würden, und war nicht mehr in der Lage, sich auf irgend etwas zu verständigen.

In der Hoffnung, Staatspräsident Eduard Beneš würde verfassungsgemäß handeln und Neuwahlen ausschreiben, reichten die nichtkommunistischen Minister im Februar ihren Rücktritt ein. Doch der Präsident war alt und krank. Mit Strategien, die in ganz Osteuropa erfolgreich gewesen waren, organisierten die Kommunisten Massendemonstrationen. Eine sowjetische Delegation traf in Prag ein und bekräftigte Stalins Unterstützung.

Am 25. Februar, einen Tag vor Franci Epsteins achtundzwanzigstem Geburtstag, beugte sich Beneš dem Druck der Kommunisten. Statt die Regierung aufzulösen, nahm er den Rücktritt der demokratischen Minister an und bestätigte die Ernennung einer neuen, kommunistischen Regierung. Die letzte Schlacht des kalten Krieges auf europäischem Boden war entschieden. Die Kommunisten hatten die Tschechoslowakei in einem Putsch übernommen.

Es gibt keine Briefe, in denen von der Entscheidung meiner Eltern, Prag zu verlassen, die Rede ist. Es gibt nur die Geschichten, die man sich in der Familie erzählte: Wie Kurt argwöhnisch die bewaffneten Milizen in der Stadt beobachtete und befand, es seien Nazis in anderer Uniform und er würde nicht zweimal den gleichen Fehler machen. Sie hatten ein Kind, an das sie denken müßten, und sie würden dieses Land verlassen – wenn es sein müßte, auch im Badeanzug. Franci entgegnete, sie bewege sich keinen Schritt aus Prag. Sie habe gerade ihren achtundzwanzigsten Geburtstag gefeiert, und sie habe ein drei Monate altes Baby. Zum ersten und einzigen Mal in ihrer Ehe schlug mein Vater sie.

Franci Epstein schlich sich aus ihrer neuen Wohnung hinaus in die Kälte der Februarnacht. Auf einem Spaziergang rund um den Wenzelsplatz dachte sie über alles nach. Dann ging sie nach Hause zurück. Falls sie noch Zweifel hatte, ob Auswanderung die richtige Entscheidung war, so wurden sie am 10. März ausgeräumt. An diesem Tag fand man die Leiche Jan Masaryks, der in weiten Kreisen als das Gewissen des Landes galt, im Hof unter seinem Bürofenster.

Tausende Tschechen flohen sofort. Tausende standen bei den ausländischen Botschaften Schlange. Kurt Epstein war einer der ersten in der Schlange vor der amerikanischen Botschaft. 1945, nach der Rückkehr aus dem Lager, hatte er ein Visum beantragt. Seine einzigen noch lebenden Verwandten waren in England und in den Vereinigten Staaten. Einer davon, Franzi Petschek, hatte vor dem Krieg einen Sonderzug gemietet, um seine weitverzweigte Verwandtschaft und die Bankangestellten zu evakuieren. Mein Vater erfuhr, daß seine Nummer, die 99, nun ganz oben auf der Liste stehe und auch seine Frau und seine Tochter berücksichtigt würden. Franci wollte keine arme Verwandte sein, schon gar nicht von den Petscheks. Emil Rabinek hatte nämlich immer Petscheks Bank für seinen Bankrott 1932 die Schuld gegeben. Sie hätte es lieber gesehen, wenn Peter Scott ihr Bürge in Amerika gewesen wäre, aber der hatte weder die rechtlichen noch die finanziellen Mittel der Petscheks.

Am 21. Juli 1948 verließen sie Prag, jeder mit fünfzig Kilogramm Gepäck, mich trugen sie in einer Segeltuchtasche. Wie 1942 hatte Franci so viele Kleidungsstücke übereinander angezogen, wie sie nur konnte. Die meisten Hochzeitsgeschenke blieben in Prag zurück, doch die alten Familienfotografien und die drei Porzellanfiguren, welche die Besatzung bei Freunden überlebt hatten, packte sie zwischen Windeln und Babysachen.

Wenn ich sie fragte, wie sie sich bei der Ankunft in New York gefühlt habe, antwortete Franci immer das gleiche: Der Flug habe sechsundzwanzig Stunden gedauert, im Flugzeug sei es sehr heiß gewesen, sie habe in den vielen Lagen Kleidern furchtbar geschwitzt, und von den je zehn Dollar, die Franci und Kurt aus der Tschechoslowakei ausführen durften, habe die Flughafenbehörde von New York acht genommen. Die Petscheks hätten sie am Flughafen abgeholt, ihnen Geld geliehen und sie im Hotel Colonial auf der Upper West Side von Manhattan untergebracht, gegenüber dem Planetarium. Von Gefühlen sprach sie nie.

Wie Helena vorausgesagt hatte, war Kurt Epstein in New York verloren. Franci übernahm es, in dem neuen Land eine Orientierung zu finden. Sie machte Freunde ausfindig und ihren Frauenarzt Karel Steinbach, der inzwischen der Mittelpunkt der tschechischen Einwanderergemeinde war. Nach zwei Wochen hatte Dr. Steinbach eine Kundin für Franci gefunden: die tschechische Sopranistin Jarmila Novotná; sie brauchte ein Kleid für ihren Auftritt in der Metropolitan Opera.

Im Hotel Colonial durfte sie aber nicht arbeiten. Ein paar Blocks weiter, am Riverside Drive, fand sie eine Kellerwohnung. Die Familie Epstein zog ein, Franci borgte sich Geld und kaufte eine Nähmaschine. Einen Monat nach ihrer Ankunft in New York nähte sie wieder.

Nachwort

In den späten fünfziger Jahren, nachdem meine Mutter ihren Modesalon in New York wieder aufgebaut hatte, traf sie eine Tschechin, die im selben Transport mit Emil und Pepi Rabinek von Theresienstadt aus nach Osten deportiert worden war. Der Transport ging ins lettische Riga. Die Juden aus Theresienstadt mußten in einen Wald marschieren. Dort wurden sie erschossen und in ein Massengrab geworfen. Da gerade Erntezeit war, wurde die Tschechin – sie war knapp zwanzig damals – in letzter Minute für ein Erntekommando eingeteilt. *»Nun habe ich doch noch eine Antwort gefunden auf die Frage, die mich all die Jahre quälte«*, schrieb Frances. *»Ich bin fast dankbar, daß das Ende meiner Eltern barmherzig kurz war; nun kann ich endlich die Realität ihres Todes akzeptieren und ihnen in meiner Erinnerung ihre letzte Ruhe schenken.«*

Im Jahr 1963 erkannte meine Mutter in einer Besprechung des Buches *Die größere Hoffnung* – ein österreichischer Roman, der im Zweiten Weltkrieg spielt – in der *New York Times* in den Hauptfiguren Verwandte ihres Vaters wieder. Sie schrieb der Autorin Ilse Aichinger und erfuhr von einem ganzen Zweig von Nachkommen der Familie Rabinek, die verstreut in Europa und den Vereinigten Staaten lebten, in London, Belfast, Woodstock und Berkeley. Sie waren erstaunt und beglückt, als sie hörten, daß meine Mutter nicht, wie sie gedacht hatten, von den Nazis ermordet worden war, sondern als Schneiderin in New York lebte.

Von den engen Verwandten Emil Rabineks waren die meisten getauft, keiner hatte mehr eine Bindung an das Judentum. Einige waren katholisch geworden, andere betrachteten sich als Agnostiker. Wer konnte, reiste nach New York, um meine Mutter zu besuchen. Meine Mutter freute sich, daß sie ihren Kindern eine richtige, lebende Familie bieten konnte, auch wenn die meisten so weit weg wohnten, daß wir sie nur sehr selten sahen. Wie meine Mutter waren unsere Verwandten voller Energie und Tatendrang, wach und kritisch, und sie konnten mehrere Sprachen. Ein Teil der Familie hatte in den USA den Namen geändert, statt Hirsch hießen sie nun Hearst.

Emil Rabineks Nichte Lily Hearst war im Mai 1897 geboren. Hundert Jahre später bereitete ihr Sohn John zu Ehren ihres bevorstehenden Geburtstages ein großes Fest in der Stadt vor, die sie liebte und aus der sie hatte fliehen müssen. Im Herbst 1996 flog ich nach Wien, um Lilys baldigen hundertsten Geburtstag zu feiern und um Thereses Grab zu besuchen.

Die Mischung aus Brutalität und Charme, wie es meine Schriftstellerkollegin Ilse Aichinger ausdrückt, macht mir Wien nach wie vor unbehaglich, und ich wäre wahrscheinlich nicht gefahren, wäre nicht mein Cousin John gewesen, der meine Recherchen mit wachsender Begeisterung verfolgte. John und seine Frau Jean versprachen, mich auf den Friedhof zu begleiten und mir bei der Suche nach Thereses Grab zu helfen.

In Wien erlebte ich Lilys Erregung, als sie mit ihren Kindern die Wohnung besuchte, in der sie vor dem Krieg gelebt hatte, als sie in die Oper ging, als sie von livrierten Dienern in einem Luxushotel empfangen wurde, das sie vor einem halben Jahrhundert nicht einmal hätte betreten dürfen – und ich benahm mich nur noch daneben. Ich weigerte mich, Deutsch zu sprechen, im rotsamtenen Frühstückssaal trug ich T-Shirts und Turnschuhe, im reichverzierten, langsamen Aufzug pfiff ich *Don't cry for me Argentina.* Ich war froh, daß ich mein Zimmer mit einer Kollegin von John teilen konnte, einer Wissenschaftlerin, die in China geboren und aufgewachsen war. Ich war auch froh, daß sich ein weiterer Kollege von John und dessen japanisch-amerikanische Tochter unserer Expedition auf den Friedhof anschlossen. Ich kämpfte um Distanz – je weiter jemand von Europa entfernt war, desto besser.

Mit dem Bus fuhren wir zu fünft zum Zentralfriedhof. An jenem Septembertag war der weitläufige Friedhof grau, menschenleer und friedvoll, es roch süßlich. Wir gingen an eindrucksvollen Grabstätten bekannter österreichischer Juden vorbei: Arthur Schnitzler, der Schriftsteller, der das »süße Mädel« unsterblich gemacht hatte; Leopold Kompert, dessen Geschichten über das böhmische Landjudentum mein erster Zugang zu Thereses Welt gewesen waren; die Gebrüder Zwieback, die Gründer des Kaufhauses, in dem Pepi als Lehrmädchen gearbeitet hatte. Das Grab des Wiener Rabbiners Moritz Güdemann lag neben Gräbern von Familien, deren Namen in Amerika ein Begriff sind: Baumgarten, Wertheimer, Spitzer, Rosenthal, Weiss, Loewy, Böhm, Taussig. Mir ging durch den Kopf, daß ich, wäre ich in Prag aufgewachsen und hätte ich eine einfache Familiengeschichte gehabt, heute regelmäßig hierherkommen und das Grab meiner Urgroßmutter pflegen würde. Ich würde hierherkommen, wenn ich Streit mit meinem Mann hätte, wenn mich meine Kinder ärgerten, wenn ich einen stillen Ort und Zeit zum Nachdenken bräuchte.

Während unser Grüppchen von Amerikanern auf der Suche nach dem Grab 19, 19, 84 – die Nummer hatte man mir fünf Jahre zuvor in einem Brief mitgeteilt – durch die menschenleeren Reihen ging, trafen wir auf einen jungen Gärtner. Er unterbrach seine Arbeit und führte uns zu dem Grab. Im jüdischen Teil seien schätzungsweise achtzigtausend Juden begraben, sagte er, sechzigtausend in unbezeichneten Gräbern.

Ab 1938 konnten die Juden sich nicht mehr um die Gräber kümmern, der Friedhof wurde ein Dschungel; hohe Bäume und dichte Sträucher überwucherten die Grabsteine und Denkmäler. 1991 begann eine Gruppe von Wienern, den Friedhof zu säubern; Polizisten, Soldaten und Freiwillige aus allen Teilen der Gemeinde schafften zweitausend Tonnen Grünabfälle weg. Soweit es möglich war, wurden die Gräber identifiziert und registriert. Der Gärtner führte uns zu einem etwa ein Meter hohen Grabstein aus Granit.

> Hier ruht Frau Therese Sachsel, geborene Furcht, zusammen mit ihrem geliebten Sohn, der im Alter von siebzehn Jahren verstarb. In Dankbarkeit gedenken wir unserer unvergessenen

Mutter und unseres unvergessenen Bruders, die uns allzufrüh verlassen haben. Ruhet in Frieden, bis wir uns wiedersehen vor Gott...

Efeu rankte sich am Grabstein empor, der intensive Duft von Wacholder erfüllte die Luft. Meine Cousins machten Fotos, dann ließen sie mich allein. Nach jüdischem Brauch legt man einen Stein auf den Grabstein, aber da das Grab so lange von niemandem besucht worden war, erschien mir ein Stein zu kalt und leblos. Ich wollte Therese etwas Lebendes geben. Am nächsten Tag kehrte ich mit einem Topf Erika und einem Pflanzspaten zurück. Es fing an zu regnen. Man müsse mit einem nassen Herbst rechnen, sagten die Leute. Ich wußte nicht, wann ich wiederkommen würde, aber ich hoffte, daß das rote Heidekraut sich als widerstandsfähig erweisen und Wurzeln schlagen würde.

Danksagung

Mein Dank gilt in erster Linie den drei Jiřís aus Tschechien: Jiří Fiedler, Jiří Rychetský und Jiří Tichý. Sehr geholfen haben mir auch Leo Pavlát, der Direktor des Jüdischen Museums, Jiřina Šedinová von der Judaistischen Fakultät der Karls-Universität, und Jiřina Šiklová, Direktorin des Zentrums für Genealogie an der Karls-Universität; der Kunsthistoriker Arno Pařík, der das Fotoarchiv des Jüdischen Museums sichtete und die Fotografien fand, die während der Besatzung aufgenommen wurden; Eva Uchalová vom Kunstgewerbemuseum in Prag, die bei eigenen Recherchen über die Prager Modeindustrie Fotografien von Kleidern fand, die meine Großmutter 1920 entworfen hatte, Reklamen der *Maison Weigert* und sogar einen Artikel über den Modesalon. Helena Klímová und die Forschungs- und Museumsangestellten in Prag, Kolín, Brno, Jihlava und Brtnice waren mir bei der Suche nach Dokumenten behilflich. Kitty Egererová (1922–1994), Helen Rissová und Heda Margolius Kovály kümmerten sich in Prag nicht nur um mich, als wäre ich eine Tochter für jede von ihnen, sondern sie halfen mir auch als Interviewpartnerinnen, Leserinnern und Kritikerinnen. Michael Egerer und seiner Familie sowie Eva Lorencová danke ich für ihre große Gastfreundschaft.

Die Forschungsarbeiten für dieses Buch wurden mir zunächst als Gasthörerin, später als Mitarbeiterin des Minda de Gunzburg Center for European Studies an der Harvard University ermöglicht. Mein Dank gilt Stanley Hoffmann, Charles Meier und Abby Collins für ihre tatkräftige Unterstützung sowie Anna Popiel und Loren Goldner, die alles getan haben, damit ich mich dort zu Hause fühlte. Zu Dank verpflichtet bin ich auch Isadore Twersky, der mich als Gasthörerin in seinen Seminaren über vormoderne jüdische Geschichte aufnahm, sowie Karen von Kunes und Alfred Thomas, deren Tschechisch-Kurse ich besuchen durfte. Zuzana Nagy, meine Freundin und Bibliothekarin der Slawistischen Fakultät der Harvard University, fand für mich unzählige Bücher, sie korrigierte mein Tschechisch, setzte unendlich viele diakritische Zeichen und überarbeitete meine Entwürfe.

Mein Dank gilt auch vielen Wissenschaftlern. An erster Stelle sei Wilma Iggers genannt, deren Werke *Women in Prag* und *Die Juden in Böhmen und Mähren* mir unentbehrliches Material lieferten und denen ich viele historische Zitate entnommen habe. Ich danke ihr für ihre Erlaubnis, die Zitate abzudrucken, für ihr Interesse und ihre Kritik. Eduard Goldstücker stellte mir in einer frühen Phase meiner Recherchen sein umfassendes Wissen über die Juden in den tschechischen Gebieten zur Verfügung. Harry Zohn, in Wien geboren, Emeritus der Brandeis-Universität, hat unverdrossen versucht, mir Wien wenigstens ein bißchen nahezubringen, er hat gelesen, übersetzt und den Advocatus Diaboli gespielt. Ruth Deutsch, gebürtige Pragerin und emeritierte Professorin des Wellesley College, übersetzte für mich aus dem Deutschen und ließ in ihrer tätigen Hilfe für mein Buch nie nach. Weiterhin danke ich Jerold Auerbach, Gary Cohen, Atina Grossmann, Deborah Hertz, Ted Kaptchuk, Hillel Kieval, Hillel Levine, Shulamith Magnus, Ladislav Matějka, Beth Noveck, Susan Pedersen, Gila Ramras-Rauch, Barbara K. Reinfeld, Edward Shorter, Diane Spielmann, Michael Stanislawski, Moshe Waldoks und Tom Winner.

Viele Mitglieder der tschechischen Emigrantengemeinde in Amerika halfen mir: die verstorbene Sopranistin (und Tochter eines Prager Schneiders) Jarmila Novotná, der verstorbene Arzt Karel Steinbach, Fred Hahn, Milan Herben, Miroslav Kerner, Hana Stránská und Joan Winn. Lewis Weiner, der ehemalige Herausgeber des *Review of the Society for the History of Czechoslovak Jews* ließ sich von seiner Haushälterin das ganze Manuskript vorlesen und diskutierte es mit mir. In Israel danke ich Nava Shan, Ruth Bondy, Hana Greenfield, Yael Na'aman, Nava Semel, Lily Schön sowie Erwin und Etha Frenkel.

Unter meinen Freunden, die Teile des Manuskripts lasen, bin ich besonders Ernst Pawel zu Dank verpflichtet, dem Autor unvergleichlicher Biographien über Kafka, Herzl und Heine, sowie seiner Frau Ruth Pawel, die zur selben Zeit das Prager *lycée* besuchte wie meine Mutter. Mein Dank geht auch an Brad Bellows, Dany Dayan, Vera Eisenberger, Helen Fremont, Eva Fogelmann, Rosalie Gerut, Muriel Gillick, Peter Jacobsohn, Rochelle Rubenstein Kaplan, Greta Schreier Löbl, Ellen MacDonald, Andrei Markovits, Susan Miron, Yael Muller, Beth Noveck, Tereza Pánková, Rachelle Rosenblum, Peter Scott, Ellen Winner und vor allem Ruth Gutmann.

Erste Ergebnisse meiner Recherchen erschienen *in Cross Currents: A Yearbook of Central European Culture*, Heft 11, *im Review of the Society of Czechoslovak Jews*, Band 4, und im *New York Magazine* vom 27. November 1989.

Meine Verlegerin Jennifer Josephy und mein Agent Peter Ginsberg haben mich unermüdlich unterstützt. Mit ihrer Klugheit und Erfahrung konnten sie mir viel helfen, darüber hinaus waren beide von Anfang an begeistert über dieses sehr spezielle, fast esoterische Thema. Dank auch an meine Lektorin Betty Power.

Die Künstlerin Susan Erony hat nicht nur den Umschlag der amerikanischen Ausgabe gestaltet, sie hat auch über die Jahre unermüdlich jedes Kapitel meines Buches vom ersten Entwurf bis zur gedruckten Ausgabe gelesen und diskutiert.

Mein Mann Patrick Mehr und meine Söhne Daniel und Sam lebten mit dem Buch und begleiteten mich auf allen Reisen. Ich danke ihnen, daß sie mir, wenn auch nicht immer erfreut, Raum und Zeit für meine Recherchen und zum Schreiben und Nachdenken gewährt haben. Ohne ihre Liebe und ohne die segensreiche Normalität des häuslichen Lebens hätte dieses Buch nicht entstehen können.

Ich widme das Buch Margo Jefferson. Mehr als fünfundzwanzig Jahre lang haben Margo und ich unsere Mütter geteilt, unsere Familien- und Kulturgeschichte und das Schreiben. Ihrem Urteil vertraue ich blind. Margo hat einen Fehler, und der bedeutet mir sehr viel: Sie kann den Namen Auschwitz nicht richtig aussprechen. Dafür und für alles andere danke ich ihr.

Cambridge, Massachusetts *Helen Epstein*

Ausgewählte Literatur

Meine wichtigsten Quellen waren die zwölfseitige Familiengeschichte, die Frances Epstein in den siebziger Jahren schrieb, ihre unveröffentlichten Erinnerungen mit dem Titel *Rundreise* – 144 Seiten *Oral History*, die ich 1974 der William E. Wiener Oral History Library in New York zur Verfügung stellte – und zwei weitere, auf Kassette aufgezeichnete Interviews. Die Archivalien bezog ich vor allem aus dem Prager Zentralarchiv und den Regionalarchiven in Kolín, Jihlava und Brtnice.

Neben der Geschichte meiner Mutter habe ich auch die Memoiren anderer tschechischer Jüdinnen ihrer Generation verwendet: *Under a Cruel Star* (deutsch: *Eine Jüdin in Prag*) von Heda Margolius Kovály, *Chtela jsem být Herečkou* (hebräisch: *L'hiot Sachkanit*) von Vlasta Schönová, *A Time to Speak* von Helen Lewis, *Fortress of my Youth* von Jana Renée Friesová, *Beyond the Chestnut Trees* von Maria Bauer, *Pearls of Childhood* von Vera Gissing und *Fragments of Memory* (deutsch: *Von Kolín nach Jerusalem. Bruchstücke aus meinen Erinnerungen*) von Hana Greenfield. Gerda Hoffers generationenübergreifende Familiengeschichte *The Utitz Legacy* (deutsch: *Ererbt von meinen Vätern*) und die im Selbstverlag veröffentlichten Lebensberichte der Familien Weiner, Barth, Bamberger und Roubitschek bildeten einen hervorragenden Hintergrund für mein Buch.

Von unschätzbarer Hilfe waren für mich die Werke von Carolyn Heilbrun, Maxine Hong Kingston, Toni Morrison, Adrienne Rich, Elaine Showalter, Joan Wallach Scott und Alice Walker. Ihnen und Jane Kramer, die mir seit meiner Studienzeit die Macht und die Möglichkeiten des guten Journalismus vor Augen geführt hat, möchte ich meinen Dank aussprechen.

Unerläßlich für meine Forschungen war die *Encyclopedia Judaica*, den Zeitschriften *Cross Currents, Judaica Bohemiae, Leo Baeck Institute Yearbook, Review of the Society for the History of Czech Jews, Yad Vashem Studies, Kalendář Česko-Židovský und Židovská Ročenka* habe ich viele nützliche Informationen entnommen.

Arendt, Hannah, *Rahel Varnhagen. Lebensgeschichte einer deutschen Jüdin aus der Romantik*, München 1959; Neuausgabe [10]1995.
Ashkenazi, Yaakov, *Tz'enah Ur'enah*, Jerusalem 1983 (Originalausgabe Prag 1663).
Barea, Ilsa, *Vienna*, New York 1966.
Bauer, Johann, *Kafka und Prag*, Stuttgart 1971.
Bauer, Maria, *Beyond the Chestnut Trees*, Woodstock 1983.
Baum, Vicki, *Es war alles ganz anders*, Berlin 1962.
Beckermann, Ruth (Hg.), *Die Mazzesinsel*, Wien, München 1984.
Beller, Steven, *Wien und die Juden, 1867–1938*, Wien u.a. 1993.
Berger, Natalia (Hg.), *Wo sich Kulturen begegnen: Die Geschichte der tschechoslowakischen Juden*, Prag 1992.
Berkley, George E., *Vienna and Its Jews*, Cambridge/Mass. 1988.
Blaukopf, Kurt, *Gustav Mahler oder Der Zeitgenosse der Zukunft*, Wien 1969.
– (Hg.), *Mahler. Sein Leben, sein Werk und seine Welt in zeitgenössischen Bildern und Texten*, Wien 1976.
Boucher, François, *20000 Years of Fashion*, New York 1987.
Brisch, Hans, und IvanVölgyes, *Czechoslovakia: The Heritage of Ages Past, Essays in Memory of Josef Korbel*, New York 1979.
Brittain, Vera, *Testament of Youth: An Autobiographical Study of the Years 1900–1925*, London 1933.
Brod, Max, *Franz Kafka: Eine Biographie*, Berlin 1954.
– *Der Prager Kreis*, Stuttgart 1966.
Buber-Neumann, Margarete, *Kafkas Freundin Milena*, München 1963.
Burk, John N., *Clara Schumann: A Romantic Biographie*, New York 1940.
Burke, John, *Czechoslovakia*, London 1976.
Buxbaum, Gerda, *Mode aus Wien 1815–1938*, Salzburg 1986.
Chagall, Bella, *Brennende Lichter*, Reinbek 1966.
Chazan, Robert (Hg.), *Church, State and Jew in the Middle Ages*, New York 1980.
Churchill, Winston, *Der Sturm zieht auf (Der Zweite Weltkrieg, I)*, Bern 1948.
Cohen, Gary B., *The Politics of Ethnic Survival: Germans in Prague, 1841–1914*, Princeton/N.J. 1981.
Collegium Carolinum, *Die Juden in den böhmischen Ländern*, München 1983.
Corti, Egon, *Elisabeth: »Die seltsame Frau«*, Salzburg 1934.

Craig, Gordon A., *Über die Deutschen*, München 1982.
David, Katherine, »Czech Feminists and Nationalism in the Late Habsburg Monarchy«, in: *Journal of Women's History*, Bd. 3, Nr. 2, 1991.
Deák, István, »Jewish Soldiers in Austro-Hungarian Society«, in: *Leo Baeck Institute Yearbook*, London 1990.
De La Haye, Amy, und Shelley Tobin, *Chanel: The Couturière at Work*, Woodstock 1996.
Demetz, Hana, *Ein Haus in Böhmen*, New York 1979.
– *The Journey from Prague Street*, New York 1990.
Deslandres, Yvonne, und Florence Müller, *Histoire de la Mode au XXe Siècle*, Paris 1986.
Dignowity, Anthony Michael, *Bohemia under Austrian Despotism*, New York 1859.
Donath, Oskar, *Böhmische Dorfjuden*, Brünn 1926.
Eisner, Pavel, *Franz Kafka and Prag*, New York 1950.
Erdely, Eugene V., *Germany's First European Protectorate*, London 1942.
Exton, Inez, *Children of Nowhere*, Riverside/Cal. 1991.
Feilchenfeld, Alfred (Hg.), *Denkwürdigkeiten der Glückel von Hameln*, Berlin 1923; Nachdruck Frankfurt/Main 1987.
Fiedler, Jiří, *Hrady, zamky a tvrze jižní Moravy*, Prag o.J.
– *Jewish Sights of Bohemia and Moravia*, Prag 1991.
– u.a., *Alte Judenfriedhöfe Böhmens und Mährens*, Prag 1991.
Fout, John C. (Hg.), *German Women in the Nineteenth Century: A Social History*, New York 1984.
Fraenkel, Josef (Hg.), *The Jews of Austria: Essays on Their Life, History and Destruction*, London 1967.
Fraisse, Geneviève, und Michelle Perrot, *Geschichte der Frauen*, Bd. 4, Frankfurt/Main 1994.
Franck, Irene, *Clothiers*, New York 1987.
Frevert, Ute, *Frauen-Geschichte: Zwischen bürgerlicher Verbesserung und neuer Weiblichkeit*, Frankfurt/Main 1986.
Friedländer, Saul, *Wenn die Erinnerung kommt*, Stuttgart 1979.
Friedman, Otto, *The Break-up of Czech Democracy*, London 1950.
Friedman, Saul S. (Hg.), *The Terezin Diary of Gonda Redlich*, Lexington/Ky. 1992.
Friesová, Jana Renée, *Fortress of My Youth*, Tasmania 1995.
Fučik, Julius, *Reportage, unter dem Strang geschrieben*, Frankfurt/Main 1976.
Gay, Peter, *Freud: Eine Biographie für unsere Zeit*, Frankfurt/Main 1989.

Gold, Hugo (Hg.), *Die Juden und Judengemeinden Mährens in Vergangenheit und Gegenwart,* Brünn 1929.
Goldstücker, Eduard, »Jews between Czechs and Germans around 1848«, in: *Leo Baeck Institute Yearbook,* London 1972.
Graupe, Heinz Mosche, *Die Entstehung des modernen Judentums. Geistesgeschichte der deutschen Juden 1650–1942,* Hamburg 1969.
Greenfield, Hana, *Von Kolín nach Jerusalem. Bruchstücke aus meinen Erinnerungen,* Prag 1993.
Grunfeld, Frederic V., *Prophets without Honor,* New York 1979.
Grunwald, Max, *Die Geschichte der Wiener Juden bis 1914,* Wien 1926.
Gutmann, Yisrael, und Michael Berenbaum (Hg.), *Anatomy of the Auschwitz Death Camp,* Bloomington/Ind. 1994.
Hájek, Hanuš, *T. G. Masaryk Revisited,* Boulder/Col. 1983.
Henry, Sondra, und Emily Taitz, *Written out of History: A Hidden Legacy of Jewish Women,* New York 1978.
Herben, Jan, *Do třetího a čtvrtého pokolení,* Prag 1956.
Hertz, Deborah, *Die jüdischen Salons im alten Berlin,* Frankfurt/Main 1991.
Heschel, Susannah (Hg.), *On Being a Jewish Feminist,* New York 1983.
Hockaday, Mary, *Kafka, Love and Courage: The Life of Milena Jesenská,* London 1955.
Hoffer, Gerda, *Ererbt von meinen Vätern: 400 Jahre europäisches Judentum im Spiegel einer Familiengeschichte,* Köln 1990.
Hubmann, Franz, *Das jüdische Familienalbum. Die Welt von gestern in 375 alten Photographien,* Wien 1974.
Hyman, Paula, *Gender and Assimilation in Modern Jewish History,* Seattle/Wash. 1995
Iggers, Wilma, »Leopold Kompert, Romancier of the Bohemian Ghetto«, in: *Modern Austrian Literature,* Bd. 6, Nr. 3/4, 1973.
– (Hg.), *Die Juden in Böhmen und Mähren: ein historisches Lesebuch,* München 1986.
– *Women of Prague,* Providence/R. I. 1995.
Jahrbuch der Gesellschaft für die Geschichte der Juden in der Tschechoslowakischen Republik, Bd. 1–3, Prag 1929–1931.
Janák, Jan (Hg.), *Dějiny Brtnice,* Brünn 1988.
Jesenská, Milena, *»Alles ist Leben«,* Frankfurt/Main 1984.
Joeres, Ruth-Ellen, und Mary Jo Maynes (Hg.), *German Women in Eighteenth and Nineteenth Centuries,* Bloomington/Ind. 1986.
Johnson, Paul, *A History of the Jews,* New York 1987.

Johnston, William M., *Österreichische Kultur und Geistesgeschichte: Gesellschaft und Ideen im Donauraum 1848–1938,* Wien 1974.
Jones, Ernest, *Leben und Werk von Sigmund Freud,* 3 Bde., Stuttgart 1960–1962.
Jungk, Peter Stephan, *Franz Werfel: eine Lebensgeschichte,* Frankfurt/Main 1987.
Kafka, Franz, *Tagebücher 1910–1923*, hg. von Max Brod, Frankfurt/Main 1951; Neuausgabe 1986.
– *Briefe 1902–1924*, hg. von Max Brod, Frankfurt/Main 1958.
Kahler, Erich, *Israel unter den Völkern,* Zürich 1936.
Kaplan, Marion, *Die jüdische Frauenbewegung in Deutschland: Organisation und Ziele des Jüdischen Frauenbundes 1904–1983,* Hamburg 1981.
– (Hg.), *The Marriage Bargain: Women and Dowries in European History,* Binghamton/N.Y. 1985.
Katz, Jacob, *Tradition and Crisis: Jewish Society at the End of the Middle Ages,* New York 1961.
– *Zur Assimilation und Emanzipation der Juden: Ausgewählte Schriften,* Darmstadt 1982.
– *Aus dem Ghetto in die bürgerliche Gesellschaft: Jüdische Emanzipation 1770–1870*, Frankfurt/Main 1986.
– *Vom Vorurteil zur Vernichtung: Der Antisemitismus 1700–1933,* München 1989.
Kennan, George, *Diplomat in Prag, 1938–1940. Berichte, Briefe, Aufzeichnungen,* Frankfurt/Main 1972.
Kennett, Frances, *The Collectors Book of Fashion,* New York 1983.
Kieval, Hillel, *The Making of Czech Jewry,* Oxford 1988.
Kisch, Egon Erwin, *Marktplatz der Sensationen,* Berlin 1974.
Kisch, Guido, *In Search of Freedom,* London 1949.
Klein, Dennis B., *Jewish Origins of the Psychoanalytic Movement,* New York 1981.
Kohn, Hans, *Bürger vieler Welten: Ein Leben im Zeitalter der Weltrevolution,* Frauenfeld 1965.
Kolář, Erik, *Vila Humboldt,* Prag 1994.
Koltun, Elisabeth (Hg.), *The Jewish Women,* New York 1976.
Kompert, Leopold, *Aus dem Ghetto,* Leipzig 1848.
Korbel, Josef, *The Communist Subversion of Czechoslovakia 1838–1948,* Princeton 1959.
– *Twentieth Century Czechoslovakia,* New York 1977.

Kovály Margolius, Heda, *Eine Jüdin in Prag*, Berlin 1992.
Kraus, Ota B., *The Painted Wall*, Tel Aviv 1994.
Křesadlo, Karel, und Vladimir Hyhlík, *Jihlava*, Prag 1986.
Kulka, Erik, *Jews in Svobodas Army in the Soviet Union*, Lanham 1987.
Kunstgewerbemuseum Prag, *Fashion in Bohemia: From the Waltz to the Tango*, Prag 1994.
– *Czech Fashion, 1918–1939*, Prag 1996.
La Grange, Henry-Louis de, *Mahler*, Garden City/N.Y. 1973.
Laqueur, Walter, *Die deutsche Jugendbewegung*, Köln 1962.
Lea, Charline A., *Emancipation, Assimilation and Stereotype: The Image of the Jew in German and Austrian Drama*, Bonn 1978.
Lea, Henry A., *Gustav Mahler: Man on the Margin*, Bonn 1985.
Lebrecht, Norman, *Gustav Mahler im Spiegel seiner Zeit*, Zürich 1990.
Lederer, Zdeněk, *Ghetto Theresienstadt*, London 1953.
Lentin, Ronit, *Night Train to Mother*, Dublin 1989.
Levine, Hillel, *Economic Origins of Anti-Semitism*, New Haven/Conn. 1991.
Lewald, Fanny, *Meine Lebensgeschichte*, 3 Bde., Berlin 1861/62.
Lewis, Helen, *A Time to Speak*, Belfast 1992.
Liebermann, E. James, *Acts of Will: The Life and Work of Otto Rank*, New York 1985.
Lion, Jindřich, und Jan Lukáš, *Das Prager Ghetto*, Prag 1959.
Low, Alfred D., *Jews in the Eyes of the Germans: From the Enlightenment to Imperial Germany*, Philadelphia 1979.
Lukács, John, *Budapest um 1900: Ungarn in Europa*, Wien 1990.
Lynam, Ruth, *Paris Fashion: The Great Designers and Their Creations*, London 1972.
MacDonald, Callum, und Jan Kaplan, *Prague in the Shadow of the Swastika: A History of the German Occupation, 1939–1945*, London 1995.
Mahler, Raphael, *A History of Modern Jewry, 1780–1815*, London 1971.
Maimon, Salomon, *Salomon Maimon's Lebensgeschichte*, hg. von K. Ph. Moritz, 2 Bde., Berlin 1792/93; Neuausgabe Frankfurt/Main 1984.
Mamatey, Victor S., und Radomír Luža, *Geschichte der Tschechoslowakischen Republik 1918–1948*, Wien 1980.
Masaryk, Jan, *Speaking to My Country*, London 1944.
Mastný, Vojtěch, *The Czechs under Nazi Rule*, New York 1971.
Mautner, Hella Roubíček, *Hella*, Washington/D. C. 1996.
May, Arthur, *The Hapsburg Monarchy 1867–1914*, Cambridge/Mass. 1951.

Mayreder, Rosa, *Zur Kritik der Weiblichkeit,* München 1982 (Originalausgabe Jena 1905).
McCagg, William O. A., *A History of Habsburg Jews, 1670–1918,* Bloomington/Ind. 1990.
Mendelsohn, Ezra, *The Jews of East Central Europe between the World Wars,* Bloomington/Ind. 1983.
Metternich, Pauline, *My Years in Paris,* London 1922.
Meyer, Michael, *Von Moses Mendelssohn zu Leopold Zunz: Jüdische Identität in Deutschland, 1749–1824,* München 1994.
Morrell, Sydney, *I Saw the Crucifixion,* London 1939.
Morton, Frederic, *Schicksalsjahr Wien 1888/89,* Wien 1981.
Němcová, Božena, *Großmutter,* Zürich 1959.
Neuda, Fanny, *Stunden der Andacht,* Prag 1855.
Olsen, Kirstin, *Chronology of Women's History,* Westport/Conn. 1994.
Opalski, Magdalena, *The Jewish Tavern-Keeper and His Tavern in Nineteenth-Century Polish Literature,* Jerusalem 1986.
Oxaal, Ivaar u. a. (Hg.), *Jews, Antisemitism and Culture in Vienna,* London 1987.
Památník, *Terezín,* Prag 1988.
Pawel, Ernst, *Das Leben Franz Kafkas,* München 1986.
– *The Labyrinth of Exile: A Life of Theodor Herzl,* New York 1989.
Payne, Karen, *Between Ourselves: Letters Between Mothers and Daughters,* Boston 1983.
Penn, Vreeland, *Inventive Paris Clothes, 1909–1939,* New York 1977.
Perrot, Philippe, *Les dessus et les dessous de la bourgeoisie: Une historie du vêtement au XIXe siècle,* Paris 1981.
Pollack, Herman, *Jewish Folkways in the Germanic Lands 1648–1806,* Cambridge/Mass. 1971.
Popp, Adelheid, *Die Arbeiterin im Kampf ums Dasein,* Wien um 1895.
Prinz, Joachim, *The Dilemma of the Modern Jew,* New York 1962.
Pynsent, Robert B. (Hg.), *T. G. Masaryk,* London 1989.
Rakous, Vojtěch, *Vojkovičtí a přespolní,* Prag 1986.
Reineking von Bock, Gisela, *200 Jahre Mode,* Köln 1991.
Reinharz, Jehuda, und Walter Schatzberg, *The Jewish Response to German Culture,* Hanover/N.H. 1985.
Richarz, Monika, *Jüdisches Leben in Deutschland,* 3 Bde., Stuttgart 1976–1982.
Riff, Michael, »Czech Anti-Semitism and Jewish Response Before 1914«, in: *Wiener Library Bulletin,* Bd. 29, 1939/40.

Ripka, Hubert, *Czechoslovakia Enslaved,* London 1950.
Robert, Marthe, *Einsam wie Franz Kafka,* Frankfurt/Main 1985.
Robertson, Priscilla, *An Experience of Women: Pattern and Change in Nineteenth-Century Europe,* Philadelphia 1982.
Rogers, Catherine, *The Troublesome Helpmate: A History of Misogyny in Literature,* Seattle/Wash. 1966.
Rosenbloom, Noah H., *The Religious Philosophy of Samson R. Hirsch,* Philadelphia 1976.
Rosman, Murray J., *The Lords' Jews: Magnate-Jewish Relations in the Polish-Lithuanian Commonwealth during the Eighteenth Century,* Cambridge/Mass. 1990.
Roth, Ernst, *Von Prag bis London,* Freiburg i. Br. 1974.
Roth, Joseph, *Radetzkymarsch,* Berlin 1964 (Originalausgabe 1932).
Sagarra, Eda, *Tradition und Revolution: Deutsche Literatur und Gesellschaft 1830 bis 1840,* München 1972.
Saunders, Edith, *The Age of Worth,* Bloomington/Ind. 1955.
Schapiro, Raya, und Helga Weiberg (Red.), *Letters from Prag 1939–1941,* Chicago 1991.
Scheinpflugová, Olga, *Byla jsem na světě,* Prag 1988.
Schnitzler, Arthur, *Der Weg ins Freie,* Berlin 1908.
– *Gesammelte Werke,* 7 Bde., Berlin 1912.
– *Jugend in Wien: Eine Autobiographie,* München 1968.
Shepherd, Naomi, *A Price Below Rubies: Jewish Women as Rebels & Radicals,* Cambridge/Mass. 1992.
Shirer, William L., *Berliner Tagebuch I: Aufzeichnungen 1934–1941,* Leipzig 1991.
Spiel, Hilde, *Fanny von Arnstein oder die Emanzipation,* Frankfurt/Main 1962.
– *Wien. Spektrum einer Stadt,* München 1971.
– *Glanz und Untergang: Wien 1866–1938,* Wien 1987.
Spitzer, Leo, *Lives in Between: Assimilation and Marginality in Austria, Brazil and West Africa, 1780–1945,* Cambridge/Mass. 1989.
Steinbach, Karel, *Svědek téměř stoletý,* Köln 1988.
Steinem, Gloria, »Ruths Lied«, in: *Unerhört: Reportagen aus »Ms.«,* Reinbek 1984.
Stekel, Wilhelm, *Nervöse Angstzustände und ihre Behandlung,* Leipzig 1922.
– *Autobiography,* New York 1950.
Stern, Joseph P., *The World of Franz Kafka,* New York 1980.

Stock, Phyllis, *Better than Rubies: A History of Women's Education,* New York 1978.
Straka, František, »Vybledlé obrázky z Kolína před 50 lety«, in: *Věstník Klubu čs. turistů,* Kolín 1935.
Stránský, Jan, *East Wind over Prague,* New York 1951.
Suttner, Bertha von, *Kämpfen für den Frieden: Lebenserinnerungen, Reden und Schriften,* Frankfurt/Main 1982.
Szeps-Zuckerkandl, Berta, *Ich erlebte fünfzig Jahre Weltgeschichte,* Stockholm 1939.
Szulc, Tad, *Czechoslovakia Since World War Two,* New York 1971.
Thomson, Samuel H., *Czechoslovakia in European History,* Princeton/N.J. 1943.
Troller, Norbert, *Theresienstadt: Hitler's Gift to the Jews,* Chapel Hill/N.C. 1991.
Twain, Mark, *Concerning the Jews* (1899), New York 1934.
Varga, Susan, *Ich warte nicht, bis sie mich holen: Odyssee einer jüdischen Familie,* München 1996.
Veblen, Thorstein, *Theorie der feinen Leute: Eine ökonomische Untersuchung der Institutionen,* Köln 1958.
Vital, David, *The Survival of Small States,* Oxford 1971.
Volavková, Hana, *Schicksal des Jüdischen Museums in Prag,* Prag 1965.
Vrba, Rudolf, *I Cannot Forgive,* New York 1964.
Wardi, Dina, *Memorial Candles: Children of the Holocaust,* London 1992.
Wechsberg, Joseph, *Prague: The Mystical City,* New York 1971.
– *Die Manschettenknöpfe meines Vaters,* München 1992.
Weil, Jiří, *Leben mit dem Stern,* München 1974.
Weil, Simone, *Die Einwurzelung,* München 1956.
Weiner, Lewis, *The Weiners,* New York 1996 (im Selbstverlag).
Weisskopf, Kurt, *The Agony of Czechoslovakia '38/'68,* London 1968.
Weissler, Chava, *Traditional Yiddish Literature: A Source for the Study of Women's Religious Lives,* Cambridge/Mass. 1988.
Westphal, Uwe, *Berliner Konfektion und Mode,* Berlin 1986.
Wistrich, Robert S., *The Jews of Vienna in the Age of Franz Joseph,* Oxford 1989.
– *Austrian and Jews in the Twentieth Century,* New York 1992.
Yerushalmi, Yosef Hayim, *Zachor: erinnere Dich!,* Berlin 1988.
Zweig, Stefan, *Die Welt von gestern,* Stockholm 1942.